普通高等院校"十三五"规划教材

质量管理理论与实务

ZHILIANG GUANLI

LILUN YU SHIWU

王丹丹　刘　平◎主　编
徐红梅　刘贵清　仲镇宇　毕小萍　张　哲◎副主编

清华大学出版社
北京

内 容 简 介

本书立足于实用,采取项目驱动教学方法,共包括导论、质量管理理论基础、质量管理体系建立、服务质量管理、质量检验理论与方法应用、常用质量管理方法与工具的应用、统计过程质量控制、质量改进、标准化与质量监督九大项目,结合国内外的最新成果,以全面质量管理为基础,以质量控制、质量改进为主线,系统地介绍了现代质量管理的基本理论和方法。

本书可作为应用型本科、大专有关专业的教材,也可以作为社会质量管理培训课程的教材,还可供质量管理工作者、企业管理工作者参考使用。

本书封面贴有清华大学出版社防伪标签,无标签者不得销售。
版权所有,侵权必究。举报:010-62782989,beiqinquan@tup.tsinghua.edu.cn。

图书在版编目(CIP)数据

质量管理理论与实务 / 王丹丹,刘平主编. —北京:清华大学出版社,2017(2021.12重印)
(普通高等院校"十三五"规划教材)
ISBN 978-7-302-48216-1

Ⅰ.①质… Ⅱ.①王… ②刘… Ⅲ.①质量管理-高等学校-教材 Ⅳ.①F273.2

中国版本图书馆CIP数据核字(2017)第 209678 号

责任编辑:刘志彬
封面设计:汉风唐韵
责任校对:王荣静
责任印制:丛怀宇

出版发行:清华大学出版社
  网 址:http://www.tup.com.cn,http://www.wqbook.com
  地 址:北京清华大学学研大厦A座 **邮 编:**100084
  社 总 机:010-62770175 **邮 购:**010-62786544
  投稿与读者服务:010-62776969,c-service@tup.tsinghua.edu.cn
  质量反馈:010-62772015,zhiliang@tup.tsinghua.edu.cn
印 装 者:三河市龙大印装有限公司
经 销:全国新华书店
开 本:185mm×260mm **印 张:**18.25 **字 数:**461千字
版 次:2017年8月第1版 **印 次:**2021年12月第4次印刷
定 价:51.00元

产品编号:076139-01

前　言

人类社会的安全与质量有着密切的关系。人们的日常安全和健康依赖于所制造出来的产品，如药物、食品、飞机、汽车、桥梁、隧道等的质量。进入 21 世纪，世界经济正向全球一体化的方向发展，国际市场的竞争日趋激烈。在市场竞争的 5 大要素——品种、质量、价格、服务和交货期，决定竞争胜负的要素是质量。21 世纪是质量的世纪，任何一个组织必须视质量为生命，以持续的质量改进作为永恒的目标。人类在质量大堤下生存，同样，企业也要在质量大堤的保护下生存，如今全面质量管理的理念已被世界各国所接受，全面质量管理正从工业企业逐步推广到交通运输、邮电、商业企业，甚至有些金融、卫生、教育等企事业单位也积极推广全面质量管理，质量应该成为企业主动占领市场的有力武器。为此，中国经济要实现转型升级，中国企业要提升全球市场竞争力，必须将质量作为一个需要认真对待的问题。

质量是一个具有丰富内涵的概念，产品质量、服务质量、过程质量及工作质量等已成为各级组织生存与发展的基础，是消费者生活和合法权益的保障，更是一个国家综合国力的象征。本书立足于实用，采取项目驱动教学方法，共包括导论、质量管理理论基础、质量管理体系建立、服务质量管理、质量检验理论与方法应用、常用质量管理方法与工具的应用、统计过程质量控制、质量改进、标准化与质量监督九大项目，结合国内外的最新成果，以全面质量管理为基础，以质量控制、质量改进为主线，系统地介绍了现代质量管理的基本理论和方法。在采用课前导读、知识链接、拓展案例等对课程内容加以引导的基础上，结合阅读资料、案例分析和习题等扩充教学内容，提高学生解决实际问题的能力，帮助学生系统把握知识的脉络和精髓。

本书在编写的细节上，把来自生产实践第一线的实用知识纳入教材的内容，提高应用性；阅读资料关注质量管理学科的前沿性与实践性，尽可能扩充知识面；案例分析注重启发性内容的编写，增强教材的可读性。

本书由烟台南山学院王丹丹和集美大学刘平任主编，烟台南山学院徐红梅、中原工学院刘贵清、烟台南山学院仲镇宇、安徽信息工程学院毕小萍和烟台南山学院张哲任副主编。由于受到作者学识水平与本书篇幅的限制，很多内容难以如愿，书中难免存在不妥、疏漏甚至不完善之处，恳请广大读者批评指正。同时在本书的编写过程中，借鉴和参考了国内外专家学者的研究成果，在此，表示衷心感谢！

编　者

目 录

项目 1　导论 1
　　1.1　质量的概念 2
　　1.2　质量文化 9
　　1.3　国内外质量奖简介 11
　　1.4　质量经济性管理与质量成本 21
　　1.5　提高质量的意义 29
　　项目小结 31
　　习题 36

项目 2　质量管理理论基础 38
　　2.1　质量管理相关术语 39
　　2.2　质量管理理论与实践发展历程 41
　　2.3　专家论质量管理 45
　　2.4　中国质量管理发展历程 54
　　项目小结 55
　　习题 64

项目 3　质量管理体系建立 66
　　3.1　ISO 9000 族标准概述 67
　　3.2　质量管理七项基本原则 71
　　3.3　一体化管理体系 79
　　3.4　质量管理体系建立过程 84
　　项目小结 87
　　习题 94

项目 4　服务质量管理 96
　　4.1　服务与服务质量管理 97
　　4.2　服务质量管理模式 102
　　4.3　顾客满意度管理 117
　　项目小结 125
　　习题 129

项目 5	质量检验理论与方法应用	131
	5.1 质量检验概述	132
	5.2 抽样检验	137
	项目小结	151
	习题	154

项目 6	常用质量管理方法与工具的应用	157
	6.1 质量特性与质量数据	158
	6.2 常见的几种质量管理工具的应用	160
	项目小结	180
	习题	184

项目 7	统计过程质量控制	187
	7.1 统计过程控制简介	188
	7.2 控制图	192
	7.3 过程能力分析	202
	项目小结	208
	习题	215

项目 8	质量改进	217
	8.1 质量改进概述	218
	8.2 六西格玛质量管理	230
	8.3 质量机能展开	238
	项目小结	243
	习题	249

项目 9	标准化与质量监督	251
	9.1 标准化	252
	9.2 质量监督	258
	9.3 质量监督管理制度	263
	项目小结	269
	习题	280

参考文献		282

项目1 导 论

本项目重点

1. 质量及相关术语；
2. 质量文化结构特征；
3. 世界三大质量奖。

学习目标

1. 掌握质量的概念；
2. 理解产品、顾客的概念；
3. 掌握质量文化结构特征；
4. 理解世界三大质量奖；
5. 了解中国质量奖；
6. 理解质量的经济性；
7. 了解提高质量的意义。

课前导读

美国20世纪80年代的调查证明，顾客更换产品与服务厂家的原因有：
(1) 1%造成顾客或用户伤亡；
(2) 3%厂家改变了销售或服务地点；
(3) 5%因他人劝说而另找厂家；
(4) 9%竞争对手的争夺；
(5) 14%顾客对销售公司的服务不满；
(6) 68%顾客不满厂家提供的产品与服务。

按照80/20规则，上述调查中82%的结果是由于顾客对产品与服务的质量不满造成的。这一结果向我们提出警示：只有向顾客提供比竞争对手更高质量的产品与服务才能赢得客户。

世界经济正向全球一体化的方向发展，国际市场的竞争日趋激烈。市场竞争的五大要素——品种、质量、价格、服务和交货期，决定竞争胜负的要素是质量。21世纪是质量的世纪，任何一个组织必须视质量为生命，以持续的质量改进作为永恒的目标。

质量是一个具有丰富内涵的概念，产品质量、服务质量、过程质量及工作质量等已成为各级组织生存与发展的基础、消费者生活和合法权益的保障，更是一个国家综合国力的象征。

1.1 质量的概念

1.1.1 产品

产品是社会生活中最常见的概念之一。自从人类有了需求，就有了产品。人类通过劳动和交换来获得产品满足需求。在生产力发展的不同历史时期，人们对产品的理解，随着科学技术和社会经济的发展而有所变化。生产力发展水平不高的前工业社会，机械化程度很低，产品主要以农业、渔业、采矿等消耗天然资源的实物产出为主。生产力水平大幅度提高的工业社会，机械化程度得以发展，产品主要以制造业的实物产出为主。而在后工业社会的今天，科学技术的发展与应用，使产品除了以加工和服务为主导的有形和无形的产出外，更包含了知识的产出，如软件、知识产权等。

ISO 9000：2015标准对产品的定义是：在组织和顾客之间未发生任何交易的情况下，组织生产的输出。

产品是一个广义的概念，包括硬件（如发动机机械零件）、软件（如计算机程序、字典）、流程性材料（如润滑油）。

硬件，是指由制作的零件和部件组成或由其组装成的产品，如发动机机械零件。

软件，是指由承载在媒体上的信息组成的智力产品。软件能以概念、记录或程序的形式存在。计算机程序是软件产品的一个实例。

流程性材料，是指由固体、液体、气体或其他组合体构成的产品，包括粒状材料、块状、丝状或薄板状结构的最终或中间产品。它常用容器包装或以管线或成卷交付。

产品是过程产生的结果，没有过程就不会有产品。但是这种结果可以是人们所期望的结果，即满足顾客某种特定需要的东西，也可以是人们所不期望的结果，如污染等。

ISO 9000：2015标准对过程的定义是：利用输入提供预期结果的相互关联或相互作用的一组活动。

"过程"是个很重要的概念。ISO/TC 176制定的所有国际标准都是建立在"所有工作是通过过程来完成的"这一认识的基础之上。任何一个过程都有输入和输出。输入是实施过程的基础或依据，输出是过程的结果。输出可以是有形产品，如一台电视机，也可以是无形产品，如一项服务。完成一个过程就是将输入转化为输出。

过程本身是一种增值转换，完成过程必须投入适当的资源。资源包括人员、资金、设施、设备、技术和方法。过程又表现为一系列活动及活动间的相互关系。在过程的输入端、过程的各个阶段或不同位置、过程的输出端存在着监测和控制的切入点。过程的一般图解模型如图1-1所示。

图 1-1　过程的一般图解模型

1.1.2　顾客

当今的企业面对顾客、竞争和变化这三个主要方面的挑战。在组织(卖方)与顾客(买方、消费者)的市场交易关系中,购买决定的权力掌握在顾客手中,顾客占据了支配地位,顾客的选择决定了企业的成败;企业竞争的焦点归根结底是对顾客的竞争;在动态的市场竞争和变革环境中,企业经营的过程就是从了解顾客需要,提供相关的产品和服务,实现顾客满意的过程以顾客为中心,明确谁是顾客,了解顾客的需要,满足和超越顾客期望,实现顾客满意,造就忠诚的顾客成为现代企业的核心使命之一。

"顾客"这一概念是市场经济中最常用的、最基本的概念之一。质量是好是坏,由顾客说了算。所以,对顾客的认识非常重要。一般认为,顾客是买卖关系中的购买方,而事实证明这仅仅是对顾客概念解释的一个方面。

ISO 9000:2005 标准对顾客(customer)的定义是:接受产品的组织和个人。该标准指出,顾客可以是组织内部的或外部的。ISO 9000:2015 对顾客的定义是:能够或实际接受本人或组织所需要或所要求的产品或服务的个人或组织。

一个组织有着多种类型的顾客,各种类型的顾客所具有的需要和期望也是不同的。企业必须首先明确自己的顾客是谁,才能够基于顾客的需要来提供产品和服务。因此,识别顾客及其需要是组织的质量活动中的重要环节。

最终购买和使用公司产品的消费者,无疑是构成顾客的一个重要人群,然而,消费者并不是企业唯一关注的顾客群体。在组织进行市场研究时,还必须考虑当前顾客以外的顾客。

▶ 1. 外部顾客

在组织层次上,一个企业有各种外部顾客(虽然不属于公司的一部分,但受到公司活动的影响)。外部顾客是那些在组织之外的组织或个人。外部顾客处于组织边界之外,接受组织的最终产品或服务,但可能不是实际用户。表 1-1 是关于外部顾客的一种分类。

表 1-1　外部顾客的分类

类　　别	说　　明
购买者	为自己或他人购买产品的组织或个人,如为自己的家庭购买食品的人、签署订单的采购员
购买决定者	批准购买及影响购买决策的组织或个人,如高层主管、技术专家
最终用户	最终从产品受益的人,如去保健机构进行诊断检查的病人
中间商	为了再销售而购买产品的组织或个人、批发商、分销商、旅行社代理和经纪人,以及任何经营产品的人

续表

类　　别	说　　明
加工者	用该产品或输出作为生产其自己产品的输入组织或个人，如炼油厂收到原油，对其加工处理为各种顾客提供不同的产品
供应商	为过程提供输入的组织或个人，如为汽车提供火花塞的制造商，或者为公司的环境法律事务提供咨询的律师行。供应商也是顾客，他们有关于产品规格缺陷反馈、预测订单等方面的信息需要
原始设备制造商	购买产品并集成为自己的产品，如一个计算机制造商购买另一家生产者制造的磁盘驱动器，并装配到自己生产的计算机上
潜在顾客	目前不使用本企业的产品，但有可能会变成顾客的组织或个人，如一人租用汽车时可能会购买一辆类似的汽车
隐蔽的顾客	这是一类常常为人们所忽略的顾客，但他们对于企业的活动可以产生巨大的影响，如管制者、批评家、观念领导者、测试服务机构、支付者、媒体、自由公众、直接或间接接受产品威胁的人、公司政策制定者、工会以及职业协会等

▶ 2. 内部顾客

内部顾客用来指组织边界之内，某个过程中的个人或团体。组织中的每个人都扮演着三重角色：供应者、加工者和顾客，每个人都会从他人那里接受某物，对其进行某些加工，然后传递给第三个人。日本质量管理专家石川馨称"下道工序是上道工序的顾客"。在一个过程中工作的每个环节都有其顾客，如制造部门可以看作采购部门的顾客。

"内部顾客"这个概念在过程管理中很有价值，但它有可能会淡化对于外部顾客的关注，因此，在运用内部顾客概念时必须首先加以明确的是，公司的最终责任是面向外部顾客，这才是过程或公司提供服务的目的。

产品概念的绿色化和质量概念的生态化也促进了人们对顾客概念的重新认识。在绿色化和生态化的概念驱动下，企业的顾客应该包括其生产经营活动的一切受益（害）者，包括内部顾客与外部顾客。从内部顾客和外部顾客的角度来讨论顾客与质量的问题，目的是要引起人们对内部顾客（组织成员）的关注。如果内部顾客长期处于不满意的状态下，则组织也难以保证让外部顾客满意，这是必然的后果。从绿色化和生态化的角度讨论顾客与质量的问题，是要认识到顾客接受的不仅是预期的结果，如买卖约定中的产品，也有非预期的结果；如资源的节约或浪费、环境的净化或污染等对人类社会发展带来的正面或负面的影响。因此，顾客接受产品时付出的代价是两方面的。一方面，顾客为享受预期的结果，如买卖约定中规定的产品功能而付出代价；另一方面，人类（广义的顾客）要为消耗资源和污染环境，即非预期的结果而付出代价。于是，发展的可持续性就被提出来了，并成为许多国家提高人居环境和经济增长质量的指导思想。

1.1.3　质量

人类社会的安全与质量有着密切的关系。人们的日常安全和健康依赖于所制造出来的产品，如药物、食品、飞机、汽车、桥梁、隧道等的质量。工业部门生产各种产品的能力又在很大程度上依赖于自动化加工系统的质量和可靠性，而这些自动化加工系统的质量和可靠性又在很大程度上取决于电力、通信、交通、计算机等系统的质量和可靠性。既然质量对于人类社会这么重要，那么到底什么是质量呢？

早期的一种颇有影响的观点认为，质量就意味着对于规格或要求的符合，即符合性质量。符合性质量是以产品的技术标准作为衡量顾客需求产品规格的依据。"符合性"就是对技术标准（规范或要求）的符合程度。例如，对各种产品可以设定尺寸、公差、纯度、硬度、强度、外观和性能等不同的规格要求，以此来衡量一个产品合格与否。美国的质量管理专家克劳斯比（P. B. Crosby）是其代表人物之一。

在企业中，"要求"必须被明确地表达，以确保其不会被误解，然后是持续地测量，以确保符合这些"要求"。凡是有不符合"要求"的地方，就表明质量有欠缺。这样，质量问题就转换成了是否有不符合要求的问题，"质量"的概念也就清晰了，而且是可测量的（有明确的界限）。

知识链接

克劳斯比在 *Quality is Free* 一书中指出：对于质量的定义，最容易发生的错误认识就是将质量表示为"优良""精美""闪闪发光"或"引人注目"，"质量"这个词经常用于表达某些产品的相对价值，如"优质"或"劣质"。因此，克劳斯比认为必须对质量有一个准确的定义：质量就是符合要求（规格）。

符合性质量反映了产品质量的一致性，这是自有产品以来，人们对质量的认识。人们认为产品只要符合标准，就满足了顾客需求，即在产品生产阶段可以应用技术符合性来检验产品是否合格，体现了狭义的质量观。这种"合格即质量"的认识对于质量管理的具体做法显然是很实用的，但其局限性也是显而易见的。仅仅强调规范、强调合格，难免会忽略顾客的需要，忽略企业存在的真正目的和使命，从而犯下本末倒置的错误。这种观点显然是站在生产厂家的角度来看质量的。随着生产力的发展，后来又形成了另外一种与克劳斯比的观点相对应的观点，这就是著名质量管理专家朱兰博士从顾客的角度出发，提出的著名的适用性观点。他指出，"适用性"就是产品使用过程、服务提供过程中成功地满足顾客要求的程度。"适用性"概念普遍适用于一切产品或服务。适用性质量清楚地表明，真正拥有评判质量话语权的是顾客。

适用性质量是以适合顾客需要的程度作为衡量顾客满意的依据。"适用性"就是产品在使用时能成功地满足顾客需要的程度，包含"使用要求"和"满足要求"。质量从"符合性"发展到"适用性"，使人们对质量认识逐渐把顾客的需求放在首位，意味着企业在经营过程中需要确定他们有哪些使用需求，并在产品策划时考虑如何满足顾客的需要和期望。

美国的质量管理学者 J.M. 格鲁科克（J. M. Groocock）和 A.V. 费根堡姆（A. V. Feignnbaum）指出，质量就是满足需要。另外，日本的质量管理专家石川馨对质量的概念也有许多重要的观点，他认为质量反映顾客的满意程度，顾客的需要和要求是变化的，因此质量的定义也是不断变化的，高质量就是满足顾客不断变化的期望。他特别强调价格的作用，认为价格是质量的重要组成部分。

知识链接

石川馨在1985年出版的《什么是全面质量管理？日本的方式》一书中指出，实施质量控制的目的在于制造出具有满足顾客要求的质量水平的产品。石川馨认为，狭义的质量指产品质量；广义的质量指工作质量、服务质量、信息质量、过程质量、部门质量、人员（工人、工程师、经理和行政主管）质量、系统质量、目标质量等。

质量不仅要满足顾客的需要，还要满足社会的需要，并使顾客、从业人员、业主、供方和社会都受益。20世纪80年代后期，国际标准化组织（ISO）组织质量管理专家对质量的概念加以归纳提炼，形成公认的术语。

ISO 8402：1986：反映产品或服务满足明确或隐含需要能力的特征和特性的总和。

ISO 8402：1994：反映实体满足明确和隐含需要的能力的特性总和。

ISO 9000：2000及ISO 9000：2005的定义：一组固有特性满足要求的程度。

ISO 9000：2015标准对质量的定义：实体的若干固有特性满足要求的程度。而实体指可感知或想象的任何事物。

固有特性就是指某事或某物中本来就有的，尤其是那种永久的特性，如机械产品的机械性能、化工产品的化学性能、电子产品的速度等技术特性。有的产品只具有一种类别的固有特性，有的产品可能具有多种类别的固有特性。例如，化学试剂只有一类固有特性，即化学性能；笔记本电脑则具有多类固有特性，如处理器、内存容量、硬盘容量、显示卡和续航时间等。赋予特性是完成产品后因不同的要求而对产品所增加的特性，如产品的价格、硬件产品的供货时间和运输要求、售后服务要求等特性。

固有特性与赋予特性是相关联的和相对的，某种产品的赋予特性可能是另一种产品的固有特性（转换），例如，价格对于硬件产品来说，属于赋予特性，而对于运输服务业而言，就属于固有特性；对于交货期制造业来说，属于赋予特性，而对于零售服务业而言，就属于固有特性。

ISO 9000：2015标准对要求的定义是：明示的、通常隐含的或必须履行的需求或期望。

明示的要求可以理解为规定的要求，如在合同中阐明的规定要求或顾客明确提出的要求。通常隐含的要求是指作为一种习惯、惯例或常识，应当具有的不言而喻的，如食品不言而喻的常识就是安全无毒、化妆品对顾客皮肤的保护性等。必须履行的是指法律法规要求的或有强制性标准要求的，组织在产品的实现过程中必须执行这类标准。

要求可以由不同的相关方提出，不同的相关方对同一产品的要求可能是不相同的。要求可以是多方面的，如果需要指出，可以采用修饰词表示，如产品要求、质量管理要求、顾客要求等。质量的优劣是满足要求程度的一种体现，质量的比较应在同一等级基础上做比较。等级是指对功能用途相同但质量要求不同的产品、过程和体系所做的分类或分级。

质量概念的关键是"满足要求"。这些"要求"必须转化为有指标的特性，作为评价、检验和考核的依据。由于顾客的要求是多种多样的，因此反映质量的特性也应该是多种多样的。另外，不同类别的产品，质量特性的具体表现形式也不尽相同。

▶ 1. 服务质量特性

服务质量的关键取决于服务的技能、服务的态度和服务的及时性等服务者与消费者之间的行为关系。虽然服务质量特性依行业而定，但其主要的共同性质和特性包括：功能性、经济性、安全可靠性、时间性、舒适性和文明性六方面。

（1）功能性（function）。功能性是指某项服务所发挥的效能和作用。商店的功能是让顾客买到所需要的商品；交通运输包括铁路、民航、水运、公路等，其功能是运送旅客和货物到达目的地；邮寄的功能是为用户传递信息和物体；旅游的功能是让人们得到享受。而工业产品的销售和售后服务的功能是使用户满意地得到产品。功能性是服务质量中最基本的特性。

(2) 经济性(economy)。经济性是指顾客为了得到不同的服务所需费用的合理程度。这里所说的费用，是指在接受服务的全过程中所需要的费用，即服务周期费用(包括时间)。经济性是相对于所得到的服务满足不同等级需要而言，它是每个被服务者在接受服务时都要考虑的质量特性。

(3) 安全可靠性(safety reliability)。安全可靠性是指在服务过程中使用户感到准确、安全无危险。这是为了保证服务过程中顾客和用户等被服务者的生命不受到危害，健康和精神不受到伤害，货物不受到损失，如医疗、乘坐的交通工具、住宿等，用户主观上感觉可信、无差错、安全。

(4) 时间性(time service)。时间性是指服务在时间上能够满足被服务者需求的能力，包括及时、准时和省时三个方面。及时是当被服务者需要某种服务时，服务工作能及时提供；准时是要求某些服务在时间上是准确的；省时是要求被服务者为了得到所需要的服务所耗费的时间能够缩短。及时、准时、省时三者是关联和互补的。

(5) 舒适性(comfortability)。舒适性是指在满足了功能性、经济性、安全性和时间性等方面的质量特性情况下，服务过程的舒适程度。它包括服务设施的适用、方便和舒服，环境的整洁、美观和有秩序。

(6) 文明性(civility)。文明性是指顾客在接受服务过程中满足精神需求的程度。顾客期望得到一个自由、亲切、友好、自然及谅解的气氛，有一个和谐的人际关系。文明性充分展示了服务质量的特色。

衡量产品质量的好坏，主要看质量特性满足顾客需要的程度。真正的质量特性能直接反映顾客的期望和要求，如轮胎的寿命，但很多直接反映顾客需要的质量特性是难以定量描述的，例如，代用质量特性是为实现真正质量特性做的规定(标准、参数)，如轮胎耐磨度、抗压抗拉强度；内在质量特性如尺寸、结构、重量、精度、功率、强度、材质、性能、机械、物理、化学成分等；外存质量特性如外观、型式、形状、布彩等。

▶ **2. 硬件产品的质量特性**

(1) 性能(function)。性能通常指产品在功能上满足顾客要求的能力，包括使用性能和外观性能，如内在质量特性(结构、物理性能、精度、化学成分等)和外在质量特性(外观、颜色、气味、光洁度等)。例如，手表的防水、防震、防磁和走时准确；电冰箱的冷冻速度；暖瓶的保温能力；电视机的图像清晰度；机床的转速、功率；钢材的化学成分、强度；布料的手感、颜色；儿童玩具的造型；食品的气味等。

(2) 寿命(life)。寿命是指产品能够正常使用的年限，包括使用寿命和储存寿命两种。使用寿命指产品在规定的使用条件下完成规定功能的工作总时间。一般地，不同的产品对使用寿命有不同的要求，如灯泡在规定的电压和亮度条件下的使用小时数、电器开关的开启次数、钻井机钻头的进尺数、电视机的使用期限、轮胎的行驶里程数等都是衡量这些产品寿命的特性。储存寿命指在规定储存条件下，产品从开始储存到失效的时间。

(3) 可信性(reliability)。可信性是用于表述可用性及其影响因素(可靠性、维修性和保障性)的集合术语。产品在规定的条件下，在规定的时间内，完成规定的功能的能力称为可靠性。对机电产品、压力容器、飞机和那些发生质量事故会造成巨大损失或危及人身、社会安全的产品，可靠性是使用过程中主要的质量指标。维修性是指产品在规定的条件、时间、程序和方法等方面进行的维修、保持或恢复到规定状态的能力。保障性是指按规定的要求和时间，提供维修所必需的资源的能力。显然，具备上述"三性"时，必然是一个可用，而且好用的产品。

（4）安全性（safety）。安全性指产品在制造、流通和使用过程中保证人身安全与环境免遭危害的程度。它主要体现在产品本身所具有的保障使用者人身安全的质量特性，如洗衣机等家用电器采用对地绝缘电阻，保护用户在使用过程中不发生电击事故。此外，还应该考虑不对社会造成伤害及不对环境造成污染，如对汽车排放废气的控制，就属于产品安全的范畴。目前，世界各国对产品安全性都给予了最大的关注。

（5）适应性（adaptability）。适应性是指产品适应外界环境变化的能力。这里所说的环境包括自然环境和社会环境，前者是指产品适应沙漠与山地、暴风雨与海浪、振动与噪声、灰尘与油污、电磁干扰、高温与高湿等自然条件的能力；后者是指产品适应某地区、某国家、某类顾客等需求的能力。

（6）经济性（economy）。经济性是指产品整个寿命周期的总费用，具体表现为设计过程、制造过程、销售和使用过程中的费用。经济性是保证组织在竞争中得以生存的关键特性之一，是用户日益关心的一个质量指标。

▶ 3. 软件产品的质量特性

（1）功能性。软件所实现的功能，即满足用户要求的程度，包括用户陈述的或隐含的需求程度，这是软件产品的首选质量特性。

（2）可靠性。可靠性是软件产品最重要的质量特性，反映软件在稳定状态下，维持正常工作的能力。

（3）易用性。易用性反映软件与用户之间的友善性，即用户在使用软件时的方便程度。

（4）效率。在规定的条件下，软件实现某种功能耗费物理资源的有效程度。

（5）可维护性。可维护性即软件在环境改变或发生错误时，进行修改的难易程度。易于维护的软件也是一个易理解、易测试和易修改的产品，是软件又一个重要的特性。

（6）可移植性。软件能够方便地移植到不同运行环境的程度。

▶ 4. 流程材料的质量特性

（1）物理性能，如密度、黏度、粒度、电传导性能等。

（2）化学性能，耐腐蚀性、抗氧化性、稳定性等。

（3）力学性能，强度、硬度、韧性等。

（4）外观，几何形状、色泽等。

20世纪90年代后期，人类对质量概念的认识随着可持续发展概念的提出而发生了重大变革。1992年，里约热内卢联合国环境与发展大会的研究表明人类的全球环境意识有了显著的增强，并由此掀起了一场"绿色革命"，这是20世纪人类在认识上的最大觉悟和进步，同样也促进了人类对质量概念认识的发展。美国和日本的一批专家提出"全面质量"，涵盖了一切与产品相关的过程的质量，并更多地纳入以人为本、节约资源、保护环境等内容。朱兰博士认为，现代科学技术、环境与质量密切相关，他说："社会工业化引起了一系列环境问题的出现，影响着人们的生活质量。"随着全球社会经济和科学技术的高速发展，质量的概念必然拓展到全社会的各个领域，包括人们赖以生存的环境质量、卫生保健质量，以及人们在社会生活中的精神需求和满意程度等。进入21世纪之后，人类社会对科技发展的作用和全球经济发展的模式有更新的认识，具体表现为人类对科技创新的关注开始侧重于有利于保护资源和生态环境的方面，对经济发展模式的关注重点也从商品生产和经济增长的速度转向了人居环境和经济增长的质量。毫无疑问，人类对科技和经济发展方面的认识变化，也对人类的质量观念和质量管理思想的变化产生积极影响。"全面"就是人类需求的所有方面满足要求的程度。全面质量是以符合可持续发展的条件作为衡量人类生存需要的依据。

1.2 质量文化

质量文化的形成与发展正是人类自20世纪以来的质量实践活动的自然结果。作为人类社会的基本实践活动之一，质量实践活动已经从最初的工业领域渗透到人类社会生活的方方面面。

质量文化就是企业在长期生产经营实践中，由企业管理层特别是主要领导倡导、职工普遍认同的逐步形成并相对固化的群体质量意识、质量价值观、质量方针、质量目标、采标原则、检测手段、检验方法、质量奖惩制度的总和。

1.2.1 质量文化概述

作为一个解释当代质量实践活动的基本概念，质量文化，是指以近、现代以来的工业化进程为基础，以特定的民族文化为背景，群体或民族在质量实践活动中逐步形成的物质基础、技术知识、管理思想、行为模式、法律制度与道德规范等因素及其总和。质量文化的概念天然地体现着20世纪以来工业文明的特征，它继承了当代质量实践活动的主流价值观念——TQM思想的绝大多数精髓，并突破了20世纪80年代以来在西方发达国家得到广泛关注与研究的企业文化的界限。可以认为，质量文化是当代文化学研究的最新课题，也是国家或地区借助于文化力量振兴其经济竞争力的强大武器。值得说明的是，由于质量文化思想还处在初创阶段，存在着将质量文化概念与企业文化概念混同的现象。

从内涵上看，企业文化通常是指企业内大多数成员的共同价值观和行为模式，它体现为企业全体员工所普遍接受和共同遵循的理想追求、价值观念和行为准则。而质量文化是指群体或民族在质量实践中所形成的技术知识、行为模式、制度与道德规范等因素及其总和，两者在概念上是完全不同的。从范畴上看，企业文化研究的重点是塑造企业的核心价值观念，它可能是质量取向的，也可能是非质量取向的，其着眼点是组织层次，而质量文化研究的重点是国家或地区范围内的质量文化建设，其着眼点包括组织层次、地区经济层次或国家经济层次。毫无疑问，质量文化涉及的范围更宽、包含的层次更多、产生的影响更大。因此，将质量文化界定为某种特定含义的企业文化是一种基本的认识误区。图1-2展示了质量文化与企业文化之间的相互关系。不难看出，当前有些学者所谓的"质量文化"或"品质文化"，可以理解为"企业质量文化"，它是从组织层面研究企业的质量实践活动，既是企业文化的一个子范畴，也是质量文化的一个子范畴。

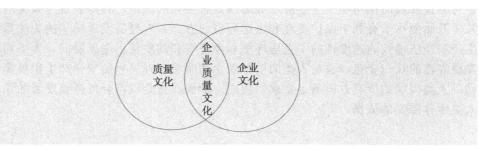

图 1-2 企业文化与质量文化的关系

1.2.2 质量文化的结构特征

质量文化作为一种与现代工业文明密切相关的文化现象,有其自身独特的结构化特征。通过对质量文化的结构化特征进行细致的分析和研究,可以为质量文化的定性评价与定量度量建立一个基本的框架或机制。

质量文化的结构化特征由物质层面、行为层面、制度层面和道德层面构成,这四个层面按照从低到高的顺序共同组成了质量文化金字塔,与文化变革的抗性特征相一致,质量文化变革的抗性特征从物质层面到道德层面逐渐增强,如图 1-3 所示。

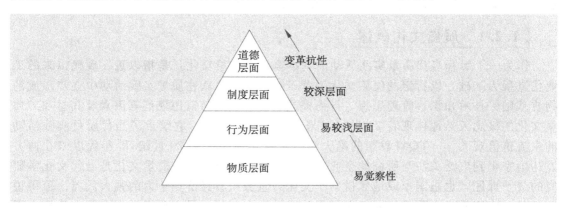

图 1-3 质量文化金字塔

▶ 1. 质量文化的物质层面

物质层面是质量文化的基础性层面,构成质量文化金字塔的基座。质量文化的物质层面由国家或地区经济中的现有物质性因素构成,包括财富的数量与结构、财富的质量、科学与技术水平、人力资源的状况等。一般来说,某一国家或地区经济中物质性因素水平决定着该国或该地区质量文化的基本力量,在一个物质层面相对薄弱的国家,其质量文化的强度也相对较弱。

但是,就影响力的大小而言,与其他层面相比,物质层面对质量文化强度的影响力相对较小。日本经济的发展进程清楚地表明,通过强化其他层面的作用,质量文化的强度能够得到显著地加强,而强大的质量文化又能够促进经济的持续、快速、健康的发展,从而推动经济进入一个更高的物质层面——这就使质量文化得以建立在不断提高的物质层面之上。

2. 质量文化的行为层面

质量文化的行为层面建立在其物质层面之上，物质层面是行为层面的载体。行为层面体现为群体使用物质层面的因素创造财富的行为模式。在同样的物质层面之上，不同的行为模式将导致不同的质量文化强度。然而，与物质层面相比，行为层面对质量文化的影响更大。从地区经济的角度看，在物质层面水平基本相同的城市之间存在的质量文化强度的差异，通常归因于群体的行为模式差异。可以用来测度行为模式与质量文化强度之间相关性的例子大多来自服务业，这是因为在服务业，组织的服务行为对顾客而言基本上是透明的，并与顾客的消费行为同时发生。

3. 质量文化的制度层面

质量文化的制度层面是塑造行为层面的主要机制。制度层面涉及三个方面，即标准化与规范体系、奖励制度和法律体系。其中，标准化与规范体系提供了对行为及行为结果的指导与评价体系，揭示了质量实践活动的基本目标：满足既定的需要或期望。奖励制度体现出对行为模式的激励与导向作用，并传达出国家或地区管理当局的政治倾向。例如20世纪80年代中期，美国政府由于意识到美国经济竞争力正在减弱，通过立法程序设立了马尔科姆·波多里奇国家质量奖，希望借此重振美国经济。而法律体系是行为层面的强制性塑造机制，法律体系对质量文化的影响力依赖于三个方面，即执法的公正性、执法的及时性和质量法律体系的健全性。

4. 质量文化的道德层面

质量文化的道德层面位于质量文化金字塔的顶层，既是质量文化的核心内容和最高境界，也是质量文化建设的最终目标。它表现为群体积极主动地尊重与维护顾客主权的价值取向和精神追求。道德层面涉及四个群体价值取向，即尊重顾客主权；积极主动地维护社会质量文化的权威；追求行为结果的社会效益与完美主义；以及以连续与持久的眼光看待经济资源，倡导社会的可持续发展理念。

1.3 国内外质量奖简介

近年来，通过提高设立国家质量奖来提升企业的管理水平已成为许多国家强化和提高产业竞争力的重要途径。在全世界所有国家质量奖中，最为著名、影响最大的当推日本戴明奖（Deming Prize）、美国马尔科姆·波多里奇国家质量奖（Malcolm Baldrige Award）和欧洲质量奖（European Quality Award），这三大世界质量奖被称为卓越绩效模式的创造者和经济奇迹的助推器。

除美国、日本、欧盟、加拿大等发达国家和地区外，许多新兴的工业化国家和发展中国家也都设立了国家质量奖。

1.3.1 日本戴明奖

1. 概述

世界范围内影响较大的质量奖中，日本戴明奖是创立最早的一个。它始创于1951年，是为了纪念已故的戴明博士（William Edwards Deming）为日本"二战"后统计质量控制的发展做出的巨大贡献。

戴明博士(1900—1993)是美国最著名的质量控制专家之一。1950年7月，受日本科学技术联盟(JUSE)邀请赴日本讲学。在日期间，戴明首先在东京的日本医药协会大礼堂就质量控制这一主题进行了为期8天的讲授，接着，又在日本本州岛东南部的箱根镇为企业的高级主管讲授了一天。在这些课程的讲授过程中，戴明博士用通俗易懂的语言将统计质量管理的基础知识完整地传授给了日本工业界的主管、经理、工程师和研究人员。他的讲授为现场听众留下深刻印象，并为当时正处在幼年期的日本工业的质量控制提供了极大的推动力。

听课的人们将这8天课程的速记、笔录汇总整理为《戴明博士论质量的统计控制》手抄本，并竞相传播。戴明博士随即慷慨地把这一讲稿的版税赠送给日本科学技术联盟，为了感激戴明博士的这一慷慨之举，日本科学技术联盟决定用这笔资金建立一个奖项，以永久纪念戴明博士对日本人民的贡献和友情，并促进日本质量控制的持续发展。日本科学技术联盟理事会全体成员一致通过了这项提议，戴明奖由此建立。随后，戴明博士的著作《样本分析》在日本翻译出版，他再一次捐赠了该书的版税。自那以后，戴明奖不断发展，直到今天，日本科学技术联盟依然负责戴明奖的所有经费管理。

▶ 2. 日本戴明奖的种类

戴明奖分为戴明本奖、戴明应用奖和戴明控制奖。

(1) 戴明本奖。颁发给在3个领域做出贡献的个人或组织：对全面质量管理的研究取得杰出成绩；用于全面质量管理的统计方法的研究取得杰出成绩；对传播全面质量管理做出杰出贡献。

(2) 戴明应用奖。颁发给组织或者领导一个独立运作的机构的个人。获奖条件是：在规定的年限内通过运用全面质量管理使组织获得与众不同的改进。

(3) 戴明控制奖。颁发给组织中的一个部门，这个部门通过使用全面质量管理中的质量控制和质量管理方法，在规定的年限内获得了与众不同的改进效果。

日本的松下、丰田、美国的佛罗里达电力等都曾获戴明应用奖。现在，戴明奖已成为享誉世界的奖项。企业通过申请戴明奖，建立和完善了企业综合管理体系，推进了企业的标准化活动，提高了企业的管理和质量改进意识，提高了全员积极参与全面质量控制活动和质量改进的积极性，提高了产品质量、劳动生产率和企业的凝聚力，使质量改进和标准化活动成为企业的自觉行动。

戴明奖给日本企业的全面质量管理带来极大的直接或间接影响。日本企业以申请戴明奖作为动力和桥梁，积极推动全面质量管理活动，经过几十年的努力，逐渐形成了日本企业的竞争力，取得了令世人瞩目的经济奇迹。获得戴明奖是一种荣誉，更代表一流的竞争力，它是日本企业追求卓越愿景的实现目标。

▶ 3. 日本戴明奖评价指标

日本戴明奖评价指标由基本事项、有特色的活动及领导班子所发挥的作用三部分组成。

1) 以"基本事项"为基础

戴明奖的基本评审事项由"质量管理的经营方针与方针的展开""开发新商品与业务改革""改善商品质量和管理质量""整备好质量、数量、交货、成本、安全、环境等方面的管理体系""运用IT(信息技术)工具收集分析质量信息"和"人力资源开发"六部分构成，基于评审事项的有效性、一贯性、持续性和彻底性四方面，并参考需要重点关注的评价核心项目内容与评价项目的关系紧密度，进行评价打分。

基本事项满分为100分。评审委员打分的中间值如果在70分以上，就判定为"合格"。

2) 关注"有特色的活动"

有特色的活动，是指需要重点开展包含上述六项基本项目在内的核心质量管理活动，要求参评企业至少要开展一项具有自身特色的活动，并能够取得杰出成绩。例如，突显领导层的远见卓识、经营战略、领导力，创造顾客价值，大幅改善组织的执行力，确立整备经营基础，或其他独特、有效的活动。

有特色的活动内容，不是根据事前既定的基准展开评价，而是对参评企业取得的成绩进行评价。评审前并不规定评价项目的细节内容，而是按照有效性、再现性和创新性这三个评价核心项目，汇总成情况说明，进行追加5分的综合评价。

3) 突出"领导班子"作用

由于在推广全面质量管理活动中，领导班子会起到非常重要的作用，所以戴明奖针对领导成员对方针执行的理解和关注度，以及与领导班子单独会谈的情况，专项对领导作用进行五个项目的评价，包括：对全面质量管理的理解、关注度；领导力、前瞻性、战略方针及应对环境变化的能力；组织能力，即保持并提高核心技术力、速度和活力；人才培养和社会责任。评审委员根据与参评领导班子单独会谈的结果，打出满分为100分的综合评分。

得分则取各位评审委员打分的中间值，中间值在70分以上，就判定为"合格"。

戴明质量奖给日本企业的全面质量管理带来极大的直接或间接影响。日本企业以申请戴明奖作为动力和桥梁，积极推动全面质量管理活动，经过几十年的努力，逐渐形成了日本企业的竞争力，创造了令世人瞩目的经济奇迹。

1.3.2 美国国家质量奖

▶ 1. 概述

美国国家质量奖是以20世纪80年代里根政府商务部部长马尔科姆·波多里奇（Malcolm Baldrige）命名的，也称为美国马尔科姆·波多里奇国家质量奖或波多里奇国家质量奖，它是美国各种质量奖的基础。

全面质量管理（TQM）起源于美国，却在日本开花结果，20世纪80年代，美国一些企业及管理大师认为，日本产品之所以能进入美国一直引以为傲的汽车和电器市场，是由于美制产品的质量出了问题，因此，推动国会成立了美国国家质量奖。

1) 初创阶段

1988年，创立之初的波多里奇国家质量奖注重的是，申请单位如何生产出高质量的产品、提供优质的服务。评审的重点围绕企业应该采用什么策略，用什么资料分析手法，如何培训员工以提高其产品及服务质量水平等。因此，最初的评审员是来自企业界具有多年质量专业工作经验的人员。

同时，为了鼓励企业提供一些创新并可供其他企业仿效的模式及做法，该奖评审时会对创新的质量改进方法给予加分。最著名的例子是，第一届波多里奇国家质量奖制造业组获得者摩托罗拉公司提出的"6sigma"，包括实验设计、制造方法改进、统计质量管理、工程经济分析等方法，说明使用此法可以大量减少产品质量的变异，使缺陷率降为百万分之三点四。许多质量专家对6sigma的理论有许多争议，甚至认为此法毫无"新意"，直到1995年韦尔奇在通用电气公司的大力推行，才开始逐渐为企业界所推广使用。

2) 开创卓越绩效评价准则

在美国,企业竞争十分激烈。名列美国《财富》杂志的 500 强企业,每年都有几十家公司因业绩被其他公司赶超,从而被从名单上除名。导致企业失败的原因很多,但从其共性看,这些企业的领导人都没能及时或适当掌握顾客需求的变化,以致无法领导企业持续提高竞争力或适时推出符合顾客需要的新产品或服务。

产品、服务质量固然是企业维持既有顾客的基本条件,但企业要提升竞争力及持续发展,仅靠质量是不够的,企业还应该有效控制财务,并考虑顾客需求及市场演变趋势。所以在波多里奇国家质量奖评价准则中陆续注入经营环境,以快速反映顾客需求为导向,利用企业所有资源、运用核心价值,企业全方面的改善及注重过程及结果等观念。

经过 10 年的持续改进,1997 年,卓越绩效评价准则(Criteria for Performance Excellence,以下简称"评价准则")逐渐定型,此时的评价准则已不仅仅局限于质量而成为全方位的整体企业经营框架,并开始用绩效取代质量。

21 世纪初,美国陆续发生企业靠使用不法的财务操作炮制假业绩来欺骗投资者,不顾投资者利益给予企业领导层超出常规的优厚待遇的事件。因此,卓越绩效评价准则又加入企业伦理及社会责任的要求,促进企业加强对领导层的监督。2001 年以后的评价准则中,"质量"两字完全被"绩效"替代,但这并不意味着产品及服务质量不再重要,而是认为质量是企业生存的基本必须条件,企业发展必须以此为基础重视整体经营绩效。

波多里奇国家质量奖的卓越绩效评价准则并不是一个硬性的国家标准或行业标准,而是每年视企业经营环境的变化及需要进行修改的。由于每个企业都有其自身的特色,投资人及企业相关利益团体的要求、经营环境以及竞争对手都不尽相同,因此,卓越绩效评价准则没有规定企业应该如何做以达到什么目标值,而是根据累积的优秀企业增进绩效的成功经验,归纳出卓越绩效经营的核心价值,再根据核心价值提出一些让企业自我评估检查的要点。企业可以对照准则并根据自身的核心能力和资源,在所处的经营环境下,考虑应该如何做、采用什么方法,才能达到企业相关方的最佳期望。

3) 近年的发展

近年来,由于世界经济局势的变化,消费者、团体及互联网对产品信息评估的迅速传播,网上购物逐渐普遍,消费者购买方式的改变,高新科技的快速发展,新产品推出的速度越来越快,员工对工作环境及福利的要求也在提高,社会公众对企业在自然环境保护及社会责任的期待也越来越高,因此,2013—2014 年波多里奇国家质量奖卓越绩效评价准则的修正着重以下三方面。

(1) 设计及建立富有竞争性的工作系统。工作系统是一个组织对产品从研发、生产、销售到回馈改进的整体运作体系,包括制定整个劳动力的数量、素质、遴选、培训到管理制度;制定产品制造或提供服务的方法,从原料、组件到成品的供应链,整合企业经营各环节合作伙伴,企业整体资源的妥善运用等。设计建立富有竞争性的工作系统,是整个企业战略及经营管理中最重要的环节。企业领导层如何决定怎样保护智慧财产权,如何善用企业的核心竞争力,如何决定哪些业务过程自己做,哪些业务过程可以外包出去等。工作系统影响企业组织设计及架构、获利率及生存力。这些都是企业领导者需要深思熟虑的。此外,企业应该如何选拔、培养接班人,也是企业领导及做战略规划时必须考虑的重点。

(2) 营造及管理创新的环境。如今,企业要想在全球市场保持竞争优势,必须更加注重产品或服务的创新,鼓励员工勇于创新及加强对创新的管理。企业领导人需要能评估鼓励创新时所面对的机会或风险,提供创新必需的环境及资源,容忍犯错并尽快从失败中吸取教训。

(3) 善用社交媒体。目前，美国网站和社交媒体的使用越来越普遍，消费者使用互联网评估、比较产品性能质量，讨论交换意见，互联网及微博可快速大量传递各种信息。企业必须熟悉如何善用这些工具以了解现有及潜在的顾客想法，构筑企业员工与领导层的沟通渠道，加强供应商及工作伙伴的合作配合，收集及筛选经营管理所必需的资料信息。

现在的卓越绩效评价准则已经与波多里奇国家质量奖在1988年创办时的评审内容大不相同。但由于不断地探讨改进，逐渐为大多数企业所接受，获奖范围也从原来的三项（制造业、服务业及小企业）扩展到目前的六项（增加了教育、医疗及非营利行业）。

▶ 2. 评奖过程

1) 奖项的申请

申请单位必须提交按照"优秀业绩评定准则"要求填写的介绍本机构业绩的申报材料，包括经证明有效的认证证书、填写完整的申请表、机构概况和按照评定准则撰写的申请报告。

2) 奖项的评审

申报材料由波多里奇国家质量奖评审部门的专家进行审查和评定，评审分为4个阶段。

第一阶段：由评审部至少5位专家对申报材料进行独立的审查和评定；

第二阶段：对第一阶段出现的高评分申请单位进行一致性审查和评定；

第三阶段：对第二阶段出现的高评分申请单位进行现场考察；

第四阶段：由仲裁委员会最终评审，推荐获奖者名单。

3) 申报奖项的信息反馈

在评奖过程结束后，每一个申报单位都会收到评审部门的信息反馈报告。报告是由评审部门的美国高级专家签署的评定意见。反馈报告根据评定准则逐项列出申请者的强项和需要改进的薄弱环节。它可以指导申请者今后改进策略规划，也是继续申请波多里奇国家质量奖的一个重要指南，为如何改进达到奖项要求指出捷径。

4) 获奖

获奖单位可以公开发布或广告宣传它们的奖项。获奖者被要求与其他美国机构分享它们取得成功和有关质量策略的经验，但是不要求分享其专利信息，即使该信息是报奖内容的一部分。分享信息的主要途径是美国一年一度的"追求卓越"会议。

▶ 3. 评奖的准则

波多里奇优秀业绩准则是评定国家质量奖的基础，该准则每年修订后发布，现已被应用于世界范围。它提供一个评定框架，可帮助组织全面地评估所在单位的重要业务指标，如用户、产品和服务、日常运行、人力资源和财务等方面的水平。准则还可以帮助企业合理应用资源，改进联络方式，提高生产力和有效性，达到策略目标。参照准则要求，企业可以申报国家质量奖，也可以根据准则进行自我评估，找出不足之处加以改进。

准则分成7项评定要求，每项要求分成若干评定项目，对评定要求和评定项目都给出相应的评分标准。

(1) 领导力：审核高层领导怎样指导组织，组织怎样履行它对公众的责任并努力成为一个良好的公民。

(2) 战略计划：审核组织怎样制定战略计划，怎样决定计划中的关键因素。

(3) 顾客和市场：审核组织怎样确定顾客和市场的需要。

(4) 信息和分析：审核直接支持组织的关键程序、管理系统资料和信息的管理、分析及有效使用。

（5）人力资源：审核组织怎样开发其员工的全部潜能、怎样使员工与组织的目标相一致。

（6）过程管理：审核关键产品的生产过程，以及对这一过程的设计管理和改进。

（7）商业效果：审核组织在它的重要商业领域的表现和改进，包括顾客满意度、财务和市场表现、人力资源、供应商与合作伙伴以及运行状况。这个项目的考核还包括组织与它的竞争者之间的关系。

波多里奇国家质量奖评价的核心价值观包括有远见的、着眼于未来的领导人、顾客驱动的卓越绩效模式、全面的视野与管理创新、企业和员工的学习、注重雇员和合作伙伴、注重成果和创造价值、对市场的敏捷反应和社会责任。波多里奇国家质量奖评价要素和所占比例为：领导作用12.5%，战略计划8.5%，以顾客和市场为中心8.5%，信息、分析与知识8.5%，人力资源开发8.5%，过程管理8.5%和经营结果45%。

波多里奇国家质量奖由美国商务部国家标准技术局（NIST）负责管理，根据来自美国企业、大学、政府部门、咨询机构和其他组织的反馈信息，其评价标准、申请指南和评审过程每年都会有修改。这种持续的改进是波多里奇国家质量奖的最大优点。

波多里奇国家质量奖评价标准的设立遵循以下原则：

（1）质量奖是一套全国性的质量评价体系；

（2）为质量奖的评审和信息交流提供基础；

（3）为跨组织的合作提供一个平台；

（4）提供一套动态的国家奖励评价制度。

波多里奇国家质量奖评价标准有助于提高美国产品和服务质量的绩效标准和期望水平。在对企业关键的质量要求和运作业绩有着共同了解的基础上，波多里奇国家质量奖的评价标准能够促进企业之间以及企业内部的交流与共享，还可作为企业计划、评估、培训及其他用途的工具。

现在，全美有数千个企业和组织用波多里奇国家质量奖的原则和评价标准进行自我评估、培训和改进。对许多企业来说，采用波多里奇国家质量奖卓越绩效模式，提高了生产率、市场占有率和顾客满意度，改善了企业和雇员的关系，最终提高了企业利润。统计数据表明，采用波多里奇国家质量奖与企业市场表现的改进有着十分密切的联系。

2015—2016版卓越绩效准则框架如图1-4所示。

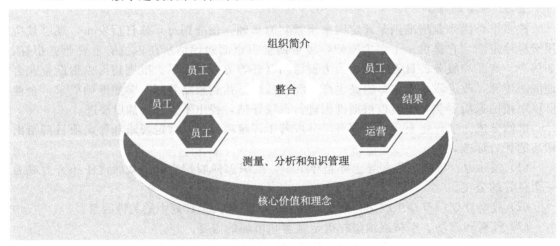

图1-4　2015—2016版卓越绩效准则框架图

1.3.3 欧洲质量奖

日本戴明质量奖和美国波多里奇国家质量奖在推动和改进制造业和服务业方面所取得的质量成效，使欧洲企业有所感悟。欧洲认为，有必要开发一个能与之相媲美的欧洲质量改进的框架。时任欧洲委员会主席雅克·戴勒指出："为了企业的成功，为了企业竞争的成功，我们必须为质量而战。"

▶ 1. 概述

1988年，英国电信公司(BT)、菲亚特汽车公司(Fiat)、荷兰航空公司(KLM)、荷兰飞利浦公司(Philips)、法国雷诺汽车(Renault)、德国大众汽车(Volkswagen)等14家欧洲大型企业在欧洲委员会的认可下，成立了欧洲质量管理基金会(EFQM)。欧洲质量管理基金会所发挥的巨大作用在于：强调质量管理在所有活动中的重要性，把促成开发质量改进作为企业达成卓越的基础，从而增强欧洲企业的效率和效果。1990年，在欧洲质量组织和欧盟委员会的支持下，欧洲质量管理基金会开始筹划欧洲质量奖。1991年10月，在法国巴黎召开的欧洲质量管理基金会年度论坛上，欧盟委员会副主席马丁·本格曼正式提出设立欧洲质量奖。1992年10月，在西班牙马德里欧洲质量管理基金会论坛上，由西班牙国王朱安·卡洛斯首次向获奖者颁发了欧洲质量奖。

欧洲质量奖授予欧洲全面质量管理最杰出的和有良好业绩的企业，只有营利性企业才能申请，非营利性企业被排除在外。它对企业所有权的类别和企业所有者的国籍并无要求，但申请企业的质量管理活动必须在欧洲发生。

欧洲质量奖对欧洲每一个表现卓越的企业开放，它着重于评价企业的卓越性。欧洲质量奖的奖项分为质量奖、单项奖、入围奖和提名奖。1996年，欧洲质量奖的奖励范围扩大到公共领域的组织，1997年又扩大到250个雇员以下的中小企业以及销售、市场部门和研究机构等。

(1) 质量奖：欧洲质量奖授予被认为是最好的企业。获奖企业的质量管理方法和经营结果是欧洲或世界的楷模。获奖企业可以在信签、名片、广告等上面使用欧洲质量奖获奖者标识。

(2) 单项奖：单项奖授予在卓越化模式的一些基本要素中表现优秀的企业。2003年，欧洲质量奖在领导作用、顾客对产品的评价、社会效益评价、人力资源效果评价和员工投入、经营结果领域内颁发了这一奖项。单项奖确认并表彰企业在某一方面的模范表现，也使一般的管理者和媒体更容易理解。

(3) 入围奖：欧洲质量奖的入围奖意味着企业在持续改进其质量管理的基本原则方面获得了较高的水准。获入围奖的企业将在每年一度的欧洲质量奖论坛上得到认可，这一论坛每年在欧洲不同的城市举行，来自欧洲不同国家和地区的700多名企业管理者会出席这一会议。

(4) 提名奖：提名奖表明企业已经达到欧洲质量奖卓越化模式的中等水平。获欧洲质量奖的提名奖将有助于激励企业更好地进行质量管理。

欧洲质量奖一直以世界上最先进的管理模式为基础，运用EFQM卓越化模式的基本原则，通过实施世界领先的有效管理模式，来帮助欧洲企业制造更好的产品，提供更好的服务。

EFQM负责欧洲质量奖的评审和管理。2000年，EFQM再次重申了它们对授予欧洲质量奖的立场和观点。现在，它们把目标集中于"建立一个欧洲企业在其中表现优秀的世界",并加大力量推进欧洲企业的卓越化进程和可持续性发展。现在,欧洲企业已经逐渐接受了"全面质量管理"的管理理念,并认为它是一种有效的成功管理模式,能够在全球市场竞争中获得优势。因此,全面推行欧洲质量奖能够增强企业质量保证体系的有效性、降低产品成本、提高顾客满意度,长期满足顾客、雇员等需要,能够使企业获得显著的经济效益和社会效益,最终会使企业获得更好的经营结果。

▶ 2. 欧洲质量奖评审过程

申请者首先根据模式自我评估,然后以文件形式将结果提交给欧洲质量管理基金会,一组有经验的评审员再对申请评分。质量奖评判委员会由欧洲各行业领导者,包括以前获奖者的代表和欧盟委员会、欧洲质量管理基金会以及欧洲质量管理组织的代表组成。他们首先确定评审小组将对申请者进行现场访问。现场访问之后,基于评审小组的最终报告,评判委员会选择确定提名奖获得者、质量奖获得者和质量最佳奖获得者。在每一类别的质量奖中,质量最佳奖获得者均选自质量奖获得者中最好的。获奖者都将参加声望很高的欧洲质量论坛,媒体将对此做广泛大量的报道,使其在整个欧洲都被认可,并成为其他组织的典范。质量论坛会后的一年中,将进行一系列的会议请获奖者与其他组织分享他们的经验达到优秀的历程。

▶ 3. 欧洲质量奖评审标准

欧洲质量奖的评审标准有9个部分:①领导(100分);②方针与战略(80分);③人员管理(90分);④合作伙伴与资源管理(90分);⑤过程管理(140分);⑥顾客满意(200分);⑦人员结果(90分);⑧社会结果(60分);⑨主要绩效结果(150分),满分为1 000分。

欧洲质量奖评审标准如图1-5所示。其中,前5个方框称为手段标准(有关结果如何达成的标准),后4个方框称为结果标准(有关组织取得了什么结果的标准)。箭头强调了模型的动态特性,表明创新和学习能够改进手段标准,并由此改进结果。

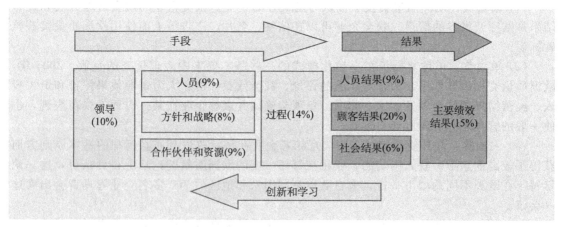

图1-5 欧洲质量奖评审标准结构

1.3.4 中国质量奖

我国自1978年起,在政府的倡导和推动下,引进和实施全面质量管理,1982—1991年,我国就有了计划经济时代的质量管理奖。1992年,该奖项暂停,中断了四年后,1996年各地逐步开始恢复质量(管理)奖,目前全国有10多个省市(如河北省、江苏省、北京市、上海市)和一些计划单列市(如深圳市)、地级市(如江苏扬州市、北京海淀区)、县级市(如深圳宝安区、浙江诸暨市)以及中国质量协会设立的质量(管理)奖或市长质量奖。2001年，为激励企业提高质量和经营绩效，中国质量协会恢复设立质量管理奖，2006年更名为全国质量奖，目的是对实施卓越的质量管理，并在质量、经济效益和社会效益等方面取得突出绩效的企业给予表彰。全国质量奖每年评审一次，由中国质量协会组织。发展至今，全国质量奖涵盖组织奖(全国质量奖)、项目奖(全国质量奖卓越项目奖)、个人奖(中国杰出质量人)和单项奖(全国质量奖管理特色奖)。

全国质量奖以企业文化、经营战略、绩效结果和社会责任等综合实力为衡量标准，是"卓越绩效模式"的框架，代表着中国质量治理的最高荣誉。"卓越绩效模式"以经营结果为导向，以强化组织的顾客满足意识和创新活动为关注焦点，追求卓越的绩效治理。企业获得全国质量奖就成为中国经营管理最好的公司的重要标志。

全国质量奖在社会上和企业中拥有非常高的知名度、美誉度和公信力，这与其一贯坚持的规范自律和国际接轨的评审方式密不可分。全国质量奖采取市场化方式运作，企业自愿申报，并坚持专业、规范化运作，保证评审工作的客观、公正性。

(1) 制度完善：从质量奖设立之初，便注重依靠制度建设，保障评审工作公平、公正地开展。从最初制定的纲领性文件《全国质量管理奖评审管理办法》，到陆续发布的《全国质量奖评审员行为规范》等一系列的制度，对评审过程的各个环节进行了详细的规定，并在评审中严格执行。

(2) 运作规范：全国质量奖评审组织架构设置上实行三权分立，审定委员会、工作委员会、评审专家组依据评审管理办法和评审程序规范的规定，各自履行职责。这一制度的设计保证了审定委员会、工作委员会和专家组既保持独立性又相互制约，从而确保评审的公正、公平。

(3) 评审科学：全国质量奖评审是成熟度评价，不同于一般的符合性评价，它针对标准条款的要求，过程从方法、展开、学习、整合四个维度，结果从水平、趋势、对比、整合四个维度，对企业管理的成熟度进行全面评价。

全国质量奖在评审方式上采取了国际通行的"独立评审+合议评审"的方式，评审组成员先对企业的申报材料单独进行评审，在此基础上，评审组成员进行充分的交流沟通，解决存在的分歧，最终达成一致的意见。通过这一方式，对企业管理达到的水平做出准确的判断，避免了因为评审员个体差异可能造成的偏颇。

近些年，全国质量奖也在国际化的道路上不断探索，2015年，全国质量奖评审引入了美国波多里奇奖和欧洲EFQM奖双料评审员，迈出了国际化的一步。

根据对全国质量奖获奖企业的跟踪研究，获奖企业在财务、顾客市场、质量、节能降耗等方面的绩效呈现了良好的发展态势。数据统计分析结果表明，企业主营业务收入年均增长率达26.57%，利润总额年均增长率达23.07%；企业的全员劳动生产率平均增长达130%；企业在节能降耗方面成效显著，万元产值综合能耗平均下降32.34%。

不仅如此，获奖企业还展现了较强的抗危机冲击能力。对获奖企业的跟踪调查显示，按全国质量奖获奖企业、实施卓越绩效模式企业、未实施卓越绩效模式企业分类，统计结果表明，获奖企业以及实施卓越绩效模式企业在经济危机中展示了较强的应对能力，主营业务收入、盈利方面的整体绩效水平明显优于未实施卓越绩效模式企业，而获奖企业整体又优于实施卓越绩效模式企业。

远见卓识的领导者越来越认识到全国质量奖的价值与意义。曾经获得全国质量奖的宝钢股份的领导者坦陈：创奖是为了学习，改进公司管理，使组织获得不断改进，不断地追求用户满意，追求卓越的驱动力。

"联想参与全国质量奖的评选，对外将提升联想品牌的美誉度，对内将强化全员质量经营的意识，发现差距，持续改进。"同样作为全国质量奖的获得者，联想的领导者如此表示。

2016年10月，山东临工工程机械有限公司、大亚湾核电运营管理有限责任公司、中建海峡建设发展有限公司、马鞍山钢铁股份有限公司、中国航天科工集团第二研究院二〇六所、中国船舶重工集团公司第七一六研究所、中国人民解放军第四七二四工厂获得了全国质量奖。同时，月球探测二期工程组织实施等四个项目获得全国质量奖卓越项目奖，杭州老板电器股份有限公司、交运集团青岛温馨巴士有限公司两家企业获得全国质量奖管理特色奖。

"全国质量奖能引导和激励企业，致力于卓越的质量保证体系建设，从而具备参与国际竞争的必要条件。"海尔集团首席先执行官张瑞敏深有感触地说。这也是众多组织积极申报全国质量奖的原因。

1.3.5 卓越质量经营模式

20世纪50年代以来，日本组织实施了全面质量管理，德国严格推行了以标准化为主题的质量管理，美国推广卓越绩效模式，引导企业追求卓越，从而使它们成为名副其实的质量强国和品牌大国。实践证明，质量管理理论和方法能够有效地指导各类组织的质量经营，为实现系统的改进、绩效的提升及核心竞争力的形成提供有效方法和路径，这是不争的事实。国内外不少质量专家认为：全球的质量运动正经历一次新的演变；传统的观点正在和可持续发展的质量集成在一起，从而追求组织的卓越以提升竞争力。

波多里奇国家质量奖项的设置目的是通过强化组织的顾客意识和创造性活动，通过评奖推广质量意识，表彰质量杰出卓著的美国组织，提供一个共享成功战略的载体来提升美国的竞争力。波多里奇国家质量奖评奖标准聚焦于结果和持续改进，这些评奖标准提供了一个设计、实施、评估管理整体业务运营流程的框架结构。波多里奇国家质量奖是一个杠杆，沙里淘金，每年只有3～5个企业获奖。该奖引导企业通过连续的质量改进和设定业绩的卓越标准而获得顾客满意。"质量"在该奖中有了更广泛的含义。由于波多里奇国家质量奖是针对"管理质量"和"经营质量"而被称为"卓越绩效模式"，使波多里奇国家质量奖在运行了23年后，更名为"波多里奇卓越绩效奖"（Baldrige Performance Excellence Program）。"卓越绩效"强调了质量的范畴已经从关注产品、服务和顾客质量，发展到对组织整体质量这一更广概念的战略性关注。波多里奇国家质量奖项目主任哈里·赫兹说："如今，将'卓越绩效'作为这一项目名称的核心部分，我们非常高兴。在马尔科姆·波多里奇国家质量奖设立以来的20多年里，与被一些人称为'大质量'的组织整体卓越这一概念相一致，波多里奇国家质量奖的准则一直在不断演进，以确保始终站在被证明有效的管理实践和需求的最前沿，因此新的项目名称强调卓越的概念也是恰当的"。

卓越绩效是通过综合的组织绩效管理方法，使组织和个人得到进步和发展，提高组织的整体绩效和能力，为顾客和其他相关方创造价值，并使组织持续获得成功。定义中所指的"综合的组织绩效管理方法"就是卓越绩效模式，也称为卓越绩效评价准则。

卓越绩效模式是当前国际上广泛认同的一种组织综合绩效管理的有效方法和工具。该模式源自美国波多里奇国家质量奖评审标准，以顾客为导向，追求卓越绩效管理理念，包括领导、战略、顾客与市场、资源、过程管理、测量分析与改进、经营结果七个方面。卓越绩效模式不是目标，而是提供一种评价方法，这一模式成了企业追求卓越的指南针和参照系，世界上许多国家和地区的质量奖都引用或参考这一模式。

我国的《卓越绩效评价准则》和《卓越绩效评价准则实施指南》国家标准体现了全面质量管理从指导思想到技术方法的变革与发展，是当今我国质量管理成功经验的最新总结，是我国质量管理工作发展到一个新阶段的标志。实施《卓越绩效评价准则》国家标准，是落实科学发展观、构建和谐社会和和谐企业的一条重要途径。

我国正处在一个重要的战略转型期，机会与挑战并存，虽然我国的经济建设取得了举世瞩目的成就，但同时也面临着前所未有的挑战。我国的出口主要集中在低端产品，附加值低，缺乏自主知识产权；我国的对外开放的方式仍然是以初级产品的直接出口为主要方式，这种方式的增长是有极限的。面对这些问题，必须采取新的思路才能突破进一步的经济增长和发展的瓶颈，才能实现经济的可持续发展，才能顺利实现全面建设小康社会的目标。《卓越绩效评价准则》体现了全面质量管理的精髓，充分理解、把握和应用《卓越绩效评价准则》是落实科学发展观、应对当前挑战和解决我国经济社会和环境可持续发展问题的最有效途径之一。实施《卓越绩效评价准则》国家标准，可以引导企业坚持以人为本，树立全面协调和可持续发展的观念，它为组织实现卓越绩效，对组织系统进行综合、全面和持续改进提供了一套方法论。

卓越绩效过程评价用方法、展开、学习、整合（ADLI）四要素来评价组织的过程处于何种阶段，组织完成过程采用的方法要适宜、有效、可重复，要以可靠的数据和信息为基础，组织采用的方法要展开、要持续应用、适用性要强，组织的学习就是通过循环评价和改进，对方法进行不断完善，并鼓励通过创新方法进行突破性的改变，并在各部门和过程分享方法的改进和创新。

卓越绩效就是在保证企业经营决策所确定的经营方针和经营方向得当无误的前提下，保证企业的每一个岗位、每一个活动、每一份资产、每一个时刻都处于服务于企业价值目标实现的要求控制之中。而要有效地达成这4个控制目标，既不能靠铁腕手段，也不能靠强权命令，必须通过运行流程管理规范化的实施来实现。GE飞机发动机制造公司能实现零中间管理层，靠的是什么？不是韦尔奇的个人魅力，而是流程管理规范化。济南二机集团能先后接下美国通用汽车公司的上十条生产线订单，靠的是什么？不是营销策划的奇迹，而是通过标准化管理，夯实了企业的基础管理，保证了产品的质量和生产的效率。海尔拥有明显超越于同行企业的组织执行力，靠的就是它的流程管理规范，员工人人做事到位。所以，如果企业真正想创造出卓越绩效来，也就必须实现企业运行流程管理规范和标准化。

卓越绩效模式的标准提供了一个企业治理的文化。这里所说的企业文化，在企业内部表现在全体员工的素质和为了达到企业目标所做各种工作的互动上；在企业外部表现在全体员工的素质和完成对社会、对环境、对资源所负责任的程度上。绩效正是这一企业文化的结果，卓越绩效需要卓越的企业文化。企业文化是演进的，卓越是无止境的。

1.4　质量经济性管理与质量成本

1.4.1　质量成本的构成

根据国际标准化组织的规定，质量成本由两部分构成，即运行质量成本和外部质量保证成本。其中，运行质量成本包括预防成本、鉴定成本、内部故障成本和外部故障成本。

▶ 1. 运行质量成本

运行质量成本指质量体系运行后，为达到和保持所规定的质量水平所支付的费用。企业质量成本研究的对象主要是运行质量成本。

（1）预防成本，指预防产生故障或不合格品所需要的各项费用，主要包括质量工作费（企业质量体系中为预防发生故障、保证和控制产品质量、开展质量管理所需的各项有关费用）、质量培训费、质量奖励费、质量改进措施费、质量评审费、工资及附加费（指从事质量管理的专业人员）和质量情报及信息费等。

（2）鉴定成本，指评定产品是否满足规定质量要求所需的试验、检验和验证方面的成本。一般包括进货检验费，工序检验费，成品检验费，检测试验设备校准，维护费，试验材料及劳务费，检测试验设备折旧费，办公费（为检测、试验发生的），工资及附加费（指专职检验、计量人员）等。

（3）内部故障成本，指在产品出厂前，由产品本身存在的缺陷所带来的经济损失，以及处理不合格品所花费的一切费用的总和，称为内部故障成本。一般包括废品损失（包括工时费及材料费）、返工或返修损失、因质量问题发生的停工损失、质量事故处理费、质量降级等降级损失等。

（4）外部故障成本，指产品出厂后，在用户使用过程中由于产品的缺陷或故障所引起的一切费用总和，称为外部故障成本。一般包括索赔损失、退货或退换损失、保修费用、诉讼损失费、折价损失等。

▶ 2. 外部质量保证成本

在合同环境条件下，根据用户提出的要求，为提供客观证据所支付的费用，统称为外部质量保证成本。其组成项目有：①为提供附加的质量保证措施、程序、数据等所支付的费用；②产品的验证试验和评定的费用，如经认可的独立试验机构对特殊的安全性能进行检测试验所发生的费用；③为满足用户要求，进行质量体系认证和产品质量认证所发生的费用等。根据以上关于质量成本的定义及其费用项目的构成，有必要将现行的质量成本做以下说明，以明晰质量成本的边界条件。

（1）它只是针对产品制造过程中的符合性质量而言的。也就是说，在设计已经完成、标准和规范已经确定的条件下，才开始进入质量成本计算。因此，它不包括重新设计和改进设计以及用于提高质量等级或质量水平而支付的那些费用。

（2）质量成本是指在制造过程中与不合格品密切相关的费用。例如，预防成本就是预防出现不合格品的费用；鉴定成本是为了评定是否出现不合格品的费用；而内、外故障成本是因产品不合格而在厂内或厂外所产生的损失费用。可以这样理解，假定有一种根本不出现不合格品的理想式生产系统，则其质量成本为零。事实上，这种理想式生产系统是不存在的，实际中，或多或少总会出现一定的不合格品，因此质量成本是客观存在的。

（3）质量成本并不包括制造过程中与质量有关的全部费用，而只是其中的一部分。例如，工人生产时的工资或材料费、车间或企业管理费等均不计入质量成本中，因为这是正常生产前所必须具备的条件。计算和控制质量成本，是为了用最经济的手段达到规定的质量目标。

（4）质量成本的计算，不是单纯为了得到它的结果，而是为了分析，在差异中寻找质量改进的途径，达到降低成本的目的。

应当指出，质量成本属于管理会计的范畴，因此，它对企业的经营决策有重要的意义。

1.4.2 质量损失

"提高经济效益的巨大潜力蕴藏在产品质量之中"，这句名言已经被世界许多企业的成功经验所证实。只有减少与质量有关的损失，效益才能得到充分体现和增加。因此，损失和效益是对立的统一体，而这种观念正在日益深入人心，我国许多的行业和企业都在努力开展减损活动并已经取得了良好效果。

根据国内一些部门和省、市的统计分析报告，目前中国工业企业的不合格品损失较大，约占工业产值的10%，甚至更多，仅按此比例计算，全国每年的不合格品损失超过千亿元。事实上，我国不少地区的不合格品损失量比上述统计数字要大得多。根据质量监督部门粗略统计，近年来，平均每年全国县以上企业仅废品损失一项就约150亿～180亿元人民币。国外一些专家认为，工业企业的不良品损失要占到制造成本的20%～30%。美国著名质量管理专家朱兰在他主编的《质量控制手册》一书中形象地说："在次品上发生的成本等于一座金矿，可以对它进行有利的开采。"

然而，生产过程中的不良品损失，仅仅属于企业内部的质量损失范畴，不良品损失犹如水中冰山，暴露在水上面的比例并不大，而大部分隐患和损失都潜在水面下。实际上，质量损失应该是产品在整个生命周期过程中，由于质量不满足规定要求，对生产者、使用者和社会所造成的全部损失之和。它存在于产品的设计、制造、销售、使用直至报废的全过程，涉及生产者、使用者和整个社会的利益。

▶ **1. 生产者的损失**

生产者的质量损失包括因质量不符合要求，在出厂前和出厂后两方面的损失。其中，既包括有形的损失，也包括无形的(隐形的)损失。有形损失是指可以通过价值计算的直接损失，如废品损失、返修损失，销售中的安装、修理、退货、赔偿、降低降价损失，辅助生产中的仓储、运输及采购中的某些损失等。据统计，生产和销售中的损失约占总损失的90%，其中废次品、返修、返工、包装不良等又是主要因素。因此，提高产品投入产出一次合格率是减少生产者质量损失的有效手段。国外开展的"零缺陷生产""零公差生产"等管理也都是减少生产者损失、最终减少消费者损失的重要措施。

生产者损失除了上述有形损失外，还存在所谓的无形损失。例如，产品质量不好影响企业的信誉，使订货量减少，市场占有率降低。这种损失是巨大的且难以直接计算，对于企业的影响也可能是致命的，有时甚至会导致企业的破产。

另外还有一种无形损失，就是不合理地片面追求过高的质量。不顾用户的实际需要，制定了过高的内控标准，通常称为"剩余质量"。这种剩余质量无疑会使生产成本过多增加，那些不必要的投入造成了额外损失。为了减小这种损失，在产品开发设计时必须事先做好认真的调查，制定合理的质量标准，应用价值工程理论进行深入的价值分析，减少不必要的功能，使功能与成本相匹配，以提高质量的经济性。事实上，提高质量水平就可能要增加投入，这样必然会使成本增加，从而导致价格的提高，也就可能会使产品在投放市场后失去价格竞争优势。

在无形损失中，通常存在着机会损失。所谓机会损失，是在质量管理范畴中寻求最优的概念。在质量形成的各个阶段，都存在着质量优化的机会。例如，寻求设计中的最佳生命周期、最佳产品质量水平，寻求制造中的"零缺陷"、最佳工序能力指数、产品的最佳保修期等，这些会带来最佳效益，而实际效益与最佳效益之差就称为机会损失。

2. 消费者（或用户）的损失

消费者损失是指产品在使用过程中，由于质量缺陷而使消费者蒙受的各种损失，如使用过程中造成人身健康、生命和财产的损失，能耗、物耗的增加，人力的浪费，造成停用、停工、停产、误期或增加大量维修费用等，都属消费者的质量损失。毫无疑问，假冒伪劣产品也会给消费者带来不同程度的损失。《中华人民共和国产品质量法》《中华人民共和国消费者权益保护法》等法律法规规定了对消费者的损失给予全部或部分赔偿，其目的在于避免或减少消费者的质量损失，保护消费者的利益。

应该指出的是，消费者损失中也有无形损失和机会损失。例如，功能不匹配就是最典型的一种：仪器某个组件失效又无法更换，而仪器的其他部分功能正常，最终也不得不整机废弃，给消费者或用户造成经济损失。这些都是产品的各组成部分功能不匹配的缘故。

从质量的经济性出发，在开始设计一种寿命为 25 年的汽车时，最理想的状态是所有零部件的寿命都是 25 年或接近 25 年，但实际上这又是做不到的。所以，通常的设计原则是：对于那些易损零部件的耐用期尽量与整机的寿命或大修周期相等或使整机寿命与零部件的耐用期成倍数的关系，其目的是减少功能不匹配的无形损失。值得注意的是，这类无形损失是相当普遍的，只是很多人未意识到或者熟视无睹。

3. 社会（环境）的损失

生产者和消费者损失，广义来说都属于社会损失；反之，社会损失最终也构成对个人和环境的损害。这里所说的社会损失主要是指由于产品缺陷对社会造成的公害和污染，对环境的破坏和对社会资源的浪费，以及对社会秩序、社会安定造成的不良影响等。例如，交通运输设备（飞机、汽车、轮船）每年因质量缺陷（非质量缺陷原因除外）造成巨大的人身伤亡事故。又如，轴承是常用的机器零件，其寿命则是它的重要质量指标。假如某种规格的汽车轴承原设计的实际使用寿命为 1 000 小时，若采用新工艺改进质量，使轴承寿命达到了 2 000 小时，其本身就是一种极大的资源（人、财、物等）节约，而产品在用户使用过程中会集中反映所发生的社会损失，如大量的能源耗费，这可能比提高轴承寿命所增加的成本大得多。

拓展案例

现在有 A、B 两家轮胎厂具有相同的计划：年产 200 万个轮胎。经年终统计，A 厂生产了 210 万个，完成计划的 105%。经检验 A 厂的轮胎平均能跑约 3.5 万千米；相应地，B 厂生产了 200 万个轮胎，总产量和劳动生产率完成计划的 100%。很明显，若销售价格相同，A 厂的销售收入高于 B 厂。但 B 厂的产品质量好，经检验轮胎平均能跑 4 万千米。稍加计算和分析就发现，A 厂生产的 210 万个轮胎能跑 735 万千米，而 B 厂生产的 200 万个轮胎能跑 800 万千米。事物的表面是 B 厂比 A 厂少生产 10 万个轮胎。

但是，事物的实质是 B 厂不仅节约了生产 10 万个轮胎的投入，而且比 A 厂多跑 65 万千米，相当于 B 厂比 A 厂多生产了轮胎并节约了相应的材料、能源和劳动耗费。

课堂思考：质量对人类资源的利用和社会效益的贡献是什么？

4. 质量波动及其损失

产品质量的好坏最终用质量特性来描述。质量特性的测量数值被称为质量特性值。不同的产品有不同的质量特性，通常表现为功能、寿命、精度、强度、可靠性、维修性、经济性、物理、化学、机械性能等。同一批产品，即使是由同一工人用同样的材料、设备、工具，在相同的环境下制造出来的，其质量特性值或多或少也会有所差别。通常来说，即使制造出来一批差异极小的产品，在使用过程中，特别是使用一段时间以后，其性能也会发生变化，这就是质量的波动。

质量波动是客观存在的事实，只能采取措施来减小这种波动，而不能完全消除。通常所谓的合格品或优等品，只是误差较小。不管是什么原因引起的波动，都必然会给生产者、使用者或社会带来损失。例如，如果在制造时质量特性值的波动幅度超过了规定的公差界限，就可能要引起返修、返工或报废，甚至引起停工、停产，从而造成生产者的损失。如果不合格品已到了用户手中，还可能引起索赔及相关的法律纠纷。同样，如果产品在使用过程中或使用一段时间后，质量特性值的波动幅度超过了使用的规定界限，则要送去修理或更新，从而造成用户或消费者的损失。如果这种波动的原因是生产者或供货者，则他们要承担全部或部分损失，但对消费者或多或少也是要造成损失的。

质量损失是指产品在整个生命周期过程中，由于质量不满足规定的要求，对生产者、使用者和社会所造成的全部损失之和。它存在于产品的设计、制造、销售、使用直至报废的全过程中，涉及生产者、使用者和整个社会的利益。

日本管理专家田口玄一认为产品质量与质量损失密切相关。质量损失是指产品在整个生命周期的过程中，由于质量不满足规定的要求，对生产者、使用者和社会所造成的全部损失之和。田口玄一用货币单位来对产品质量进行度量，质量损失越大，产品质量越差；反之，质量损失越小，产品质量越好。

1.4.3 质量的经济性

提高经济效益是企业经营管理中的一个重要目标。企业的经济效益同许多因素有关，但最重要的是产品质量和质量管理，高的产品质量是企业取得经济效益的基石。

▶ 1. 质量的经济性

产品质量的经济性，就是在充分地保证产品的质量能够使顾客获得满意的基础上，追求产品在整个生命周期内给生产者、消费者（顾客）以及整个社会带来的总损失最小。

质量经济性强调产品不仅要满足适用性要求，还应该讲求经济性，也就是说要讲求成本低，要研究产品质量同成本变化的关系。质量与费用的最佳选择，受到许多内部和外部因素的影响，一方面要保证产品的质量好，使用户满意；另一方面要保证支付的费用尽可能低。这就是质量与经济的协调，是质量经济性的表现。在计算和考虑成本时，不能只讲企业的制造成本，还要考虑产品的使用成本，即从满足整个社会需要出发，用最少的社会劳动消耗，取得最好的社会经济效果。

▶ 2. 产品质量水平与质量经济性

组织的利润一般取决于产品的价格与产品成本的差额，而成本和价格又往往取决于产品的质量水平。根据成本与价格对质量水平的变化关系，就有可能找到利润最高时的质量水平，这就是所谓的最佳质量水平。

在确定产品的质量水平时，除满足国家规定的有关技术方针、政策等之外，其原则是尽量为企业带来更多的利润。企业的利润一般取决于产品的价格与产品成本的差额，而成本和价格往往又取决于产品的质量水平，这就是所谓的最佳质量水平。因此，最佳质量水平绝非最高质量水平，不要将两者混为一谈。

图 1-6 表示了价格、成本、利润和质量水平的一般关系。由图 1-6 中可以看出，质量水平为 M 时，利润为最高，也就是最佳质量水平。质量水平低于 A 或高于 B 时，都将产

生亏损，a、b两点即为盈亏点。

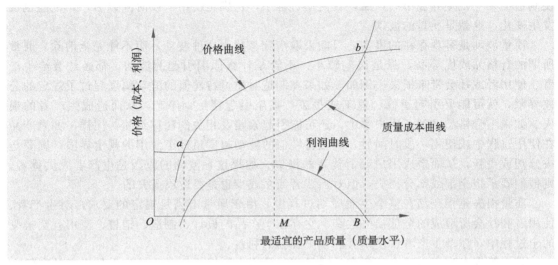

图1-6 价格、成本、利润和质量水平的关系

实际上，企业并非都选择最佳质量水平M为目标，通常是在a、b两点之间的某个质量水平。这要根据市场需求和企业的技术水平、设备能力以及销售渠道等因素综合考虑。

在市场竞争条件下，质量水平与市场需求有密切关系，因此对市场需求的变化情况进行预测就显得特别重要。我们知道，生产出来的产品通过市场转到用户的手中，用户对质量的要求是变动的和不断提高的，并通过市场反映出来，这就要求产品质量要有灵敏的适应性。但新的质量水平从形成到制造出新的质量水平的成品供应市场，会有一个相当长的周期，这就往往导致新质量水平产品的供应滞后于用户的需求，从而错过了时机。

正是由于以上原因，对质量水平以及相应的质量保证耗费，同满足市场需求之间的关系进行预测和分析就有重要意义。美国麻省理工学院的福里斯特（J. W. Forrester）教授在研究一个公司如何才能获得高利润的快速增长时，提出了一个基本的通用关系。福里斯特的分析方法可简要归纳如下：产品的质量水平同满足市场潜在需求的百分比有密切关系，当产品尚未达到一定的质量水平时，不能满足任何的潜在市场需求；当达到一定质量水平后，质量的改善可能很快扩大市场，最后为了更进一步满足市场需求，就要求大大提高质量水平。

▶ 3. 提高质量经济性的途径

要提高产品质量经济性，首先要了解产品寿命周期。产品的寿命周期包括开发设计过程、生产过程和使用过程。产品寿命周期总成本应包括整个产品寿命周期内的开发设计成本、生产成本和使用成本。因此，提高质量经济性的途径可从以下三个方面着手。

1）提高产品开发设计过程中的质量经济性

产品的质量首先取决于产品的开发设计。由于质量、成本和效益的80%是在开发设计阶段就确定的，除非在开发设计阶段就充分考虑到产品的质量与成本的要求，否则仅仅在制造阶段抓质量与成本是难以奏效的。

开发设计过程的质量经济性管理，关键在于质量设计。质量设计是指在产品设计中，对一个产品提出质量要求，即确定其质量水平，这是产品设计中带有战略性或全局性的一环；无论是老产品的改进还是新产品的研制，都要经过质量设计这个过程。质量设计的首要任务是保证其适用性。产品适用性表现在不同的质量特性上，为此，必须了解顾客的观点和要求，着重点在于系统地调查顾客对哪些质量特性感兴趣，要求满足的程度怎样，顾客对产品关键质量特性的评价如何，使用中会受到哪些客观因素或环境的影响，本企业的生产能力如何，技术上的优势或劣势在哪里等。只有真正了解顾客的需要，摸清企业的条件，从实际出发，才能达到质量设计的适用性。如果设计不好，达不到顾客的要求，就谈不上经济效益的问题。

质量设计的另一个任务是讲求产品的经济性，也就是讲求产品功能、成本和效益，就是要研究质量设计同成本变化的关系，计算产品的成本和投资费用，同时不能忽略产品的使用成本，即从满足顾客的需要出发，用最少的社会劳动消耗，取得最好的社会经济效果。为提高设计质量的经济性，企业应做好四个方面的工作。

（1）做好市场需求预测。由于产品的质量水平与市场需求有紧密的关系，对产品在市场的需求量及变化规律要有科学的预测。每一种产品从进入市场到最后退出市场，都有一个发展过程，可以分为试销、旺销、饱和及衰退四个阶段。一般要进行市场调查，了解产品的目标市场，用户关心的是产品的适用性及使用成本，因此在产品的设计开发阶段就必须考虑产品的使用费用。

（2）完善产品的技术经济指标。即对总体方案进行可行性分析，做到设计上先进、经济上合理、生产上可行，综合地考虑质量的社会经济效益。可以运用可靠性工程、价值工程、正交试验设计等先进技术，实现产品各组件质量特征参数指标的优化设计。

（3）注意质价匹配。质量和价格有时是矛盾的，要提高产品质量往往会增加质量成本，成本增加又会引起价格的提高。质量成本的不恰当增加，导致价格过高，超过社会一般的购买力，则产品就会滞销；反之，产品质量低劣，价格即使降低也没有市场，这里面有一个合理的质价关系，即产品的质价匹配关系。可见，产品设计中质价匹配是一个相当重要的问题，不能盲目地追求先进性而忽视经济性，否则，设计出来的产品只能成为样品、展品，而不能成为商品。

（4）重视功能匹配。产品的某一个零部件失效又无法替换，而其他部件尽管运行正常，最后也不得不整机丢弃或销毁，给消费者或用户带来了经济上的损失。虽然真正做到这一点并不容易，但是可以把一些易损零件的寿命设计成与汽车的寿命或修理周期成倍数的关系，并尽量与汽车的大修周期重合。

拓展案例

ZZ公司如何控制设计质量？

产品的技术水平、档次、适用性主要取决于开发设计，在市场经济条件下，为适应电子产品技术更新与市场需求变化的快节奏，ZZ公司在开发新产品抢占市场上，投入了很大的人力、物力、财力，增加新产品的投入，保证研制经费，通过引进技术人才，配备研制、实验的技术装备，新产品产值率达80%以上，为公司赢得了显著的经济效益。

在新产品开发中，严格控制设计质量，实施设计验证和设计评审，对评审、验证中发现的问题认真组织质量改进，没有解决不转入下一工序，保证产品上线不带遗留问题。在新产品投入批量生产前，组织"投产前准备状态检查"，通过对产品的技术状态和质量水平，生产线的保证能力和质量控制、质量责任分配等内容的审定，并经公司开发部、生产部和质量部的领导审批方可投入批量生产。

在新产品开发中，积极采用国际先进标准，根据市场需求和质量竞争的需要制定企业的内控标准，保证了新产品开发的高起点。开发的大屏幕彩电图像清晰、艳丽、稳定，音质优美、临场感强，并具有多制式、多功能等特点，得到了广大消费者的青睐。从新产品设计开始，就重视产品的安全、电磁兼容和可靠性的设计、评审和验证公司开发的各种型号的电视产品在投放市场前全部通过安全认证。

2）提高生产制造过程中的质量经济性

生产制造过程的质量称为符合性质量。符合性质量水平对批量生产具有重要意义，它不仅是产品质量的重要标志，而且是经济性的重要标志，通常用批量生产的合格品率来表示。合格产品的单位成本费用与符合性水平的关系如图1-7所示。

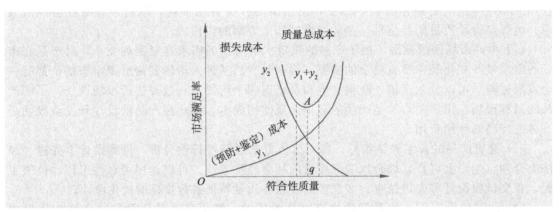

图1-7 成本与制造质量的关系曲线

图1-7中，y_1表示生产过程中的预防成本和鉴定成本费用，y_2表示生产的损失成本费用，主要是由废品、次品、返修品造成的，于是保证该质量水平的总成本费用等于y_1+y_2。可以看出总成本有一个最低点A，对应q点是最经济的符合性质量水平。当然这是一个理论上的点，实际用q点附近的区间表示这个最佳值。需要在生产中积累较多的实际经验和数据，才能正确地用最经济的符合性质量水平指导生产活动。

3）提高产品使用过程中的质量经济性

如果企业只考虑产品的制造成本，而忽视整个产品寿命周期内的使用成本，无论从顾客还是从整个社会来看都不是经济的。然而，产品的使用成本是许多企业在开展成本降低工作时容易忽略的部分。在产品使用过程中，提高产品质量经济性的途径应包括两个方面：

（1）降低产品使用过程中的成本。使用过程的费用主要包括两部分：①产品使用中，由于质量故障带来的损失。对可修复性产品一般是停工带来的损失，而对不可修复的产品，如宇宙飞行、卫星通信、海底电缆等，则会带来重大的经济损失；②产品在使用期间的运行费用。运行费用包括使用中的人员管理费、维修服务费、运转动力费、零配件及原料使用费等。就运转动力费而言，降低产品的能源消耗即降低了产品的使用成本，带给顾客更多的效益，同时也提高了产品的竞争能力和市场占有率。

（2）考虑延长产品的使用寿命。产品使用寿命长短是产品质量好坏的重要标志之一，同样一件产品，在其他条件大致不变的情况下，如能延长产品的使用寿命，则降低了使用成本，满意程度自然会上升。因此，延长产品使用寿命对增强企业生存能力、发展能力和竞争能力是很重要的。企业应以战略的眼光看待这一问题，针对不同的产品可从不同的方面采取不同的战略措施，如改进产品设计和整体结构、改善零部件质量、使用优质材料和改进工艺、指导顾客正确使用和维护产品等。

拓展案例

木桶原理

盛水的木桶是由许多块木板箍成的，盛水量也是由这些木板共同决定的。若其中一块木板很短，则此木桶的盛水量就被短板所限制，这块短板就成了这个木桶盛水量的"限制因素"（或称"短板效应"）。若要使此木桶盛水量增加，只有换掉短板或将短板加长才行。人们把这一规律总结为"木桶原理"，又称"木桶定律"或"短板理论"。

更进一层，我们可以知道：①比最低的木板高出的部分是没有意义的，高出越多，浪费越大；②要想提高木桶的容量，就应该设法加高最短的那块木板的高度，这是最有效也是唯一的途径。

木桶原理是来自生活中的经验，但朴素的道理却是人类智慧的结晶。

课堂思考：木桶原理是否反映了质量经济性的问题？

1.5 提高质量的意义

产品质量的优劣是衡量一个国家生产力发展水平以及技术、经济发展水平的重要标志。产品质量的提高，直接关系到人民生活的逐步改善以及企业本身的生存发展。在国际市场上，20世纪80年代以来，世界各国工业界出现一种流行的说法，认为现代世界正进行着一场没有硝烟的特殊的"第三次世界大战"。这场特殊的大战就是各国以产品质量为本，在国际市场上展开的激烈竞争，高质量的产品将是这场大战中的胜利者。

1.5.1 社会意义

提高质量的社会意义强调质量对社会的深远影响。菲根堡姆博士用"没有选择余地"（用技术名词来说就是"零冗余"）来刻画质量的社会意义。他指出："人们的日常生活和日程安排完全取决于产品的性能或服务运转是否令人满意……这极大地提高了顾客对产品或服务在持久性和可靠性方面的要求。"

强调"质量的社会意义"在于，一方面质量和安全性是人类生活和社会稳定的保障；另一方面质量同整个国家生产率水平的关联。产品或服务质量不仅是当代决定企业素质、企业发展和企业经济实力和企业竞争优势的主要因素，也是决定一国竞争能力和经济实力的主要因素。

▶ 1. 质量是人类生活和社会稳定的保障

质量为满足人类对产品、过程和经营等要求而产生。如果发生了质量问题，不仅影响产品质量、过程质量和经营质量，还会影响人民生活和社会经济的健康发展。美国著名质量管理专家朱兰博士把质量形象地比拟为人类在现代社会中赖以生存的"质量大堤"。"质量大堤"这一概念让人们进一步认识到，人们只有努力地创造出质量，确保了产品和服务质量，才能在"质量大堤"下享受质量。这个"质量大堤"一旦出现崩塌或决口，将给人类、企业和社会造成损失，甚至灾难。例如，由于产品质量造成的电器漏电、电视机爆炸、高层建筑电梯失灵等,由于工作质量造成的飞机失事、煤矿爆炸、火灾等,由于工程质量不佳造成的建筑物倒塌等,不仅给人类带来无穷的烦恼、经济损失和灾难,也会造成社会资源的浪费和社会的不稳定现象。科技发展所带来的产品如手机、有线电视等,改变了人们原有的生活方式,这意味着生活的质量只有在服务不中断的情况下才能有保障,然而,许多产品很容易发生故障,经常造成服务的中断。虽然大多数这类故障并不严重,但也有一些严重的,甚至相当可怕的故障,如食品、药品和医疗设备质量直接危害人类的安全和健康及其环境。因此,人类生活和社会稳定只有依托质量才能得以保障。人类要想安居乐业、健康幸福地生活,就必须关注质量和提高质量,使"质量大堤"不断加高、加厚,牢不可破。

知识链接

美国的质量管理专家朱兰博士在很早以前就说过:"人们在'质量大堤'的保护下生活。"这一思想源于荷兰的海防大堤——荷兰有大约1/3的国土低于海平面,这块土地赋予人们很大的恩惠,但也很危险,要利用好这块土地,就需要建造和维护巨大的海防大堤。朱兰的这句名言说明了质量就像海防大堤一样,可以给人们带来利益和幸福,而一旦"质量大堤"出现问题,它同样也会给社会带来危害甚至灾难。

▶ 2. 质量同整个国家生产率水平的关联

质量最早只是一个技术的概念,但是随着经济社会的发展和科学技术的进步,人们逐步认识到质量包括技术、经济、科技、教育和管理水平,如产品质量、工作质量、过程质量、生活质量、环境质量、消费质量、人口质量、教育质量、外贸增长的质量,外资运用的质量和民族素质质量等。质量作为国家整体竞争力的核心要素,是衡量经济社会发展水平的重要标尺,是经济增长和民生改善的基础。树立大质量的发展观,以质量为导向,提高各级组织的素质、效益和产业整体竞争力,提升国家在全球产业分工和利益分配格局中的有利地位,是全球化背景下实施可持续发展战略的必然选择。

经济社会今后的改革和发展将更加注重科学发展,更加注重发展方式的转变,更加重视质量与速度、效益与规模、当前与长远的关系,加快从数量扩张型向质量效益型转变。因此,一个国家经济增长的方式无论如何转变,都必将重视质量,质量是经济社会发展进步的综合反映,也是发展生产力、增长社会物质财富和增强综合国力的重要途径。

拓展案例

第二次世界大战之后,日本凭借武力做后盾向东南亚等地区倾销"东洋劣货"的做法行不通了,劣质产品大量积压,国民经济发展遇到严重危机,在严峻的形势面前,日本企业不得不开始重视质量。特别是在20世纪60年代以后,有不少赶上甚至超过了美国产品。日本从1960年起把每年11月定为质量月,开展质量月活动。每年质量月的口号、议题中心、活动内容重点等都根据届时的形势而定。在质量月内,从各工业企业、各地区到全国都层层举行质量管理大会、报告会、讨论会、成果发表会,以及消费者大会等,形成有声有势的群众性质量管理活动高潮。

1.5.2 经济意义

日本的质量管理权威石川馨先生曾说:"日本的许多工业产品能在国际市场具有很强

的竞争能力，能大量出口世界各地，一个最重要的原因是开展了质量管理。"第二次世界大战后，日本从他们切身的经验教训中认识到：没有高质量的产品，就没有市场，也就会失去生存条件。因此，提出"工业产品质量是日本民族的生命线""质量关系到国家和企业的生死存亡"等口号，把"以质量打开市场""以质量求生存，以品种求发展"的战略理念落实到企业的经营中。使日本产品质量在"二战"后60年，成为世界第一流的产品，大大提高了企业的市场竞争能力和经济效益。松下、索尼、丰田等企业的产品就意味着高质量，誉满全球。一个企业没有了质量，就没有优质的产品，就没有了市场，就失去了生存的能力。因此，对于企业来说，质量是企业开拓市场的生命线，市场竞争能力强的企业不断发展壮大，从而带来企业经济效益的不断增长。

▶ 1. 质量是企业开拓市场的生命线

在社会经济高度发达的今天，"质量就是生命"等理念已深深地扎根于每个企业，任何产品都要经受市场无情的考验。"今天的质量"就是"明天的市场"，只有用合格的产品质量满足消费者的需求，才有可能不断地扩大市场的份额。扩大市场份额体现在产品能极大地满足消费者的物质需求和心理需求。事实上，产品的质量只有在使用过程中才能体现出来。一个质量低劣的产品，在使用中，消费者自身的物质需求和心理需求不能得到相应的满足，甚至产生受骗上当的感觉，那么再精心的包装和修饰，也很难在消费者心中树立起良好的品牌形象。所以，对产品质量有发言权的是用户，用户更看重的是产品质量，并且宁愿花更多的钱获得更好的产品质量。在消费需求不断个性化的今天，质量稳定的高质量产品会比质量不稳定的低质量产品拥有更多的市场份额。只有一个富有竞争质量的产品才能引导一个企业驶向成功的彼岸。

▶ 2. 质量是企业竞争力和经营素质的综合体现

优质产品是企业竞争力的关键因素。由于市场经济和消费观念的变化，产品质量作为企业竞争力的关键因素正日益受到广泛的认同。事实上，在体现企业竞争力的五要素中，与质量直接有关的要素有两个：产品质量（quality）要好，服务质量（service）要优良。与质量间接有关的是产品价格或成本（cost），质量越高，则成本也越高，质量越差，则成本也越低。适用的功能（function）和产品品种是产品质量好坏的一种体现方式。交货期（time to Market）是服务质量的体现形式。说到底，体现企业竞争力的五个要素均与质量有关。高质量的产品更具有合理的成本和富有竞争性的价格。质量已成为决定用户购买的首要因素，"质量竞争"在某种程度上正在取代"价格竞争"。

如果说未来世界还会发生全球性大战，将可能不再是以摧毁生命为目标的战争，而是争夺世界市场的全球性经济大战，经济大战最锐利的武器就是质量。这一"战争"事实上早已开始，这正是"质量的市场意义"核心之所在。

项目小结

随着人类社会的进步和人类对自我生存环境及资源的体验逐步深化，人们对质量概念的认识发生了很大的变化。由于质量要求是不断发展变化的，所以质量的提高和改进是永恒的主题。经济全球化的不断深入，标志着一个国家的产品具有更广阔的市场。全面意义上的质量竞争已成为国际市场竞争的关键。正确理解质量与整个国民经济发展、企业及人民切身利益的密切关系，以便了解提高质量的意义。

阅读资料

全面质量管理引领的质量战略实施——来自戴明奖获奖企业的案例

1. 公司简介

索纳克尤转向系统公司(Sona KoyoSteering Systems Limited,以下简称索纳公司)成立于1985年,它是印度索纳集团与日本捷太格特株式会社(由光洋精工公司和丰田工机株式会社合并成立)建立的合资公司。该公司为印度客车和中型汽车生产完备的手动、液压和电子动力转向系统以及车轴零部件、后轴配件和传动轴等传动系统产品。企业客户包括马鲁蒂铃木(占58%的销售份额)、现代汽车、塔塔汽车、丰田汽车、通用汽车等。公司曾被世界经济论坛(WEF)评为全球增长型企业,在2003年成为全球首家获得戴明应用奖的转向系统生产企业。

21世纪初,意识到海外汽车零部件业务的机遇,索纳公司确定了企业使命——创建让印度人引以为豪的企业,并明确其2010年愿景——让公司成为全球客户首选的合作伙伴,具体包括以下方面:

- 拥有充满活力和积极投入的员工;
- 实现增长,取得高盈利;
- 直接或间接地供货给全球主要的代工厂(OEM);
- 至少45%的销售额来自海外客户;
- 保持成为印度第一大转向系统企业。

索纳公司还确定了经营理念:以人为本,服务客户,追求卓越。

2. 战略分析

2.1 愿景和战略

索纳公司在印度国内市场占有45%以上的销售份额,是印度转向系统行业的领先企业。公司发现未来在小型轿车、低成本轿车、轻型商用车和越野车领域具有市场份额增长的机会。索纳公司将印度莱恩—马德拉斯有限公司视为主要竞争对手,后者在动力转向系统市场的销售比率较大。

索纳公司的销售额保持增长态势,公司设定了首个具有里程碑意义的目标,尤其是海外销售目标:公司出口额增加到企业销售额的45%,2006—2007年海外市场出口总额达到10亿卢比(占企业销售额的20%)。

为实现上述目标,公司制定了相应的经营战略,包括以下方面:

- 扩大销售量、产能和人力资源;
- 建立技术联盟和合作伙伴关系;
- 提升技术、研发和测试能力;
- 产品结构多元化;
- 扩大客户群;
- 降低风险,保持对马鲁蒂铃木公司的销售份额;
- 增加出口;
- 通过实施全面质量管理,实现卓越。

2.2 实施由全面质量管理引领的质量战略

20世纪90年代末,索纳公司面临大量客户退货,公司开始实施全面质量管理,并加入了马鲁蒂公司的供应商集群。索纳公司使用"全面质量管理引领的、丰田生产体系和全面生产维护支撑的整合方式",通过三个阶段的方针目标展开实施质量战略。这三个阶段分别为:保持优势,改进不足、突破性进展。

公司最初开展"5S"活动和实行相关质量管理方法(如防差错、合理化建议),之后实施差距分析、原因分析和七大质量改进工具,如今公司实施了改善、精益生产、准时生产(JIT)和全面生产维护,并采取了一些特殊举措,如"质量门20"来开发新产品,并实施"大批量的试生产"来评估生产的可行性。秉持服务客户、以人为本和追求卓越的理念,公司实施全面质量管理引领的质量战略,旨在实现业务目标和符合战略要求。

质量战略是提高企业整体战略有效性的重要途径,企业整体战略要求组织进一步制定相应的细分策略,以支持整体战略的有效实施。索纳公司采用一种特殊类型的市场细分策略——利基营销,利用自身特有的条件和优势,选取竞争对手获利甚微或力量薄弱、甚至忽视的某些细分市场(称作利基市场)作为其专门服务的对象,全力满足利基市场的各种实际需求,以避免与强大的竞争对手发生正面冲突。索纳公司通过与印度理工学院进行合作,为利基市场开发差异化的、具有个性化特征的产品(称作利基产品),渗透到利基市场(如越野车市场),并努力成为非客运车市场的一级供应商。在过去三年中推出的新产品销售额占销售总额的44%。

3. 评估

在2003—2007年,索纳公司在所有转向系统和动力传动系统产品的生产与销售方面呈现100%甚至更高的增长幅度,并提升了运营效率、缩短了新产品研发周期。通过绩效平衡记分卡(见表1-2),分析公司2003—2004年度~2005—2006年度的衡量指标,显示公司业务不断增长、内部业务过程有所改进、客户退货减少、营业额增加、已动用资本回报率(ROCE)和净资产回报率(RONW)上升。只有在2004—2005年度,供应商产品缺陷率有所增加。2003—2006年,营业利润总额虽然上升,但增长率下降;出口总额从3千万卢比增加到5亿卢比以上,但出口总额占销售总额的比率较低。

表1-2 绩效平衡记分卡

	衡量指标	2003—2004年度	2004—2005年度	2005—2006年度
财务方面	营业利润增长率(%)(折旧和息税前)	60	26	10.5
	已动用资本回报率的增长率(%)	16.5	24.2	22
客户方面	客户退货率(ppm)	112	90	57
	出口率(出口额占销售额的百分比/%)	2	6	15
内部业务过程方面	供应商产品缺陷率(ppm)	932	1 368	537
	开发的产品量	24	39	49
学习和成长方面	每个员工的培训(小时)	57.5	60	75
	每个员工提出的建议数量	10.7	20.6	29

在2006—2007年度,索纳公司84.7%的产品收入来自转向系统产品,其中58%的销售份额来自马鲁蒂铃木公司。企业销售额达到7 800万美元,营业利润、已动用资本回报率、净资产回报率分别同比增长59.3%、27.8%和20.8%,不过出口额的增长出现停滞。针对2010年愿景目标和公司设定的2006—2007年度的首个里程碑式目标,进行中期绩效评审(见

表1-3),并依据戴明应用奖评审指标的期望要求对公司绩效进行评估(见表1-4),结果显示:企业效益稳步增长,生产率提升,质量水平有所提高,利润逐步增加(但增幅逐年下降)。但是,公司出口量欠佳,这是由于某海外客户延迟了其新车上市计划,导致索纳公司出口业务受到影响。此外,受到货币汇率波动的影响,索纳公司海外市场的拓展力度不够,因此,公司重新修订了2010年的出口指标。这说明了汽车零部件供应商受到两个主要风险因素的影响:对汽车制造商的依赖程度和货币汇率的变动情况。公司员工流失率上升(主要是中层管理人员),企业人力资源数量增加(由2002—2003年度的286人增加到2006—2007年度的689人),从而改变了员工的结构(75%的员工是新人),这可能会引起公司的某些策略无法开展下去,导致公司在竞争激烈的全球市场中的绩效水平受到影响。

表1-3 2010年愿景:中期绩效评审

目　　标	实际情况
拥有充满活力和积极投入的员工	员工流失率高(公司75%的员工是新员工,他们工作不足三年)
实现增长,取得高盈利	利润增长,但增长率下降
直接或间接地供货给全球主要的OEM	在该方面采取相应举措(但具有局限性,没能达到预期较好的海外销售额)
至少45%的销售额来自海外客户	在2007年把出口销售额比率下调为35%
保持成为印度的第一大转向系统企业	保持居于印度转向系统行业首位(2006—2007年的国内市场销售额增加了70%)
首个里程碑式目标:在2006—2007年度,净销售额达到50亿卢比	58亿卢比,超过了目标值
首个里程碑式目标:在2006—2007年度,出口总额达到10亿卢比	5.47亿卢比,保持在2005—2006年的水平

表1-4 根据戴明应用奖的期望要求进行评估

戴明应用奖评审指标的期望要求	企业表现
质量水平稳定,并得到提升	√
提高生产率,削减成本	√
扩大销售	扩大了销售(但不在国外市场)
增加利润	√

依据公司是否实现业务目标以及是否满足戴明应用奖评审指标的期望要求,对公司的战略有效性进行评估分析,结果显示:在戴明应用奖框架下实施的由全面质量管理引领的质量战略,可以帮助索纳公司改进绩效。然而,公司没能满足在海外市场方面的目标,也没有达到戴明应用奖期望要求的所有方面,表明质量战略中的人力资源、技术和市场营销要素的差距和不足。随着汽车零部件业务在印度国内市场的增长速度不断大于海外市场,索纳公司及时修订了出口指标,将原先制定的2010年愿景中的出口销售额比率指标从

45%下调为35%。

对公司进行SWOT(优势、劣势、机会、威胁和风险)分析,确定企业的竞争优势、劣势、机会、威胁和风险,进一步评估影响企业实现战略目标的因素,从而将公司战略与内部资源、外部环境有机结合,进一步调整企业的战略。

通过分析,确定了影响企业有效实施战略的重要因素分别为:员工和管理过程与战略目标的匹配性、技术创新、客户、柔性管理、授权、独特能力、技术联盟与合作伙伴关系、持续改进等。质量战略实施过程中强调有效性和效率,在战略部署框架内,企业要有随机应变的能力,因此柔性管理被视为企业保持竞争优势的先决条件。索纳公司抓住全球OEM聚焦印度的机会,决定将战略重点转向印度国内市场,并进一步开拓利基市场。

4. 结论

在过去几年里,索纳公司采用新的管理模式、建立新的技术联盟、扩大规模、实施产品多元化经营、将非核心产品进行外包,公司管理呈现柔性的特点。公司实施变革机制,建立授权制度,公司的柔性管理过程可以较好地应对和适应复杂多变的环境。公司逐步依靠自身力量开发利基产品,超越竞争对手,应对价格增长的压力,缓解了汽车零部件业务面临的风险。索纳公司虽然希望在关键的国外市场增加销量,但没能使其人力资源(培养和保持企业独特的能力)与营销及技术方案(开发更多的海外市场产品)相匹配。随着全球主要的OEM计划将印度作为全球小型轿车的生产枢纽,索纳公司开始将战略重点转向印度国内市场。员工具有共同的愿景,公司形成相互尊重、信任、公开和合作的文化,员工共同承诺实现企业使命。通过让"索纳公司成为员工的选择",使公司员工"感到幸福,并引以为豪",最终实现企业的愿景和使命。

综上所述,索纳公司采用全面质量管理引领的、丰田生产体系和全面生产维护支撑的整合方式,实施全面的三阶段质量战略,促使公司的管理过程得到改进,国内市场竞争地位得到巩固,表明公司的质量战略能有效地强化组织的竞争优势。公司绩效的提升表明全面质量管理对业务绩效具有积极的作用,影响程度随着全面质量管理在组织中的推进扩展而逐步增加。在战略实施过程中,为了应对不断变化的市场环境以及企业内部资源的变化,企业要及时调整质量战略。

资料来源:范飞编译. TQM引领的质量战略实施:来自戴明奖获奖企业的案例[J]. 上海质量,2012(5):32-35.

案例分析

三鹿奶粉事件

2008年,石家庄三鹿集团股份有限公司(以下简称三鹿集团)生产的三鹿牌婴幼儿配方奶粉(以下简称三鹿婴幼儿奶粉),为增加原料奶或奶粉的蛋白含量而加入对人体有害的三聚氰胺,酿成重大食品安全事故。导致6 200多名婴幼儿患病,还使消费者对国内众多知名品牌奶制品产生质疑,使整个国内奶制品行业面临史无前例的危机,造成了重大的负面影响。一些国家开始抵制中国食品及农产品的进口,国际贸易为此付出了惨痛代价。三鹿婴幼儿奶粉曾是中国驰名商标、国家免检产品。事件发生后,国务院迅速启动了国家重大食品安全事故Ⅰ级响应机制,对患儿诊断治疗、问题奶粉封存回收、相关企业停产整顿、事故责任查处、所有奶制品检验和相关行业整顿等问题做了重大部署。

2008年6月28日,位于兰州市的解放军第一医院收治了首例患"肾结石"病症的婴幼儿,据家长们反映,孩子从出生起就一直食用三鹿婴幼儿奶粉。7月中旬,甘肃省卫生厅接到医院婴儿泌尿结石病例报告后,随即展开了调查,并报告卫生部。随后短短两个多月,该医院收治的患婴人数就迅速扩大到14名。9月11日，除甘肃省外，陕西、宁夏、湖南、湖北、山东、安徽、江西、江苏等地都有类似案例发生。9月11日晚卫生部指出，近期甘肃等地报告多例婴幼儿泌尿系统结石病例，调查发现患儿多有食用三鹿婴幼儿奶粉的历史。

经相关部门调查，高度怀疑三鹿婴幼儿奶粉受到三聚氰胺污染。三聚氰胺是一种化工原料，可导致人体泌尿系统产生结石。9月11日晚，三鹿集团发布的产品召回声明称，经公司自检发现2008年8月6日前出厂的部分批次三鹿婴幼儿奶粉受到三聚氰胺的污染，市场上大约有700吨。为对消费者负责，该公司决定立即对该批次奶粉全部召回。

三鹿婴幼儿奶粉重大食品安全事故发生后，三鹿集团于9月12日全面停产。截至10月31日财务审计和资产评估，三鹿集团资产总额为15.61亿元，总负债17.62亿元，净资产−2.01亿元，12月19日三鹿集团又借款9.02亿元用于支付患病婴幼儿的治疗和赔偿费用。三鹿集团净资产为−11.03亿元（不包括10月31日后企业新发生的各种费用），已经严重资不抵债。依据《中华人民共和国企业破产法》的有关规定，申请人（债权人）石家庄商业银行和平西路支行向石家庄市中级人民法院提出了对被申请人（债务人）三鹿集团进行破产清算的申请。12月23日，石家庄市中级人民法院宣布三鹿集团破产。

12月31日，石家庄市中级人民法院开庭审理了田文华等4名原三鹿集团高级管理人员被控生产、销售伪劣产品案。1月22日，石家庄市中级人民法院对三鹿问题奶粉系列刑事案件中的被告单位三鹿集团做出一审判决。三鹿集团犯生产、销售伪劣产品罪，判处原三鹿集团董事长田文华无期徒刑，原三鹿集团副总经理王玉良有期徒刑15年，原三鹿高管杭志奇有期徒刑8年，原三鹿高管吴聚生有期徒刑5年，并处罚金4 937万多元；以危险方法危害公共安全罪，判处奶贩张玉军死刑、张彦章无期徒刑，判劣质奶粉生产者高俊杰死刑、缓期两年执行；以生产、销售有毒食品罪，判处正定金河奶源基地负责人耿金平死刑等。3月26日，河北省高级人民法院对三鹿系列刑事案件做出二审裁定，维持一审判决。河北省纪委、省监察厅日前发出通报，对三鹿婴幼儿奶粉重大食品安全事故负有直接责任和领导责任的石家庄市政府、省直有关职能部门的14名相关责任人员做出了处理。

思考：
1. 三鹿集团为什么破产？
2. 三鹿奶粉事件对消费者、企业、社会和国家的影响如何？
3. 从质量管理角度分析生产企业如何避免这类事件的发生？
4. 为何要追究地方政府及负有监管职责的主要部门领导的责任？

习 题

一、单项选择题

1. "质量"定义中的"特性"指的是（　　）。
　A. 固有的　　　　　　B. 赋予的　　　　　　C. 潜在的　　　　　　D. 明示的
2. 企业经济效益的实现并增加，不论通过何种途径，都必须以（　　）为基础。
　A. 品牌　　　　　　　B. 产品质量　　　　　C. 价格　　　　　　　D. 竞争力
3. 日本的许多工业产品能在国际市场具有很强的竞争能力，能大量出口世界各地，一个最重要的原因是开展了（　　）。
　A. 品牌策略　　　　　B. 质量管理　　　　　C. 经营管理　　　　　D. 生产管理
4. "生活处于'质量堤坝'的下面"是著名质量管理专家（　　）提出的。
　A. 石川馨　　　　　　B. 朱兰　　　　　　　C. 哈林顿　　　　　　D. 戴明

5. 提出质量就是适用性观点的是美国质量管理专家(　　)。
A. 田口玄一　　　　B. 石川馨　　　　C. 克劳斯比　　　　D. 朱兰
6. 被人们尊称为"统计质量控制之父"或"现代质量控制之父"的是(　　)。
A. 泰罗　　　　B. 朱兰　　　　C. 休哈特　　　　D. 石川馨
7. 国际上最早设立的质量奖是(　　)。
A. 中国国家质量奖　　　　　　　　B. 马尔科姆·波多里奇国家质量奖
C. 欧洲质量奖　　　　　　　　　　D. 戴明奖

二、多项选择题

1. 质量成本是指(　　)。
A. 生产成本
B. 确保和保证满意的质量而导致的费用
C. 没有获得满意的质量而导致的有形的和无形的损失
D. 人工成本
E. 原材料成本

2. 下列各项费用中，属于预防成本的是(　　)。
A. 进货检验费　　　　B. 折价损失　　　　C. 质量评审费
D. 质量改进措施费　　E. 质量培训费

3. 质量文化作为一种与现代工业文明密切相关的文化现象，有其自身独特的结构化特征，其结构化特征与(　　)有关。
A. 道德　　　　B. 制度　　　　C. 行为
D. 物质　　　　E. 涵养

4. 不同类别的产品，质量特性的具体表现形式不尽相同。硬件产品的质量特性主要表现在(　　)等方面。
A. 性能　　　　B. 寿命　　　　C. 时间性
D. 可靠性　　　E. 经济性

5. 不同类别的产品，质量特性的具体表现形式不尽相同。服务质量特性主要表现在(　　)等方面。
A. 性能　　　　B. 功能　　　　C. 时间性
D. 安全性　　　E. 舒适性

三、问答题

1. 质量的含义是什么？
2. 质量文化与企业文化之间的相互关系是什么？
3. 简述各类质量成本的构成。
4. 为什么说质量是企业赖以生存与发展的基石？
5. 简述马尔科姆·波多里奇国家质量奖所体现的核心价值观。
6. 如何理解质量是人类生活和社会稳定的保障？
7. 质量对经济性有哪些影响？
8. 欧洲质量奖模型基于的基本价值观体现在哪些方面？

四、实践练习

1. 从日常生活中列举硬件、软件和服务三个不同的产品来分析它们的质量特性？
2. 用一个质量管理活动中的例子，解释"高质量的低代价和低质量的高代价"这一观点。

项目2 质量管理理论基础

本项目重点

1. 质量管理相关术语;
2. 质量管理发展历程;
3. 朱兰、戴明、克劳斯比质量管理理论。

学习目标

1. 掌握质量管理相关的概念;
2. 理解质量管理相关的概念之间的相互关系;
3. 理解质量管理理论发展过程及各阶段的特点;
4. 掌握朱兰、戴明、克劳斯比提出的质量管理理论;
5. 了解中国质量管理发展历程。

课前导读

从曲突徙薪看质量管理

有位客人到某人家里做客,看见主人家的灶上烟囱是直的,旁边又有很多木材。客人告诉主人说,烟囱要改曲,木材须移去,否则将来可能会有火灾,主人听了没有做任何表示。

不久,主人家里果然失火,四周的邻居赶紧跑来救火,最后火被扑灭了,于是主人烹羊宰牛,宴请四邻,以酬谢他们救火的功劳,但并没有请当初建议他将木材移走、烟囱改曲的人。

有人对主人说:"如果当初听了那位先生的话,今天也不用准备筵席,而且没有火灾的损失,现在论功行赏,原先给你建议的人没有被感恩,而救火的人却是座上客,真是很奇怪的事呢!"主人顿时省悟,赶紧去邀请当初给予建议的那个客人来吃酒。

分析:预防大于治疗。

俗话说:"预防重于治疗",能防患于未然之前,更胜于治乱于已成之后,纵观许多企业，它们往往忽视了预防的重要性，不愿意花费少许的钱去提前预防不良的发生，而在大批返工产品退回的时候花费超过预防成本十倍甚至更多的成本去围堵那个漏洞。

在科学进步和现代管理理论与实践的不断积累和发展中，现代质量管理理论逐渐成熟起来。人们共同认识到，全面意义上的质量竞争已成为国际市场竞争的关键。

随着时代的发展，质量管理的理念得到进一步提升，由国际标准化组织（International Organization for Standardization，ISO）质量管理和质量保证技术委员会（ISO/TC 176）制定的国际标准等得到进一步的推广，在世界范围内，统一了对质量管理及其相关术语的认识。

2.1 质量管理相关术语

2.1.1 质量管理

ISO 9000：2005 标准对质量管理的定义是："质量管理是在质量方面指挥和控制组织的协调的活动。"这里的活动通常包括制定质量方针和质量目标以及质量策划、质量控制、质量保证和质量改进。ISO 9000：2015 标准对质量管理的定义是："关于质量的管理。"

从定义中可知，组织的质量管理是指挥和控制组织与质量有关的相互协调的活动。它是以质量管理体系为载体，通过建立质量方针和质量目标，并为实施规定的质量目标进行质量策划，实施质量控制和质量保证，开展质量改进等活动予以实现的。组织在整个生产和经营过程中，需要对质量、计划、劳动、人事、设备、财务和环境等各个方面进行有序的管理。由于组织的基本任务是向市场提供能符合顾客和其他相关方要求的产品，围绕着产品质量形成的全过程实施质量管理是组织各项管理的主线。所以质量管理是组织各项管理的重要内容，通过深入开展质量管理能推动组织其他的专业管理。

质量管理涉及组织的各个方面，是否有效地实施质量管理关系到组织的兴衰。组织的最高管理者在正式发布本组织的质量方针，确立组织质量目标的基础上，应认真贯彻有关质量管理原则，运用管理的系统方法来建立质量管理体系，并配备必要的人力和物力资源，开展各种相关的质量活动。另外，组织应采取激励措施激发全体员工积极参与，提高他们充分发挥才干的热情，造就人人做出应有贡献的工作环境，确保质量策划、质量控制、质量保证、质量改进活动的顺利进行。

质量管理的中心任务是建立、实施和保持一个有效的质量管理体系并持续改进其有效性。

2.1.2 质量策划

质量策划（quality planning）是"质量管理的一部分，致力于制定质量目标并规定必要作业过程和相关资源以实现质量目标"。

质量策划的目的在于制定并实现组织的质量目标。组织可以在制定质量方针的基础上，依据质量方针所确定的框架，在不同的层次进一步细化制定出质量目标，同时确定为实现质量目标所需的措施（必要的运行过程）和必要条件（相关资源）。为实现组织的质量目标，策划应从建立质量管理体系入手，策划的结果会形成管理方面的文件，如质量手册和程序文件。为实现产品的质量目标，策划应从产品的实现过程入手，策划的结果可能会形成质量计划。应该认识到，质量策划强调的是一系列活动，而质量计划只是质量策划的结果之一，通常是一种书面的文件。

2.1.3 质量控制

ISO 9000：2015 标准对质量控制的定义是："质量控制是质量管理的一部分，致力于满足质量要求。"

从定义中可知，质量控制的目的是确保产品、过程或体系的质量能满足组织自身、顾客及社会三方面所提出的质量要求。它通过采取一系列作业技术和活动对质量形成的各个过程实施控制，排除会使质量受到损害而不能满足质量要求的各项因素，以减少经济损失，取得经济效益。

质量控制是为了达到规定的质量要求，预防不合格发生的重要手段和措施，组织应对影响产品、过程和体系质量的有关人员、技术和管理三方面的因素予以识别，在实施质量控制时，首先应进行过程因素分析，找出起着主导作用的因素并加以控制，才能取得预期效果。

质量控制应贯穿在产品形成和体系运行的全过程。每一个过程都有输入、转换和输出三个环节，通过对每一过程三个环节实施有效的控制，对产品质量有影响的各个过程才能处于受控状态，持续提供符合规定要求的产品才能得到保障。

为了使控制发挥作用，必须注重以下三个环节：

（1）对影响达到质量要求的各种作业技术和活动都要制订计划和程序；

（2）保证计划和程序的实施，并在实施过程中进行连续的评价和验证；

（3）对不符合计划和程序活动的情况进行分析，对异常活动进行处置并采取纠正措施。

2.1.4 质量保证

ISO 9000：2015 标准对质量保证的定义是："质量保证是质量管理的一部分，致力于提供质量要求会得到满足的信任。"

从定义中可知，质量保证的核心是向人们提供足够的信任，使顾客和其他相关方确信组织的产品、过程或体系达到规定的质量要求。根据目的不同，质量保证可分为内部质量保证和外部质量保证两类。内部质量保证的主要目的是向组织的最高管理者提供信任，使组织的最高管理者确信组织的产品、过程或体系能满足质量要求。为此，组织中应有一部分管理人员专门从事监督、验证和质量审核活动，以便及时发现质量控制中的薄弱环节，提出改进措施，促使质量控制能更有效地实施，从而使组织的最高管理者"放心"。但是，随着人们对质量问题认识的进一步深化，组织的最高管理者也有向组织的全体员工提供信任的必要，这是建立全体员工对于组织质量管理的信心的重要活动。因此，内部质量保证是组织最高管理者实施质量活动的一种重要的管理手段。外部质量保证是在合同或其他外部条件下，向顾客或第三方提供信任，使顾客或第三方确信本组织已建立了完善的质量管理体系，对合同产品有一整套完善的质量控制方案、办法，有信心相信组织提供的产品能达到合同所规定的质量要求。一般来说，外部质量保证必须要有证实文件。

在外部质量保证中，有两种形式取得顾客的信任：一种是组织接受顾客或以顾客名义的第三方质量管理体系审核；另一种是组织向独立的、公正的第三方审核机构申请质量管理体系认证和注册，以证实组织符合质量管理体系的要求，保证产品质量得到系统的控制。

质量控制和质量保证是既有区别又有一定关联的两个概念。质量控制是为了达到规定的质量要求而开展的一系列活动，质量保证是提供客观证据证实已经达到规定的质量要求，并取得顾客和其他相关方的信任的各项活动。所以，组织必须有效地实施质量控制，在此基础上才能提供质量保证，取得信任，离开了质量控制也谈不上质量保证。

2.1.5 质量改进

ISO 9000：2015 标准对质量改进的定义是："质量改进是质量管理的一部分，致力于增强满足质量要求的能力。"

质量是组织在竞争中取胜的重要手段，为了增强组织的竞争力，有必要进行持续的质量改进。为此，组织应确保质量管理体系能推动和促进持续的质量改进，使其质量管理工作的有效性和效率能使顾客满意，并为组织带来持久的效益。

所谓有效性，是指完成策划的活动和达到策划结果的程度的度量。效率是指达到的结果与所使用的资源之间的关系。有效性和效率之间的关系对组织质量管理活动而言是密不可分的。离开效率，将付出高昂的代价换得有效性的结果；离开有效性，高效率的后果将是可怕的。另外，质量要求是多方面的，除了有效性和效率外，还有可追溯性等。所谓可追溯性，是指追溯所考虑对象的历史、应用情况或所处场所的能力。当考虑的对象为产品时，可追溯性可涉及原材料和零部件的来源、加工过程的历史、产品交付后的分布和场所等。

为此，组织的质量管理活动必须追求持续的质量改进。组织开展质量改进应注意以下几点：

（1）质量改进是通过改进过程来实现的。组织产品质量的提高，必须通过改进形成质量的过程来实现。

（2）质量改进致力于经常寻找改进机会，而不是等待问题暴露后再捕捉机会。对于质量改进的识别主要基于组织对降低质量损失的考虑和与竞争对手比较中存在的差距。

（3）对质量损失的考虑依据三个方面的分析结果：顾客满意度、过程效率和社会损失。这三个方面的质量损失问题不仅给质量改进制造了机会，也为质量改进效果的评价提供了分析比较的依据。

2.2 质量管理理论与实践发展历程

自从有历史以来，人类为了生存和发展，不断地在劳动中创造了满足人们需要的物质财富，这些物质财富使人类获得了生存的条件并得到了不断的发展。劳动创造了产品，在产品形成过程中，人们总是设法创造出优质的产品，这一点古今中外皆然。从广义上讲，这种努力都可以看成是对产品质量的控制和管理，因此，可以认为质量控制和管理是伴随着人类的生产史和流通史而诞生和发展的。但是质量管理作为一门新兴的科学，发展历史并不太长，它是机器大生产的产物，是生产力发展的必然结果。

回顾质量管理科学的发展史，可以看到，不同时期质量管理的理论、技术和方法都在不断发展变化着。质量管理，作为企业管理的一个有机组成部分，它的发展是同企业管理理论和实践的发展、企业管理现代化的发展一起，随着企业生产经营的战略发展不断前进的。从企业在不同时期用以解决质量问题的理论、技术和方法的演变来看，质量管理的产生、形成、发展和日益完善的过程，大体经历了三个不同阶段：质量检验阶段、统计质量控制阶段和全面质量管理阶段。

2.2.1 质量检验阶段

从上古时期一直到19世纪末资本主义的工厂逐步取代分散经营的家庭手工业作坊为止，受生产和经营模式的限制，产品质量主要依靠人为的经验、手眼等感官方面的估计和简单的度量衡器测量而定，没有专门的质量从业人员。后来在工业革命时期，这种生产模式已经不能够满足社会生产条件的需求。于是在19世纪末到20世纪初，质量管理开始崭露头角，渐渐形成一个新兴的行业，出现于人类的社会舞台。

20世纪初，人们对质量管理的理解还只限于质量的检验，也就是说，通过严格的检验来控制和保证出厂或转入下一道工序的产品质量。检验工作是这一阶段执行质量职能的主要内容，在由谁来检验把关方面，也有一个逐步发展的过程。

（1）20世纪以前，生产方式主要是小作坊形式，那时的工人既是操作者，又是检验者，制造和检验的职能都集中在操作者身上，因此被称为"操作者质量管理"。

（2）20世纪初，科学管理的奠基人泰勒提出了在生产中应该将计划与执行、生产与检验分开的主张。于是，在一些工厂中建立了"工长制"，将质量检验的职能从操作者身上分离出来，由工长行使对产品质量的检验。这一变化强化了质量检验的职能，称为"工长质量管理"。

（3）随着科学技术和生产力的发展，企业的生产规模不断扩大，管理分工的概念就被提了出来。在管理分工概念的影响下，一些工厂便设立了专职的检验部门并配备专职的检验人员来对产品质量进行检验。质量检验的职能从工长身上转移给了质量检验员，称为"检验员质量管理"。

专门的质量检验部门和专职的质量检验员使用专门的检验工具，业务比较专精，对保证产品质量起到了把关的作用。然而，它也存在着许多不足，主要表现在：对产品质量的检验只有检验部门负责，没有其他管理部门和全体员工的参与，尤其是直接操作者不参与质量检验和管理，就容易与检验人员产生矛盾，不利于产品质量的提高；主要采取全数检验，不仅检验工作量大，检验周期长，而且检验费用高；由于是事后检验，没有在制造过程中起到预防和控制作用，即使检验出废品，也只是"既成事实"，质量问题造成的损失已难以挽回；全数检验在技术上有时变得不可能，如破坏性检验，判断质量与保留产品之间发生了矛盾。这种质量管理方式逐渐不能适应经济发展的要求，需要改进和发展。

拓展案例

扁鹊的医术

魏文王问名医扁鹊说："你们家兄弟三人，都精于医术，到底哪一位最好呢？"

扁鹊答："长兄最好，中兄次之，我最差。"

文王再问："那么为什么你最出名呢？"

扁鹊答："长兄治病，是治病于病情发作之前。由于一般人不知道他事先能铲除病因，所以他的名气无法传出去；中兄治病，是治病于病情初起时。一般人以为他只能治轻微的小病，所以他的名气只及本乡里。而我是治病于病情严重之时。一般人都看到我在经脉上穿针管放血、在皮肤上敷药等大手术，所以以为我的医术高明，名气因此响遍全国。"

启示：事后控制不如事中控制，事中控制不如事前控制。

2.2.2 统计质量控制阶段

质量检验是在成品中挑出废品，以保证出厂产品质量。但这种事后检验把关，无法在生产过程中起到预防、控制的作用。废品已成事实，很难补救，且百分之百的检验，增加检验费用。生产规模进一步扩大，在大批量生产的情况下，其弊端就突显出来，一些著名统计学家和质量管理专家就注意到质量检验的问题，尝试运用数理统计学的原理来解决，使质量检验既经济又准确。

1924年，美国的休哈特提出了控制和预防缺陷的概念，并成功地创造了"控制图"，把数理统计方法引入质量管理中，使质量管理推进到新阶段——统计质量控制阶段。后来，他又将数理统计的原理运用到质量管理中来，并发明了控制图。他认为质量管理不仅要搞事后检验，而且在发现有废品生产的先兆时就进行分析改进，从而预防废品的产生。控制图就是运用数理统计原理进行这种预防的工具。因此，控制图的出现，是质量管理从单纯事后检验转入检验加预防的标志，也是形成一门独立学科的开始。第一本正式出版的质量管理科学专著就是1931年休哈特的《工业产品质量经济控制》。

拓展案例

在质量管理中，运用数理统计原理解决问题的最早典型应用是第一次世界大战期间，美国临时突击组织军需供应的成功。1917年，美国仓促决定赴欧参战，遇到一个突出问题，即300万参战大军的军装、军鞋，应当按照什么规格，争取在短期内最快加工出来，才能保证适用，既快又准地满足需要。当时，贝尔电话研究所的休哈特提出运用数理统计方法将能办到这一点。他通过抽样调查，发现所需军衣、军鞋的尺寸规格分布恰如其他许多事物的分布一样，符合两头小，中间大，像一座"钟"形大山那样的曲线形状排列规则，就把军装、军鞋尺码按高、矮、胖、瘦分成十档进行加工制作。美国国防部听从休哈特的建议将军装、军鞋加工赶制出来，结果与参战军人体裁基本吻合，全部分配完毕，及时保证了军需供应。这一实践初步证明了数理统计方法在管理工作中的巨大作用。

在休哈特创造控制图以后，他的同事道奇（H. F. Dodge）和罗米克（H. G. Romig）在1929年发表了《抽样检查方法》。他们都是最早将数理统计方法引入质量管理的，为质量管理科学做出了贡献。然而，休哈特等人的创见，除了他们所在的贝尔系统以外，只有少数美国企业开始采用。特别是由于资本主义的工业生产受到了20世纪20年代开始的经济危机的严重影响，先进的质量管理思想和方法没有能够广泛推广。第二次世界大战开始以后，统计质量管理才得到了广泛应用。这是由于战争的需要，美国军工生产急剧发展，尽管增加了大量检验人员，产品积压待检的情况仍然日趋严重，有时又不得不进行无科学根据的检查，结果不仅废品损失惊人，而且在战场上经常发生武器弹药的质量事故，如炮弹炸膛事件等，对士气产生极坏的影响。在这种情况下，美国军政部门随即组织一批专家和工程技术人员，于1941—1942年先后制定并公布了Z1.1《质量管理指南》、Z1.2《数据分析用控制图》、Z1.3《生产过程中质量管理控制图法》，强制生产武器弹药的厂商推行，并收到了显著效果。从此，统计质量管理的方法才得到很多厂商的应用，统计质量管理的效果也得到了广泛的认可。

第二次世界大战结束后，美国许多企业扩大了生产规模，除原来生产军火的工厂继续推行质量管理的条件方法以外，许多民用工业也纷纷采用这一方法，美国以外的许多国家，如加拿大、法国、德国、意大利、墨西哥、日本也都陆续推行了统计质量管理，并取得了成效。但是，统计质量管理也存在着缺陷，它过分强调质量控制的统计方法，使人们误认为"质量管理就是统计方法""质量管理是统计专家的事"。使多数人感到统计质量管理高不可攀、望而生畏。同时，它对质量的控制和管理只局限于制造和检验部门，忽视了其他部门的工作对质量的影响。这样，就不能充分发挥各个部门和广大员工的积极性，制约了它的推广和运用。这些问题的解决，又把质量管理推进到一个新的阶段。

2.2.3　全面质量管理阶段

第二次世界大战以后，生产力迅速发展，科学技术日新月异，出现了很多新情况。火箭、宇宙飞船、人造卫星等大型、精密、复杂的产品出现，对产品的安全性、可靠性、经济性等要求越来越高，质量问题就更为突出。科学技术和工业生产的发展，对质量要求越来越高，要求人们运用"系统工程"的概念，把质量问题作为一个有机整体加以综合分析研究，实施全员、全过程、全企业的管理。20世纪60年代在管理理论上出现了"行为科学论"，主张改善人际关系，调动人的积极性，突出"重视人的因素"，注意人在管理中的作用。随着市场竞争，尤其国际市场竞争的加剧，各国企业都很重视"产品责任"和"质量保证"问题，加强内部质量管理，确保生产的产品使用安全、可靠。

由于上述情况的出现，显然仅仅使用质量检验和运用统计方法已难以保证和提高产品质量，也不能满足社会进步要求，这促使了"全面质量管理"理论的形成。

最早提出全面质量管理概念的是美国通用电气公司质量管理部部长菲根堡姆。1961年，他出版了一本著作《全面质量管理》，该书强调执行质量职能是公司全体人员的责任，他提出："全面质量管理是为了能够在最经济的水平上并考虑到充分满足用户要求的条件下进行市场研究、设计、生产和服务，把企业各部门的研制质量、维持质量和提高质量活动整合成一个有效体系"。日本在20世纪50年代开始引入美国的质量管理理念，并有所发展。他们强调从总经理、技术人员、管理人员到工人，全体人员都参与质量管理。企业对全体职工分层次地进行质量管理知识的教育培训，广泛开展群众自发组织的质量管理小组活动，并创造了一些通俗易懂、便于群众参与的管理方法，包括由他们归纳、整理的质量管理的老七种工具和新七种工具。质量管理的手段也不再局限于数理统计，而是全面地运用各种管理技术和方法，形成一套以质量为中心，以全员参与为基础，综合、全面的管理方式和管理理念。

在这段时间里，各国也涌现出了大批的质量专业人才，并发展出来一些非常先进的质量管理理论，其中最著名的有美国的戴明、朱兰和日本的石川馨。戴明的主要观点是引起效率低下和不良质量的原因主要在于公司的管理系统而不在于员工，他总结出质量管理14条原则，认为一个公司要想使其产品达到规定的质量水平必须遵循这14条原则。朱兰认为质量来源于顾客的需求，他把质量管理分为三个普遍过程，即质量策划、质量控制和质量改进。石川馨是因果图的发明者、日本质量管理小组的奠基人之一，他认为质量不仅是指产品质量，从广义上来说，质量还指工作质量、部门质量、人的质量、体系质量、公司质量、方针质量等，他第一次提出"全面质量管理就是全公司范围内的质量管理"理念。

发达国家组织运用全面质量管理使产品或服务质量获得迅速提高，引起了世界各国的广泛关注。全面质量管理的观点逐渐在全球范围内获得广泛传播，各国都结合自己的实践有所创新发展。目前，举世瞩目的 ISO 9000 族质量管理标准、美国波多里奇国家质量奖、欧洲质量奖、日本戴明奖等各种质量奖及卓越经营模式、六西格玛管理模式等，都是以全面质量管理的理论和方法为基础的。

总体来说，以上质量管理发展的三个阶段的区别是：质量检验阶段靠的是事后把关，是一种防守型的质量管理；统计质量控制阶段主要靠在生产过程中实施控制，把可能发生的问题消灭在生产过程之中，是一种预防型的质量管理；而全面质量管理，则保留了前两者的长处，对整个系统采取措施，不断提高质量，可以说是一种进攻型或者是全攻全守型的质量管理。

课堂思考：质量管理各阶段之间有什么联系？

2.3　专家论质量管理

2.3.1　朱兰及其质量管理理论

约瑟夫·莫西·朱兰（Joseph M. Juran，1904—2008，图 2-1）博士是举世公认的现代质量管理的领军人物。1904 年 12 月出生于罗马尼亚布勒伊拉的一个贫苦家庭，成长在一个叫帕西亚的小城，1912 年随家庭移民美国，1917 年加入美国国籍，曾获电器工程和法学学位。在其职业生涯中，他做过工程师、企业主管、政府官员、大学教授、劳工调解人、公司董事、管理顾问等。

朱兰的主要贡献是提出了质量的"适用性"理念，将人性尺度纳入质量范畴，以"大质量"促使质量管理从最初的统计方法向经营管理方向得以拓展，建立了质量管理的螺旋型提高模式。他的"质量计划、质量控制和质量改进"三部曲，为企业的质量管理提出了一套完整的方法论。朱兰第一个把帕累托分布引入质量管理并予以广泛应用。《管理突破》（*Management Breakthrough*）及《质量计划》（*Quality Planning*）是他的经典之作。由朱兰博士主编的《质量控制手册》（*Quality Control Handbook*）被称为当今世界质量控制科学的名著，为奠定全面质量管理的理论基础和基本方法做出了卓越的贡献。

图 2-1　约瑟夫·莫西·朱兰

▶ 1. 顾客是产品质量的最终裁决者

朱兰提出："质量是一种适用性，而所谓'适用性'是指使产品在使用期间能满足使用者的需求。"他认为产品是否适用取决于消费者的判断而不是生产者。工作的头衔远不如这样一种意识重要：对于企业内部其他人和外部顾客来说，每个人都是产品和服务的提供者，都对产品质量负有不可推卸的责任。同样，在产品增值链上，处于下游的每个企业都是上游供应商的真正顾客。朱兰强调首先要识别顾客的需求。他把质量策划路线图描述成"输入—输出的连锁装置"，并且认为任何活动都离不开顾客、中间商和供应商这三个角色。

朱兰分析，所有人类团体，无论是工业公司、学校、医院、教会或是政府等，都对人们提供产品或服务。只有当这些货物和服务在价格、交货日期以及适用性上适合用户的全面需要时，这种关系才是建设性的。在这种全面需要中，当一个产品在使用时能成功地适合用户目的和程度时，我们可以说它是"适用"的。朱兰认为，适用性是由那些用户认为对他有益的产品特点所决定的，例如，新烤好面包的味道、无线电节目清晰收听的能力、公共汽车的准时到来、鞋子的寿命、一幅油画的美好等。因此，朱兰指出，适用性的评定是由用户做出，而不是由制造者、商人或修理厂做出的。

"适用性"是质量概念演变中的里程碑，朱兰之后，有关质量管理的许多新思想中都传承着"适用性"这个概念的余泽。

▶ 2. 朱兰质量螺旋曲线

朱兰于 20 世纪 60 年代用一条螺旋曲线来表示质量的形成过程，称为朱兰质量螺旋曲线（见图 2-2）。朱兰质量螺旋曲线反映了产品质量形成的客观规律，是质量管理的理论基础，对于现代质量管理的发展具有重大意义。

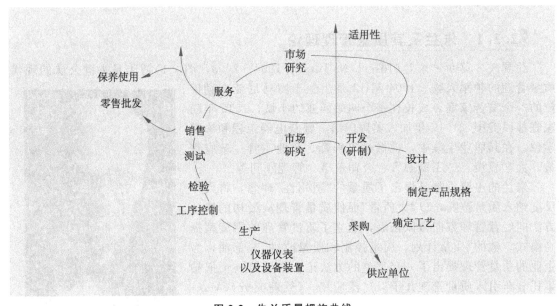

图 2-2　朱兰质量螺旋曲线

从图 2-2 中可以看出，朱兰认为，在产品质量的产生、形成和实现过程中，包括一系列循序进行的工作和活动，这些环节之间一环扣一环，互相制约，互相依存，互相促进，不断循环，周而复始。循环从市场研究开始，以便对适用性有所改进，在旋转的末端，又开始了一个新的螺旋形旋转，每旋转一次，产品质量也就是适用性就得到一次提高。在这一过程中的所有活动和工作——市场研究、开发（研制）、设计、制定产品规格、确定工艺、采购、仪器仪表以及设备装置、生产、工序控制、检验、测试、销售，以及售后服务等，都是保证和提高产品质量必不可缺的环节，质量正是在这种循环中打造的。

朱兰质量螺旋曲线阐述了 5 个重要的理念：

（1）产品质量的形成由市场研究、开发（研制）、设计、制定产品规格、确定工艺、采购、仪器仪表以及设备装置、生产、工序控制、检验、测试、销售、服务 13 个环节组成。

(2) 产品质量形成的 13 个环节一环扣一环，周而复始，但不是简单的重复，而是不断上升、不断提高的过程。

(3) 产品质量形成是全过程的，对质量要进行全过程的管理。

(4) 产品质量形成的全过程受供方、销售商和顾客的影响，即涉及组织之外的因素。所以，质量管理是一个社会系统工程。

(5) 所有的活动都由人来完成，质量管理应该以人为主体。人的因素在产品质量形成过程中起着十分重要的作用，要使"循环"顺着螺旋曲线上升，必须依靠人力的推动，其中领导是关键，要依靠企业领导者做好计划、组织、控制、协调等工作，形成强大的合力去推动质量循环不断前进，不断上升，不断提高。

瑞典质量学家 L. 桑德霍姆从企业内部管理角度出发，将主力质量螺旋归纳为企业内部八大职能——市场研究、产品研制、工艺准备、采购、制造、检查、销售，以及企业外部的两大环节——供应单位，形成质量循环图。

▶ 3. 朱兰质量管理三部曲

第二次世界大战以后，日本从美国引进了统计质量管理的思想和方法，一举改变了日本产品质量低劣的状况。20 世纪 70 年代末期，日本产品开始大量进入美国市场，不断蚕食着美国企业的市场份额。对于美国企业来说，传统的质量控制方法面对这种状况已经显得力不从心，迫切希望有新的管理思想来指点迷途。朱兰博士便是担当这一使命的先驱者之一。他主张要想解决质量危机，就需要破除传统观念，从根本上改造传统的质量管理，按照新的行动路线来行事，这一路线便是朱兰所提出的三部曲。朱兰认为，质量管理是由质量策划、质量控制和质量改进这 3 个互相联系的阶段所构成的一个逻辑的过程，每个阶段都有其关注的目标和实现目标的相应手段，他的"质量策划、质量控制和质量改进"被称为"朱兰三部曲"。

质量策划指明确企业的产品和服务所要达到的质量目标，并为实现这些目标所必需的各种活动进行规划和部署的过程。通过质量策划活动，企业应当明确谁是自己的顾客，顾客的需要是什么，产品必须具备哪些特性才能满足顾客的需要；在此基础上，还必须设定符合顾客和供应商双方要求的质量目标，开发实现质量目标所必需的过程和工艺，确保过程在给定的作业条件下具有达到目标的能力，为最终生产出符合顾客要求的产品和服务奠定坚实的基础。

控制就其一般含义而言，是指制定控制标准、衡量实绩找出偏差并采取措施纠正偏差的过程。控制应用于质量领域便成为质量控制。质量控制也就是为实现质量目标，采取措施满足质量要求的过程。广泛应用统计方法来解决质量问题是质量控制的主要特征之一。

质量改进是指突破原有计划从而实现前所未有的质量水平的过程。实现质量改进有三种途径：通过排除导致过程偏离标准的偶发性质量故障，使过程恢复到初始的控制状态；通过排除长期性的质量故障使当前的质量提高到一个新的水平；在引入新产品、新工艺时从计划开始就力求消除可能会导致新的慢性故障和偶发性故障的各种可能性。

在质量管理的三部曲中，质量策划明确了质量管理所要达到的目标以及实现这些目标的途径，是质量管理的前提和基础；质量控制确保事物按照计划的方式进行，是实现质量目标的保障；质量改进则意味着质量水平的飞跃，标志着质量活动是以一种螺旋式上升的方式在不断攀登和提高，如图 2-3 所示。

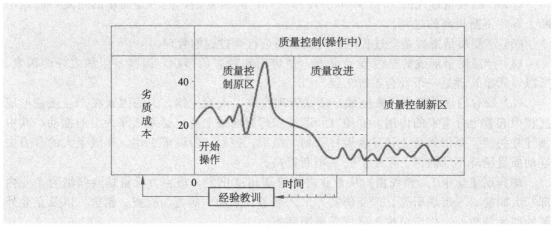

图 2-3　朱兰三部曲

▶ 4. 二八法则

20 世纪 30 年代末，在底特律的一家汽车组装厂，朱兰对生产系统为何产生缺陷的问题进行了研究。经过大量的质量调查，他发现，那些把产品质量问题归咎于工人素质差或不负责任的指责是不公正的。他依据大量的实际调查和统计分析指出，在所发生的质量问题中，究其原因，只有 20% 来自基层操作人员，而其中 80% 的质量问题是领导者造成的。此外，他还得出 80% 的质量问题是在 20% 的环节中产生的。同样，在 ISO 9000 国际标准中，与领导者责任密切相关的一些因素占有相当大的比例，这种关系在客观上也证实了"二八法则"在质量管理中的普遍存在。

从质量管理出发，朱兰以及后来的学者进一步将"二八法则"应用到其他方面。例如，80% 的利润由 20% 的雇员创造，80% 的成本由公司 20% 的部门产生，最后，80% 的销售额来自 20% 的顾客。其实，这里的比例是概率性的，现实中的数据是围绕着 80：20 的百分比浮动的。朱兰只是想告诉人们一个原则——关键的少数和非关键的多数。少量的重要客户，会带来大量的销售额度。这些重要顾客或频繁购买，或大量购买，或两者兼备。

"二八法则"并非朱兰的首创，它来自 19 世纪的意大利经济学家帕累托，这位洛桑学派的主要代表在分析社会财富分配状况时，从大量统计资料中发现，占人口比例很小的少数人，拥有绝大部分社会财富，而占有少量社会财富的却是大多数人，即关键的少数和次要的多数。朱兰根据帕累托曲线，把"关键的少数"引入质量管理领域，这是他对管理学的一个显著贡献。中国在 20 世纪 80 年代推行过的"ABC 管理法"，也是来自这一法则。

▶ 5. 突破历程

"突破历程"是朱兰提出的一个颇为令人瞩目的理念，也是他对自己基本学说的一个总结。所谓突破历程，是建立在质量环的基础上，又是对质量三部曲的深化和展开。朱兰认为，实现突破的历程有七个环节：

1) 突破的状态

朱兰认为，质量上的任何突破，首先是在管理层的态度上有所突破。管理层必须了解突破的急迫性，然后才会创造条件使这个突破得以实现。要去证明此需要，必须搜集资料说明问题的严重性，而最具说服力的资料莫如质量成本。为了获得充足资源去推行改进，必须把预期的效果用货币形式表达出来，以投资回报率的方式来展示。朱兰有一句与质量成本有关的不朽名言："这里有一座金矿"，以形容质量成本的重要性。

2) 突出关键的少数项目

在进入突破状态后，朱兰认为应当着手于突破发生的可行性研究，按照投入产出比的大小，在众多的问题中找出关键性的少数问题。朱兰提出，应当利用帕累托原理去分析，以突出关键的少数，再集中力量优先处理。

3) 寻求知识上的突破

成立两个不同的组织去领导和推动变革，其一称为"策导委员会"；其二称为"论断小组"。策导委员会由来自不同部门的高层人员组成，负责制订变革计划，指出问题原因所在，授权作为试点改进，协助克服抗拒的阻力及贯彻执行解决方法。诊断小组则由质量管理专业人士及部门经理组成，负责寻根问底。

4) 进行分析

诊断小组研究问题的表征，提出假设，以及通过试验来找出真正原因。另一个重要任务是决定不良产品的出现是操作人员的责任或者是管理人员的责任。

现实中常常对管理层责任认识不足。朱兰强调，如果是操作人员的责任，必须同时满足以下三个条件：操作人员清楚地知道他们要做的是什么，有足够的资料数据证明他们所做的效果有差距，而且他们自己有能力改变其工作表现。

5) 决定如何克服对变革的抗拒

变革中的关键任务必须明了变革对他们的重要性。只是靠逻辑性的论据是绝对不够的，必须让他们参与决策及制定变革的内容。

6) 进行变革

在变革中，朱兰强调所有与变革有关的部门必须通力合作，成败取决于整体而不是局部。这种通力合作需要说服、沟通和协调。每一个部门都要清楚地知道问题的严重性，了解不同解决方案的利弊，知道变革成本的大小，清楚预期的效果是什么，还要估计到变革对员工的冲击及影响。必须给予足够时间去酝酿并反省，并提供适当的训练。

7) 建立监督系统

变革推行过程中，必须有适当的监督系统定期反映进度及有关的突发情况。正规的跟进工作异常重要，足以监察整个过程及解决突发问题。

▶ 6. 朱兰的生活质量观

不久的将来，产品质量将面临更大的挑战，这是每一个企业管理者都可以预见的。社会工业化引起了一系列环境问题，它严重影响着人们的生活质量。朱兰认为，现代科学技术和环境与质量密切相关。他说："社会工业化引起了一系列环境问题的出现，影响着人们的生活质量。"随着全球社会经济和科学技术的高速发展，质量的概念必然拓展到全社会的各个领域，包括人们赖以生存的环境质量、卫生保健质量以及人们在社会生活中的精神需求和满意程度等。朱兰博士的生活质量观反映了人类经济活动的共同要求：经济发展的最终目的，是为了不断地满足人们日益增长的物质文化生活的需要。也就是说，没有需求的拉动，经济发展将难以实现。

环视当今社会，国家间的竞争正逐渐被企业间产品及服务的竞争所替代。质量已不再是一种奢侈品，而是任何产品及服务所必须具备的。用户完全满意已经成为世界一流企业和跨国公司所必须具备的最基本要求。因此，每个企业、每种产品和服务，要想在国际市场上占有一席之地，都要面对超严格的质量要求，都要努力使自己达到世界级的质量水平。

朱兰在质量管理上的贡献是巨大的，但他本人非常谦虚地认为，他的思想并不具有原创性,他不过是把优秀的思想引进到质量领域。但是,朱兰以实干家的精神,从质量管理的整体着想,并以企业的经济效益为出发点,制定出了具有普遍适用性的一套质量管理理论和方法。毫无疑问,这个贡献是任何人也替代不了的。朱兰试图告诉所有不同岗位的各级人员一整套专业化的质量管理方法,从他那本厚重的《朱兰质量手册》就可见一斑。美国质量界认为,朱兰从事的工作是捕捉隐藏在"日常经验"背后的普遍性原理,通过对质量过程的分析抽象出基础性知识,再通过归纳概念和逻辑推论,最后提炼成质量管理的整体性方法。因此,与其他管理学家相比,朱兰的思想具有更为明显的实践指导意义。

2.3.2 戴明及其质量管理理论

威廉·爱德华兹·戴明(William Edwards Deming,1900—1993,图2-4)世界著名的质量管理专家,他因对世界质量管理发展做出的卓越贡献而享誉全球。以戴明命名的"戴明质奖",至今仍是日本品质管理的最高荣誉。作为质量管理的先驱者,戴明学说对国际质量管理理论和方法有着异常重要的影响。

戴明博士于1900年10月4日生于美国爱荷华州,其父经营农场但收入不多,儿提时代的家庭属于贫穷阶层,少年时就开始打工,如点亮街灯、除雪、饭店打杂、洗床等。戴明1921年于怀俄明大学本科毕业,1925年于科罗拉多大学获得数学物理硕士,1928年取得耶鲁大学的物理博士学位。戴明博士在大学期间在芝加哥西电公司的霍桑工厂认识了当时在贝尔研究所的W.A.休哈特博士(美国早期著名数理统计专家),两人于1927年相识后就成为

图2-4 威廉·爱德华兹·戴明

亦师亦友的莫逆之交。戴明博士毕业后应聘到华盛顿的美国农业部的固氮研究所工作。其间,他利用一年的休假到伦敦大学与R.A.Fisher做有关统计方面的研究。1950年,戴明应聘到日本讲学,并将其报酬捐出,而后几乎每年都赴日继续指导,奠定了日本企业界良好的质量管理基础。戴明的辉煌和质量大师的荣誉伴随着日本质量革命给日本制造业带来的惊人业绩而享誉全球。

▶ 1. 戴明博士的贡献

1) 第一个阶段:对美国初期推行统计质量控制的贡献

戴明博士在美国政府服务期间,为了人口调查而开发新的抽样法,并证明统计方法不但可应用于工业而商业方面亦有用。

到了第二次世界大战期间,他建议军事有关单位的技术者及检验人员等都必须接受统计的质量管理方法,并实际给予教育训练。另外,在GE公司讲授统计质量管理并与其他专家联合起来在美国各地继续开课,共计训练了包括政府机构人员在内的三万一千多人,可以说对美国统计质量控制的基础及推广有莫大的贡献(当时戴明博士已将统计的质量管理应用到工业以外的住宅、营养、农业、水产、员工的雇用方面,其涉及面极为广泛)。

2) 第二阶段:对日本的质量管理贡献

戴明博士从1950年开始对日本进行长达近四十年的质量管理指导,且前二三十年几乎每年都去,可以说日本的质量管理是由戴明博士带动起来的。许多质量管理专家认为,戴明的理论帮助日本从一个衰退的工业国转变成了世界经济强国。

戴明博士在日本虽然也教统计方法,但他很快就发觉仅教授统计质量管理可能会犯了

以前美国企业界所犯的错误,因此他修正计划而改向企业的经营者灌输品质经营的理念及重要性。日本早期的经营者几乎都见过戴明博士而受教于他,并实践戴明博士的品质经营理念,奠定了日本 TQC 或 CWQC 的基础。日本企业界对戴明博士怀有最崇高的敬佩,称其为"日本质量管理之父"。

3) 第三阶段:对美国及全世界推行全面质量管理的贡献

由于戴明博士对日本质量管理指导的成功,让美国人惊醒原来日本企业经营成功的背后竟然有一位美国人居功最大,故开始对戴明博士另眼看待。1980 年 6 月 24 日,美国广播公司(NBC)在电视播放举世闻名的"日本能,为什么我们不能?"(If Japan Can, Why Can't We?),使戴明博士一夜成名。从此以后,由于美国企业家重新研究戴明的质量管理经营理念,加上戴明博士继续在美国及各国积极讲授他的品质经营经典 14 个管理原则(Deming's 14 Points),以及他实际为美国各大公司如福特或 AT&T 公司提供品质经营的顾问工作而收到了实质效果。戴明博士的 14 点管理原则就是美国在 20 世纪 80 年代开始盛行迄今的全面质量管理的基础。

由以上可知,戴明博士不但具有学问上的成就,对世界各国品质经营的推动更有功不可没的伟大贡献,也称得上质量管理的一代宗师了。

▶ 2. 戴明的质量管理 14 要点

戴明的主要观点"14 要点"成为 20 世纪全面质量管理的重要理论基础。戴明提出,14 要点是为了向以顾客满意为宗旨的组织转变,组织的管理者必须关注的要点或必须承担的义务。接受这 14 要点并采取具体的行动,是管理者对于组织的生存及投资者和雇员的利益负责任的标志。

这 14 要点可以看作戴明管理理念的最概括的表述,其具体内容如下。

(1) 树立改进产品和服务的长久使命,以使企业保持竞争力,确保企业的生存和发展并能够向人们提供工作机会。

(2) 接受新的理念。在一个新的经济时代,管理者必须意识到自己的责任,直面挑战,领导变革。

(3) 不要将质量依赖于检验。要从开端就将质量渗透或融入产品之中,从而消除检验的必要。

(4) 不要只是根据价格来做生意,要着眼于总成本最低。要立足于长期的忠诚和信任,最终做到一种物品只同一个供应商打交道。

(5) 通过持续不断地改进生产和服务系统来实现质量、生产率的改进和成本的降低。

(6) 做好培训。由于缺乏充分的培训,人们常常因不懂得如何工作而不能把工作做好。

(7) 进行领导。领导意味着帮助人们把工作做好,而非指手画脚或惩罚威吓。

(8) 驱除恐惧以使每一个人都能为组织有效地工作。许多雇员害怕提问或拿主意,即使在他们不清楚自己的职责或不明白对错时。由于恐惧而导致的经济损失是惊人的。

(9) 拆除部门间的壁垒。不同部门的成员应当以一种团队的方式工作,以发现和解决产品和服务在生产和使用中可能会遇到的问题。

(10) 取消面向一般员工的口号、标语和数字目标。质量和生产率低下的大部分原因在于系统,一般员工不可能解决所有这些问题。

(11) 取消定额或指标。定额关心的只是数量而非质量。人们为了追求定额或目标,可能会不惜任何代价,包括牺牲组织的利益在内。

（12）消除影响工作完美的障碍。人们渴望把工作做好，但不得法的管理者、不适当的设备、有缺陷的材料等会对人们造成阻碍，这些因素必须加以消除。

（13）开展强有力的教育和自我提高活动。组织的每一个成员都应不断发展自己，以使自己能够适应未来的要求。

（14）使组织中的每个人都行动起来去实现转变。

3. PDCA 循环

戴明博士于最早提出了 PDCA 循环的概念，所以又称为"戴明环"。PDCA 循环是能使任何一项活动有效进行的一种合乎逻辑的工作程序，特别是在质量管理中得到了广泛的应用。P、D、C、A 四个英文字母所代表的意义如下：P(plan)——计划，包括方针和目标的确定以及活动计划的制订；D(do)——执行，即具体运作，实现计划中的内容；

C(check)——检查，总结执行计划的结果，分清哪些对了，哪些错了，明确效果，找出问题；A(action)——行动（或处理），对总结检查的结果进行处理，成功的经验加以肯定并予以标准化，或制定作业指导书，便于以后工作时遵循；对于失败的教训也要总结，以免重现。对于没有解决的问题，应提交给下一个 PDCA 循环去解决。

PDCA 循环有以下四个明显特点：

（1）周而复始。PDCA 循环的四个过程不是运行一次就完结，而是周而复始地进行。一个循环结束了，解决了一部分问题，可能还有问题没有解决，或者又出现了新的问题，再进行下一个 PDCA 循环，依此类推。

（2）大环带小环。类似行星轮系，一个公司或组织的整体运行体系与其内部各子体系的关系，是大环带动小环的有机逻辑组合体。

（3）阶梯式上升。PDCA 循环不是停留在一个水平上的循环，不断解决问题的过程就是水平逐步上升的过程。

（4）统计的工具。PDCA 循环应用了科学的统计观念和处理方法。作为推动工作、发现问题和解决问题的有效工具，典型的模式被称为"四个阶段""八个步骤"和"七种工具"。四个阶段就是计划、执行、检查、行动。八个步骤是：分析现状，发现问题；分析质量问题中各种影响因素；分析影响质量问题的主要原因；针对主要原因，采取解决的措施；执行，按措施计划的要求去做；检查，把执行结果与要求达到的目标进行对比；标准化，把成功的经验总结出来，制定相应的标准；把没有解决或新出现的问题转入下一个 PDCA 循环中去解决。七种工具是指在质量管理中广泛应用的直方图、控制图、因果图、排列图、相关图、分层法和统计分析表等。

戴明学说反映了全面质量管理的全面性，说明了质量管理与改善并不是个别部门的事，而是需要由最高管理层领导和推动才可奏效。戴明学说的核心可以概括为以下几点：

（1）高层管理的决心及参与；

（2）群策群力的团队精神；

（3）通过教育来增强质量意识；

（4）质量改良的技术训练；

（5）制定衡量质量的尺度标准；

（6）对质量成本的分析及认识；

（7）不断改进活动；

（8）各级员工的参与。

2.3.3 克劳斯比及其质量管理理论

菲利浦·克劳斯比(Philip B. Crosby，1926—2001，见图 2-5)零缺陷之父、世界质量先生、伟大的管理思想家，被《时代》杂志称为"质量福音的传道者，20 世纪伟大的管理思想家"。克劳斯比一生中写了 15 部畅销书，涉及质量与管理的丰富主题，最著名的莫过于《质量免费》(Quality Is Free)。他认为，只要一次性把事情做对，那么产品的质量就是免费的，不需要企业再花钱来提高。

图 2-5　菲利浦·克劳斯比

克劳斯比，1926 年 6 月 18 日出生于西弗吉尼亚州的惠灵市。他曾参与第二次世界大战。克劳斯比的职业生涯始于一条生产线的品管工作，当时尝试使用多种方法向主管说明他的理念："预防更胜于救火"。1952 年，任克罗斯莱公司质量部初级技术员、质量工程师，并加入美国质量学会。1979 年出版惊世巨著《质量免费》，奠定其大师的地位，标志着质量管理学的诞生。1979 年，创立了 PCA 及克劳斯比质量学院；1984 年，出版《质量无泪》，成立"质量书苑"，启动"校友会"制度；2001 年，克劳斯比先生获美国质量界最高荣誉——美国质量学会"ASQ 终身荣誉会员"。2002 年，美国质量学会设立以克劳斯比命名的"克劳斯比奖章"，以提携、表彰质量管理方面的优秀作家。

20 世纪 60 年代，克劳斯比任职马丁公司，他发展了零缺点概念，并相信任何程度的瑕疵率都太高，强调"第一次就要做好"，反对"一定会有某种程度瑕疵"的观念。

1970 年，他担任 ITT 公司的副总裁，当时美国国内的家电产品市场被高质量的进口日货打得阵脚大乱，一方面有提高质量的呼声；另一方面却又有提高质量必将增加成本，而使竞争力更加脆弱的顾虑。克劳斯比独排众议，针对这些顾虑提出"质量免费"的卓见。"质量免费"的观念指出，不良质量的成本远比传统所定义还高得多，由于其成本相当高昂，故企业不应将质量努力视为成本，而应视为降低成本的方法，因为质量努力所产生的改进效益大于所支付的成本。1979 年起，随着《质量免费》这本书的发行及畅销，而加速了美国工业界对质量的觉醒与认同。1984 年，他在另一本新书《不流泪的品管》中提出 5 个企业常见的质量问题：质量不一致、修补的坏习惯、容许错误存在、不知质量不合需求的代价、不肯正视问题的根源，说明如果在一开始就做好，企业将能避免许多日后的困扰并降低成本。

克劳斯比认为质量应符合四个基本原则：质量就是合乎标准；质量是来自预防，而不是检验；工作的唯一标准就是"零缺点"；应以"产品不符合标准的代价"衡量质量。

(1) "质量合乎标准"即"质量符合要求的标准"，这是克劳斯比对质量的解说。他认为，"符合要求的标准"在各个领域都有清楚明确的定义，不会被人所误解，"我们依据这个标准去评估表现，不符合就是没有质量，所以质量问题就是合不合标准的问题"。

(2) "以防患未然为质量管理制度"，预防是质量管理最为需要的，而"所谓预防，是指事先了解行事程序而且知道如何去做"，它来自对整个工作过程的深切了解，知道哪些是必须事先防范的，并应尽可能找出每个可能发生错误的机会。这一理论认为检查、分类、评估都只是事后弥补，因此"提升质量的良方是预防，而不是检验"。

(3)"工作标准必须是零缺点",强调"第一次就把事做对"。克劳斯比是这样来理解"零缺点"观念的:人们从小接受的便是"人非圣贤,孰能无过?"的观念,当他们踏入企业工作时,这样的观念已经根深蒂固。简而言之,人们有双重标准:在某些事情上,人们视缺陷为理所当然,而在另一些事情上,人们却要求绝对地完美无缺。克劳斯比进而认为:"酿成错误的因素有两种:缺乏知识和漫不经心。知识是能估量的,也能经由经验和学习而充实改进。但是,漫不经心却是一个态度问题,唯有经由个人彻底地反省觉悟,才有可能改进。任何一个人只要决意小心谨慎、避免错误,便已向零缺点的目标迈进了一大步。"

(4)以"产品不合标准的代价"衡量质量,这里主要是认识到质量成本,尤其是"不合要求的花费成本"。所谓"不合要求的花费成本"是指所有做错事情的花费,这一花费累计起来是十分惊人的:在制造业公司约占总营业额的20%以上,而在服务业更高达35%。而"符合要求的花费",包括大部分专门性的质量管理、防范措施和质量管理教育等,即为了把事情做对而花费的成本。为了追求零缺点,改善与预防最为重要,而要建立这样的观念,应先了解提高预防成本是可以降低总质量成本的。克劳斯比将预防成本与鉴定成本合称为符合成本,而提高预防成本可以降低鉴定成本,故增加质量并不一定会增加符合成本。

另外,克劳斯比还提出了质量14项步骤,作为组织推行"零缺点"运动的依据,内容如下:

(1)管理阶层对质量的承诺;
(2)运用团队行动,达成质量目标;
(3)设定清晰明确的标准;
(4)审慎而客观地掌握质量成本;
(5)灌输员工对质量的警觉心,使之成为企业文化的一部分;
(6)找出问题,并从根本解决它;
(7)以审慎的态度来设计"零缺点"活动;
(8)设计一套质量教育系统来教育员工;
(9)庄重地举行"零缺点日",让主管与员工在这一天分享彼此的承诺与决心;
(10)经由团队讨论,设定一个短期又不琐碎的目标,逐步达成最后的总目标——零缺点;
(11)消除造成错误的原因,要求每个员工说出自己在工作上遭遇的问题,并加以解决;
(12)选出质量改善标杆,给予具有象征性意义的奖励;
(13)设立质量委员会,集各品管专家于一堂,相互切磋改善质量;
(14)透过观察、参与、学习与从头再来,以获取更卓越的成就。

2.4 中国质量管理发展历程

中国是世界文明古国之一,早在夏、商时代的手工业中就有了控制产品质量的活动。在我国的各种古代典籍中记载有大量的有关产品质量的规定、要求等。严格的质量控制最初首先是在那些用于祭祀和战争的产品上开始应用的。但是,在我国将质量管理作为一门科学来推行，是在20世纪70年代末才开始的。

1978年，我国开始从日本和其他西方国家学习全面质量管理的理论和实践，在少数企业试点并取得成功的基础上，全面质量管理以相当快的速度和相当大的规模在全国推广开来。为了普及全面质量管理知识，政府有关部门和中国质量管理协会举办了大规模的"全面质量管理电视讲座"，收看人数达到了三千万人次。

1981年11月，我国成立了全国统计方法应用标准化技术委员会（与ISO/TC 69对应），初步形成一个数理统计方法标准体系。该标准体系主要有6个方面的标准：数理统计方法术语与数据标准、数据的统计处理和解释、控制国标准、以数据统计方法为基础的抽样检查方法标准、测量方法和结果的精度分析标准和可靠性统计方法标准等。

1988年，我国等效采用了ISO 9000系列国标标准，1994年、2000年又等同采用了该标准的修订版，定名为国家标准GB/T 19000系列国家标准。1993年，全国人大通过了《中华人民共和国产品质量法》，标志着我国质量工作进一步走上了法制化的道路。

2000年，第九届全国人大常委会第十六次会议通过的《关于修改〈中华人民共和国产品质量法〉的决定》实施。新的《产品质量法》明确了各级人民政府在产品质量工作中的责任；规定生产者、销售者必须建立健全内部产品质量管理制度，对产品质量监督部门依法组织进行的产品质量监督检查，生产者、销售者不得拒绝；补充、完善了产品质量监督管理的行政执法手段和必要的行政强制措施；建立了产品质量社会监督机制。

2001年，国家质量技术监督局与国家出入境检验检疫局合并，组建中华人民共和国国家质量监督检验检疫总局。

2001年，我国启动了全国质量专业技术人员职业资格考试。

2001年，启动了"全国质量管理奖"。

2002年，全国六西格玛管理推进工作委员会成立，我国开始在全国范围内推行六西格玛，并于2004年召开了全国六西格玛大会。

2003年8月20日，国务院审议并通过《中华人民共和国认证认可条例（草案）》。

2004年9月2日，国家质检总局向社会发布《卓越绩效评价准则》国家标准和《卓越绩效评价准则实施指南》国家标准化指导性技术文件。该标准的发布标志着我国在推行全面质量管理25年后，质量管理发展进入了新的阶段。从此，质量不再只是表示狭义的产品和服务。

纵观新中国成立以来我国质量管理的发展历程，大致可以划分为两个阶段：第一阶段是20世纪80年代中期以前，中国质量管理基本上是在政府主导下推行的，企业基本上处于被动和从属的地位。第二阶段是20世纪80年代中、后期以来，随着改革开放的深入，质量管理真正成为企业不可或缺的竞争手段。一大批先进企业通过质量管理使产品质量赶上了或超过了发达国家产品的水准，树立了我国的民族品牌，确立和巩固了企业的竞争地位。随着我国经济的发展与经济全球化进程的加快，有效的质量管理必将成为我国企业求生存、图发展和在竞争中取胜的强大武器。

| 项目小结 |

本项目从ISO 9000：2015的质量管理的有关术语开始，给出了质量管理包括质量策划、质量控制、质量保证和质量改进等活动过程；介绍了质量管理的历史演进，阐述戴明、朱兰、克劳斯比等质量管理专家的质量管理理论，引导读者探寻全面质量

管理的基本理念和价值观。

质量管理涉及组织的各个方面,是否有效地实施质量管理关系到组织的兴衰。组织的最高管理者应正式发布本组织的质量方针,在确立质量目标的基础上,按照质量管理的基本原则,运用管理的系统方法来建立质量管理体系,为实现质量方针和质量目标配备必要的人力和物质资源,开展各项相关的质量活动,这也是各级管理者的职责。所以,组织应采取激励措施激发全体员工积极参与,充分发挥他们的才干和工作热情,造就人人争做贡献的工作环境,确保质量策划、质量控制、质量保证和质量改进活动顺利地进行。

阅读资料

唱响时代强音　提高质量水平　迈入质量时代

纵观100多年的发展历程,质量管理从无到有、从弱小到成熟,随着生产力和科学技术的发展,质量管理容纳和吸收各种其他管理理论,使质量管理愈发完善,更趋科学性和实用性。

质量管理百年历程如表2-1所示。

表2-1　质量管理百年历程

年　份	事　件
1875年	(美)泰勒制诞生——科学管理的开端,检验活动与其他职能分离,出现了专职的检验员和独立的检验部门
1911年	(美)泰勒出版《科学管理原理》
1924年	(美)休哈特提出世界上第一张控制图——P控制图,并应用于生产工程
1925年	(美)休哈特提出统计过程控制(SPC)理论——应用统计技术对生产过程进行监控,以减少对检验的依赖,并最早发表关于质量管理的论文 (英)费希尔出版《研究工作者的统计方法》
1929年	(美)道奇和罗明格发表挑选型抽样检查方案
1931年	休哈特的《制造中的产品质量经济控制》出版
1935年	(英)费希尔出版《实验设计》 (英)E.S.皮尔逊出版《统计方法在工业标准化和质量管理中的应用》
1939年	(美)休哈特出版《质量管理观点的统计方法》
1940年	美国贝尔电话公司应用统计质量控制技术取得成效
1941年	美国标准协会(ASA)制定出Z1.1《质量管理指南》以及Z1.2《分析数据的管理图法》标准
1942年	美国标准协会(ASA)制定出Z1.3《在生产中控制质量的管理图法》标准
1946年	(美)格兰特出版《统计质量管理》
1950年	形成了对质量管理产生重大影响的"戴明14点管理原则" 开始开发提高可靠性的专门方法——可靠性工程开始形成 美国制定"MIL-STD-105A计数调整型抽样检查程序和表"标准
1951年	日本科学技术联盟(JUSE)设立日本戴明奖 (日)田口玄一在《品质管理》杂志上连载实验设计法 (美)朱兰推荐主次分析法、出版世界名著《质量控制手册》
1953年	(日)石川馨提出因果分析图

续表

年 份	事 件
1956年	刘源张教授成立中国第一个质量管理研究组
1958年	美国军方制定了MIL-Q-9858A等系列军用质量管理标准——在MIL-Q-9858A中提出了"质量保证"的概念
1960年	朱兰、费根堡姆提出全面质量管理的概念
	日本提出了全面质量控制的质量管理方法,特别是因果图、流程图、直方图、检查表、散布图、排列图、控制图等被称为老七种工具的方法,被普遍用于质量改进
1961年	(美)费根堡姆的著作《全面质量管理》出版
1963年	北大西洋公约组织(NATO)制定了质量保证联合出版物(AQAP)质量管理系列标准,引入了设计质量控制的要求。日本科学技术联盟设置质量管理小组总部,在仙台召开第一次质量管理小组大会
1966年	(日)田口玄一出版《统计分析》介绍信噪(SN)比,提出"质量工程学"
1969年	世界首次质量管理会议(ICQC69—Tokyo)在东京召开
1970年	日本质量管理学者提出的管理方法和技术包括:JIT——准时化生产、Kanben——看板生产、Kaizen——质量改进、QFD——质量功能展开、质量工程学、新七种工具等
1974年	制定ISO 2859"计数抽样检查程序和表"(采用MIL-STD-105D)标准
1978年	北京内燃机总厂举办日本小松制作所的专家讲授,引进了全面质量管理
1979年	英国制定了国家质量管理标准BS 5750——成为87版ISO 9000标准的基础
	菲利浦·哥斯比提出"零缺陷"的概念,并出版了《质量免费》一书
	我国政府派出了第一个质量管理代表团到日本考察"质量月"活动和全面质量管理;8月31日,中国质量管理协会成立
1980年	我国经委颁发了《工业企业全面质量管理暂行办法》
1982年	我国张公绪教授提出"两种质量诊断理论"
	戴明在其著作《转危为安》中提出"管理十四法"
1983年	应中国质量管理协会之邀,朱兰博士来华讲学
1987年	ISO/TC 176委员会提出ISO 9000《质量管理与质量保证》系列标准
	摩托罗拉公司建立了"六西格玛"的管理制度
1988年	美国建立了波多里奇国家质量奖,其依据为《1987年马尔科姆·波多里奇国家质量提高法》(又称《101~107公共法》),提倡"追求卓越"的质量理念
1991年	2月,国务院以国发〔1991〕6号文发布了《关于开展"质量、品种、效益年"活动的通知》
1992年	欧洲质量基金会设立了欧洲质量奖
	7月,中国在第一次全国认证工作会议上,决定中国等同采用ISO 9000标准
1993年	9月1日,正式实施《中华人民共和国产品质量法》
	正式发布GB/T 19000-ISO 9000标准
1994年	ISO 9000系列标准第一次改版
	朱兰博士提出"21世纪是质量的世纪"的论点
	4月,成立了中国质量体系认证机构国家认可委员会(CNACR)

续表

年份	事件
1995年	7月,中国认证人员国家注册委员会(CRBA)以创始成员的身份参加了国际审核员培训和认证协会(IATCA),并当选为执委会成员
1996年	12月24日,国务院以国发〔1996〕51号文发布了《印发"质量振兴纲要(1996—2010年)"的通知》
1998年	1月22日,中国(CNACR)首批签署了国际认可论坛多边承认协议(IAF/MLA),成为IAF/MLA集团创始成员
2000年	ISO 9000系列标准改版,出版ISO 9000:2000标准
2005年	《卓越绩效评价准则》国家标准(GB/T 19580)正式实施;ISO 9000:2005标准实施
2006年	3月31日,在CNAB、CNAL两个认可委员会的基础上合并成立中国合格评定国家认可委员会(CNAS)
2008年	ISO 9001:2008标准
2009年	ISO 9004:2009追求组织的持续成功质量管理方法标准的颁布与实施
2011年	ISO 19011:2011管理体现审核指南标准的颁布与实施
2012年	2月6日,国务院颁布实施《质量振兴纲要(2011—2020年)》
2013年	12月17日,GB/T 1901:2013管理体现审核指南标准的颁布与实施

当下,"质量"被党中央、国务院重视到了无以复加的程度。特别是习近平总书记、李克强总理在前不久召开的中央经济工作会议上突出强调,要坚持以提高质量和核心竞争力为中心,坚持创新驱动发展,扩大高质量产品和服务供给。要树立质量第一的强烈意识,下最大气力抓全面提高质量,开展质量提升行动,提高质量标准,加强全面质量管理。

"两会"前夕,习近平总书记在中央财经领导小组会议上就强调:"要推动制造业从数量扩张向质量提高的战略性转变,让提高供给质量的理念深入到每个行业、每个企业心目中,使重视质量、创造质量成为社会风尚。"

2017年3月5日,李克强总理在政府工作报告中先后十多次提及质量,并明确指出"要全面提升质量水平。广泛开展质量提升行动,加强全面质量管理,健全优胜劣汰质量竞争机制。质量之魂,存于匠心。要大力弘扬工匠精神,厚植工匠文化,恪尽职业操守,崇尚精益求精,培育众多'中国工匠',打造更多享誉世界的'中国品牌',推动中国经济发展进入质量时代"。

2017年"3·15"国际消费者权益日之际,在质检总局产品质量申诉处理中心的支持下,中国质量检验协会(以下简称质检协会)再次携手中国航天科技、中粮、华为、格力、海尔、美的、阿里、京东、苏宁、小米等近两千家全国产品和服务质量诚信示范企业组织开展"产品和服务质量诚信承诺"主题活动,引导企业主动发布产品和服务质量标准的自我声明,督促企业践行产品和服务质量诚信承诺,让广大消费者有更多的质量获得感,让全社会分享更多的质量红利,积极倡导提高供给质量,推动质量社会共治。

据悉,广大企业在2017年"3·15"所做的确保产品质量和服务质量诚信承诺,既包括企业客观、科学、规范地对遵守法律法规和质量标准要求的承诺,也包括建立健全质量管理体系、完善质量档案的承诺,还有严格关键过程质量控制、严格质量检验和计量检测、健全产品质量追溯体系、保障产品质量安全、切实履行质量担保责任及缺陷产品召回等法定义务的质量责任承诺,并有依法承担质量损害赔偿责任的承诺及企业产品和服务标准自我声明等内容。

一、唱响时代强音　迈入质量时代　质量社会共治共享必将成为风尚

当前,全社会着力改革创新驱动发展,事关中国经济发展质量的各种努力正在全面澎湃发力。质检协会在"3·15"活动中组织企业开展产品和服务质量诚信承诺,也得到了社会各界的广泛共鸣和赞誉。

全国人大代表、履新四川省质量技术监督局局长罗凉清向记者感慨,质检协会充分发挥质量专业社团组织在传递质量信任、引导质量消费中的桥梁和纽带作用,用实际行动营造了公平竞争的市场环境、发展环境,也可切实助力形成人人重视质量、人人创造质量、人人享受质量的浓厚社会氛围。

质检协会会员单位格力电器股份公司董事长、全国人大代表董明珠对倡导企业做出产品和服务质量诚信承诺有着深刻认识:"对'中国制造'而言,'质量'二字重过千钧。提升产品和服务质量既是对消费者的尊重,也是打造品牌的基础。企业必须长期牢固树立质量意识,践行质量诚信庄重承诺。""因为有同样的认知,每一个企业肩上都承担着质量的社会责任,他们的付出体现了更高层次质量的尊严价值。因为有同样的感动,所以不忘初心、砥砺同行,与质量强国的建设者共享艰辛与荣耀。"质检协会特邀副会长、重庆红九九食品有限公司董事长黄万明的话语也道出了给力"3·15"活动的企业家们心声。他还说,企业家应该要去唱响质量好声音,以工匠精神去生产精益求精的产品,质量好了,品牌价值就体现出来了,产品也就可以卖得贵了,质量的价值就体现了。黄总强调,作为重庆火锅底料的领军企业,必将在质量提升的国家行动中走在前、作表率,坚决而自信地扛起"重庆红九九,质量有保障"这面红红的旗帜。

质检协会特邀副会长、名臣健康股份有限公司董事长陈勤发指出,工匠精神坚守的是质量第一,追求的是精益求精,彰显的是持之以恒,创新质量供给是推进供给侧结构性改革的重要切入点。质量安全的主体责任在企业,倡导工匠精神,推动质量发展,要充分发挥企业作为质量主体的作用,要公开企业产品和服务标准,弥补产品和服务的缺失,利用市场机制去倒逼质量水平的提升,当好质量提升的主力军。

质检协会特邀副会长、慕思寝具首席文化官邱浩洋表示,每年的两会,质量都会成为关键词。不仅是代表委员的讨论热点,更是政府工作报告的重要内容,品质、标准、品牌等与质量相关的问题,多有提及。这既说明质量在企业发展中的重要性更加突出,也体现出我国政府部门和社会各界对质量工作的重视日益提升。

质检协会常务理事、山东大学教授温德成评价说:"质检协会多年以来携手数以万计的各行业领先企业开展'3·15'产品和服务质量诚信承诺主题活动,为推动中国经济社会发展进入质量时代作出了不可磨灭的贡献。同时,这些领军企业在建设质量强国的伟大实践中也有着不可替代的地位和作用。全社会携手,久久为功、共同营造,相信人人重视质量、创造质量、享受质量成为社会风尚将为时不远。"

二、传递质量信任　引导质量消费　着力搭建质量消费信任的交互平台

质检总局产品质量申诉处理中心主任、质检协会副理事长兼秘书长柯振权表示,供给侧结构性改革是全面深化改革的"重头戏"。习近平总书记反复强调"我国不是需求不足,或没有需求,而是需求变了,供给的产品却没有变,质量、服务跟不上""重点是解放和发展社会生产力,用改革的办法推进结构调整,减少无效和低端供给,扩大有效和中高端供给"。

柯振权强调,"3·15"始终是社会各界,尤其是广大消费者高度关注的焦点。确保产品和服务质量诚信既是安全生产和放心消费的关键,也是企业发展的重要保证,还是承担社会责任的企业应该对消费者和社会的必然承诺,更是提高供给质量的有效实践。

柯振权指出,质检协会承担着质检总局产品质量申诉处理中心的日常工作和相关职能,为了更好地落实党中央、国务院对质量工作的要求,更加积极地回应人民群众对质量的期盼,不仅要对中国质量充满信心,而且要持之以恒地坚持以改革开放为动力、加快创新发展,助力中国质量迈向中高端水平。"促进供给侧结构性改革,有效推进'三个转变',发挥优秀企业引领作用,提高质量供给水平,推动企业履行主体责任,全面提升产品和服务质量,大力建设质量强国。"谈及该项活动的意义,质检协会企业工作部主任王剑充满自豪。

王剑介绍,坚决维护消费品安全是质检系统2017年的重点工作之一。消费品安全问题关系每位消费者的健康安全,质检系统必须去管住管好。在"3·15"活动中,组织企业对产品和服务质量作出诚信承诺,就是充分发挥质量组织的桥梁纽带作用,强化人民群众对消费品安全的知情权和监督权,更加扎实地维护消费者合法权益。

质检协会防伪溯源物流管理服务中心主任王群告诉记者,2017年政府工作报告所强调的"要增加高品质产品消费。引导企业增品种、提品质、创品牌,更好满足消费升级需求""加强消费者权益保护,让群众花钱少烦心、多舒心",就是引导质检协会去持续助力广大质量优秀企业赢得消费者更多信任的方向。

质检协会防伪溯源物流管理服务中心副主任唐文才表示,在供给侧结构性改革作为主攻方向的当下,企业的重心工作主要是拼技术、拼质量、拼服务,而终端消费者更多则是认品牌。多年的实践表明,质检协会就是传递质量信任、引导质量消费、建立消费者和企业质量消费信任的交互平台。

质检协会网络部主任刘丽告诉记者:"在质量的春天里,我们对建设质量强国更加充满敬畏之情,对质量事业也更加挚爱,对做好企业对产品和服务质量的诚信承诺宣传应更加坚守和执着。中国质量网作为质量专业社团机构的官方网站,对宣传质量、宣传品牌、强化质量意识、传播质量消费资讯、助力消费升级有着使命般的信仰。通过网络去大力传播企业的产品和服务质量诚信承诺,既是企业通过第三方质量专业组织来向消费者做出可信的承诺,又能让消费者简单直接地了解到企业的产品质量和售后服务标准,深得广大企业的信赖和消费者的喜爱。"

刘丽表示,中国质量网已经与中国经济网、中国消费网等新闻媒体搭建合作平台,这样不仅有利于加大品牌宣传力度,提升中国品牌的吸引力和美誉度,还能提升质量资讯的受众面,为质量提升行动传递权威信息,增强消费者购买"中国制造"的自信心和自豪感。

质量提升,功在当代,利在千秋。张明作为始于2000年"3·15"的"产品和服务质量诚信承诺"主题活动发起人介绍说,该项活动从无到有,历经从中国制造到中国创造、中国模式再到中国标准,已经有数以万计的企业在不断成长壮大。从开始的300多家企业参加,到后来平均每年百分之十几的稳步增长,进而发展到今年2 000家企业来积极参与,凝聚起了社会各界强烈的质量诚信共识,切实推动了全社会,尤其是广大企业更加关注质量安全、更加支持质量发展、更加注重质量提升,倒逼企业加强质量工作,为消费者提供更优质的产品和服务,既对形成以专业社会组织为纽带的质量社会共治氛围具有促进作用,也能为唱响中国质量好声音贡献不可或缺的力量。

三、弘扬工匠精神　提高质量水平　让消费者享受质量而少烦心多舒心

"质量之魂,存于匠心。要大力弘扬工匠精神,厚植工匠文化,恪尽职业操守,崇尚精益求精,培育众多'中国工匠',打造更多享誉世界的'中国品牌',推动中国经济发展进入质量时代。"李克强总理3月5日在政府工作报告中的话语言犹在耳。这是继2016年"两会"后,"工匠精神"再次出现在政府工作报告中。

"转方式、调结构、提质增效、发展实体经济,都离不开产业工人的匠心回归。工匠精神的核心是坚守和孜孜以求。工匠精神不会凭空产生,需要全社会的共同努力,让工匠精神渗透到各行各业的肌理,所生产出来的产品才能让消费者少烦心、多舒心。"质检协会副理事长、中国工程院院士钟群鹏表示。

就当前的消费环境看,我国产品和服务质量与民众日益增长的需求和更高的期待相比,确实还存在差距。特别是市场上还存在假冒伪劣、虚假广告、价格欺诈等现象,老百姓对此很烦心。

就如何让群众花钱消费少烦心、多舒心的话题,作为防伪溯源物流管理领域资深专家的王群说:"传递质量信任、引导质量消费、建立消费者和企业信任的平台的工作显得尤为重要和及时。除了建立起加强消费者和企业沟通的平台之外,我们还将不断创新,推动'互联网+'深入发展、促进数字经济加快成长,让企业广泛受益、群众普遍受惠。质检协会防伪溯源物流管理服务系统协助企业通过'3·15'活动专用标识的运用,对于企业本身推动消费领域供给侧结构性改革,提升品质管理和产品质量追溯的技术水平,尤其是与消费者通过'互联网+质量诚信验证'的互动,对企业提品质、创品牌的帮助就会很大。重庆红九九食品、名臣健康股份、全友家私、安莉芳、美克美家等众多行业龙头翘楚应用我们的防伪溯源物流管理服务标识都可表明,我们可以协助企业进一步赢得消费者更多的信任,并增强消费者购买质量好产品的信心。"

王剑表示,质检事业的点滴成绩无不凝聚着参与到活动中的企业界、消费者等社会各界的真情。置身如此轰轰烈烈质量提升工作中,质检协会对办好每一个年度的"3·15"活动中的"产品和服务质量诚信承诺"主题活动都必将更加执着,并更加主动作为、热情服务,当好质量提升的排头兵、突击队。

刘辉表示,供给侧结构性改革的主攻方向就是提高供给质量,而提升供给体系的中心任务也就是提高产品和服务质量。企业唯有能够持久产生价值并让消费者和用户信任企业的产品和服务价值,才能够发展更好。在新常态下,质量作为经济社会和企业发展的核心要素,越来越显示出重要作用和战略价值。

质检协会企业工作部专家委员会调研员杨晓东指出,质检协会作为承担着质检总局产品质量申诉处理中心相关职能的质量专业组织,多年来都对消费者在消费过程中遇到的产品质量问题提供着务实的协调服务和必要的维权保障,已然引领了质量消费维权的一个新时代,并堪称质量领域的"中消协",并务实地把我国消费者权益保护事业推上了一个新台阶。

"功崇唯志,业广惟勤。抓质量、保安全、促发展、强质检,是质检系统多年坚守的工作方针。在迈向质量时代的进程之中,为提高供给质量做出奉献,为质量强国梦作出努力,着力传递质量信任,责任重大,着力引导质量消费,使命光荣,我们必将真抓实干、奋发有为。"展望质检协会的发展,柯振权坚定地表示:"我们将不忘初心,砥砺前行,一如既往地着力质量提升,共筑质量诚信,引导质量消费,为全面提高产品和服务质量、助力中国发展迈入质量时代做出新的贡献。"

资料来源:中国质量检验协会.唱响时代强音　提高质量水平　迈入质量时代.中国经济网.

案例分析

日照港：正在成为实施全面质量管理的典范

日照港位于山东半岛南翼，被国家确定为"新亚欧大陆桥东方桥头堡"。日照集团主要经营煤炭、矿石、水泥、镍矿、钢材、焦炭等大宗散杂货装卸、堆存业务。

2013年11月3日，在以"科学发展——实现有质量的增长"为主题的追求卓越大会上，日照港集团被授予"全国质量奖"荣誉称号。全国质量奖旨在激励和引导中国企业实施卓越绩效模式，提升产品、工程、服务质量和经营发展质量，增强企业及至国家竞争能力。全国质量奖评审以《卓越绩效评价准则》国家标准为依据，坚持规范运作、专业评审、创造价值，得到政府部门和社会的广泛认可，是国内最具影响力的经营质量管理奖项。

日照港集团始终坚持"质量兴港、管理制胜"的原则。1987年开始引入全面质量管理，形成较为完整的质量管理体系，先后通过了质量、环境、职业健康安全"三标一体"管理体系。通过加强质量教育培训，推进标准化管理，组织开展QC小组、阳光文化、顾客满意度测评和"质量月"等活动，增强员工的质量意识和大质量观念。2008年，获得交通行业质量管理小组活动优秀企业称号。2006年，日照港集团按照"试点—推广—整合提升"的总体思路，将推行卓越绩效模式纳入战略规划，大力开展"管理效益年""创业创新创效年"等活动，综合运用系统培训、专家管理诊断、质量奖外部评审、内部管理成熟度评价、三创年"展示月"、创新课题立项、内外部对标等方式，不断提高自我认知能力，识别改进空间，建立起以"发展战略"为引领，以"阳光文化"为支撑，以"标杆管理"为驱动，以"四级关键绩效指标"为主线，以"评价体系、知识管理体系、创新体系"为架构的综合管理体系，促进了企业管理水平和发展质量的持续提升。

日照港集团以质量为中心，强调精益生产，科技创新。使在一样的码头、一样的装备条件下，干出不一样的业绩。坚持统筹好货物集疏、装卸各环节，协调好车船货衔接，不断优化作业流程，通过积极推行"一站式、一条龙"服务，为客户提供VIP和"一对一"上门服务，统筹各物流环节，充分发挥大码头、大型堆场和智能化接卸、运输系统的功效。高效利用参与港口生产的码头、泊位、设备、人力、信息化等资源，找出最优配置方案，做到"物尽其用"，每年刷新200余项装卸生产效率。同时，把科学技术作为第一生产力，主导研发办公自动化协同系统平台、EDI系统、GPS货运系统等，每年开展1 000余项渗透于生产、技术、现场的实用技术创新，加快科技成果向现实生产力的转化。

日照港集团以全员参与为基础，成就员工，共享成果。坚持"围绕中心、强化核心、凝聚人心"和"提高能力、激发活力、增添动力"的总体思路，不断提升工作氛围；积极建立专业技术人员和管理人员的双"H"通道，组织开展职工技术比武、劳动竞赛和职业技能鉴定活动，在实践中"锻造"员工，不断提升员工操作技能和技术素质；持续提高员工待遇。

日照港集团以客户满意为目标，真诚服务，赢得客户。全面树立"让客户满意、使客户感动、赢客户忠诚"的理念，大力开展"零杂质、零缺陷、零投诉"三零工程和"矿石作业装卸精品工程"，将优质服务作为"生命线"，为客户提供一站式服务。开通40。客户投诉咨询服务电话，全天候对客户投诉及咨询进行受理，并及时梳理总结、更新港口基本情况、业务种类、业务流程等信息，最大限度地满足客户咨询需求，为客户提供温暖赤诚的超值服务、延伸服务，使日照港真正成为广大客商创业兴业的热土。

日照港集团以社会受益己任，生态经济，共促发展。施粉尘治理工程，让空气更加清新。10年来，用于环保设施的投资近9亿元。在全国率先引进木薯干、大豆、氧化铝装卸专用设备，实现了"全密封式"装卸。推进倒运管理电子信息系统，规范装卸设备作业程序，控制作业扬尘。建成了11处洗车设施和1700多套喷枪系统，利用中水和经处理后的港口雨污水用于现场洒水喷淋作业，时刻给码头道路"洗脸"，对煤炭、矿石等易扬尘货物用篷布苫盖"盖被"，同时在堆场周边建设防风抑尘墙，种植高大乔木绿化带，形成了防尘、抑尘的多级立体式"屏障"。实行海洋环境保护，让海域清澈洁净。全力配合环保、海洋、渔业、海事等主管部门，严格执行环境影响评价制度和工程建设"三同时"制度，加强船舶垃圾及船舶油污水的管理，实现了达标排放，港区海水水质一直保持和优于《国家标准海水水质量标准》二类标准。在全国沿海港口中，率先实施人工放流工程，共放流多种经济鱼类总价值近700万元，保护海洋环境和渔业生态。在港区外海域建造人工鱼礁，为海洋生物建造繁衍栖息的"海洋生态家园"，保护海洋生物的多样性，促进了海洋环境和渔业资源的可持续发展。实施绿化工程，建设花园式港口。

思考：
1. 日照港集团为什么会获得"全国质量奖"荣誉称号？
2. 日照港集团的哪些活动体现了"质量兴港、管理制胜"的原则？
3. 日照港集团全面质量管理的实施是如何落实的？

监测管理严格　荷兰菲仕兰树质量管理模式典范

"奶业出路，就在我们自己的脚下。"改革创新，结构调整，转型升级，是中国奶业发展的"不二之策"。针对当前奶业出现的问题，要用组合拳。继续加强奶源基地建设，继续加强饲草饲料生产体系建设，持续加强生鲜乳质量安全监管，持续加强消费引导，要用科学技术、物质装备、发展理念、经营方式、产业组织改革传统行业，降低成本，提升效率，增强竞争力。如何改革创新？荷兰最大乳企菲仕兰公司或许能给出一些借鉴意义。

荷兰皇家菲仕兰公司（以下简称菲仕兰公司）创建于1871年，迄今已有140多年的历史，2004年被荷兰女王授予"皇家"称号。总部设在荷兰阿姆斯福特市，在32个国家设有分支机构，拥有2万多名雇员，在欧洲有超过一万多个自家牧场和将近两万名会员奶农。生产的乳品饮料、婴幼儿营养品、奶酪和甜品，销售遍及全球100多个国家，每天向全世界10亿多消费者提供营养丰富的乳制品。菲仕兰公司9月初发布的2016年上半年财报显示，其经营收入55.22亿欧元，利润1.6亿欧元。

1. 采用公司加牧场的经营模式

在荷兰有大约1.8万家牧场，大多数加入了一家叫作"菲仕兰"的合作社，现在菲仕兰合作社的会员已经发展到了德国和比利时，目前菲仕兰合作社在欧洲有1.9万家会员牧场。荷兰皇家菲仕兰公司便是为这家合作社服务——负责奶产品收购、检验、工厂加工、销售以及相关管理活动等。

菲仕兰合作社按照地理区域分成21个地区，每个地区选出10名代表，组成会员理事会；合作社100%持有菲仕兰公司的股权，对菲仕兰公司的重大事项拥有决定权。菲仕兰公司的很多员工日常工作是与菲仕兰合作社的会员牧场主打交道，菲仕兰公司首席执行官也是牧场中长大的，同时他还是荷兰乳协主席。

菲仕兰合作社大致分为四个层级，与菲仕兰公司的各个层级也有一定的对应关系：会员奶农、会员代表大会（对应公司的股东大会）、董事会（对应公司董事会）以及执行董事会（对应公司首席执行官等高层管理者）。该经营模式实质上是在公司内部构建了一个严格捆绑的共同利益机制和会员奶农、合作社董事会、公司管理层三方互相制约的合作机制。合作社组织管理层由全体会员、农场主选举产生,以代议制的方式管理日常事务。

2. 采用更为稳定并有利于发展的利润分成方式

菲仕兰合作社的会员牧场所产的鲜奶必须全部卖给菲仕兰公司,菲仕兰公司在质量达标的情况下也必须无条件地收购会员牧场的鲜奶。收购价格按照行业的市场价在每月月底确定。

菲仕兰公司的利润中,45%留存作为发展资金,35%作为奖励发给会员奶农,另外20%以固定利率债券的形式发给奶农。每个农场按照配额生产,与公司风险公担、收益共享,公司的业绩决定着奶农的业绩分红,合作社理事会每三年讨论一次利润分配额度。作为合作社会员,奶农享有对牧场的绝对所有权,可以被继承、买卖以及选择退出合作社。

2016年上半年财报显示,荷兰皇家菲仕兰合作社的会员奶农总计生产了54.88亿千克牛奶,会员奶农的牛奶产量增加5.83亿千克,会员奶农的原奶价格每100千克30.24欧元(上半年平均价格),中期分红为每100千克牛奶1.170欧元。可见,菲仕兰公司的经营模式保障了会员奶农的利益,也让奶农有动力和能力去保证原奶的质量,可以达到双赢并能长期均衡发展。

3. 实行严格的全程监测与管理,保障产品质量

菲仕兰公司在生产和质量管理过程中,还和奶牛育种和品种改良公司以及兽医组织进行战略合作,形成具有契约关系的品质控制体系。在荷兰,小牛出生48小时内,就会建立起全国统一的身份标识。每头牛的颈部都会固定一个奶牛电子测控器,每天24小时自动收集奶牛的心跳、呼吸、进食情况、反刍情况、挤奶频次、运动距离等数据,这些数据又会通过移动传输装置,自动汇聚到统一的数据库中。在菲仕兰合作社,虽然奶牛是家庭农场的私有财产,但每一头牛的健康数据却是没有围墙的,可以在乳品质量检测实验室、兽医站、育种公司等各个公共部门分享。当某个奶牛场的牛奶质量指标发生异动时,很容易通过这些生命特征数据追溯到具体哪一头牛出了问题。

除了建立自身完善的产品检测和监控体系,菲仕兰公司还与一家独立的第三方检测组织Qlip实验室紧密合作,委托其监控和检测鲜奶及乳制品质量、进行终产品检测及认证、牧场审查等几乎全产业链的检测服务。这家独立且专业的检测公司的加入,为菲仕兰公司全产业链的质量控制提供了专业和科学的保障。与此同时,菲仕兰公司还与以农业学科和食品加工而著名的荷兰瓦赫宁根大学合作,开展各项相关的科研项目,为公司提供各种科技支撑。

4. 菲仕兰公司将加强与中国企业的合作,提供高品质的产品

菲仕兰公司已经与中国的辉山乳业达成合作,采用菲仕兰的质量监控体系,合作生产婴幼儿配方奶粉提供给中国消费者,辉山乳业的奶源品质已经达到欧盟标准。同时,菲仕兰公司认为中国政府加强对乳品行业的监管对菲仕兰公司等企业是一个利好,也很看好中国的"二孩"政策对乳品行业的影响。还强调,菲仕兰公司是以电商渠道为平台进入中国的,还将加强电商方面的合作与推广。

资料来源:中国新闻网.

思考:菲仕兰公司在乳制品质量管理方面有哪些值得我国企业借鉴的经验?

习 题

一、单项选择题

1. 致力于增强满足质量要求的能力,称为(   )。
   A. 质量策划　　　　B. 质量保证　　　　C. 质量控制　　　　D. 质量改进

2. 质量检验阶段的主要特点是（　　）。
   A. 事先预防　　　　　　　　　　　　B. 事后把关
   C. 解决质量问题的手段具有多样性　　D. "三全"，即全过程、全员和全面的质量
3. 致力于满足质量要求，称为（　　）。
   A. 质量策划　　　B. 质量保证　　　C. 质量控制　　　D. 质量改进
4. 开创了统计质量控制这一领域的质量管理专家是（　　）。
   A. 戴明　　　　　B. 休哈特　　　　C. 朱兰　　　　　D. 石川馨
5. 提出"组织的管理者必须关注14个要点"的是（　　）。
   A. 石川馨　　　　B. 梅奥　　　　　C. 休哈特　　　　D. 戴明
6. 开发了因果图的质量管理专家是（　　）。
   A. 朱兰　　　　　B. 休哈特　　　　C. 戴明　　　　　D. 石川馨

二、多项选择题

1. 美国质量管理专家朱兰博士称（　　）为"质量管理三部曲"。
   A. 质量策划　　　B. 质量控制　　　C. 质量保证
   D. 质量改进　　　E. 质量方针与质量目标
2. 质量管理通常包括（　　）。
   A. 质量策划　　　B. 质量控制　　　C. 质量保证
   D. 质量改进　　　E. 质量实施
3. 著名质量管理大师戴明的主要贡献是（　　）。
   A. 开发出了因果图　　　　　　　　B. 质量螺旋曲线
   C. 提出了质量改进三部曲　　　　　D. 质量的"适用性"理念
   E. 提出了组织的管理者必须关注的14个要点
4. 著名质量管理大师朱兰的主要贡献是（　　）。
   A. 零缺陷管理　　　B.《质量免费》　　　C. 提出了质量改进三部曲
   D. 开创了统计质量控制的新领域　　　E. PDCA循环
5. 克劳斯比的主要贡献是（　　）。
   A. 零缺陷管理　　　　　　　　　　B. 质量的"符合性"理念
   C. 提出了质量改进三部曲　　　　　D.《质量免费》
   E. 提出了组织的管理者必须关注的14个要点

三、名词解释

质量管理　质量策划　质量控制　质量保证　质量改进

四、实践练习

1. 以小组为单位，对某一企业进行调研，了解企业质量管理状况、企业质量管理有哪些值得借鉴的经验和不足，形成一份企业质量调研报告。
2. 查阅质量管理的知名网站，了解一些成功企业质量管理的经验，写一篇1 000字左右的关于质量管理的体会。

项目 3 质量管理体系建立

本项目重点

1. ISO 9000 族标准的核心标准；
2. 质量管理七项基本原则；
3. PDCA 循环。

学习目标

1. 了解 ISO 9000 族标准的构成与发展历程；
2. 了解质量管理体系建立的过程；
3. 理解一体化管理体系的内涵；
4. 掌握质量管理体系七项基本原则及其应用；
5. 掌握 PDCA 循环的原理。

课前导读

国际标准化组织（International Organization for Standardization，ISO）成立于 1947 年，是一个全球性的非政府组织，是国际标准化领域中一个十分重要的组织。"ISO"一词一来源于希腊语"ISOS"，即"EQUAL"——平等之意。

ISO 负责目前绝大部分领域（包括军工、石油、船舶等垄断行业）的标准化活动。该组织自我定义为非政府组织，官方语言是英语、法语和俄语。参加者包括各会员国的国家标准机构和主要公司。ISO 的宗旨是"在世界上促进标准化及其相关活动的发展，以便于商品和服务的国际交换，在智力、科学、技术和经济领域开展合作"。中国于 1978 年加入 ISO，在 2008 年 10 月的第 31 届国际化标准组织大会上，中国正式成为 ISO 的常任理事国。

ISO 的组织机构包括全体大会、主要官员、成员团体、通信成员、捐助成员、政策发展委员会、理事会、ISO 中央秘书处、特别咨询组、技术管理局、标样委员会、技术咨询组、技术委员会等。全体成员大会是 ISO 的最高权力机构，1994 年以前，全体大会每三年召开一次，自 1994 年开始根据 ISO 新章程，ISO 全体大会改为一年一次。理事会为其常务领导机构，下设执行委员会、计划委员会和六个专门委员会，ISO 的日常行政事务由中央秘书处担任。ISO 是一个非政府性国际机构，是联合国经社理事会甲级咨询组织及贸发理事会综合级（最高级）咨询机构，其工作范围是促进各成员国国家标准的协调，制定国际标准，安排有关成员团体和其技术委员会进行情报交流，以及与其他国际组织协作，特别是应这些组织要求共同研究标准化问题。ISO 的技术工作是高度分散的，分别由 2 700 多个技术委员会（TC）、分技术委员会（SC）和工作组（WG）承担。在这些委员会中，世界范围内的工业界代表、研究机构、政府权威、消费团体和国际组织都作为对等合作者共同讨论全球的标准化问题。

3.1　ISO 9000 族标准概述

ISO 9000 族标准是在总结质量管理实践经验的基础上，将一些先进国家已经逐步建立起来的质量管理标准进行了整理，形成的国际标准。建立 ISO 9000 族标准的目的是努力使对质量管理活动的评判有一把国际统一的"尺子"，以帮助国际范围内供需双方对企业的质量管理体系建立共识。

3.1.1　ISO 9000 族标准的产生与发展

为适应经济全球化的趋势，英国标准协会 BSI 于 1979 年向 ISO 组织提交了一份建议，倡议研究质量保证技术和管理经验的国际标准化问题。同年，ISO 批准成立质量管理和质量保证技术委员会 ISO/TC 176，其愿景是"通过在全世界范围内接受和使用 ISO 9000 族标准，为提高组织的绩效提供有效的方法，增强组织和个人的信心，从世界各地得到任何期望的产品，以及将自己的产品顺利地销往世界各地，促进贸易、经济繁荣和发展"。其任务是专门负责制定质量管理和质量保证标准。

▶ 1. ISO 9000 族标准产生的背景

（1）促进国际贸易的顺利发展是 ISO 9000 族标准产生的经济基础，也是产生 ISO 9000 族标准的直接原因，如图 3-1 所示。20 世纪 60 年代以后，国际经济发展交流碰壁，贸易交往日趋增加，有关国际间产品质量保证和产品责任问题引起了世界各国的普遍关注，而世界各国间贸易竞争的日益加剧也使不少国家把进口商品质量标准作为执行限入奖出保护主义的重要手段。如果任凭各国依据不用的国家和团体标准进行质量体系认证势必导致更为严重的技术壁垒，阻碍国际贸易的正常进行。

（2）科技进步和生产力的发展是形成和产生 ISO 9000 族标准的社会基础。随着科技进步和生产力的发展，产品结构日趋复杂，市场竞争加剧，生产者为了使顾客放心，需要对产品提供担保的对策。ISO 9000 族标准既是欧美各市场经济国家走质量效益型道路的经验总结，又适应了国际大市场优胜劣汰竞争下各类企业生存和发展的客观需要。

（3）各国消费者权益保护运动的广泛深入开展，推动各类企业不断建立与实施质量管理体系，改进与稳定产品（服务）质量，成为 ISO 9000 族标准产生和发展的群众基础。

（4）ISO 9000 族标准是世界质量管理发展最新阶段的必然产物。在世界范围内，质量管理的发展先后经历质量检验、统计质量控制、全面质量管理三个阶段。尤其是 20 世纪 60 年代初美国的质量管理专家费根堡姆博士提出的全面质量管理的概念逐步被世界各国

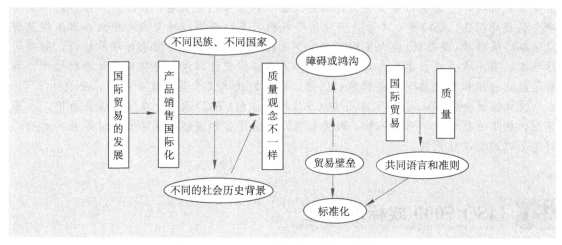

图 3-1　ISO 9000 族标准产生的经济基础

接受，为各国质量管理和质量保证标准的相继产生提供了坚实的理论依据和实践基础。

（5）组织生存和提高效益的需要是产生 ISO 9000 族标准的重要原因。组织为了生存和发展，获得更大的经济效益，除重视质量管理和内部质量保证外，还应重视外部质量保证。为避免因产品缺陷引起质量事故，企业需要走预防为主的路线，这就促使 ISO 9000 族标准的产生、形成和贯彻，也是 ISO 9000 族标准的真谛所在。

综上所述，世界各国、组织和消费者都要求有一套国际上通用的、具有灵活性的国际质量保证模式，这就是导致质量管理和质量保证国际标准产生的根本条件，也是 ISO 9000 族标准产生的历史背景。

知识链接

ISO 标准编号方法

ISO 9001：2008 中，ISO 为国际标准化组织英文缩写；9001 为标准顺序号；2008 为标准发布年号。

▶ 2. ISO 9000 族标准的发展历程

ISO/TC 176 主要参照了英国 BS 5750 标准和加拿大 CASZ 299 标准，从一开始就注意使其制定的标准与许多国家的标准相衔接。并于 1986 年发布了 ISO 8402《质量管理和质量保证术语》。1987 年发布了首版"质量管理和质量保证"系列标准。1990 年，ISO/TC 176 分别对 ISO 9000 系列标准进行了修订，在 1994 年 7 月 1 日发布了 1994 版 ISO 9000 族标准，取代了 1987 版 ISO 9000 系列标准。从 1994 年到 2000 年，ISO 9000 族标准在世界上得到了广泛的应用。而后在 2000 年、2008 年和 2015 年，ISO/TC 176 又分别发布了 2000 版、2008 版和 2015 版 ISO 9000 族标准，如图 3-2 所示。

图 3-2　ISO 9000 族标准的五个版本

1) 20 世纪 80 年代的 ISO 9000 族标准

1986 年发布的 ISO 8402：1986 和 1987 年发布的 ISO 9000：1987、ISO 9001：1987、ISO 9002：1987、ISO 9003：1987、ISO 9004：1987 共 5 个国际标准，一起统称为"ISO 9000 系列标准"，构成了 ISO 9000 族标准的第一版。第一版 ISO 9000 族标准的发布与实施，使世界各国有了一套相同的国际标准化的质量管理方法，很快在工业界得到广泛的承认，被各国标准化机构所采用并成为 ISO 标准中在国际上应用最广泛的一个，并有效破除了国际商品贸易中依据不同质量保证标准进行质量体系认证而导致的技术壁垒，促进了国际贸易的正常发展。

2) 20 世纪 90 年代的 ISO 9000 族标准

第一版的 ISO 9000 族标准主要适用于工业制造领域，不能适应其他行业，特别是服务业的质量管理要求。同时应用国家的增加，需要对质量体系的一些要素进行补充和细化。为此，ISO/TC 176 在维持 ISO 9000 族标准总体结构和思路不变的前提下，对第一版进行了局部修改，并补充制定一些 ISO 10000 系列标准，对质量体系的一些要素活动做出具体规定，于 1994 年形成了 ISO 9000 族标准第二版。第二版 ISO 9000 族标准的发布和实施极大促进了世界各国的质量管理事业。但是 1994 版 ISO 9000 族是个过渡产物，不但未能解决 1987 版存在的问题，甚至使其问题更加突出，如标准更多地关注"文件化"和"符合性"，未能充分强调质量体系的持续改进和组织总体绩效的提升标准，数量过于庞大，使标准之间的协调，以及标准使用者全面理解和应用带来新的困难，该版本实际上只有少数几个标准得到了普遍应用。

3) 21 世纪的 ISO 9000 族标准

21 世纪世界竞争加剧，第二版 ISO 9000 族标准已经难以适应新世纪对质量管理的客观要求，因此 ISO/TC 176 对 ISO 9000 族标准进行了总体结构及技术内容的全面修改。2000 年 12 月 15 日，ISO/TC 176 正式发布了新版本的 ISO 9000 族标准，统称为 2000 版 ISO 9000 族标准。该标准的修订充分考虑了 1987 版和 1994 版标准以及现有其他管理体系标准的使用经验。2000 版标准更加强调了顾客满意及监视和测量的重要性，促进了质量管理原则在各类组织中的应用，满足了使用者对标准应更通俗易懂的要求，强调了质量管理体系要求标准和指南的一致性。

2008 年，ISO/TC 176 继续对 2000 版 ISO 9000 族标准进行修订。本次修订对标准的目的、范围及应用范围未做变动，变更主要是对易发生或已发生误解部分做进一步澄清或增加注解以进一步说明。标准正文涉及 40 余处变更，但基本上原标准所关注的内容没什么变化，仅做一些编辑方面的改变，使层次更加清晰，文字更加合理。2015 版的变化主要体现在：采用高层结构，规定了通用的章节结构，以及具有核心定义的通用术语，目的是方便使用者实施多个 ISO 管理体系标准；采用了基于风险的思维；更少的规定性要求；灵活的成文信息要求；提高了服务行业的适用性；更加强调组织环境；增强对领导作用的要求；更加强调最高领导者应对质量管理体系的有效性负责，以确保质量管理体系实现预期结果；更加注重实现预期的过程结果以增加顾客满意；确定质量管理体系边界。

与之前的版本相比，21 世纪的 ISO 9000 族标准具有以下优点：

(1) 标准通用性加强；

(2) 标准结构简化，原则性与指导性强；

(3) 语言简单明了，通俗易懂，易于翻译、理解与实施；

(4) 考虑了所有相关方的利益需求；

（5）弱化了强制性的"形成文件的程序"的要求；
（6）将质量管理体系与组织的管理过程联系起来；
（7）强调对质量业绩的持续改进；
（8）强调持续的顾客满意是推进质量管理体系的动力；
（9）ISO 9001 与 ISO 9004 内容结构一致，既避免了因认证/注册而给企业等组织带来的不必要工作量，又为持续改进组织的总体业绩与效率创造了条件；
（10）与环境、安全等管理体系具有更好的兼容性，有利于组织建立统一的管理体系。

3.1.2 ISO 9000 族标准的核心标准

21 世纪的 ISO 9000 族标准在结构上做了重大调整，标准的要求、指南或指导性文件更为通用，形成了四大核心标准，如表 3-1 所示。

表 3-1 ISO 9000 族标准的核心标准

ISO 9000：2008 版核心标准		ISO 9000：2015 版核心标准（现行）	
编 号	名 称	编 号	名 称
ISO 9000：2005	质量管理体系 基础和术语	ISO 9000：2015	质量管理体系 基础和术语
ISO 9001：2008	质量管理体系 要求	ISO 9001：2015	质量管理体系 要求
ISO 9004：2009	质量管理体系 业绩改进指南	ISO 9004：2009	质量管理体系 业绩改进指南
ISO 19011：2011	质量和（或）环境管理体系指南	ISO 19011：2011	质量和（或）环境管理体系指南

（1）ISO 9000 表述质量管理体系基础知识并规定质量管理体系术语。

（2）ISO 9001 规定质量管理体系要求，用于组织证实其具有提供满足顾客要求的及适用的法规要求的产品的能力，目的在于增进顾客满意，用于认证。

（3）ISO 9004 为组织提供了通过运用质量管理方法实现持续成功的指南，以帮助组织应对复杂的、严峻的和不断变化的环境。该标准的目的是加入组织业绩并达到顾客及其他相关方满足。阐述质量管理体系业绩改进的建议的方法，但不作为内部和外部审核的依据。

（4）ISO 9011 提供关于审核方案管理和管理体系审核的策划和实施以及审核员和审核组能力和评价的指南，用于指导审核。

知识链接

我国全国质量管理和质量保证标准化技术委员会（SAC/TC 151）秘书处设在中国标准化研究院，对口 ISO/TC 176 的工作，负责将 ISO 9000 族标准转化为国家标准，并制定质量管理和质量保证领域的其他国家标准。我国对 ISO 9000 族标准的转化原则由以前的等效采用变成了现在的等同采用 GB/T 19000 族标准。

3.1.3 ISO 9000 族标准的作用

ISO 9000 族标准是在总结了世界经济发达国家的质量管理实践经验的基础上制定的具有通用性和指导性的国际标准。实施 ISO 9000 族标准，可以促进组织质量管理体系的改进和完善，提高组织的运作能力、促进国际经济贸易活动、对持续满足顾客的需求和期望都能起到良好的作用。

▶ 1. 有利于提高质量管理水平，保护消费者权益

现代科学技术的高速发展，使产品向高科技、多功能、精细化和复杂化发展。组织是按照技术规范生产产品的，但当技术规范本身不完善或组织质量管理体系不健全时，组织就无法保证持续地提供满足要求的产品；而消费者在购买或使用这些产品时，一般也很难在技术上对产品质量加以鉴别。如果组织按 ISO 9000 族标准建立了质量管理体系，通过体系的有效应用，促进组织持续地改进产品特性和过程的有效性和效率，实现产品质量的稳定和提高，这无疑是对消费者利益的一种最有效的保护，也增加了消费者（采购商）在选购产品时对合格供应商的信任程度。

▶ 2. 有利于提高组织运作能力，增强组织竞争力

ISO 9000 族标准鼓励组织在建立、实施和改进质量管理体系时采用过程方法，并运用系统管理的思想，通过识别和管理相互关联和相互作用的过程，以及对这些过程进行系统的管理和连续的监测与控制，以提高组织效率。此外，ISO 9000 族标准提供了组织持续改进的框架，帮助组织能够不断地识别并满足顾客及其他相关方的要求，从而不断地增强顾客和其他相关方的满意程度，增强组织的综合竞争力。因此，ISO 9000 族标准为组织有效地提高运作能力和增强市场竞争能力提供了有效的方法。

▶ 3. 有利于消除技术壁垒，促进国际贸易发展

技术壁垒协定（TBT）是世界贸易组织（WTO）达成的一系列协定之一，它涉及技术法规、标准和合格评定程序。在国际经济技术合作中，贯彻 ISO 9000 族标准为国际经济技术合作提供了国际通用的共同语言和准则，有效促进技术壁垒的减少。如今取得质量管理体系认证，已成为参与国内和国际贸易、增强竞争能力的有力武器。因此，贯彻 ISO 9000 族标准对消除技术壁垒、排除贸易障碍、促进国际贸易发展起到了十分积极的作用。

▶ 4. 有利于组织的持续改进，持续满足顾客的需求和期望

顾客要求产品具有满足其需求和期望的特性，这些需求和期望在产品的技术要求或规范中表述。但是顾客的需求和期望随着时间的变化也在发生着改变，这就促使组织要持续地改进产品的特性和过程的有效性，以不断满足顾客的需要和期望。质量管理体系就为组织持续改进其产品和过程提供了一条行之有效的途径。ISO 9000 族标准把质量管理体系要求作为对产品要求的补充，这样有利于组织的持续改进和持续满足顾客的需求和期望。

3.2 质量管理七项基本原则

ISO/TC 176 在总结 1994 版 ISO 9000 族标准的基础上提出了质量管理八项基本原则，作为 2000 版 ISO 9000 族标准的设计思想。如今，人们普遍认为质量管理八项基本原则不仅是 2000 版 ISO 9000 族标准的理论基础，也是任何一个组织建立质量管理体系并有效开展质量管理工作所必须遵循的基本原则，是 ISO 9000 系列标准实施的经验和理论研究的总结。

2015 版质量管量体系将八项基本原则修改为七项。

3.2.1 以顾客为关注焦点

质量管理的主要关注点是满足顾客要求并且努力超越顾客的期望。

组织依存于顾客。因此,组织应理解顾客当前的和未来的需求,满足顾客要求并争取超越顾客的期望。

顾客就是市场。以顾客为关注焦点要求组织所有的努力都应该以使顾客满意为最终目标。首先,对于组织而言,顾客是分类的,不是所有层面的顾客都能成为该组织的顾客。例如,海尔集团在空调市场大降价的时候,提出"你跳水,我跳高"的口号,实质是海尔集团把自己的产品定位在最有能力支付质量的顾客群,它通过提高产品质量来提高价格,从而保住自己的顾客群,因此分辨组织的目标顾客成为组织的首要任务。其次,顾客的需求有时不是十分具体,需要组织去分辨和创造。例如,在20世纪70年代初,市场上人们并没有对计算机有明确的需求,但是提高工作效率、充分使用信息这种需求是明确的,而计算机不过是实现这种需求的一种工具。IBM等一些大型计算机公司率先识别了这种潜在的需求,进行科技研发,适时向人们推出了计算机产品,引领了信息时代的到来。最后,关注顾客并非一切都满足顾客,顾客满意是一种管理理念,并不是所有顾客的需求都是合理的,对于合理的顾客需要组织要尽量满足,但是不合理的需求组织可以拒绝。

对于组织而言,要实现以顾客为关注焦点,必须做好下列工作:

(1)通过全面而广泛的市场调查,了解目标顾客对产品性能的要求。首先,组织要明确目标顾客群,识别谁是顾客;其次,组织要认识到顾客对不同产品价格的承受能力以及不同消费阶层、不同地区消费者的消费能力,并把它们转化为具体的质量要求,采取有效措施使其在产品中实现;最后,通过深入的分析,把握顾客未来的需求趋势,为产品的升级换代做好准备。

(2)将顾客的需求和期望传达到整个组织,并谋求在顾客和其他受益者(企业所有者、员工、社会等)的需求和期望之间达到平衡。把市场调查中的资料进行深入分析、归纳,并将这些分析结果传达到组织的相应部门及员工,使他们能够更加确定顾客的需求和期望,并将这些顾客的需求和期望贯穿到生产、服务的每一个环节。同时在提供生产和服务的过程中,需要确定在满足顾客需求和期望的同时,是否能使组织所有者及其股东获得适应的收益,能否提高员工的福利待遇,产品的销售能都带来正面的社会效益等,在顾客和其他受益者(企业所有者、员工、社会等)的需求和期望之间达到平衡。

(3)测量顾客的满意程度,并采取相应的措施进行改进。顾客对产品质量的评价存在于顾客的主观感受中,受到三个基本因素的影响:不满意因素、满意因素和非常满意因素。而促使顾客满意及评判顾客满意的标准只有一个:是否满足顾客需要并超越期望。任何忽视顾客满意度的行为,都会明显影响组织的经营和生存发展,因此组织要采用多种方法,持续进行顾客满意度的测量,并根据暴露出的问题,采取相应的措施不断提高顾客满意意度。

课堂思考:你是如何认识"顾客就是上帝"这种观点的?

知识链接

日本三洋电机公司认为,要创造出大获成功的商品,必须具备五个要点,而且这五个要点的顺序不能颠倒。

第一:该商品对顾客来说,使用是否方便?

第二：顾客是否买得起？
第三：对经销商来说，是否容易卖出去？
第四：万一出现故障，是否容易修理？
第五：工厂是否易于生产？

3.2.2 领导作用

各层领导建立统一的宗旨及方向。他们应当创造并保持使员工能够充分参与实现目标的内部环境，使员工能够充分参与实现组织目标的活动。

领导者是指最高管理层。现代质量管理原则认为，正确的质量意识必须首先渗入整个组织的所有层次和领域。领导者应该找准组织发展的正确方向，并营造环境，带领全体员工，为实现组织的美好愿景和历史使命而不懈努力。

课堂思考：某企业有一个很严格的质量检验主管，在最近一次的质量检验时发现了不合格问题，与往常一样，他按照规定的要求对受检产品予以"不予放行"的处理。同时，他也及时上报企业的最高管理者。通常企业的最高管理者对于该主管的决定都给予很大的支持。但是，目前这批产品急需供货，否则会带来很大损失。为此，最高管理者多次同质检主管进行沟通，希望给予通融，而该主管毫不放松要求。无奈，企业的最高管理者只好下达"给予放行，下不为例"的命令。谈谈你对整件事情的看法。

2015版ISO 9000族标准特别强化最高管理者的作用，为此把"管理职责"作为组织质量管理体系的首要过程。就组织而言，最高管理者需要发挥以下作用：

（1）制定并保持企业的质量方针和质量目标。质量方针是由组织的最高管理者正式发布的该组织总的质量宗旨和方向，是企业管理者对质量的指导思想和承诺，是企业经营总方针的重要组成部分。质量方针是指在质量方面所追求的目的。组织的战略计划和质量方针为确定质量目标提供了框架，质量目标是质量方针的具体体现。组织的最高管理者应对质量目标的展开职责予以规定，能系统地评审质量目标，并在必要时予以纠正。

（2）通过组织领导，引导提高员工的质量意识，促进质量方针和质量目标的实现。企业的质量方针和质量目标最终需要通过员工的参与去实现。作为企业的最高管理者，需要充分发挥领导能力及个人魅力，以身作则，调动和激励员工的创造性和积极性，引导全体员工全面提高质量意识，保证质量方针和质量目标的实现。

（3）建立、实施、完善质量管理体系，确保实施适宜的过程以满足顾客和其他利益相关方的要求。组织实施质量管理的最终目标是为了满足顾客的要求及期望。因此，最高管理者要确保整个组织关注顾客的要求，并根据组织的实际情况，建立、实施和完善质量管理体系，按照质量管理体系的要求，确保实施适宜的过程以满足顾客和其他利益相关方的要求。组织定期评审质量管理体系，并决定改进组织质量管理体系的体系，从而不断提高组织过程效率，持续提高顾客满意度。

（4）确保组织的质量管理活动能够获得必要的资源。管理的任务就是整合组织的资源使其更有效地实现组织的目标。因此，最高管理者应确保识别并实施组织战略和实现质量管理目标所需的各项资源，这包括改进质量管理体系以及使顾客和其他相关方满意所需的资源，它们可以是人员、基础设施、工作环境、信息、供方和合作者、自然资源以及财务资源。

拓展案例

有缺陷的产品就是废品

1985年,张瑞敏刚到海尔(时称青岛电冰箱总厂)。一天,一位朋友要买一台冰箱,结果挑了很多台都有毛病,最后勉强拉走一台。朋友走后,张瑞敏派人把库房里的400多台冰箱全部检查了一遍,发现共有76台存在各种各样的缺陷。张瑞敏把职工们叫到车间,问大家怎么办?多数人提出,也不影响使用,便宜点儿处理给职工算了。当时一台冰箱的价格800多元,相当于一名职工两年的收入。张瑞敏说:"我要是允许把这76台冰箱卖了,就等于允许你们明天再生产760台这样的冰箱。"他宣布,这些冰箱要全部砸掉,谁干的谁来砸,并抡起大锤亲手砸了第一锤!很多职工砸冰箱时流下了眼泪。然后,张瑞敏告诉大家——有缺陷的产品就是废品。

3.2.3 全员参与

整个组织内各级人员的胜任、授权和参与,是提高组织创造价值和提供价值能力的必要条件。各级人员都是组织之本,唯有其充分参与,才能使他们为组织的利益发挥其才干。

全员参与是一个组织的管理体系行之有效的重要基础,也是组织能够实现不断改进的保障条件之一。质量管理的目标在于持续改进,要想改进一个过程就必须了解它,并且了解得越深,才有可能改进得越好。组织中的过程很多,而最了解某个过程的人,一定是经常接触这个过程的人。因此,组织的质量管理不仅需要最高管理者的正确领导,还要依赖组织全体员工的参与。

全员参与的原则实际是在组织中重视每个人在质量管理问题中的作用,识别员工发挥积极性的约束条件,并赋予他们权利,不断为员工创造发挥能力及充分交流的机会,最大程度上调动员工积极性,以促进组织质量方针和质量目标的实现。对组织而言,要鼓励全体员工积极参与质量管理工作,需要做到以下几点:

(1)在组织内建立不推卸责任、勇于承担的企业文化。企业文化是企业行文的价值总和。如果产品出现问题,企业中不同层次的人员,都要从自己所负责的工作范围中积极查找问题出现的原因,并提供意见协助其他人员共同解决所有的质量问题,不能推卸责任。

(2)重视每个员工的作用,通过教育和培训来提升员工的能力,使他们愿意并且能够为组织的成功做出最大的贡献。通过教育和培训不断提高员工技能、知识和经验,并形成员工自我更新知识的风气,培养学习型员工,鼓励员工根据顾客要求,不断改进生产工序和生产方式,提高产品质量。

(3)重视并不断提高员工满意度。员工满意度会直接影响其工作的效率,从而影响组织外部顾客满意度。组织需要在内部搭建有效的员工交流和学习的平台,关心、爱护组织的员工,为员工的成长提供平台,提高员工对自身工作岗位的满意度,提高组织利益的贡献能力。

课堂思考:制造型企业和服务型企业在实施"全员参与"原则时,有什么异同点?

拓展案例

通用电力公司的"群策群力"

1988年,韦尔奇和通用电力公司的管理发展学院院长鲍曼乘飞机去公司总部。途中韦尔奇要求鲍曼设计一种改进公司各部门工作效率的办法。一周后,鲍曼提出了在公司全面开展"群策群力"的规划。"群策群力"是一种发动全体员工动脑筋、想办法、提建议的改进工作效率活动,由公司执行部门从不同的层次、不同的岗位抽出几十人或几百人到宾馆参加为期三天的会议。第一天,由部门负责人向参加会议的员工简单介绍会议的目的、方法和程序,然后离开现场,让与员工分成五六个小组讨论工作中存在的问题及解决方案。这种讨论进行两天。第三天各小组向大会报告其讨论的结果与建议,并且提出三种答复之一:①当场拍板同意;②否决并讲明否决的理由;③需要进一步了解情况,但须在双方商定的日期内答复。部门负责人在答复问题时,其上司也要出席会议,他不发表任何评论,只是来了解员工的意见和观察下属解决问题的能力。

3.2.4 过程方法

当活动被作为相互关联的连贯系统进行运行的过程来理解和管理时,才能更加有效和高效地得到一致的、可预期的结果。

ISO 9000:2015 将过程定义为"利用输入提供预期结果的相互关联或相互作用的一组活动"。ISO 9000 族标准倡导过程方法,即每个活动都可视为一个或多个过程的组合。系统地识别和管理组织所应用的过程,特别是这些过程之间的相互作用,称为"过程方法"。质量管理体系的四大过程是:管理职责、资源管理、产品实现及测量、分析及改进。以过程为基础的质量管理体系模式如图 3-3 所示。

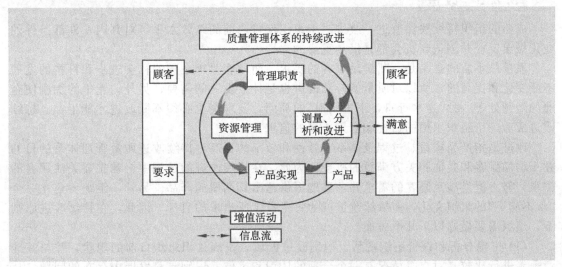

图 3-3 以过程为基础的质量管理体系模式

过程方法的优点是对诸过程之间的相互作用和联系进行系统的识别和连续的控制,可以更高效地得到期望的结果。在质量管理体系中,过程方法需要做到:

(1) 对整个过程进行识别和界定。组织中的每个活动都可以视为一个或多个过程的组合,这些过程相互作用,互相影响,因此需要对整个过程进行识别和界定,系统整理过程之间的关联,实现有序化管理,以便更好地理解并满足要求和实现组织的目标。

(2) 从增值的角度考虑过程,对过程进行重新策划。过程是需要策划的。过程是将输入转化为输出的结果,而将输入转化为同样的输出可以有不同的过程,寻找最佳的活动以及最佳的控制方案就是策划的过程。在策划过程中,从增值的角度对每个具体的活动进行风险、有效性等必要的分析，才能真正实现过程策划的目的。

（3）基于客观的测量进行持续的过程评价和改进。过程是需要评价的，评价的方式根据过程的不同特点，可以有检验、定性问题的定量化评价、统计分析等一系列方法。但是评价的最终目的是通过客观的评价识别过程的优劣势，制定相应的措施对过程进行持续地改进。

拓展案例

联邦捷运公司小型包裹的快速递送过程

在美国的快递行业中，传统的经营方式如爱默公司和联邦捷运公司是收集各种大小的运输包裹，通过航空运输机和商业航空公司将这些包裹运到指定地点，然后将这些包裹送到收件人手中。为节约成本，提高效率，联邦捷运公司决定只经营小型包裹和文件的隔夜递送，并设置如下过程：这些包裹由各投递点在第一天下午比较晚的时候收集汇总；然后用公司自己的飞机将邮件在晚上较早的时间里送到名菲斯的一个中心，在名菲斯中心，从当天晚上 11：00 到第二天凌晨 3：00 对所有的包裹进行分类，再把它们重新装到不同的飞机上，在第二天早晨较早的时候装运到指定地点，然后由公司的员工在第二天早晨用卡车递送到收件人的手中，这种做法使联邦捷运公司可以保证小邮件包裹隔夜递送到美国的任何一个地方，而成本却很低。

3.2.5 改进

成功的组织持续关注改进。改进对于组织保持当前的绩效水平，对其内、外部条件的变化做出反应并创造新机会都是极其重要的。

质量最本质的含义是不断满足顾客的要求，而顾客要求是随着社会进步和科技的发展不断变化和提高的，所以对质量的持续改进也是社会发展的需要；另外，竞争的加剧使企业的经营处于一种"逆水行舟，不进则退"的局面，要求企业必须不断改进才能生存。持续改进成为一个组织永恒的目标和永无止境的追求。

改进是指产品质量、过程及体系有效性和效率的提高，持续改进质量管理体系的目的在于增加顾客和其他相关方满意的机会。为此，在持续改进的过程中，首先要关注顾客的需求，努力提供满足顾客的需求并争取能提供超出其期望的产品。另外，组织要建立一个"永不满足"的组织文化，使持续改进成为每个员工所追求的目标。因此，在持续改进原则下，组织需要做好以下几个方面：

（1）正确分析和评价组织现状，识别改进区域。正确认识组织目前的现状，并与其他竞争者进行比较，对自身情况有一个合理的认识和定位，识别自身发展中存在的问题，从而识别持续改进的区域。由于组织的资源是有限的，因此需要结合组织目标，选择合适的改进区域，提高改进效率。

（2）确定改进的目标。目标的确定需要结合组织的发展实际和具有的能力去确定，并不是越高越好。因此，在选择好改进领域后，组织需要结合现状评估，确定合理的改进目标。

（3）寻找、评价和实施解决办法。确定好改进区域和改进目标后，组织需要进一步查找产生缺陷的原因，采用多种方法制定合理的改进方案，并配备相关资源实施解决方法。

（4）测量、验证和分析结果，以确定改进目标的实现。改进方法实施后，组织需要对实施过程进行控制，并对实施的有效性和效率进行测量和评估，分析改进实施的效果，为下一步改进方案的制定和实施提供经验。

（5）正式采纳更改，并把更改纳入文件。对于改进效果好的措施，需要将其标准化，并形成改进文件，成为后期工作的指导性文件。

拓展案例

吉列公司的自我进攻

20世纪60年代初，吉列公司的竞争对手威尔金森刀具公司推出了不锈钢刀片，抢占了市场，吉列公司大为震惊。1970年，威尔金森又推出了粘合刀片，这是一种以"最佳剃须角度"粘合在塑料上的金属刀片，再次对吉列公司造成威胁。对此，吉列公司做出了令人意料不到的反攻。

首先，吉列公司推出了"特拉克"Ⅱ型剃须刀，这是世界上第一个双刃剃须刀。这一型号的成功奠定了吉列公司以后的战略方针，正如吉列公司广告中所说："双刃总比单刃好。"老顾客们很快就开始购买它的新产品，并认为"比单片的超级蓝吉列好用"。

为进一步巩固市场，吉列又推出了"阿特华"剃须刀，这是第一个可调节的双刃剃须刀。顾客表示，新产品比无法调节的双刃剃须刀"特拉克"Ⅱ型还要好。

之后，吉列又毫不犹豫地推出了"好消息"剃须刀，这是一种廉价的一次性双刃剃须刀。

善于自我挑战的吉列又推出了可调节一次性"皮沃特"剃须刀，而公司自己的产品"好消息"则成了攻击目标。

吉列公司正是通过不断挑战自我，成为世界知名公司。

3.2.6 循证决策

有效决策建立在数据和信息分析的基础上。基于数据和信息的分析和评价的决定，更有可能产生期望的结果。

决策是指组织或个人为实现某种目标，而对未来一定时期内有关活动的方向、内容及方式从多种方案中做出选择或决定的过程，包括决策前的提出问题、搜集资料、预测未来、确定目标、拟订方案、分析估计和优选以及实施中的控制和反馈、必要的追踪等全过程。简单地说，决策就是多方案择优。

为了防止决策失误，必须要以事实为基础。客观地把握组织的质量状况，采用科学的分析方法和工具，减少错误决策的可能性。基于事实的决策有利于资源配置，使资源的利用达到最优化。实施本原则，组织需要做到以下几点：

（1）用来决策的数据和信息必须是可靠和翔实的。为此必须要广泛搜集信息，不能够"凭经验，靠运气"。为了确保信息的充分性，应该建立企业内外部的信息系统。坚持以事实为基础进行决策就是要克服"情况不明决心大，心中无数点子多"的不良决策作风。

（2）分析必须是客观的、合乎逻辑的，而且分析方法是科学和有效的。对数据的分析需要应用必要的统计方法和计算机手段。事实证明，越是生产现代化水平高的企业，它的定量化工具就越多，其产品质量水平越高。因此，掌握必要的定量分析工具和方法，提高科学决策水平对组织提高质量管理水平是十分必要的。

课堂思考： 某工具厂从 2000 年以来一直经营生产 A 产品，虽然产品品种单一，但是市场销路一直很好。后来由于经济政策的暂时调整及客观条件的变化，A 产品完全滞销，企业职工连续半年只能拿 50% 的工资，更谈不上奖金，企业职工怨声载道，积极性受到极大的影响。

新厂长上任后，决心一年改变工厂的面貌。他发现该厂与其他部门合作的环保产品 B 产品是成功的，于是决定下马 A 产品，改产 B 产品。一年过去，企业总算没有亏损，但工厂日子仍然不好过。

后来市场形势发生了巨大的变化，原来的 A 产品市场脱销，用户纷纷来函来电希望该厂能尽快恢复 A 产品的生产。与此同时，B 产品销路不好。在这种情况下，厂长又回过头来抓 A 产品，但一时又无法搞上去，无论数量和质量都不能恢复到原来的水平。为此，集团公司领导对该厂厂长很不满意，甚至认为当初改产是错误的决策，厂长感到很委屈，总是想不通。

思考： 你认为该厂长的决策是否有错误？为什么？

3.2.7 关系管理

为了持续成功，组织需要管理与供方等相关方的关系。

供方提供的产品将对组织向顾客提供满意的产品产生重要的影响。随着社会的发展，为了不断提高效率，降低成本，同时迅速地掌握并提升专业化水平，无论是制造业还是服务业，其分工都越来越细。每个组织一般只完成其产品生产或服务提供中的一部分实际工作，而其余大量工作可采用采购、外包等方式完成。因此，供方的工作结果的质量，包括工作过程的质量，显然都会最终影响到组织的工作结果。

课堂思考： 组织如何对供应商进行评价？试举例说明。

与供方互利的原则强调的是一个组织在社会经济活动中不是简单的个体活动，而是群体活动。在实施该项原则时，供需双方需注意以下几点：

（1）供需双方应保持一种互利关系。只有双方成为利益的共同体时，才能实现供需双方双赢的目标。把供方看作合作的伙伴是互利关系的基础，在获取组织利益的同时也注重供方的利益，将有助于组织目标的实现。

（2）供方也需要不断完善其质量管理体系。追求持续改进的供方，是组织有效开展质量竞争的保证。互利的供需方关系，将有助于促进供方健全质量管理体系，使组织持续获得质量稳定的供应。这一系统的实现，是增强供应链质量和供应链竞争力的重要保证。

（3）积极肯定供方的改进和成就，并鼓励去不断改进。供方的质量改进，带来的是供需双方的共同利益。每个供方都这么做，整体的质量和竞争力将会得到巨大的提高，双赢的目标就能得到持续稳定的保证。

拓展案例

电商与物流

2014 年"双十一"期间，截至 11 日 13：45，淘宝交易产生的物流订单量已超过 1.67 亿件，超过 2013 年"双十一"全天的量。而到了 17：10：36 秒，物流实时订单突破 2 亿笔，成交金额 429.7 亿元，这还不包括京东、苏宁、亚马逊等电商的包裹数量。

截至11日14点,全国各大快递接单量为:申通1 200万,圆通1 000万,中通915万,韵达666万,天天快递340万,全峰136万,国通50万,优速45万,快捷40万……几乎每家快递公司单日处理量均已超过各自历史峰值。

3.3 一体化管理体系

在经济全球化的进程中,有关质量、环境、健康与安全等方面的问题越来越受到关注。组织将质量管理体系、环境管理体系、职业健康与安全管理体系等各个管理体系整合成一个综合的管理体系,使之符合国际标准化组织的要求,也是经济全球化发展的必然趋势。一体化管理体系(Integrated Management System,IMS)又称综合管理体系、整合型管理体系等,是指两个或三个管理体系并存,将公共要素整合在一起,两个或三个体系在统一的管理构架下运行的模式,如图3-4所示。通常具体是指组织将ISO 9000标准、ISO 14000标准、OHSAS 18000标准三位合一。

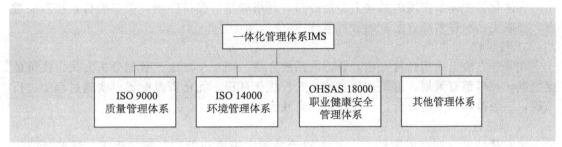

图3-4 一体化管理体系

3.3.1 一体化管理体系的由来及特点

▶ 1. 一体化管理体系的由来

企业的经营活动涉及质量管理、人力资源管理、环境的管理、职业安全卫生的管理、营销管理等方方面面,单纯采用一种管理模式必然难以满足客观需要。如果企业因为社会潮流和客户要求,一次次地建立独立的不同体系,会带来很多重复性的工作,会造成资源的浪费,不仅贯彻标准的实际效果可能被忽视,而且也会影响企业综合管理水平和经济效益的提高。

自ISO 9000族标准出台并取得巨大成功后,国际标准化组织和国际电工委员会将"环境与安全"问题列为标准化合作最紧迫的任务之一。20世纪90年代初,国际标准化组织在考虑制定环境管理体系标准时,就指出:考虑到质量与环境管理体系均是组织管理体系的一部分,尽快分别建立体系,最终还会融合在一起,这样会更有效率。因此,1996年发布的ISO 14000族环境管理体系标准与ISO 9000族标准无论在术语、方针、策划、目标、运行控制、文件控制、体系审核、管理评审等方面,还是在管理体系总的设计方面,都有很多共同或相似之处。而ISO/TC 176和ISO/TC 207(ISO 14000标准化技术委员会)在制定各自标准的过程中,均涉及职业安全卫生问题,两个标准化技术委员会均有意涉足职业安全卫生管理体系标准化工作,但由于职业安全卫生范围广且复杂,远远超出两个技术委员会的工作范围，因而在 ISO 9000 和 ISO 14000 标准中均没有包含职业安全卫生的内容。随着经济社会发展，职业安全卫生问题与质量问题、环境问题一样，日益受到各国的关注，OHSAS 18000(Occupational Health and Safety Assessment Series 18000)职业健康安全管理体系应运而生。

知识链接

英国研究报告显示：工厂伤害、职业病和可被防止的非伤害性意外事故所造成的损失，约占英国企业获利的 5%～10%。

▶ 2. 一体化管理体系的特点

1）包容性

一体化管理体系是将质量、环境、职业健康安全三个管理体系有机地整合，以质量管理为基础，以环境管理、安全生产管理、职业健康管理为核心，以 ISO 9001 为基本框架，融合 ISO 14001、OHSAS 18001 的所有要求，形成单一要素的文件化管理体系，也为其他管理体系的导入提供了平台，包容性很强。

2）系统性

一体化管理体系在组织结构上多层分布，网络联结，接口明晰，关口前移，控制关键点，形成主、辅要素综合配套的管理系统。

3）科学性

在管理方法上采用过程方法，管理的系统方法，PDCA 方法和数据分析方法。决策依据数据，凡事都有策划，由策划到实施，重视优化过程，优化资源配置。实施过程中进行监视，三级监控，事后评价，自我改进，自我完善。

4）预防性

从管理结果向管理因素转变。从末端治理到实施源头控制，超前管理，强调预防为主，做到防患于未然。

5）透明性

编制实用的管理体系文件，文件明确 5W1H。管理者、员工都以文件为准则，规范自己的行为。凡事有人负责，凡事有章可循，凡事有据可查，凡事有人监督。

6）扩展性

一体化管理体系不是固守成规，而是一个动态过程。当内外环境发生变化时，应即时更新信息，调整部署。必要时扩充子系统，接纳其他管理体系。

3.3.2　三大管理体系的异同点

在三大管理体系的关联性中，ISO 14001：1996《环境管理体系规范及使用指南》的引言中明确指出："本标准与 ISO 9000 系列质量体系标准遵循共同的管理体系原则，组织和选取一个与 ISO 9000 系列标准相符的现行管理体系，作为环境管理体系的基础。"OHSAS 18001：1999 标准则在前言中指出："OHSAS 18001 与 ISO 9001：1994 和 ISO 14001：1996 是相互兼容的，以便于组织愿意将质量、环境和职业安全管理体系结合起来。"三大标准在标准的思想、标准要素等内容上有很强的关联性，在体系的运行模式、文件的架构上是基本相同的；三个体系的理论基础相同，均采用了戴明管理理论，三个标准均采用 PDCA(计划、实施、检查、处理)改进模型作为基本骨架，这样就为 QMS(质量管理体系)、EMS(环境管理体系)、OHSAS(职业健康安全管理体系）一体化管理体系的建立和实施提供了可能。三大管理体系之间的相同及相似点如表 3-2 所示。

表 3-2　三大管理体系之间的相同及相似点

要　　素	相同及相似点
性质	都是组织自愿采用的管理型标准，具有通用性和国际性的特点，并且均应结合组织自身的产品特性、行业特点、运作方式予以采用，追求体系的适用性、符合性和充分性
理论基础	系统论、控制论、信息论是其共同的理论基础
管理原则	三大标准的内容都体现了质量管理七大基本原则
预防思想	对不同要素控制的发展过程，都是从重视过程终端逐渐移向过程的前端，即注重预防、发挥预防功能是其共同特色
体系总要求	都注重承诺和结构化，并要求采用系统的方法建立一个完整的、有效的、文件化的管理体系
框架结构	均按照"最高管理者承诺→建立方针、目标、规划→强调组织结构和职责、培训、意识、能力、信息交流、沟通、协商和文件管理→按照运行、产品（服务）实现过程实施控制→对过程、控制结果进行监视、测量→评价方针、目标、过程、结果的适宜性和有效性→持续改进"的顺序进行构思和排列条款，因袭各标准具有相似的框架结构，并且都建立三个层次的文件体系，即管理手册、程序文件、作业指导书及记录
运行模式	都对体系的策划建立、实施保持、监视测量、评审改进四个方面依次做出规定，反映出各管理体系都是按照 PDCA 过程模式实现持续改进的思路建立的
要素管理	都是从注重技术解决发展到注重从组织上、管理职责上去解决问题
共有或近似的要素	管理承诺、组织结构和职责、信息交流与沟通、管理评审、文件和记录的控制、培训、监控和测量、内部审核、不合格、纠正和预防措施等
对体系一体化的倾向性	都鼓励与其他管理体系的结合或整合，均强调与其他管理体系协同协作，节约资源，不断提高组织的整体绩效

为了满足现代社会的多种要求，越来越多的组织积极采用国际标准，建立质量、环境、职业健康安全管理体系。但是，由于三个体系在管理目的、对象的特点不同，三个标准之间存在着较大的差异，管理体系及其要素的应用因不同的目的和不同相关方而异。QMS 针对的是顾客的需要，EMS 服务于众多的相关方的需要和社会对环境保护不断发展的需要，OHSAS 服务于职业安全卫生条件影响的企业内部员工和外部来访者，三个体系自成系统，各司其职。加上多数的组织负责质量管理、环境保护和安全卫生的一般不是一个部门，因此，多数组织在实施体系时都采用了各自独立的体系，体系之间没有或很少有交叉，这种多体系和大量重复文件的情况导致企业管理效率降低，相同的工作重复，且难以控制和实施。三大管理体系之间的不同点如表 3-3 所示。

表 3-3　三大管理体系之间的不同点

要　素	ISO 9000	ISO 14000	OHSAS 18000
作用	指导组织建立质量管理体系（QMS）	指导组织建立环境管理体系（EMS）	指导组织建立职业健康安全管理体系（OHSAS）
目的	顾客满意	社会满意	员工满意
关注焦点	控制与产品有关的过程，以提供满足顾客需求和适用法律法规要求的产品	规范组织的环境行为，强调资源的合理利用，预防污染，倡导环境保护，以可持续发展满足相关方（主要指社会）的要求	消除或降低企业的职业健康安全风险，预防事故发生，满足员工及利害关系者的要求
适用范围	对产品质量有影响的活动	对环境有影响的活动	对员工身心有影响的活动
过程控制切入点	对产品生产的质量控制大，过程分为管理职责、资源管理、产品实现和测量分析改进四大子过程，分别顺序进行系统控制	从环境因素入手，建立、运行、控制、改进整个体系	从危险源辨识入手，建立、控制、改进整个体系
法律法规及其他要求	ISO 14000 和 OHSAS 18000 均要求组织建立程序，用来识别和获取对其适用的法律法规，而 ISO 9000 没有专门的要求，只是要求符合适用的法律法规		

3.3.3　基于 PDCA 循环的一体化管理模式

PDCA 循环又叫质量环，是管理学中的一个通用模型，最早由休哈特于 1930 年构想，后来被美国质量管理专家戴明博士在 1950 年再度挖掘出来，并加以广泛宣传和运用于持续改善产品质量的过程。PDCA 循环是全面质量管理所应遵循的科学程序，它把一个管理过程分解为四个阶段：P（计划）、D（实施）、C（检查）、A（处理），如图 3-5 所示。

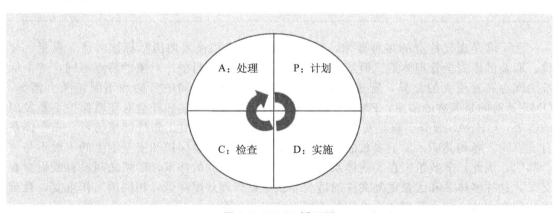

图 3-5　PDCA 循环图

三个管理体系的构建中，它们的理论基础相同，均采用了戴明管理理论，三个标准均采用 PDCA 改进模型作为基本框架。基于 PDCA 循环的一体化管理体系中的一般要素如表 3-4 所示。

表 3-4　基于 PDCA 循环的一体化管理体系中的一般要素

IMS 的子系统	一 般 要 素
计划	承诺与方针，相关方要求的识别以及关键问题的分析，选择应解决的关键问题，目标和指标的设置，资源的识别，人力资源的管理，其他资源的管理，组织的结构、职责和权限的确定，操作过程的策划，对可以预见的事件的应急准备
实施	运行的控制、文件及其记录的控制、组织内部的交流以及内外部的交流、与供方的关系
检查	监视和测量、分析和处置不合格项、数据分析
处理	纠正措施、预防措施、管理评审、持续改进

3.3.4　建立一体化管理体系的意义

由于 QMS、EMS、OHSAS 三个体系在管理目的、对象的特点不同，三个标准之间存在着较大的差异，在一体化管理体系的实施和运行中就会存在以下问题：

（1）一些组织为了满足不同标准认证的需要，不得不做重复劳动，因此出现了三本手册、三套程序文件、重复内审、重复管理评审的现象，导致管理体系运行效率低下。

（2）由于认证审核不统一，企业为了获得三种证书，就得接受三种审核，有时可能是由 2～3 家认证机构进行的。这不但使企业的审核费、交通费和接待费用增加，而且还要耗去管理人员和员工的时间和精力，资源的浪费，人力、物力、财力的重复投入将大大提高企业申请认证的费用，打击企业进行管理体系认证的积极性，阻碍认证工作的进展。

（3）依据不同的管理构架建立三个不同的管理体系，形成企业内部相互协调的工作量很大，也会出现质量、环境、安全卫生的管理部门从各自负责的专业范围和管理责任出发，出现争资源、政令不统一、信息不能共享，甚至互相排斥的情况。

基于以上问题，组织建立一体化管理体系具有以下意义：

▶ 1. 强化企业管理，提高管理水平的必由之路

随着市场经济的发展，企业的管理类型越来越多，管理内涵越来越细，过程的接口越来越复杂，迫切需要构筑科学的管理平台。将质量、环境、安全管理统筹起来，克服交叉、重叠、脱节等矛盾。通过系统化、规范化、文件化的管理体系代替零散的、随意的、口头的管理方式。无疑会提高企业的管理水平，并带动其他管理走向正规化、科学化。

▶ 2. 合理配置资源，提高企业效益的重要途径

一体化管理体系的优势在于能精简组织结构，优化过程，减少文件数量，减少内审和外审工作量，无疑会大大降低成本，提高企业的经济效益。既能做好污染预防，又能提高企业的社会效益和在公众中的形象。

▶ 3. 增强竞争实力，提高国内外市场的准入程度

当前，在市场的招投标竞争中，仅仅有质量管理体系认证证书已经不能满足要求了。顾客、相关方需要考察企业的整体实力。通过 ISO 9001 标准认证，表明企业具备能稳定地提供满足顾客要求和法律法规要求的产品；通过 ISO 14001 标准认证，表明企业的领导

关注环境保护,对污染预防做出承诺并采取治理措施;通过 OHSAS 18001 标准认证,表明企业的领导关心员工职业健康安全,识别危险源并采取风险控制措施。这些都反映企业加强质量、环境、职业健康安全管理的决心和实力,无疑会成为市场竞争的优势。

▶ 4. 适应国际认证发展的趋势

目前,发达国家的企业界和认证机构对一体化管理体系的反响正趋于热烈。英国核燃料有限公司、阿肯洛化工集团、夏普公司的复印机制造厂等均已建立了质量、环境、职业健康安全的一体化管理体系并通过认证。国外著名的认证机构如 BSI、NQA 等已于 1999 年推出一体化管理体系审核。

3.4 质量管理体系建立过程

3.4.1 质量管理体系建立的要求

组织建立质量管理体系的目的首先是为了识别并满足顾客及其他相关方的需求和期望,以获得竞争优势,并以有效和高效的方式实现;其次是实现、保持并改进组织的整体业绩和能力。质量管理体系的建立主要应满足以下要求。

▶ 1. 质量管理原则的应用

质量管理七项基本原则是组织质量管理体系的基础。七项基本原则是为组织的最高管理者制定的,目的是使最高管理者领导组织进行业绩改进。七项原则的应用不仅可以为组织带来直接利益,而且也对成本和风险的管理起着重要的作用。组织成功地运用七项管理原则将使相关方获益,如提高投资回报、创造价值和增加稳定性等。

▶ 2. 过程方法

ISO 9000 族标准鼓励组织在建立、实施质量管理体系以及提高质量管理体系有效性和效率时,采用过程方法,以便通过满足相关方的要求来提高满意程度。

当过程方法用于质量管理体系时,着重强调以下的重要性:

(1) 理解并满足要求;

(2) 需要从增值方面考虑过程;

(3) 获得过程业绩和有效性方面的结果;

(4) 以目标测量为依据对过程进行持续改进。

▶ 3. 体系和过程的管理

成功地领导和经营一个组织需要以系统和可见的方式对其进行管理。实施并保持一个通过考虑所有相关方的需求,从而持续改进组织业绩有效性和效率的管理体系可使组织获得成功。

(1) 识别质量管理体系所需的过程及其在组织中的应用;

(2) 确保这些过程的顺序和相互作用;

(3) 确定并确保这些过程有效运行和控制所需要的准则和方法;

(4) 确保可获得必要的资源和信息,以支持这些过程的有效运作和对这些过程的监控;

(5) 测量、监控和分析这些过程;

(6) 实施必要的措施,以实现对这些过程所策划的结果,核对这些过程的持续改进。

4. 文件

组织的管理者应规定建立、实施并保持质量管理体系以及支持组织过程有效和高效运行所需的文件,包括相关记录。文件的性质和范围应满足合同、法律法规要求以及顾客和其他相关方的需求和期望,并应与组织相适应。文件可以采取适合组织要求的任何形式或媒体。

1) 文件要求

组织的质量管理体系文件应包括形成文件的质量方针和质量目标,质量手册,形成文件的程序,组织为确保其过程有效策划、运行和控制所需的文件,以及质量记录。

2) 质量手册

组织应编制和持续使用质量手册,质量手册包括:质量管理体系的范围,包括任何删减的细节与合理性;为质量管理体系编制的形成文件的程序或对其引用;质量管理体系过程的相互作用的表述。

3) 文件控制

质量管理体系所要求的文件要加以控制。文件发布前要得到批准;必要时对文件进行评审、更新并再次批准;确保文件的更改和现行修订状态得到识别;确保在使用处可获得适用文件的有关版本;确保文件保持清晰、易于识别;确保外来文件得到识别,并控制其分发;防止作废文件的非预期使用。

4) 记录的控制

记录是一种特殊类型的文件,应进行严格的控制。组织应建立并保持记录,以提供质量管理体系符合要求和有效运行的依据。

3.4.2 质量管理体系建立的步骤

组织建立质量管理体系,应以正确的质量管理七项基本原则为指导思想,以质量管理手册为表现形式,通过对质量管理体系的科学评价,经过连续不断的评价、修正,再评价、再修正完成。一般步骤如下。

1. 确立组织建立质量管理体系的指导思想

质量管理体系是组织整个管理体系的一个子系统,其建立的目标必须符合组织发展的战略目标,成为组织成功发展的保证。为了能持续地取得成功,组织提供的产品应该满足恰当规定的需要、用途或目的;满足顾客的期望;符合适用的标准和规范;符合社会要求;反映环境需要;以有竞争力的价格及时提供。为了实现这些目标,组织就必须建立有效的质量管理体系,并使其有效运行,确保影响产品质量的技术、管理和人等因素处于受控状态。

质量管理体系应满足顾客和组织双方的需要和期望。满足顾客的需要,是指质量管理体系要让顾客对组织的质量管理能力建立信任;在满足组织的需要方面,质量管理体系要支持组织有计划地、有效地利用其可获得的技术、人力和物质资源,实现以适宜的成本达到并保持所期望的质量目的。为此,质量管理体系应以文件化形式,提供关于过程的质量和产品质量方面的客观证据。

以实现产品质量最佳化为目标,寻求顾客和组织利益之间的平衡。顾客的利益是降低产品价格、增加产品适用性、提高满意度以及增加对产品质量的信任;对于组织而言,则是提高产品利润率和市场占有率。成本因素对于顾客而言,是安全性、购置费、运行费、保养费、停机损失和修理费以及可能产生的处置费用;对于组织而言,是对不满意产品的返工、返修、更换、重新加工、生产损失、担保和现场修理等发生的费用。风险因素对于顾客而言,是人身健康和安全、对产品不满意、可用性、市场索赔和丧失信任等;对于组织而言，是由于产品有缺陷而可能导致的形象或信誉损失、丧失市场、索赔、产品责任、人力和财力资源的浪费等。可见，组织要实现自己的发展战略目标，建立的质量管理体系就必须综合考虑组织和顾客的利益，在组织利益和顾客利益之间寻求一种平衡，建立自己科学合理的质量管理体系。完善的质量管理体系是组织在考虑利益、成本和风险的基础上使质量最佳化以及对质量加以控制的有价值的管理资源。

▶ 2. 明确组织建立质量管理体系的具体职能和体系结构

在正确的指导思想指导下，应用 PDCA 循环，分析确定组织建立质量管理体系的职能范围。在 PDCA 循环分析时，要根据本组织产品的特点，分析产品质量产生、形成和实现的过程，从中找出可能影响产品质量的各个环节，研究确定每个环节的质量职能。

根据对 PDCA 循环的分析结果，研究本组织的质量管理体系结构，确定质量管理体系应包含的具体要素和对每个要素进行控制的要求和措施，配置必需的人力和物质资源。成立以最高管理者为组长，各职能部门领导（或代表）参加的工作班子，并根据各职能部门的分工成立质量体系要素工作小组，建立目标明确、分工详细的质量管理体系建设小组。

▶ 3. 以文件的形式建立组织质量管理手册

组织的质量管理手册由阐明该组织的质量方针，并描述其质量管理体系的文件组成。质量管理手册涉及了组织有关质量管理的全部活动，以标题和范围反映其应用领域。一般情况下，组织质量管理手册包括或涉及质量方针；影响质量的管理、执行、验证或评审工作的人员职责、权限和相互关系；质量管理体系程序和说明；关于手册评审、修改和控制的规定等内容。

▶ 4. 对经过实践运行的质量管理体系进行评价

评价的目的是确定组织质量活动及其有关结果是否符合计划安排，以及这些安排是否达到了预期目标。评价的方法是通过对构成质量管理体系各要素的审核来进行的。

根据审核目的的不同，质量管理体系审核有内部审核和外部审核两种类型。在组织内部，为了确定质量管理体系是否已经有效实施和保持，并符合 ISO 9000 族标准，组织领导应制订内部审核计划，定期地组织客观的内部审核与评价。组织外部的质量管理体系审核，是当合同环境中需方对供方质量管理能力进行评价时，或由政府或第三方为了体系认证、产品认证或其他目的而需要对组织质量管理体系进行评价时，由外部审核专家对组织所进行的审核活动。

从审核主体角度进行的审核分类如图 3-6 所示。

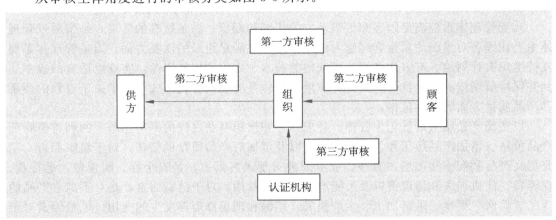

图 3-6　从审核主体角度进行的审核分类

三种审核方式的比较如表 3-5 所示。

表 3-5　三种审核方式的比较

比 较 项 目	第一方审核	第二方审核	第三方审核
审核执行	组织	顾客	第三方机构
审核目的	内部管理	选择/评价供方	认证注册
审核准则	ISO 9001、QMS 文件、法律法规、合同、社会要求		
审核范围	可以很广	顾客关心部分	产品形成过程
审核时间	充裕、灵活	集中	时间短，安排紧
审核程度	深入全面细致	突出重点	全要素/抽样
纠正建议	有责任提出	必要时可提出	通常不提
审核人员	有内审能力	顾客指定	注册审核员

对质量管理体系的审核，主要内容包括组织质量方针、质量目标和质量计划制订的合理性、正确性及执行的有效性；组织领导质量职责及全体人员质量职能的履行情况；组织质量管理体系符合 ISO 9000 族标准要求的情况；组织机构和质量机构；管理和工作程序实施效果；人员、装备、器材、检测技术等资源对质量的保证程度；工作领域、作业和工序等正常状况和质量水平；产品、在制品等符合标准和规范的程度；质量体系文件、质量文件、报告和质量记录的正确、完善、有效状况；质量信息系统的运行和有效性；质量管理体系实施和保持的有效程度等。

对质量管理体系审核，主要步骤是制订审核计划、组成审核小组、编制审核提纲、实施审核、提出审核报告等。

▶ 5. 根据评价结果对质量管理体系进行进一步改进

组织开展质量管理体系评价的主要目的，是为了给组织质量管理体系改进提供依据。实践证明，组织产品质量能否使顾客满意，并为组织带来效益，取决于该组织所建立质量管理体系的有效性和运行效率。对质量管理体系的审核，揭示了体系中的某些要素或过程存在着改进的可能，也为质量管理体系的改进指明了方向。组织质量管理体系改进是一种持续的活动，其目标是追求更高的有效性和效率，避免可控缺陷的出现。

组织质量管理体系的改进活动是在翔实严密的改进计划指导下进行的。改进计划主要包括质量管理体系改进的必要性、质量管理体系改进的具体项目、重点改进的体系要素或过程以及实施改进的先后次序、要素或过程的改进程序等内容。

―| 项目小结 |―

在经济全球化的影响下，国际社会越来越关注质量问题及环境、职业健康安全问题。本项目首先介绍了 ISO 9000 族标准的由来、构成及发展历程，重点介绍了 ISO 9000 族标准的理论基础——质量管理七项基本原则。组织的最高管理者需要从战略高度来建立质量管理体系。外部需求的变化、组织的发展目标、所提供的产品、所采用的过程及组织的规模和结构等都会影响组织的质量管理体系的设计和实施。组织在建立质量管理体系的过程中，需要将七项基本原则贯穿其中，从而建立一个能够提高顾客及其他相关方满意度的质量管理体系。

企业的经营管理活动涉及方方面面，它包括质量管理、环境管理、职业健康安全管理、人力资源管理、财务管理、物资管理、经营管理、信息管理，以及党群管理、行政管理等。这些不同的管理类型为了完成各自的任务，都有自己的目标，都需要建立各自的体系，这些体系之间，无论是组织结构、职责分配还是资源配置，客观上都会发生交叉、重叠、脱节等不协调现象，影响工作效率，影响管理水平的提高。如果一个企业一次次地进行不同体系的认证，就会带来许多重复工作，造成资源浪费、经济效益不佳，贯标效果也不一定理想。上述情况促使人们考虑管理体系一体化的问题，即把分散的、多头的管理变为集中的、系统的管理。本项目分析了由质量管理体系、环境管理体系、职业健康安全管理体系三者整合建立的一体化管理体系的特点，以及基于 PDCA 循环的一体化管理模式，提出系统地建立组织一体化管理体系能够提高企业管理水平和综合竞争能力，同时适应国际认证发展的趋势。

阅读资料

李克强在出席第 39 届国际标准化组织大会并发表致辞时强调
强化标准引领　提升产品和服务质量　促进中国经济迈向中高端

2016 年 9 月 14 日，国务院总理李克强在北京出席第 39 届国际标准化组织大会并发表致辞。国际标准化组织、联合国工业发展组织等国际组织负责人以及部分区域、国家（地区）标准化机构代表 600 多人出席。

李克强说，标准化水平的高低，反映了一个国家产业核心竞争力乃至综合实力的强弱。习近平主席专门对此次国际会议发来贺信，表明作为世界制造大国，中国高度重视标准化工作。当前，世界经济复苏艰难，中国经济正处在转型升级的关键期。面对困难和挑战，要保持经济平稳运行，既要保持总需求力度，也要加快推进供给侧结构性改革，着力改善供给质量。这就需要把标准化放在更加突出的位置，以标准全面提升推动产业升级，形成新的竞争优势，促进经济中高速增长、迈向中高端水平。

李克强指出，要更好发挥标准的引领作用，必须聚焦关键、突出重点。一要紧扣加快新旧动能转换的要求，全面实施标准化战略，既适应新技术、新产业、新业态、新模式蓬勃兴起的趋势，加快新兴领域标准制定，助力大众创业、万众创新，又依靠标准硬约束淘汰落后产能，为新动能发展释放更多资源和空间。二要着眼提升制造业竞争力，推动标准化与"中国制造 2025"深度融合，满足柔性化生产、个性化定制等需要，加强关键技术标准研制，提高国际国内标准一致性，加快建设制造强国。三要立足提高产品和服务质量，将不断升级的标准与富于创新的企业家精神和精益求精的工匠精神更好结合，鼓励企业做标准的领跑者，在追求高标准中创造更多优质供给，更好满足消费升级需求。四要把标准化理念和方法融入政府治理之中，持续深化简政放权、放管结合、优化服务改革，更加注重运用标准化这一手段，促进政府管理更加科学和市场监管更加规范有序，提高政府效能。

李克强说，世界各国应进一步深化合作，加强标准互联互通。处理好标准共享与专利保护的关系，既加大国际标准采用力度，推动贸易和投资自由化便利化，又反对贸易保护主义，防止标准滥用，减少技术壁垒，促进世界经济复苏。围绕推动国际产能合作，加强各国技术标准协调与互认,促进产业链上下游标准对接。坚持共商、共建、共享,支持发展中国家更多参与,建设更加平衡、普惠的国际标准化体系,助力全球经济实现强劲、可持续、平衡、包容增长。

李克强表示,国际标准化组织是享誉全球的"技术联合国",在完善全球治理方面发挥了积极作用。中国愿进一步与国际标准化组织及各成员携手努力,共同为促进国际标准化事业持续发展、推动人类文明进步做出贡献。

资料来源:国家质量监督检验检疫总局网站。

案例分析

ISO 9001:2000 标准在汽车特许经销商中的应用

根据国际特许经营协会对于特许经营的定义,特许经营是特许人和受许人之间的契约关系,对受许人的经营领域、经营诀窍和培训,特许人应该提供持续的支持;受许人的经营是在由特许人所有及控制下的一个共同标志、经营模式和(或)过程要求之下进行的,并且要求受许人从自己的资源中对其业务进行投资。特许经营的行业分布很广,包括餐厅、旅店、休闲旅游、汽车用品及服务、商业服务、印刷、影印、招牌服务、教育用品及服务、汽车租赁和机器设备租赁、日用品零售店、其他服务业等领域。其中,汽车特许经营方式兴起于 20 世纪初,是指汽车生产企业或汽车批发商通过签订合同,授权汽车经销商在一定的区域从事汽车生产企业生产的特定品牌汽车的销售活动,其目的是达到汽车生产企业营销体系的统一运营,实现规模效应和品牌效应。中国的汽车特许经营是随着国外汽车公司与国内厂家合资建厂而进入中国汽车销售市场的。下面以上海上汽大众汽车销售有限公司(以下简称上汽大众,现已与上海大众汽车有限公司合并)的汽车特许经销商为例对其建立符合 ISO 9001:2000《质量管理体系要求》的质量管理体系的过程进行总结和讨论。

1. 组织结构设计

质量管理体系的有效运行要依靠企业建立和完善相应的组织机构,整个组织结构要科学合理,即在纵向方面要有利于领导的统一指挥和分级管理,在横向方面要有利于各个部门的分工合作,协调配合,和谐一致。上下左右的联络渠道要畅通,同时还应具有较强的应变能力,以适应市场的发展和变化。

针对汽车产品而言,集销售、配件、服务、信息管理为一体的汽车特许经销模式是国际通行的,发展较为成熟的营销服务模式。上汽大众的汽车特许经销商为了形成上述四位一体的汽车经销模式和遵循质量管理体系要求,设计了如图 3-7 所示的组织结构。

2. 贯彻质量管理体系标准的主要步骤

上汽大众的汽车特许经销商在根据 2000 年版 ISO 9001 标准建立质量管理体系时,主要遵循了以下步骤:

(1) 最高管理者(总经理)统一管理层思想、确定建立质量管理体系的进度目标;

(2) 成立贯标领导班子和工作班子;

(3) 根据进度目标制定组织建立、实施质量管理体系的具体工作计划;

(4) 分层次地组织全体员工进行 2000 年版 ISO 9000 族标准的培训;

(5) 以顾客为关注焦点,结合法律法规要求和上汽大众的特许经营要求,制定本企业的质量方针和在相关职能上建立质量目标;

(6) 对照已建立的质量目标并根据 ISO 9001:2000 标准的要求进行现状调查,找出本企业在经营管理上的薄弱环节;

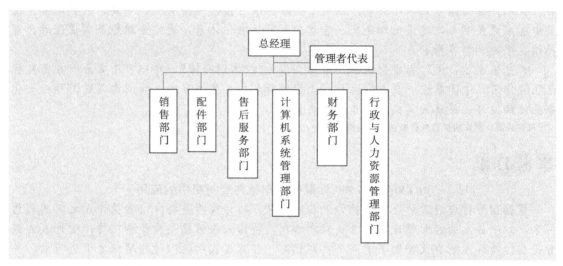

图 3-7 汽车特许经销商的组织结构

(7) 策划服务实现过程及其各个支持过程;

(8) 明确各个过程和子过程应开展的质量活动;

(9) 根据 ISO 9001：2000 标准的具体要素进行质量职能分配;

(10) 制定和修订各部门的质量管理职责、权限及相互关系;

(11) 提供和管理实现各个过程所必需的资源,包括人力资源、基础设施、工作环境等;

(12) 策划适合本企业的质量管理体系文件结构,并进行与之对应的文件编写工作;

(13) 进行质量管理体系文件会审后,由最高管理者(总经理)批准发布;

(14) 开展质量管理体系文件的宣传教育;

(15) 试运行所建立的质量管理体系(三个月以上);

(16) 培训质量管理体系内审人员,并由总经理聘任;

(17) 进行质量管理体系内部审核活动和纠正措施的跟踪(一次以上);

(18) 最高管理者(总经理)亲自主持管理评审。

由于 2000 年版 ISO 9000 标准体现的是"大质量管理"的思想,强调过程方法和管理的科学性、系统性,因此在按其要求建立质量管理体系的过程中,会涉及业务流程的重组和组织机构的调整。这就要求特许经销商的高层领导必须充分认识到贯标的重要意义,明确职责,理顺职能,由上至下地消除贯标工作中的障碍,以确保质量管理体系的建立和实施。

3. 核心业务流程

在上汽大众的汽车特许经销商的经营范围内,汽车销售是其核心业务,该项服务及相关服务的基本流程如图 3-8 所示。

如图 3-8 所示,汽车特许经销商的以销售为主导的服务流程可归纳为 9 个过程,每一个过程的内容归纳如下:

① 业务员是在客户上门后,热情地招待客户,与客户进行相互的汽车信息交流。

② 业务员耐心地向每一位客户介绍各款车的车型、性能、技术、参数等详细资料,帮助客户了解轿车市场情况,并进行新老产品比较,向客户提供其所需的咨询服务,然后

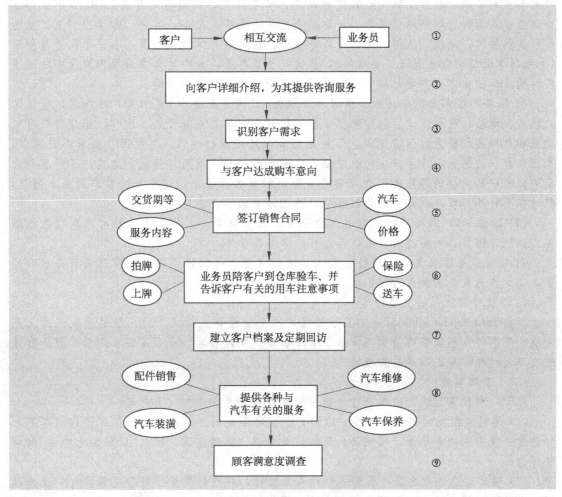

图 3-8 汽车销售的业务流程

把客户带到陈列样车旁,进行实地看样、试车。

③ 业务员在与客户进行交流的基础上识别出客户的需求。

④ 业务员向客户介绍各种汽车情况,使客户对所介绍的产品充分了解,并充分考虑到客户的实际需求,结合各款汽车的性能,帮助客户决策,与客户达成购车意向。

⑤ 客户与业务员签订销售合同。销售合同的主要内容包括合同号,供方、需方的名称,产品的名称、数量和价格,产品的质量要求,交(提)货日期、地点,验收期限和方法,包装要求和费用负担,结算方式和期限,违约责任及争议的解决方式,服务内容,其他事项。该合同由经销商负责解释,由客户和经销商共同签订。合同签订后,计算机系统管理部开出发货单,并由业务员陪同客户去财务部付清有关款项。若是现金支付,财务部就会审核有关凭证,收款后在发货单上签章,开出统一发票给客户,以便客户去仓库提车,并将收款信息反馈到客户档案中;若是支票支付,财务部就会向银行询问客户信用,做应收账款及明细账(等支票兑现后,再做现金账),然后在发货单上签章,由客户凭单提车。

⑥ 业务员陪同客户去仓库提车,与此同时帮助客户验车,告知客户有关的使用知识

及用车注意事项：包括7 500千米免费保养、车灯开关、刮雨器的开关、CD如何操作以及该经销商的特约维修站位置等。一切检查完毕，业务员交车给客户。若客户需要，业务员可提供拍牌、保险、上牌、送车上门等服务。拍牌的具体过程如下：客户个人持身份证（企业则携带好企业代码证、公章等），将其交予业务员，业务员负责携带客户所有购车资料到机动车拍卖中心办理拍牌手续，同时办理好机动车登记等手续。

⑦ 销售部在客户购车以后，根据客户填写的"用户服务卡"建立客户的档案，包括客户姓名、地址、联系方式、购车车型、发动机号、购车日期等资料。这样，销售部就可以根据客户档案积极做好回访工作，即定期向客户发函或打电话，并附回执要求客户回复，来征求客户的意见，让客户在回执中填写已发生或未发生的用车情况、建议，了解客户在车辆使用中所发生的各种情况和对公司需要何种服务及要求，切实解决客户的用车问题，同时在不断地与客户联系交流的过程中，持续地更新客户档案。

⑧ "四位一体"的汽车特许经销商除了整车销售业务外，还提供各种与汽车有关的服务，如配件销售、汽车装潢以及汽车维修、保养服务等。

⑨ 售后服务部负责定期开展顾客满意度的调查，并对顾客满意度信息进行分析、处理，以此作为服务质量改进的依据。

4. 质量管理体系的主要内容

根据ISO 9001：2000标准中基于过程的质量管理体系模式，对已经通过认证的上汽大众的汽车特许经销商质量管理体系中管理职责、资源管理、产品实现、测量、分析和改进这四大过程要素进行总结和概述。

4.1 管理职责

作为一种服务组织，汽车特许经销商的管理职责至少包括以下内容：

（1）通过在组织内部进行宣传、培训、会议等形式的活动，向全体员工传达顾客要求和法律法规要求的重要性，以提高员工的质量意识、法制意识，树立"以顾客为中心"的经营理念；

（2）确定适合企业的服务质量方针和质量目标，并确保质量目标与质量方针一致并尽可能定量，如顾客满意度和顾客忠诚度这一类指标；

（3）指定一名管理者代表，并对影响企业服务质量的所有人员明确规定其职责和权限，使他们积极参与质量活动，承担相应的责任，从而有效地进行合作，实现服务质量的持续改进；

（4）由最高管理者对服务质量管理体系进行正式的、定期的、独立的管理评审，以确保质量管理体系的稳定运行和有效性。

汽车特许经销商对实施质量要求、目标和完成情况的沟通过程编制相应的文件，并且对需保留的文件和质量业绩的记录进行控制、妥善保存和防护。

4.2 资源管理

在对资源的管理过程中，汽车特许经销商根据质量管理体系各工作岗位所规定的岗位职责要求而选择能胜任的人员，而每个员工的能力则由教育程度、接受的培训、具备的技能和工作经历来决定。并且，企业为员工提供各种形式的培训，提高员工的技术知识和技能、管理技能和手段、交往的技能、有关市场及顾客的需求和期望方面的知识、相关的法律法规要求等方面的能力，使员工可以不断取得个人发展，并参与组织的活动，以实现其目标，从而满足企业质量活动对人员的能力要求。

就基础设施和工作环境而言，汽车特许经销商应根据上汽大众特许方的要求安排宽敞舒适的汽车展示厅，优雅的购车环境，辅之配套的基础设施，致力于使顾客在购车过程中获得满意的体验。

4.3 产品的实现

汽车特许经销商的产品实现过程是提供销售、维修及保养等各种服务活动。

在设计和（或）开发服务质量的过程中，汽车特许经销商为了确保所有相关方的需求都能得到满足，对影响服务质量的设计和（或）开发过程的输入进行识别，以满足相关方的需求和期望。其中，输入可包括服务方针、标准和规范，顾客或市场的需求和期望，可信性要求，最终用户的要求（也就是直接顾客的要求）等。由此，设计和（或）开发的输出应导致服务质量的实现，而且还应包括满足顾客和其他相关方的需求和期望所必需的信息。

对于服务的运作的实现，汽车特许经销商为了满足相关方的需求和期望，应评审企业满足合同要求的能力、培训员工的情况和员工的能力、沟通过程、服务运作后的活动等内容。

汽车特许经销商采用适宜方法识别产品，并且在有可追溯性要求的场合，控制并记录产品的唯一性标识。汽车特许经销商的产品标识可分为两类：一类是用于控制服务质量的服务标识，如服务人员的胸卡、服饰等；另一类是对其销售的汽车和配件所作的特性标识和（或）状态标识。这样，汽车特许经销商通过产品标识就可以控制提供的产品和服务的质量，并可以做进一步追溯，从而保证向顾客交付合格的汽车、配件与服务。

对于顾客的财产，汽车特许经销商明确在其控制下的与顾客和其他相关方所拥有的财产和其他贵重物品的有关职责，以保护这些财产的价值。这类财产包括顾客购买的车辆、顾客提供的构成产品的部件或组件；顾客提供的用于修理、维护或升级的产品；顾客直接提供的包装材料；服务作业（如储存）涉及的顾客的材料；代表顾客提供的服务，如将顾客的财产运到第三方；顾客知识产权的保护，包括规范，如图样。

4.4 测量、分析和改进

对于顾客满意程度的测量和监控，汽车特许经销商可从与顾客有关的信息来源（如用户服务跟踪卡、客户档案、顾客反馈等），得知有关汽车使用方面的反馈、顾客要求和合同信息、市场需求、服务质量数据、竞争方面的信息。这些信息反映了要求的符合性、满足顾客的需求和期望以及产品价格和交付等方面的情况，从而建立起与顾客相互交流的信息收集渠道，以更好地满足顾客需求。

汽车特许经销商建立了内部审核的过程，以评价其质量管理体系的强项和弱项，也可评价企业其他活动和支持过程的效率和有效性。其中，内部审核要考虑的事项可包括过程是否得到有效实施、不合格项的识别、改进的机会、信息技术的应用、与相关方（包括内部顾客）的关系。

汽车特许经销商通过准确性、及时性、员工的有效性和效率、技术的应用等指标来衡量过程的表现，通过考虑与产品（包括供方提供的产品）规定要求的符合性、顾客对产品特性的验证要求等内容来选择测量产品的方法，保证过程的有效性及汽车的质量合格，达到让顾客满意。

汽车特许经销商规定对不合格项做出反应的权限，并对汽车产品的标识、隔离和处置进行控制，以防误用。汽车特许经销商不仅记录所有的不合格项及其处置情况，还进行不合格项的评审和处置，以确定是否存在发生不合格项的趋势或现有的不合格项的特点，并将其作为管理评审的输入及用于改进的数据来源。通过来自其各部门的信息和数据汇总分析,一方面,可确定其运行业绩、顾客满意和不满意,以及业绩的水平对比等;另一方面,汽车特许经销商所采取的纠正措施应充分考虑顾客投诉、不合格报告、内部审核报告、过程测量、顾客满意度的测量等信息来源,注重消除不合格项和缺陷的产生原因,从而避免其再次发生。至于所采取的预防措施,汽车特许经销商则是采用风险分析、统计过程控制等预防的方法,识别出潜在不合格的原因,来保证特许经销商的服务过程的持续改进,提高组织内部的有效性和效率以及顾客和其他相关方的满意程度。

思考:

1. 通过资料查阅和企业调研,理解ISO 9001:2000标准在我国汽车特许经销商中应用的意义。

2. 根据ISO 9001:2000标准的要求讨论上汽大众汽车特许经销商的总经理和管理者代表的质量职责。

3. 对汽车特许经销商的相关方及其要求进行分析,并谈谈你对ISO 9000族标准所反映的"大质量管理"思想的理解。

习 题

一、单项选择题

1. ( )标准是ISO 9000族核心标准之一,它表述了质量管理体系基础知识并规定了质量管理体系术语。
   A. ISO 9000　　　B. ISO 9001　　　C. ISO 9004　　　D. ISO 19011

2. ISO 9000族标准是由( )制定的。
   A. ISO/TC 175　　B. ISO/TC 176　　C. SAC/TC 151　　D. IEC

3. 在质量管理七项原则之间的逻辑关系中,持续改进的最有力的武器是( )。
   A. 领导作用　　　　　　　　　　B. 全员参与
   C. 基于事实的决策方法　　　　　D. 以顾客为关注焦点

4. 企业准备申请质量体系认证,应采用( )标准建立质量管理体系。
   A. ISO 9001:2008　B. ISO 9004:2009　C. ISO 9002:2000　D. ISO 19001

5. 企业组织员工通过与顾客联络、数据分析等手段,了解外部顾客对企业反映,这充分体现质量管理原则( )。
   A. 全员参与　　　　　　　　　　B. 领导作用
   C. 基于事实的决策方法　　　　　D. 具有法律效力的文件

6. 质量方针是由企业的( )正式发布的该组织的总的质量宗旨和质量方向。
   A. 领导　　　　　B. 质量管理部门　　C. 最高管理者　　D. 总经理

7. 在PDCA循环四个阶段中,把成功的经验加以肯定,并制定成标准、规程、制度的阶段是( )。
   A. P阶段　　　　B. D阶段　　　　C. C阶段　　　　D. A阶段

8. 目前,ISO 9000系列标准我国( )采用。
   A. 参照　　　　　B. 等同　　　　　C. 部分　　　　　D. 没有

二、多项选择题

1. ISO 9000族标准的核心标准有( )。
   A. ISO 9000　　　B. ISO 9001　　　C. ISO 9004
   D. ISO 19011　　　E. ISO 14000

2. 质量管理体系要素之一的资源应包括(　　)。
A. 材料　　　　　　B. 半成品　　　　　　C. 能源
D. 人力资源　　　　E. 计算机软件

3. 组织实施 ISO 9000 的意义是(　　)。
A. 有利于提高产品质量，保护消费者利益
B. 为提高组织的运作能力提供了有效的方法
C. 有利于增进国际贸易，消除技术壁垒
D. 有利于组织的持续改进和持续满足顾客的需求和期望
E. 有利于 ISO 14000 的实施

4. 下面有关质量方针和目标说法中，正确的是(　　)。
A. 质量方针由组织的最高管理者制定
B. 质量目标应尽可能可测量
C. 质量目标应建立在不同的层次上
D. 方针和目标都可由管理者代表制定
E. 质量目标可以看作质量方针的量化

5. 以下属于一体化管理体系特点的是(　　)。
A. 包容性　　　　　B. 科学性　　　　　　C. 系统性
D. 预防性　　　　　E. 透明性

三、问答题

1. 简述 ISO 9000 国际标准产生的背景、内容结构及主要特征。最高管理者的质量管理职责有哪些？
2. 最高管理者在质量管理活动中应该怎样重视信息资源的作用？为什么？
3. 举一个组织的质量管理案例，阐述对质量管理七项基本原则的认识(可以是七项基本原则的全部或其中的一项)。
4. 为什么质量管理七项基本原则的中心是"以顾客为关注焦点"？
5. 简述一体化管理体系的内涵。
6. 建立一体化管理体系对组织有什么益处？

四、实践练习

1. 调查一家服装企业，了解该企业通过了哪些管理体系认证？该体系的建立与完善对企业的发展有什么重要的促进作用？形成调查报告。
2. 查阅内审员的相关资料，了解内审员的工作职责，以及在审核工作中的重要作用。

项目4 服务质量管理

本项目重点

1. 服务质量形成模式及服务质量差距模型；
2. 员工满意与顾客满意的联系；
3. 顾客满意及顾客满意管理的基础性工作。

学习目标

1. 了解服务的特征和服务质量要素；
2. 了解顾客满意理论及其发展；
3. 理解服务过程质量管理；
4. 掌握服务质量差距模型；
5. 掌握顾客满意及顾客满意的基础性工作。

课前导读

傲慢无礼的夜间值班员

两个商务旅行者到美国南部的一个城市出差，他们在凌晨2点来到一家酒店（国内连锁经营酒店下属的一家分店）。他们持有该酒店的保证书，保证书中承诺酒店将为持有主要信用卡而在夜间到达的顾客提供预留房间的服务。

迈克，夜间值班员，他说剩下的房间因管道和空调的故障而不能用。他没有流露出丝毫歉意，也没有为寻找可替代的房间做任何努力。

当旅客提出他至少应该提前预留好其他房间时，迈克耸了耸肩说道："我没什么需要向您道歉的。"

最后，迈克终于开始查找其他酒店，找到了一家距市区6英里的房间，房间小得像吸烟室（在这两位旅客看来）。更糟的是，迈克的一个同事早晨来上班时，这两名旅客留了张便条让他转交迈克，但当班的雇员第二天没给他。这两位旅客在发给酒店经理和老板的投诉信中言辞激烈地写道："英国彩票的中奖概率是1/13 983 816，我们再次光顾这家酒店的概率：比这个更低。"

然后，他们通过电子邮件把他们的遭遇发给了几个朋友，并要求他们再转发给他们的朋友！在很短的时间内，成千上万的人通过互联网知道了他们的遭遇。

4.1 服务与服务质量管理

由于服务和服务质量的一些特殊性，服务质量控制比制造业质量控制相对要困难得多。服务质量始于服务传递系统的设计，贯穿于服务提供全过程之中，受诸多因素的影响。服务企业要适应不断变化的市场环境和顾客需求，唯有通过提高服务质量，才能增强服务要素，寻求更高的顾客满意度，以满足多层次、多方面、多变化的服务要求。

4.1.1 服务概述

有关服务的概念最初源于经济学领域。20世纪70年代初期，服务业的发展迫使学术界开始注重对服务的研究。由于服务的范围太广，很难精确界定其内容，本书采用被普遍接受的ISO 9000族质量管理标准中的相关术语。

▶ 1. 服务的概念

在现代社会，服务的含义越来越广泛。以产品和服务对比来说，服务是具有无形特征却可给人带来某种利益或满足感的可供有偿转让的一种或一系列活动。服务通常是无形的，至少有项活动必须在组织和顾客之间进行的输出。服务的提供通常可涉及：

(1) 在顾客提供的有形产品(如维修的汽车)上所完成的活动；
(2) 在顾客提供的无形产品(如对退税准备所需的收入声明)上所完成的活动；
(3) 无形产品的交付(如知识的传授)；
(4) 为顾客创造氛围(如在宾馆和酒店)。

可以看出，接触面上完成的活动涉及供方与顾客间的互相作用，这种作用发生在相互接触的层面上，形成互动区域。服务就是伴随着供方与顾客在互动区的接触而产生的无形产品。

互动区域的大小反映了服务的密集度，这说明服务质量管理意味着互动区的质量管理。因此，理解服务的含义需要把握好以下几个方面。

(1) 服务的目的就是为了满足顾客的需要。顾客的需要是指顾客对服务的物质和精神方面的需求，包括当前的和期望达到的需求。顾客的需要处在不断地变化和发展之中，所以，应不断地改善服务，以适应并满足顾客的需要。

(2) 服务的条件是必须与顾客接触。这是服务和其他类型产品之间最显著、最本质的区别。供方与顾客之间的接触可以是人员的，也可以是货物的。按接触对象的不同，可以将供方与顾客的接触形式分为：人与人的接触服务，如商场里的销售过程、律师的咨询过程等；人与物的接触服务，如家用电器的修理过程；物与人的接触过程，如银行的自动柜员机服务、自动售货机贩卖服务等；物与物的接触过程，如使用自动洗车装置洗车的过程。

在服务的定义中，强调了服务的实质和基础就在于与顾客的互动活动过程，其内涵就是说服务是针对顾客的需要来说的，服务必须以顾客为核心。在理解服务的定义时，必须树立顾客至上的观念。

（3）服务的内容就是供方与顾客接触的活动和所产生的结果。供方内部的活动是指供方内部的经营管理活动，通常又被称为"服务提供"（提供某项服务所必需的供方活动）。服务产生于人、设备、机器与顾客之间互动关系的有机联系，并由此形成一定的活动过程，这就是服务。例如，营业员与顾客之间买卖货物这样一个过程，是由迎客、接待、成交、送客各个环节组成的，这样的活动即体现为服务。结果是活动的体现，是过程的体现。因此，服务不仅是最终的结果，而且包括提供服务的活动或提供服务的过程。

（4）服务有时是与有形产品的制造和供应结合在一起、联系在一起的。有形产品是指物质状态的产品，如电冰箱、食品、洗涤剂等。如果仔细思考一下"服务"这种特殊的产品，就会发现它一般是和有形部分产品相联系的。例如，就医院而言，病人要求医院治好病，这是医院提供服务的无形部分，而治病时药物、手术等方面的开销当然就是所说的有形部分。同样，在学校上课，学生获得知识（无形产品的交付），这是学校提供服务的无形部分，而其支持部分，即在教课过程中提供的课本、教室、桌椅等教学用具则是有形物。此外，如果在餐馆就餐，那么餐馆厨师提供的厨艺、欢快和谐的气氛等就属于无形部分（为顾客创造氛围），而饭菜则是服务的有形部分支持部分，存在一个"生产"饭菜的烹调过程。

一方面，有形产品产出组织的销售及售后服务本身就是一种服务，从商品流通角度来看，产出组织、服务组织和顾客形成了一个大的循环；另一方面，服务组织本身常常需要有形产品的支持来达到服务的目的，如商场所采购的商品的质量、品种、档次、价格在商场的服务提供中占据绝对重要的位置，能否让顾客买到称心如意的商品是衡量商场服务水平的首要标准。

▶ 2. 服务的特征

与硬件和流程性材料等有形产品相比，服务具有无形性、不可分离性、顾客参与性、差异性、不可存储性和无所有权性等特征，如图4-1所示。

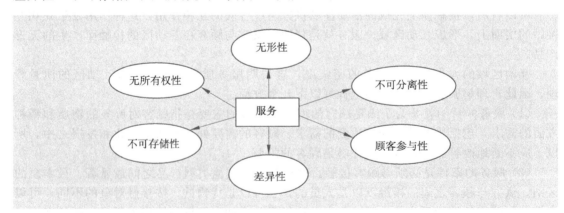

图 4-1 服务的特征

1）无形性

无形性是服务的主要特征。与制造业提供的有形产品不同，服务及组成服务的要素很多都具有无形的性质。当然大部分服务也都包含有形的成分，例如，快餐店的食物，但对顾客而言,在这些有形载体外所包含的无形的服务与效用才是他们最关注的。其次,不仅服务本身是无形的,甚至消费者获得的利益也可能很难觉察到或仅能抽象表达。

也不是所有的服务产品都完完全全是无形的,它的意义在于提供了一个视角将服务产品同有形的消费品或工业品区分开来。作为无形产品的服务带有"神秘感"的吸引力,"无形性"背后的实质是服务行为,包括服务的技巧、技能、技术、知识、文化乃至信息等,这些正是服务吸引力的来源。因此,服务可以更多地依靠人的行为加以发展。

2) 不可分离性

不可分离性指生产与消费的不可分离。在制造业中,从产品的设计、开发到加工、运输和销售,产品的生产和消费之间存在着明显的中间环节。通过观察服务行业就会发现,服务的生产和消费具有不可分离的特征,也就是说,服务的生产与顾客的消费是同时进行的。服务人员直接与顾客接触,在他们提供服务给顾客的同时,也是顾客消费服务的过程。服务的这一特性表明,顾客只有而且必须加入到服务的生产过程中才能最终消费到服务。例如,只有在顾客在场时,理发师才能完成理发的服务过程。

服务产品的生产与消费的不可分离性,在客观上形成一种压力,推动服务生产者改善与顾客的关系,关心顾客的需要,理解有关服务产品的知识,促使服务机构在同顾客的接触中提高服务质量。

3) 顾客参与性

服务不仅是一种活动,而且是一个过程,对于顾客来说,他们几乎参与了服务的整个过程,服务其实就是一种发生在服务设施环境中的体验。服务是一种或一系列的行为过程,很难对服务过程和结果进行准确的描述和展示。例如,个人电脑的维修服务,它既包括维修人员检查和修理计算机的活动和过程,又包括这一活动和过程的结果,即顾客得到完全或部分恢复正常的计算机。

4) 差异性。

服务业是以人为主体的行业,既有服务人员的参与,又有顾客的参与,包括服务决策者、管理者、提供者和消费者。由于人类个性的存在,服务的构成成分及其质量水平受环境、心理、情绪及行为的要素干扰,是经常变化的。服务的差异性表现在三个方面。

(1) 由于服务提供人员自身因素的影响,如心理状态、服务技能、努力程度等,即使由同一服务人员在不同的环境下可能产生不同的质量水平,而不同的服务人员在同样的环境下,他们提供的同一种服务的服务质量也有一定的差别。

(2) 由于顾客直接参与服务的生产和消费过程,不同的顾客自身条件的客观差异,如知识水平、爱好等,会直接影响服务的质量和效果。例如,同是去旅游,有人乐而忘返,有人败兴而归;同是听一堂课,有人津津有味,有人昏昏欲睡。这正如福克斯所言,消费者的知识、经验、诚实和动机,影响着服务业的生产力。

(3) 由于服务人员与顾客间相互作用的原因,在服务的不同次数和不同环境的互动过程中,即使是同一服务人员向同一顾客提供的服务也可能会存在差异。

另外,每次服务带给顾客的效用、顾客感知的服务质量都可能存在差异。因此,差异性的存在使得服务不易标准化、规范化,服务质量难以维持,服务品牌较难树立,服务规范较难严格执行,服务质量的控制也比较困难。

5) 不可存储性

由于服务的无形性,以及服务的生产和消费的同时性,服务不具备有形产品那样的存储性。服务通常是"一次性的",如果服务发生了问题或事故,不可能通过重复来消除已发生的问题或事故，只能做到某种程度的弥补。

课堂思考：请举例说明服务产品是不可存储的。

6）无所有权性

缺乏所有权是指在服务的生产和消费过程中不涉及任何东西的所有权转移。既然服务是无形的又不可储存，服务产品在交易完成后便消失了，消费者并没有实质性地拥有服务产品。以银行取款为例，通过银行的服务，顾客手里拿到了钱，但这并没有引起任何所有权的转移，因为这些钱本来就是顾客自己的，只不过是暂存在银行而已。

服务的特征中，"无形性"被认为是服务产品的最基本特征。其他特征都是从这一特征派生出来的。事实上，正是因为服务的无形性，它才不可分离。而差异性、不可存储性、无所有权性在很大程度上是由无形性和不可分离性两大特征所决定的。

3. 服务的分类

随着科技的发展和人类文明的进步，现代服务业不断涌现出新的服务产品，如不对种类繁多的服务进行恰当的分类，就很难进一步认识其共性。服务分类有助于有条理地讨论服务管理，以实现不同行业间的取长补短。例如，洗衣店可以向银行学习，银行为客户开设便利性晚间存款业务，洗衣店也可以为其客户提供洗衣袋和下班后接收衣物的箱子。

1）根据顾客和服务体系的接触程度分类。

美国亚利桑那大学 Richard B. Chase 教授根据顾客和服务体系的接触程度，将服务分为高接触性服务、中接触性服务和低接触性服务三大类。

（1）高接触性服务。顾客在服务提供的过程中参与其中全部或大部分的活动，如娱乐场所、公共交通、餐馆等提供的服务。

（2）中接触性服务。顾客只是部分地或在局部时间内参与其中的活动，如银行、律师、房地产经纪人等提供的服务。

（3）低接触性服务。服务买卖双方接触很少，其交易大都是通过仪器设备进行的，如咨询中心、批发商、邮电业等提供的服务。

组织应针对顾客与服务体系接触程度的不同而实施相应的服务管理。高接触性服务中的商品更难管理，对服务提出了更多的即时提供的要求。

2）根据服务的对象特征分类。

根据服务的对象特征，将服务分为经销服务、生产者服务、社会服务和个人服务四大类。

（1）经销服务，如运输和仓储、批发和零售贸易等服务。

（2）生产者服务，如银行、财务、保险、通信、不动产、工程建筑、会计和法律等服务。

（3）社会服务，如医疗、教育、邮政、福利和宗教服务、政府服务等。

（4）个人服务，如家庭服务、修理服务、理发美容服务、宾馆酒店服务、旅游服务和娱乐业服务等。

3）根据服务存在的形式分类

根据服务存在的形式，将服务分为以商品形式存在的服务、对商品实物具有补充功能的服务、对商品实物具有替代功能的服务和与其他商品不产生联系的服务四大类。

（1）以商品形式存在的服务，如电影、书籍、数据传递装置等服务。

（2）对商品实物具有补充功能的服务，如运输、仓储、会计、广告等服务。

（3）对商品实物具有替代功能的服务，如特许经营、租赁和维修等服务。

(4) 与其他商品不产生联系的服务，如数据处理、旅游、旅馆和酒店等服务。

4) 根据服务供方的性质分类。

根据服务供方的性质分类，将服务分为以设备提供为主的服务和以提供服务为主的服务两大类。

(1) 以设备提供为主的服务，如自动洗车、影院、航班、计算机数据处理等。

(2) 以提供服务为主的服务，如园丁、修理工、律师、医师等。

5) 根据服务性质分类

根据服务性质分类，将服务分为流通服务、生产者服务、生活性服务、精神和素质服务。

(1) 流通服务，包括零售、批发、仓储、运输、交通、邮政、电信等服务。现代物流也属于流通服务。流通服务有两个特点：服务的物质性和服务之间的依赖性。

(2) 生产者服务，也称为生产性服务业，一般包括金融保险服务、现代物流服务、信息服务、研发服务、产品设计、工程技术服务、工业装备服务、法律服务、会计服务、广告服务、管理咨询服务、仓储运输服务、营销服务、市场调查、人力资源配置、会展、工业房地产和教育培训服务等。

(3) 生活性服务，它直接面向人们提供物质和精神生活消费产品及服务，一般包括文教卫生、商贸流通、旅游休闲、娱乐健身、餐饮住宿、交通运输、市政服务等行业。

(4) 精神和素质服务，是为满足人们精神需要和身体素质需要的服务，包括教育、文艺、科学、新闻传媒、出版社、公共图书馆和博物馆、宗教等。精神和素质服务的特点包括精神性、门类多样性、非营利性等。

4.1.2 服务质量的概念

一般而言，服务是生产与消费同时进行的、无形的、顾客主观感受和认识服务质量的过程。顾客与服务供方之间在一系列关键时刻发生的相互接触，即所谓的买卖之间的相互接触，会对顾客的服务质量感觉和认识产生重要影响。所以，许多学者认为服务质量是以顾客满意程度的高低为标志的，认为服务质量的产生是顾客本身对预期与实际感受比较的结果。

Garvin 认为服务质量是一种感知性的质量，并非客观质量，而且服务质量是顾客对于事物的主观反应，并不以事物性质或特性来衡量。

美国质量协会(ASQC)及欧洲质量管理组织(EOQC)将服务质量定义为产品或服务的总体特征及特性满足既定需求的能力。

Lewis 认为服务质量是衡量服务水准传递符合顾客期望的程度。

Parasuraman 等将服务质量更深层地定义为在服务传递过程中，即服务提供者和顾客互动过程中所产生服务的优劣程度，而且强调服务质量由顾客评定。

美国营销协会(Marketing Science Institute)对服务质量所从事的大规模市场调查指出，服务质量是一个相对标准，而非绝对观念，顾客对企业服务质量是否满意，取决于其事前所持有的期待与实际所感受的服务之间的比较。若所提供的服务使顾客感到超过了其事前期待，则顾客满意度高，为高水平服务质量，顾客可能会再度光顾；如果实际评价与事前期待相似，顾客认为感受到了普通服务，不会留下特别的印象；若实际评价低于事前期待时，该顾客必定不再光临。

归纳总结学者们的观点，我们认为服务质量是一个主观的范畴，是指服务满足规定或潜在需要的特征和特性的总和，它取决于顾客对服务质量的预期（即期望的服务质量）同其实际体验到的服务质量水平的对比。如果顾客所体验到的服务质量水平高于或等于顾客预期的服务质量水平，则顾客会获得较高的满意度，从而认为企业具有较高的服务质量；反之，则会认为企业的服务质量水平较低。

课堂思考：反应酒店服务质量的特性有哪些？反应服务型企业和生产型企业服务质量的特性有什么区别和联系？

4.2 服务质量管理模式

服务质量是服务业的"生命线"。对于服务业，尤其是现代服务业只有了解和掌握服务质量过程要素、服务质量差距模式、服务质量过程管理，才能提升服务质量、服务水平和服务能力，并通过服务质量的管理实现企业经营目标。

4.2.1 服务质量的构成

质量是一组固有特性满足要求的程度。因此，服务质量是指服务过程中固有特性满足顾客和其他相关方要求的能力。具体来说，服务质量是顾客对服务生产过程、服务的效用感知认同度的大小及对其需求的满足程度的综合表现。

服务产品具有无形性、多样性和异质性。从简单的搬运行李到未来的登月旅行，从家电维修到网上购物，不同的服务具有各自不同的固有特性。虽然服务质量特性依行业而定，但鉴于服务过程的顾客参与性和生产与消费的不可分离性，服务质量的关键取决于服务过程的技能、态度和及时性等服务者与消费者之间的行为关系。因此，消费者对服务质量的评价不仅要考虑服务的结果，而且要涉及服务的过程。服务质量应被消费者所识别，消费者认可才是质量。

▶ 1. 预期服务质量与感知服务质量

预期服务质量即顾客对服务企业所提供服务预期的满意度。感知服务质量则是顾客对服务企业提供的服务实际感知的水平。如果顾客对服务的感知水平符合或高于其预期水平，则顾客获得较高的满意度，从而认为企业具有较高的服务质量；反之，则会认为企业的服务质量较低。从这个角度看，服务质量是顾客的预期服务质量同其感知服务质量的比较。

1）预期服务质量

预期服务质量是影响顾客对整体服务质量的感知的重要前提。如果预期质量过高，不切实际，则即使从某种客观意义上说他们所接受的服务水平是很高的，他们仍然会认为企业的服务质量较低。预期质量受市场沟通、企业形象、顾客需求和顾客口碑等因素的影响。

（1）市场沟通包括广告、直接邮寄、公共关系及促销活动等，直接为企业所控制。这些方面对预期服务质量的影响是显而易见的。例如，在广告活动中，一些企业过分夸大自己的产品及所提供的服务，导致顾客心存很高的预期质量，然而，当顾客一旦接触企业则发现其服务质量并不像宣传的那样，这样使顾客对其感知服务质量大打折扣。

（2）企业形象在消费者购前准备阶段搜集信息时，将直接影响其是否把本企业提供的服务纳入其可能购买范围内。如果企业形象恶劣，顾客会直接把本企业提供的服务排除在其考虑范围外，所以说企业形象是进入顾客购买决策过程的敲门砖。企业形象好坏直接影响到通过企业的一系列经营活动、社会活动建立起来的在公众中的口碑。企业形象和顾客口碑只能间接地被企业控制，这些因素虽受许多外部条件的影响，但基本表现为与企业绩效的函数关系。

（3）顾客需求则是企业的不可控因素。顾客需求的千变万化及消费习惯、消费偏好的不同，决定了这一因素对预期服务质量的巨大影响。

2）感知服务质量

感知服务质量是顾客对服务企业提供的服务实际感知的水平。顾客对服务的感知水平贯穿于和客户的互动中，只有当服务被提供时，才能体现其存在和价值。感知服务质量取决于服务提供者与顾客间互动过程中某协议的实现程度，顾客感知到的服务优劣，很大程度上取决于服务设施、服务人员素质、服务补救和现场消费群体等因素。

（1）服务设施。服务设施包括服务场所的硬件设施和软件设施。硬件设施包括服务场所的地理位置、服务环境、便利性设施等。软件设施包括布局、氛围、辅助服务人员的行为方式等。良好的服务设施可以使顾客感到愉悦，使顾客的感知服务质量提高，从而提高服务质量，达到顾客满意。

（2）服务人员素质。由于服务是在与顾客接触面上完成的活动，即服务的生产和消费同时发生，因此，服务人员的素质（工作态度、知识水平、专业水平、行为方式等）、服务技能、对顾客表现出的关心直接影响顾客的感知服务质量。提高服务人员素质能够提高顾客对服务质量的实际感知，从而提高服务质量。

（3）服务补救。无论何时出现意外，服务供应者将迅速有效地采取行动，寻找新的可行的补救措施。服务失败不仅引起顾客的消极情绪和反应，而且最终导致顾客离开，甚至将其经历告诉其他顾客。例如，航班因某原因晚点，由于顾客不知晚点原因与晚点的时间，很快会造成一种紧张不安的气氛。如果航空公司职员能够迅速、及时、有效地向候机乘客说明缘由，并告知晚点的准确时间，乘客们即使不喜欢这种事件，但是毕竟对情况有所了解，这要比他们一无所知要好得多。因此，成功的服务补救不仅能够留住顾客，还能够提高顾客的体验服务质量，从而提高服务质量，并且使顾客获得更大的满意度。

（4）现场消费群体。学者阿希曾进行过从众心理实验，结果在测试人群中仅有1/4～1/3的被试者没有发生过从众行为，保持了独立性。对于感知服务质量而言，受现场消费群体从众心理的影响，会增加顾客的心理归属感，进而增强顾客对产品的信心，提高顾客对产品的评价，增加产品的顾客感知价值。

因此，服务质量好坏的评价是一个主观范畴，它取决于顾客对服务的预期质量和实际体验质量（即顾客实际感知到的服务质量）之间的对比，如图4-2所示。

美国学者隋赛莫尔（Valarie A. Zeithaml）、贝里（Leonard L. Berry）和潘拉索拉曼（A. Parasuranman）认为顾客根据服务质量和体验到的总体满意感来感知服务。顾客在消费前形成对于服务的期望，在接受服务的过程中感知到过程质量，接受服务后感知到产出质量并将之与消费前形成的期望相比较，根据期望的满足程度判断出三个质量水平，即不可接受的服务质量、满意的服务质量和理想的服务质量。如果获得的感知服务低于购前的期望，消费者就会失望，成为不可接受的服务质量；如果感知服务符合购前的期望，消费者就感到基本满意，成为满意的服务质量；如果感知服务超过购前的期望，消费者会很满意，成为理想的服务质量。

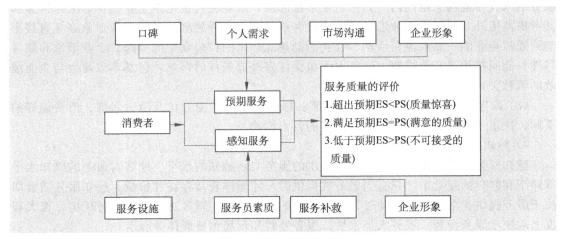

图 4-2 服务质量的感知

显然顾客满意是顾客将过程质量和产出质量同期望水平相比较的结果,因此,服务质量水平的高低将直接影响顾客的满意程度,即服务质量是导致顾客满意的一个起因,两者之间应该有某种程度上的相关。消费者在享受某项服务后,自然会体会到某种程度的满意或不满意,并会做出相应的购后评价。这些感觉会直接影响消费者是否会再次接受服务,并且向他人赞扬或贬低这种服务。消费者对服务质量的评价有更特别之处,即服务质量的消费后评价远比消费前评价更重要,同时将服务质量与产品质量的评价相比,消费者对服务质量会做出更多的消费后的评价。

▶ 2. 服务的技术质量与功能质量

服务质量既是服务本身的特性与特征的总和,也是消费者感知的反应,因此,对于服务企业而言,服务质量是由服务的技术质量、职能质量、形象质量和真实瞬间构成,对于消费者而言,是由感知质量与预期质量的差距所体现。

1) 服务的技术质量

服务的技术质量是指服务过程的产出,即顾客从服务过程中所得到的东西。可以通过很多例子来说明服务的技术质量,例如,宾馆为旅客休息提供的房间和床位,酒店为顾客提供的菜肴和饮料,航空公司为旅客提供的飞机、舱位,网络用户通过互联网购买了商品,会计师事务所通过对客户进行审计而提供给顾客审计报告等。以上这些都说明了顾客通过消费服务得到了一定的结果(有形的商品、无形的知识或享受)。

服务的技术质量是服务产生的基础,是服务业的基本职能。服务如果没有服务结果的保证,就不能满足顾客的基本需要,服务业的信誉就会受到影响,提高服务质量就失去了意义。

对于技术质量,顾客容易感知,也便于评价。技术质量是服务质量的一个方面,一般可以用某种形式来度量。例如,客运服务可以利用运行的时间作为衡量服务质量的依据,教育服务可以利用教学成果如考试或升学率作为衡量服务质量的依据等。

2) 服务的功能质量

服务的功能质量是指服务提供的过程中,顾客所感受到的服务人员在履行职责时的行为、态度、穿着、仪表等给顾客带来的利益和享受。服务的功能质量是一切服务企业的重要职责,是服务业在交易过程中提供的无形的劳务质量。服务企业向顾客提供技术质量和物资设备,都离不开一系列服务的功能质量,否则,服务企业的经营活动就无法进行。

服务的功能质量中反映了服务企业的信誉和形象，顾客对服务质量的评价，在很大程度上取决于功能质量。服务业的窗口作用也主要通过服务人员热情礼貌的服务、美观大方的仪容仪表体现出来。热情、诚恳、礼貌、尊重、善于宣传和适应顾客心理的服务，还能为服务企业吸引大批"回头客"，具有提高企业经济效益的重要作用。

功能质量完全取决于顾客的主观感受，难以进行客观的评价。

因此，服务的技术质量是客观存在的，功能质量则是主观的，是顾客对过程的主观感觉和认识。技术质量与职能质量构成了感知服务质量的基本内容。顾客评价服务质量的好坏，是根据顾客所获得服务效果和所经历的服务感受，两者综合在一起才形成完整的感受。因此，许多服务的技术质量和功能质量可以相互取代。自动柜员机可取代银行营业员的服务，图书、教学录像带、录音带可取代教师的服务。高新科技的发展，为服务的技术质量和功能质量的相互取代提供了更多机会。

对顾客来说，消费服务除感受到服务的结果即技术质量以外，还对服务的消费过程即功能质量非常敏感，实践也证明了顾客明显受到所接受服务的技术质量的方式以及服务过程的影响。虽然消费服务的目的可能仅仅是为了获得该项服务的技术质量，但如果顾客在得到技术质量的过程中，由于发生了不愉快的事情，给顾客留下了不佳的印象，这样即使服务的结果即技术质量是完全相同的，顾客对服务质量的总体评价也会存在较大的差异。

▶ **3. 服务的形象质量和真实瞬间**

形象质量是指服务企业在社会公众心目中形成的总体印象。它包括企业的整体形象和企业所在地区的形象两个层次。企业形象通过视觉识别系统、理念识别系统和行为识别系统多层次地体现。顾客可从企业的资源、组织结构、市场运作、企业行为方式等多个侧面认识企业形象。企业形象质量是顾客感知服务质量的过滤器。如果企业拥有良好的形象质量，轻微的失误会赢得顾客的谅解；如果失误频繁发生，则必然会破坏企业形象；倘若企业形象不佳，则企业任何轻微的失误都会给顾客造成很坏的印象。

真实瞬间（关键时刻）则是服务过程中顾客与企业进行服务接触的整个过程。这个过程有着一个特定的时间和地点，这是企业向顾客展示服务质量的有限时机。通常，这种短暂的接触往往发生在顾客评估服务的一瞬间，同时也形成了对服务质量好坏的评价。因此，一旦时机过去，服务交易结束，企业也就无法改变顾客对服务质量的感知；如果在这一瞬间服务质量出了问题也很难补救。真实瞬间是服务质量构成的特殊因素，这是有形产品质量所不包含的因素。

拓展案例

服务于日常　感动于瞬间

某日晚上11点，广州白云机场反馈，摆渡车发动机故障无法正常运行，由于摆渡车接运任务繁重需要紧急修复，车辆负责人第一时间想到了经常到机场进行拜访的宇通服务主管芦工。

接到电话后，芦工一边联系配件，一边同广州中心站郝工立即赶到机场施救。到现场后及时协调配件主管调配件，但该配件中心库和公司都没有库存。看着客户焦急的眼神，他和郝工看在眼里急在心里，帮助客户积极寻找问题解决方案，最终决定临时对波纹管断裂处进行焊机，待物料到后进行更换。方案同客户沟通后，他们冒着发动机舱的高温进行抢修，终于在当天夜里1点钟对车辆进行了临时修复，保障了客户车辆正常运营，与此同时，芦工及时联系配件供应厂家，得知他们有物料。向领导请示后，协调厂家紧急提供了物料，最终在第二天晚上物料到货后进行了更换。

4.2.2 GAP 模型

服务质量差距模型（service quality model）是 20 世纪 80 年代中期到 90 年代初，美国营销学家潘拉索拉曼、隋赛莫尔和贝里等人于 1985 年提出的一种分析方法或模式，简称 5GAP 模型，如图 4-3 所示。

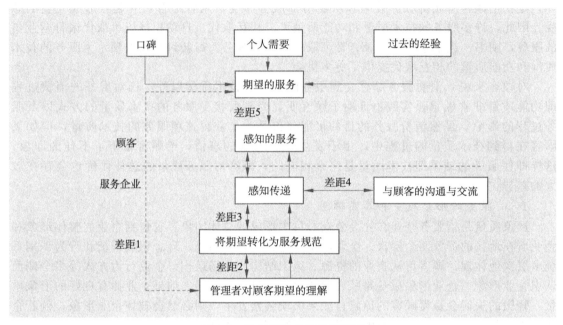

图 4-3 服务质量差距分析模型

服务质量差距分析模型首先说明了服务质量差距是如何形成的。模型的上半部涉及与顾客有关的现象，下半部分涉及与服务企业内部运作有关的内容。期望的服务是顾客的实际经历、个人需求及口碑沟通的函数，另外也受到企业营销沟通活动的影响。实际经历的服务，在模型中称为感知的服务，是一系列内部决策和内部活动的结果。该模型表明了五种服务质量的差距，也就是产生服务质量问题的可能起源。造成这些差距的原因是质量管理过程中的偏差和缺乏协调一致，其中顾客期望的服务质量与所感知的服务质量之间的差距，是由整个过程的其他差距综合作用引起的。

服务质量感知差距（差距 5）指顾客期望与顾客感知的服务之间的差距，是差距模型的核心。要弥合这一差距，就要对另外四个差距进行弥合。基于服务质量差距模型，服务质量管理的首要目标就是消除或减少顾客对服务质量的实际感知与顾客对服务质量的期望之间的差距，从而让顾客满意或感受到服务所带来的价值。服务质量除了服务感知与服务结果间的差距 5 外，还应包含产生差距 5 的所有过程差距，服务质量感知差距（差距 5）=差距 1＋差距 2＋差距 3＋差距 4，必须消除或减少五种差距，才能达到令人满意的程度。因此，通过服务质量差距分析模型，可以分析质量问题的起源，从而协助服务组织管理者采取措施，改善服务质量。

▶ 1. 差距1（管理层认识差距）——未了解顾客的期望

管理层认识差距是指顾客期望与管理层对这些期望的感知之间的差异，即管理层没有准确理解顾客对服务质量的预期。通常管理者认为他们知道消费者需要什么，并按他们的估计去设计服务，而实际上消费者的期望可能与其有所不同。例如，航空公司管理人员可能认为旅客要求飞机上提供高质量的配餐，但旅客更看重乘务人员的真诚服务。导致该差距产生的原因有：管理层从市场调查和需求分析中得到的信息不准确；管理层对从市场调查和需求分析中得到的信息的理解不准确；服务企业对顾客的需求没有进行正确的分析；一线员工没有准确、充分、及时地向管理层反馈顾客的信息；服务企业的内部组织机构层次过于复杂，一线员工不能直接向管理层传递顾客的信息。缩小这一差距的战略是改进市场调查方法，增进管理层与员工之间的交流，减少组织机构层次，缩短与顾客的距离。

▶ 2. 差距2（服务质量规范的差距）——未选择正确的服务设计和标准

服务质量规范的差距是指管理层对顾客期望的感知与服务质量标准的差异，即服务企业制定的服务质量规范未能准确反映管理层对顾客期望的理解，管理者的估计与服务质量规范之间存在差距。管理者可能正确预料了消费者的需要，但没有建立质量标准，或者质量标准没有被详细规定说明。或者，管理者建立起清晰的质量标准但不可行。例如，航空公司管理者可能要求值机人员要提供"快速周到"的服务，但无法量化这一要求的标准。导致该差距产生的原因有：企业对服务质量的规划缺乏完善的管理；管理层对企业的服务质量规划也缺乏完善的管理；服务企业本身没有一个明确的目标；企业最高管理层对服务质量的规划支持力度不够；企业对员工承担的任务不够标准化；对顾客期望的可行性没有足够的认识。缩小这一差距的战略是管理层首先要重视服务质量，确定服务目标，将服务传递工作标准化、规范化，使员工真正理解管理层希望提供怎样的服务。

▶ 3. 差距3（服务传递的差距）——未按标准提供服务

服务传递的差距是指实际传递服务与服务质量标准的差异，即服务在生产和供给过程中表现出的质量水平，未能达到服务企业制定的服务规范。意外事件或较差的管理都会导致服务水平满足不了服务质量规范。例如，服务人员可能缺乏培训或劳累过度，以致无能力或不愿意按标准行事；或者服务人员面对互相矛盾的标准，不愿意花时间倾听旅客的意见和提供快速服务。导致该差距产生的原因主要有：质量规则的制定太复杂或不具体；员工对质量标准不习惯或不认同；服务的生产和供给过程管理不完善；新质量规范与企业现行企业文化不一致，在企业内部的宣传、引导不足，使员工对规范没有一致的认识；企业的设备、体制不利于员工按新质量规范操作；员工尚无能力按质量规范提供服务；员工与顾客、管理层间的协作不力。缩小这一差距的战略是完善管理的监督机制，改变营运系统，合理设计工作流程，加强团队协作，招聘合格员工，加强培训，使员工与管理层对规范、顾客的期望与需求有统一的认识。

▶ 4. 差距4（市场信息传播的差距）——服务传递与对外承诺不相匹配

市场信息传播的差距是指实际传递服务与顾客感受的差异，即企业在市场传播中关于服务质量的信息与企业实际提供的服务质量不一致，导致对服务的承诺与实际服务之间的差距。企业运用多种方式方法宣传自身的服务，然而有时会过分夸大超出实际所能提供的服务水平，这会造成实际提供的服务与经过宣传后预期的服务不符，消费者就会产生不满。例如，航空公司的广告展示新型宽体客机和优秀的乘务人员，但旅客登机后发现机舱狭小而服务也难以尽如人意时，这种外部沟通就扭曲了消费者的预期。

导致该差距产生的原因主要有：企业市场营销规划与营运系统之间的协调未能奏效；

企业向市场和顾客传播信息与实际提供的服务活动之间未能协调好；企业向市场和顾客传播了自己的质量标准，但在实际服务中都未按标准进行；企业在宣传时承诺过多，夸大服务质量，使顾客的实际体验与宣传的质量不一致。缩小这一差距的战略是企业在对外宣传、沟通时不要提出过度承诺，不要过于夸大其词，要和一线服务人员很好地沟通。

▶ 5. 差距5（服务质量感知差距）——差距模型的核心

服务质量感知差距是指顾客期望的服务和顾客感知的服务的差异，即顾客体验和感觉到的服务质量未能符合自己对服务质量的预期。这是前面一个或多个差距所导致的必然结果，也就是顾客实际获得的服务与他们最初所期望的不相符。导致该差距产生的原因是上述五种差距的综合作用。当顾客体验和感觉的服务质量低于预期的服务质量时，会产生以下不良影响：顾客对企业的服务持否定态度，并将亲身的体验和感觉向亲朋好友诉说，使服务口碑变差，企业的形象和声誉遭到破坏，顾客将会流失；反之，当顾客体验感觉的服务质量高于预期的服务质量时，顾客在享受了优质服务的同时，会进行良好的口碑宣传，企业不仅留住了老顾客，还会吸引更多的新顾客。

差距分析模型指导管理者发现引发质量问题的根源，并寻找适当的消除差距的措施。差距分析是一种直接有效的工具，它可以发现服务提供者与顾客对服务观念存在的差异。明确这些差距是制定战略、战术以及保证期望质量和现实质量一致的理论基础。这会使顾客给予质量积极评价，提高顾客满意度。总体来讲，当顾客对组织抱怨不满时，说明组织提供的服务没有达到顾客期望的水平，而其中的差距往往会出现在以上五个方面。了解服务质量差距模式，在设计服务质量时，依据基本框架考虑基本步骤，发现差距所在，找出改进的方法，提高服务质量水平。

消除或减少服务质量差距，使顾客获得最大满足，就是服务质量管理的总目标。而要消除或减少服务质量差距，就要消除或减少差距1、差距2、差距3、差距4、差距5，因此要做到以下几点：

（1）要准确了解顾客实际的期望；

（2）要使制定的服务标准体现顾客的期望；

（3）要使服务实绩达到服务标准；

（4）要使服务承诺符合服务实绩；

这是消除或减少服务质量差距的4项子目标。

服务期望是指顾客心目中服务应达到或可达到的水平。了解顾客对服务的期望对有效的服务影响管理是至关重要的。在不了解顾客期望的情况下：

（1）如果顾客的期望高于服务质量的标准，那么，即使服务实绩达到服务营销者的标准，顾客也不会满意；

（2）如果顾客的期望低于服务质量的标准，那么，服务就可能因服务标准过高而浪费成本。

因此，服务质量管理不仅要考虑顾客的需要，还要考虑顾客的背景，包括顾客对服务的认知、动机、态度和价值观等。

知识链接

服务质量是服务质量差距的函数，测量企业内部存在的各种差距是有效地测量服务质量的手段，差距越大，顾客对企业的服务质量就越不满意。因此，差距分析可以作为复杂的服务过程控制的起点，为改善服务质量提供依据。因此，近20年来，服务质量差距研究便成了学者们关注的焦点。自从提出五差距模型至今,该模型在酒店服务质量等服务研究领域不断地被完善和扩展。这些扩展研究基本上都是围绕着顾客、各级管理者和一线员工三个层面,采用定性或定量两种研究方法展开的。

4.2.3 服务过程质量管理

ISO 9000 标准认为,所有工作都是通过过程来完成的。对于服务企业来说,服务是一种无形产品,它是服务提供过程的结果,服务过程的质量管理直接影响服务质量。

服务质量环是对服务质量形成的流程和规律的抽象描述、理论提炼和系统概括。服务质量环是从识别顾客的服务需要直到评定这些需要是否得到满足的服务过程各阶段中,影响服务质量相互作用活动的概念模式,该模式也是服务企业实施全面质量管理的原理和基础。它涵盖了服务质量体系的全部基本过程和辅助过程,其基本过程包括市场开发过程、设计过程、服务提供过程和服务业绩分析与改进过程,如图4-4所示。

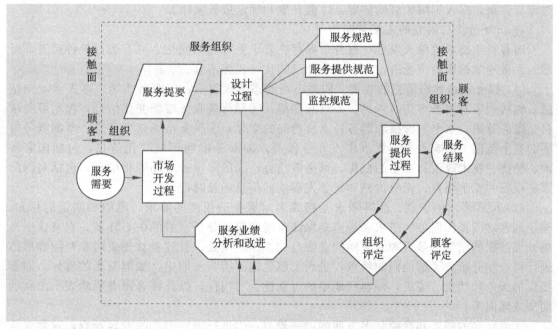

图4-4 服务质量环

服务企业通过对服务企业内部各种过程进行管理来实现质量管理。虽然每个服务企业都有它独特的过程,但由服务质量环中的服务质量形成过程来看,服务过程可划分为四个主要过程:市场调研和开发过程、服务设计过程、服务提供过程,以及分析改进过程。

市场调研和开发过程是指服务企业通过市场调研和开发来确定与提升对服务的需求和要求的过程;服务设计过程是指把前面市场调研和开发得到的结果转化为服务规范、服务提供规范和服务质量控制规范,来规范服务提供过程中的活动,同时体现出服务企业的目标、政策和成本等方面的选择方案;服务提供过程是指将服务从企业提供给消费者的过程,服务企业要对服务提供过程中的服务质量进行控制,在服务质量出现问题时,及时进行补救。基于服务评价的分析改进过程的主要内容除了要评价企业内部质量工作目标的完成情况外,更需要顾客对企业的服务质量进行监督和测评。

▶ 1. 市场调研和开发过程的质量管理

准确地识别市场与顾客对服务质量的需求是组织提供合格服务的基础。服务企业市场调研与开发的职责是识别和确定顾客对服务的需求和要求,即市场调研质量;形成服务提要,即服务设计建议书,作为服务设计过程的基础,如图4-5所示。

图 4-5 服务企业市场调研和开发的相关环节

与一般有形产品的市场调研相比,服务市场调研的范围有所不同,服务市场调研是倾听消费者的声音。其职能被界定为提供解决服务问题的环境信息、消费者信息等。通过服务企业市场调研与开发,可以确定和提升对服务的需求和要求,服务企业管理人员必须通过市场调研,深入了解顾客的需要,才能开发和确定服务策略。

1)市场分析与研究的市场调研质量

随着科学技术的深入发展,服务市场存在着千差万别的变化。只有通过各种渠道,经常、大量地掌握服务市场的信息,才能知己知彼,长盛不衰。

(1)服务市场动态信息的收集。服务市场动态信息包括:①服务市场顾客需求动向信息,包括顾客对服务市场的意见、要求和期望;②同行业服务市场变化信息,包括服务项目、服务等级、水平、价格和服务特点及趋向的变化;③服务市场竞争信息,掌握竞争对手的竞争范围、影响大小、竞争焦点和手段等;④服务市场环境变化信息,包括国家政治、经济、技术政策和法令的变化、调整等信息;⑤国际服务市场变化信息,包括对国际服务市场的竞争焦点、竞争价格和竞争发展动向信息的及时把握。

(2)顾客需求的识别。顾客需求是指顾客对服务适用性的要求、愿望和期望的总和。确定顾客对所提供服务的需求和期望是保证市场调研和分析质量的中心环节。它贯穿于市场开发过程的始终,是管理者思路的着眼点和工作的重点。管理者首先要对主要顾客群体进行调查和分析,了解他们的特点,进而了解他们的需要和期望,如消费者的喜好,需要提供的服务的档次、等级,顾客所期望的可靠性、可用性,以及顾客没有明确表示出来的期望或倾向等。

了解顾客的需要和途径是多方面的,一般有:①进行顾客需求的专题调查,对服务企业的基本顾客开展专题调查活动;②征求对老服务项目的需求意见,对新开发项目的愿望和期望;③调查随机顾客的需求和期望。随机调查,包括与顾客接触过程中进行观察、询问等办法;专题调查,包括发放调查表进行普查、派专人进行典型调查,以及其他各种方法。对各种市场进行特征分析,包括顾客对各种服务的需求,各种服务的功能分析,理想的服务特征,顾客找寻服务的方法,顾客的态度与活动、竞争状况、市场占有率,市场装备及竞争趋势等内容;个体服务市场的特征,包括确定顾客对提供的服务的需要和期望、各种辅助性服务、已经搜集到的顾客要求、服务的数据及合同信息的分析和评审,服务企业职能部门相互协商,以确认它们为满足服务质量要求的承诺、服务质量控制的应用等。

2)服务提要的确定

服务市场调研之后,通过顾客需求、市场动态信息和数据的分析、处理,预测服务市场的发展趋势,形成服务提要和服务设计建议书。在服务提要中,要准确地传达顾客的要求,并将顾客的要求和期望转换成初步规范,作为服务设计的基础。把市场调研和分析的结果及服务企业对顾客的义务都纳入服务提要中。服务提要中规定了顾客的需要和服务企业的相关能力，作为一组要求和细则以构成服务设计工作的基础，在提要中还要有组织的责任和义务，其中包括组织的质量保证文件和能力等。服务提要中应明确包含安全方面的措施、潜在的责任，以及使人员、顾客和环境的风险降到最小的适当方法。优秀的服务提要应能够在满足法规要求的前提下，最大限度地满足顾客要求，同时综合平衡各方的需求。

对服务市场调研与开发进行质量控制，首先要求做到识别市场调研与开发过程中对服务质量和顾客满意有重要影响的关键活动，然后对这些确定的关键活动进行分析，明确其质量特性，对所选出的特征规定评价的方法，建立影响和控制特征的必要手段，通过对其测量和控制以保证服务质量。

▶ 2. 服务设计过程的质量管理

服务设计是服务质量体系中的重要因素，是预防质量问题的重要保证。服务设计是在服务市场开发的基础上解决如何进行服务的问题，服务设计的职责应由企业管理者确定，并保证所有影响到服务设计的人员都意识到他们对达到服务质量的职责。

1) 服务设计的职责和内容

设计的职责是为使服务满足顾客的需要而进行的作业确定和解除问题，根据某一目的要求，预先制定方案的过程，包括把服务提要的内容转化成服务规范、服务提供规范和服务质量控制规范，同时体现出服务企业对目标、政策和成本等方面的选择方案，如图 4-6 所示。

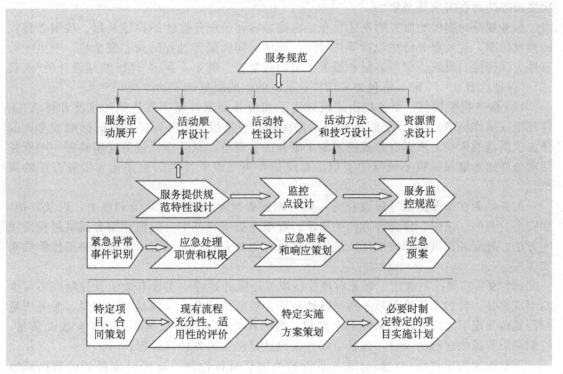

图 4-6 服务设计的职责与内容

企业管理者应确定服务部门的职责，并保证所有影响到服务设计的人员都意识到他们对达到服务质量的职责。

服务设计过程质量管理的主要职责有：①策划、准备、编制、批准、保持和控制服务规范、质量控制规范和服务提供规范的设计；②为服务提供过程规定所需采购的产品和服务的服务准备设计；③对服务设计的每个阶段进行设计评审；④当服务提供过程完成时，确认是否满足服务提要的要求；⑤根据反馈或其他外部意见，对服务规范、服务提供规范、质量控制规范进行修正；⑥在设计服务规范、服务提供规范以及质量控制规范时，重点是设计对服务需求变化因素的计划；⑦预先采取措施防止可能的系统性和偶然性事故，以及超过供方控制范围的服务事故的影响，并制定服务中意外事件的应急计划。

（1）服务规范。服务规范规定了服务应达到的水准和要求，也就是服务质量标准。服务规范是服务体系和服务过程的起点，是对所提供服务的完整阐述。服务规范的主要内容包括：①对直接影响服务业绩的服务提供特性的阐述，即明确规定供顾客评价与服务质量特性联系在一起的服务要求，如饭馆的食品类型、饮料等级、座位舒适性等；②每一项服务提供特性的验收标准，即明确规定内部评价保证活动的有关要求；③设备、设施的类型和数量的资源要求必须满足服务规范，要求人员的数量和技能等的服务准备要求；④对提供的产品和服务供方的内外部的可依赖程度等。

服务规范中要规定核心服务和辅助服务，核心服务是满足顾客首要的需求，另外附加的支持服务是满足顾客次要需要，高质量的服务都包括相关的一系列的合适质量的支持服务。服务企业服务质量优劣的差别主要在于支持服务的范围、程度和质量。顾客把一些支持服务认为是理所当然的、服务企业必须要提供的，因此在设计服务规范时，定义和理解次要服务的潜在需求是必要的。

服务规范对提供的服务的阐述要包括根据顾客评价服务特性的描述及每一项服务特性的验收标准，这些服务特性包括等待时间、提供时间和服务过程时间、安全性、卫生、可靠性、保密性、设施、服务容量和服务人员的数量等。例如，我国EMS快递设计的"次晨达"：保证次日9:00前，将包裹和信件送抵目的地的服务。

（2）服务提供规范。服务提供规范规定了在服务提供过程中应达到的水准和要求（工作标准或操作标准），相当于制造业的工艺标准。它是指导服务提供过程的标准和考核服务提供质量的依据。依据服务规范来制定服务提供规范，服务提供规范应明确每一项服务活动怎样做才能保证服务规范的实现，也就是要实现服务过程的程序化和服务方法的规范化。

服务企业在服务提供过程设计时，应考虑服务企业的目标、政策和能力，以及其他，如安全、卫生、法律、环境等方面的要求。在服务提供规范中，应描述服务提供过程所用的方法。对服务提供过程的设计，是通过把过程划分为若干个以程序为标准的工作阶段来实现的。

（3）服务质量控制规范。服务质量控制规范是服务过程中实现有效质量控制必不可少的组成部分，目的在于确保服务质量既达到服务规范的要求，又满足顾客需要。服务质量控制规范规定了怎样去控制服务的全过程，即怎样去控制服务质量环的各个阶段的质量，特别是服务提供过程的质量，包括市场开发设计过程和服务提供过程。

质量控制的原理是：对影响服务质量的关键质量特性值，运用已度量到的数据或事实，预测和分析该质量特性值可能出现的趋势。以便对异常现象采取预防措施，使得该质量特性值保持在服务规范之内，实现质量维持和控制。必要时，也可以根据预测的结果，采取相应的质量改进措施，使服务质量达到更满意的效果。

质量控制规范应对每一服务过程进行有效的控制。质量控制规范设计的主要内容包括：识别每个过程中对规定的服务有重要影响的关键活动；对关键活动进行分析，明确其质量特性，对其测量和控制以保证服务质量；对所选出的特性规定评价的方法；建立在规定界限内影响和控制特性的手段。

（4）设计评审。设计评审是指对服务质量设计进行有组织的、全面的评价和审核，并将评审结果写成文件。评审的目的是评价和审核设计结果是否达到了服务提要中规定的设计要求，从而发现问题，并提出解决的办法。

在设计的每个阶段结束时，都对组织进行设计评审。评审的主要目的是：不仅要站在服务企业和服务者的立场上，更要站在顾客的立场上来评价和审核所提供服务的质量特性。一般要满足服务规范中有关顾客需要和满意的事项；服务提供的规范中，保证有关服务要求的事项；有关服务提供过程中，质量控制的事项。

2）服务准备

服务准备主要是指影响和促成服务发生和传递的各项准备，服务准备是保证服务质量的基础，主要包括服务人员的准备、服务资源的准备和服务情景的准备，其中，服务人员的准备主要是指内部服务营销活动，主要包括服务人员的服务意识、服务能力、服务意愿的准备；服务资源的准备主要是指对服务活动进行辅助或支持的各种资源和力量，包括供应系统、配套措施、产生服务的程序等；服务情景的准备主要是指服务企业及其服务人员对服务活动发生现场的场所、氛围等的营造或努力。根据迈克尔·波特的价值链理论和服务价值利润链模型，服务准备的评价指标更多地应从辅助支持活动中提取，意在实现对基本服务活动的价值贡献，对服务准备指标的评价更多地可以结合客户对服务感知来进行。同时，进行内部服务满意度调查也是测评和提升服务准备质量的便捷方法。

3）服务蓝图

服务蓝图是一种有效描述服务传递过程的可视技术，它是一个示意图，涵盖了服务传递过程的全部处理过程的服务传递系统。它精确地描述整个服务流程、顾客和服务人员的作用、服务过程中的有形成分。按照顾客的消费过程，列明服务工作步骤、方法、关键点和有形证据来直观地展示服务的所有活动过程，有助于更好地理解人、财、物与服务组织和其他部门之间的相互依赖。这种服务蓝图独具的特点是能够区分服务中与顾客接触的活动和那些不为顾客所见的活动，更为重要的是顾客与服务人员的接触点在服务蓝图中被清晰地识别，在设计阶段通过服务蓝图有助于确定服务潜在的缺陷，从而达到通过这些接触点来控制和改进服务质量的目的。

（1）服务蓝图的结构。服务蓝图的绘制方法、符号的含义、直线数量、各个组成部分的名称没有统一的规定。一般情况下，服务蓝图的主要结构包括顾客消费活动区域、服务人员的前台服务活动区域、后台服务活动区域和企业的辅助性服务活动区域。图4-7是旅客入住酒店的服务蓝图。

第一区域为旅客入住酒店的所有活动行为，从到达酒店、登记入住直至结账离开酒店，旅客所有的一系列消费活动（接收行李、洗澡、睡觉、吃早餐等）。即这一部分紧紧围绕着顾客在采购、消费和评价服务过程中所采取的一系列步骤、所做的一系列选择、所表现的一系列行为及与前台服务人员之间的相互作用来展开。

第二区域为与旅客入住酒店的所有活动相对应的，酒店服务人员的两类服务活动。一是旅客可以看到的和接触面上完成的前台服务人员活动，如旅客与行李员、总服务台服务

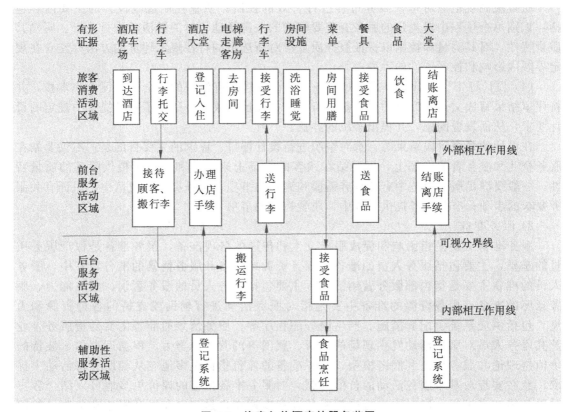

图 4-7 旅客入住酒店的服务蓝图

员、保安员等旅馆服务人员接触；二是旅客在各个消费活动阶段直接接触的有形证据，即接触顾客的前台员工行为。接触人员的行为和步骤中，顾客看得见视野分界线部分的前台服务活动的区域。

第三区域为旅客无法看到的一系列后台服务活动，如酒店的食品登记员接听旅客电话，记录旅客要求供应的食品。行李员需将旅客的行李送到客房。即为顾客看不见的支持前台活动的，与前台员工有接触行为的后台服务活动的区域。

第四区域，辅助性服务活动部分包括内部服务步骤、后台员工与前台服务人员之间的交往。这个部分的显性活动是后台员工的各种辅助性服务活动。例如，酒店财务部员工编制旅客账单，厨师烹饪食品等。即服务的辅助支持过程，这一部分覆盖了在传递服务过程中所发生的支持接触员工的各种内部服务及其步骤和它们之间的相互作用。

图 4-7 中，分隔 4 个关键活动区域的 3 条水平线，最上面的一条线是"外部相互作用线"，它代表了顾客和服务企业之间的直接的相互作用，一旦有垂直线和它相交叉，服务真实瞬间（顾客和企业之间的直接接触）就发生了；中间的一条水平线是"可视分界线"，它把所有顾客看得见的服务活动与看不见的服务活动分割开来，通过分析有多少服务发生在"可视分界线"以上及以下，一眼就可明了为顾客提供服务活动的情况。并区分哪些活动是前台接触员工的行为，哪些活动是台后接触员工的行为。第三条线是"内部相互作用线"，它把接触员工的活动同时与它的服务支持活动分隔开来，是"内部用户"和"内部服务人员"之间的相互作用线，如有垂直线和它相交叉则意味着发生了内部服务真实瞬间。

（2）服务蓝图的作用如下。

① 有利于增强部门、团队和员工个人的整体观念。

② 服务改进。便于服务机构从中发现有问题的服务环节和服务联系，从而便于对这些薄弱环节和联系进行改进。

③ 顾客关系管理。对服务机构管理顾客关系和开展关系营销有重要意义。

④ 服务有形化。可以根据能见度线确定哪些人员和环境是必须能见的，怎样重点加强和管理这些有形化部分的形象。

⑤ 后勤支持。便于服务机构考察后勤服务的质量。

⑥ 战略制定。便于服务机构找到成本不合理的服务环节或服务联系，从而制定成本领先的竞争战略；便于服务机构找到自己特殊的具有核心优势的环节、联系或程序安排，从而制定差异化竞争战略。

⑦ 财务分析。为服务机构的财务分析提供了一种有效的途径，并且有利于将财务领导与服务领导密切地结合起来。

⑧ 服务沟通。便于服务机构的内外沟通。

▶ 3. 服务提供过程的质量管理

服务提供过程的要素主要包括服务人员对服务内容和服务标准的履行情况、服务补救机制的建立和运行情况、辅助支持部门对服务活动的响应和支持情况等；其中，服务补救机制主要指服务投诉处理、服务失败后的主动服务营销活动；服务支持部门对服务活动的响应和支持主要指各管理职能部门对后台和前台部门的支持。服务提供过程是顾客参与的主要过程，是将服务从服务提供方提供给服务消费者的过程。服务提供者与服务消费者之间的关系十分密切，服务生产过程和消费过程的同时性是服务提供过程的两大基本特征。服务提供过程是将服务从服务企业提供到服务消费者的流程。

服务提供过程的质量管理主要包括如下方面。

1) 企业服务质量职能履行

服务企业作为服务的供方，要保证服务提供过程的质量，就要对服务提供规范，对是否符合服务规范进行监督，在出现偏差时对服务提供过程进行调查。

服务企业要测量、验证关键的过程活动，避免出现不符合顾客需要的倾向和顾客不满意，并将企业员工的自查作为过程测量的一部分。

服务企业进行过程质量测量的一个方法是绘制服务流程图，显示工作步骤和工作任务，确定关键时刻，找出服务流程中管理人员不易控制的部分、不同部门之间的衔接等薄弱环节，分析各种影响服务质量的因素，确定预防性措施和补救性措施。

由于服务的无形，因此考核难以计量，结果由顾客主观判断，不易精确量化。服务过程质量控制关系到服务业中的每一个人和每一个过程，包括顾客及顾客看得见和看不见的人员。服务的提供过程依据顾客的参与现象被可视分界线划分为两个部分，一部分是顾客可见的或接触到的相互接触部分。对于顾客而言，与企业接触的过程是顾客可以看见的，外部顾客通过相互接触部分接受服务，涉及企业前台员工的服务、环境、设备和有形产品；另一部分是顾客看不见的，由服务企业辅助部门提供的，但又是企业提供顾客服务所必需的、不可缺少的后勤部分。在后勤部分，一方面是直接为顾客提供服务的一线员工接受企业后勤人员的服务；另一方面是企业后勤人员作为服务提供方向一线员工等内部顾客提供后勤支持服务。

辅助部门在服务提供过程中起后勤支持作用，这种支持作用表现在管理支持、有形支持和系统支持三个方面。服务是服务提供过程的结果,服务提供过程对服务有着直接的影响。所以,在质量管理中,应该把工作的重点放在对服务提供的全过程进行有效控制上。各种质量控制制度应能发掘各个过程中的质量缺陷及奖励质量成果,并协助改善工作。以机器代替人力,尤其是取代那些例行性服务,应有助于质量控制。另外,企业也可以通过提高生产率的方法来改善质量,如采用机器设备,研究时间与动作,具体业务实行标准化、专门化、流水线操作等措施。

课堂思考:如何理解企业的员工既要接受企业的内部服务又要向外部顾客提供服务?

2) 不合格服务的补救

所谓服务补救,是指组织为重新赢得因服务失败而已经失去的顾客好感所做的努力。服务补救是企业向顾客公开表述要达到的服务质量,包括5个步骤:道歉、紧急复原、移情、象征性赎罪和跟踪服务承诺。没有任何服务质量体系能绝对保证所有的服务都是可靠的、无缺陷的。不合格服务在服务企业仍是不可避免的,对不合格服务的识别和报告是服务企业内每个员工的义务和责任。服务质量体系中应规定对不合格服务的纠正措施的职责和权限,尽早识别潜在的不合格服务。

(1) 识别不合格服务。不合格服务的识别和报告是服务组织内每个人的义务和责任。每个人应努力在顾客受影响之前去识别潜在的不合格服务,对顾客进行检测、研究,对服务过程进行监测。

(2) 处理不合格服务。发现不合格服务时,应采取措施记录、分析和纠正不合格服务。纠正措施通常分两步进行:首先,立即采取积极的措施以满足顾客的需要;其次,对不合格服务的根本原因进行评价,以确定采取必要的、长期的纠正措施,防止问题的再发生。长期的纠正措施应适应问题的大小和影响,并应监控纠正措施的实施,以确保其有效性。可采取授权、奖惩、培训等办法。

不合格服务的重复出现可能意味着服务可靠性发生了严重问题。由于可靠性是优质服务的基础核心,当一个企业的服务缺陷连续不断地出现时,其他任何事情对顾客来说都变得不重要了。再好的服务补救措施也不能有效地弥补持续的服务不可靠对顾客的不良影响。

因此,组织应尽力提高本企业服务的可靠性,要求员工一次性做好服务工作。在面对面服务工作中,员工有时难免会发生差错。在优秀的服务性企业里,管理人员会授予员工必要的权力,鼓励员工为顾客提供补救性服务,纠正服务差错,尽力满足顾客的要求。

3) 顾客评定

顾客感觉中的服务质量是由服务人员和顾客之间相互交往的结果决定的。服务人员的服务知识、服务技能、服务意识、服务行为对顾客感觉中的服务质量有极大的影响。顾客的消费行为同样会影响服务质量、其他顾客的满意程度和服务人员的服务态度。因此,企业应高度重视顾客对服务提供过程的评价。

顾客评定是对服务质量的基本测量,顾客的反映可能是及时的,也可以是滞后的或回顾性的。很少有顾客愿意主动提供自己对服务的评定,不满的顾客总是在不预先给出允许采取纠正措施的信息前就停止使用或消费服务。因此,企业不能太依赖顾客评定对服务质量的测量,不然会导致企业决策失误。

对顾客满意方面的评定和测量,应集中在服务提要、服务规范、服务提供满足顾客需要的范围内。可采取顾客评定与服务企业的自我评定相结合的方法,避免发生企业以为提供的是优质服务,两者评定的相互结合,可以为改进服务质量,采取改进措施提供有效的信息。

顾客对服务的感知主要指站在顾客的角度，对服务准备和服务传递的评价，是顾客对服务质量的主观感知与服务期望比较权衡之后产生满意度的倾向；顾客对服务的感知受到服务提供方服务承诺等服务提供过程的影响。对服务感知的发现会受到感知调查内容的影响，因此，执行客户满意度调查的主体和内容设计就非常关键，借助第三方的力量设计系统的服务准备和服务传递的调查问卷进行客户满意度评定，是保证服务评价质量的前提和基础。

4.3 顾客满意度管理

顾客满意度管理是以顾客满意为核心的管理和经营方式，是20世纪80年代中期至90年代兴起的新型的管理方式。经济全球化和社会信息化，使得现代企业管理面临来自顾客、竞争和变化三个方面的挑战。企业急需一种能够应付千变万化的市场、长期发挥效益的经营管理思想和管理战略，需要建立智能化的、适应性管理系统和运行机制，需要一种综合的、集成化的管理解决方案。世界呈"指数级变化"，唯一不变的是企业必须适应顾客需求的变化。现代市场竞争，归根结底是对顾客的竞争。"关注顾客，让顾客完全满意"，已成为企业在竞争中能否取胜的关键。现代信息技术的发展，为组织信息转化与知识共享提供了有效的支持平台，为组织了解顾客、测量顾客满意度、与顾客建立密切的联系提供了强有力的支持。

4.3.1 顾客满意与顾客满意度管理

顾客满意是企业效益的源泉。西方营销专家的研究和企业的经验表明：开发1位新顾客的成本是留住老顾客的5倍（减价或者其他刺激措施固然可以快速吸引新的顾客，但这些顾客也会以同样的速度在竞争者的诱惑面前离你而去，而且将已经离开的顾客再次吸引回来的成本比使他们一开始就满意要高出很多），而流失1位老顾客的损失，只有争取10位新顾客才能弥补；1位不满意的顾客会向8~10个人进行抱怨；企业只要将顾客保留率提升5%，就可以将其利润提高85%；将产品或服务推销给1位新顾客和1位老主顾的成交机会分别为15%和50%；如果事后补救得当，70%的不满意顾客仍然将继续购买企业的产品或服务；1位满意的顾客会引发8笔生意，其中至少有1笔成交；1位不满意的顾客会影响25个人的购买意愿。

课堂思考：营销界有一个著名的等式：100－1＝0。意思是，即使有100位顾客对企业满意，但只要有1位顾客对其持否定态度，企业的美誉度就会立即归零。这种形象化的比拟显然有些夸大，但实际的调查数据表明：每位非常满意的顾客会将其满意的产品或服务告诉至少12个人，其中大约有10人在产生相同需求时会光顾该企业；相反，1位非常不满意的顾客会向至少8~10个人抱怨他的不满，这些人在产生相同需求时几乎不会光顾被抱怨的企业，而且还会继续扩大这一负面影响。从以上这些数据可以看出，什么问题将直接影响现代企业的利润获得能力？

企业向社会所提供的产品的最终使用者是顾客，他们在购买和使用产品以后，会产生一种可以模糊测定的心理体验，即满意程度。现代企业可以以提升这一满意程度为核心，展开其整个经营管理工作。

顾客满意是企业发展壮大的助推器。

▶ 1. 使外部顾客满意，可以促进企业发展

使外部的顾客满意，有助于树立企业的名牌效应，使企业保持并发展其消费群体。顾客通过广告媒体、企业宣传品及他人介绍等各种渠道获取信息，对企业产品产生一种抽象的心理预期。顾客通过心目中的产品与企业实际产品进行比较，决定自己的购买动向，这就要求企业从顾客的角度考虑，满足顾客的需要，努力创造出企业的名牌，使顾客的抽象预期心理得到满足，只有这样，才能形成顾客忠诚，而顾客忠诚就集中表现在顾客重复购买的程度。顾客忠诚不仅使企业稳定现有的顾客，更为企业吸引潜在顾客，可减少价格波动和不可预知风险的损失，降低销售成本。如前所述，维持原有的消费群体比发展新的消费群体容易得多，开发一个新的消费群体是保持现有顾客群体费用的5倍。顾客满意战略可以帮助企业树立良好的形象，充分利用原有顾客所带来的口碑效应，大幅度降低销售成本。例如，美国SUBARU汽车公司并没有像其对手一样将大量的预算分配给广告开支，而是从一开始就利用顾客满意作为市场营销和传播的手段，结果比竞争对手少花钱而又更有传播效果。同时，由于消费者对自身喜爱和依赖的产品信任度高，他们对产品价格变动的敏感度低（如美国联邦快递公司因为提供彻夜投递服务而可以比竞争对手价位偏高）、承受力也较强，对偶尔发生的质量问题多采取宽容态度。

▶ 2. 使内部顾客满意，可以增强企业竞争力

使内部顾客满意可以节省企业内部支出，保持稳定、高效的员工队伍。员工对企业各方面满意度高，可以保持稳定而且较高的工作效率，减少企业因不断培训新的替代员工而增加的成本，减少生产力损失，保证实施企业顾客满意战略的连续性，避免企业为重新建立被打破或割裂的顾客关系而付出高昂的代价。

使内部顾客满意可以保持员工的忠诚，增强企业向心力。顾客满意战略不能只停留在领导层面之上，而应使它转化为企业全体员工的行为。这种顾客概念在企业内部延伸，激活员工的主观能动性，使他们一切都为企业着想，对企业高度忠诚，形成企业独特的文化氛围，增强企业的向心力和凝聚力，为企业进一步发展壮大注入精神动力。

总之，在当今的经济和社会环境，市场竞争的规模、范围和激烈程度是前所未有的。主导权开始转移到顾客的手中，不能从顾客的角度出发考虑问题，不能使顾客满意的企业，注定要被淘汰出局。顾客满意战略是以顾客满意为核心的管理和经营方式，是20世纪80年代中期至90年代兴起的新型的经营战略和管理方式。

顾客可以是个人、群体或是一个单位，其需求构成市场。顾客满意(customer satisfaction, CS)是指顾客对其要求已被满足的程度的感受。顾客满意度指数(customer satisfaction index, CSI)是对顾客要求已被满足的程度的一种量值表示。顾客满意管理是一种以广泛的顾客为中心的全方位企业经营管理活动。

顾客满意管理的指导思想是将顾客需求作为企业进行产品开发或服务设计的源头，在产品功能设计、价格设定、分销促销环节建立，以及完善售后服务系统等方面以顾客需求为导向，最大限度地使顾客感到满意。其目的是提高顾客对企业的总体满意程度，营造适合企业生存发展的良好内、外部环境。

4.3.2 实施顾客满意管理的基础性工作

▶ 1. 围绕顾客满意建设企业文化

实施顾客满意战略，企业的全部经营活动都要从满足顾客的需要出发。与此同时，企

业要建立起企业的理念满意系统(MS)、行为满意系统(BS)、视听满意系统(VS)、产品满意系统(PS)和服务满意系统(SS)等五大子系统。其中，企业理念满意系统的建立，其核心在于确立以顾客为中心的企业文化，具体表现在企业的经营宗旨、经营方针和经营哲学上，并贯穿于企业的质量、服务、社会责任、人才等诸种经营观念中。

目前，我国的许多企业在对待顾客的态度方面存在两种错误。一是受我国长期的计划经济体制的影响，习惯于以一种居高临下的态度对待顾客，漠视顾客的需求；二是满足于企业的现有成就，过分自信以至于无法真正认识顾客满意对企业的重要性。对待顾客的正确态度应该是追求"顾客完全满意"，树立"顾客至上"的观念，踏踏实实地了解顾客需求，改进企业的工作，为顾客提供使其满意的产品和服务。这三种截然不同的企业文化形态，可以用表4-1进行详细的描述和区分。

表 4-1 三种不同的企业文化形态

文化形态	对待顾客的态度	对企业的影响
傲慢型	◆ 认为企业是"上帝的宠儿" ◆ 认为企业总是对的，漠视顾客的意见 ◆ 以怀疑的眼光看待顾客 ◆ 顾客在被证明无辜之前永远是错的 ◆ 顾客投诉是给企业找麻烦	◆ 顾客投诉不断增加 ◆ 顾客不再购买企业的商品 ◆ 企业缺乏改进，停滞不前，导致市场缩小
自满型	◆ 认为企业足以立足市场，而轻视顾客需求 ◆ 不重视顾客服务问题 ◆ 依靠外部市场调查专家与顾客沟通，而忽略企业自身的重要性 ◆ "顾客至上"只是口号，实际上却远离顾客需求	◆ 顾客意见多、投诉多 ◆ 老顾客逐渐离去，新顾客越来越少 ◆ 企业失去市场竞争力
追求顾客满意型	◆ 视顾客为上帝，对顾客高度负责 ◆ 以顾客为中心作为成功的关键因素 ◆ 视顾客满意与及时改进为取得良好经济效益的必要条件 ◆ 了解顾客、理解和关心顾客	◆ 顾客满意度提高 ◆ 顾客群不断巩固和扩大 ◆ 竞争力不断提高 ◆ 忠诚的顾客越来越多

一旦"顾客满意"成为企业的一种文化，将会给企业带来巨大的益处，而对顾客的傲慢和盲目自满都会给企业的长期发展带来不利影响和潜在威胁。

企业应当踏踏实实地去了解顾客需求，改进企业的工作，为顾客提供使其满意的产品和服务。文化变革并非易事，尤其在经营好的时候，组织多数成员会无视潜在危机，因此建设新的文化需要细致策划、认真执行并持之以恒。首先，企业的高层管理人员必须给予企业文化足够的重视和支持，并积极参与其中。其表率作用可以得到员工的广泛重视和响应；其次，应选择有利时机发起创建新文化的活动，这种时机可以来自环境的压力，例如，行业竞争加剧，企业的生存和发展受到威胁、顾客需求和期望有变化、国家政策和法规的变化；再次，创建新的企业文化需要坚持不懈的进行，避免诸如"顾客至上""顾客永远是正确的"等理念仅仅流于形式，成为口号；最后，企业文化的变革不宜过于激进、急于求成，一定要在获得员工理解和认可后，逐步推进。

拓展案例

麦肯锡的企业文化

麦肯锡公司的前任总裁曾对麦肯锡的企业文化下过这样的定义:"我们这里的做事方式"。企业文化影响着员工的行为方式,事实上,成功的企业通常都有着强大的企业文化作为支撑。企业所强调的重视顾客需求,以顾客满意为目标的价值取向必须得到企业所有员工的认同,而这种认同获得有赖于企业文化的影响。

▶ 2. 建立以顾客满意为导向的企业组织结构

组织是管理活动的基本职能,是其他一切管理活动的保证和依托。企业实施顾客满意战略必须在组织结构上予以保证,以适应顾客满意策划决策目标的需要。在实施顾客满意策划和强化顾客满意意识的同时,按照以顾客为关注焦点的原则,健全企业质量管理体系,在组织结构上为顾客满意管理增添活力。组织内部要保证通畅的双向沟通,养成鼓励创新的组织氛围,建立对顾客的需求的快速反应机制,使金字塔扁平化,建立翻转的金字塔,如图4-8所示。

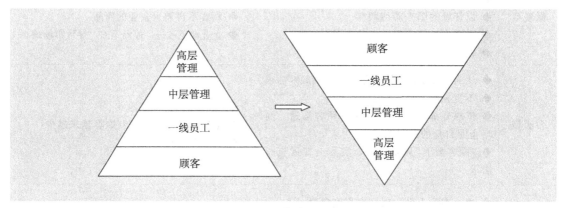

图 4-8 翻转的金字塔

1) 管理者不再是金字塔的顶尖

与顾客和市场直接接触的一线员工成为组织等级层次的最顶层。一线员工对顾客需求有最清晰的了解,因此知道如何去做才可以最大限度地符合顾客的需求,所以管理工作就要部分地从管理人员转移到一线员工(授权的重要性),使每个员工都成为其工作岗位上的管理者。出现问题时,员工在分析情况后,有权决定适当的处断措施,并独立或在同事的帮助下实施。这不但将有助于企业中一般问题的迅速解决,而且解决方案会更有效、更贴近顾客实际。

2) 管理者转变为真正的领导者

管理工作中的部分决策职能由一线员工分担后,并不意味着管理人员的作用被削弱,相反,管理者将发挥更为重要的领导作用。管理者负责授权给员工,组建适当的工作小组,并以适当的方式对员工进行引导、激励和绩效评定。管理者可以帮助员工获取准确的信息并保证消除获得成功的障碍,同时由于员工实现了自我管理,管理者可以管理更多的人。

3) 组织结构的层次可以变得更少

由于职责和权力由管理部门向一线员工的转移,中间层次可以相应减少。便于企业实现组织结构扁平化的目标。

▶ 3. 培养员工优良的综合素质

顾客的购买过程是一个不断在消费过程中寻求尊重的过程。员工对企业经营活动的参与程度和积极性，很大程度上影响着企业的顾客满意度。美国 Sears 公司对零售行业的顾客满意度分析和多年的经营实践证明：高素质的、充满活力和竞争力的员工队伍，较良好的硬件设施而言，更能创造顾客满意，进而创造优异的业绩。在某种意义上，员工就是企业的品牌。因此，要让每一位员工清楚认识企业目标和各自职能，掌握熟练的工作技术和沟通技能，树立"内部顾客"的观念。

1）让每一位员工清楚认识企业目标和各自职能

如果一个人不知道要做什么和为什么要做，那也就难以积极地去做所要从事的工作，应该让所有员工充分了解企业的业务使命、战略和整体目标。如果管理者和员工都可以被顾客导向的新观念调动起积极性，他们就会去了解企业是如何运转的，如何发展顾客关系，以及他们在全面经营和顾客关系中的作用，个人该做些什么。

2）掌握熟练的工作技术和沟通技能

熟练的工作技术是完成高质量工作的前提。因为，技术生疏将使员工不断采取弥补措施和重复劳动，从而使生产率降低。同时，顾客也会因员工缺乏技能、举止笨拙而感到厌烦，从而不愿意为获得可接受的技术质量等待更长的时间，这将影响顾客所感知到的产品和服务质量，降低顾客的满意度。所以，根据实施顾客满意战略的需要，提高职员的工作技术是非常重要的，这不但可以提高工作质量和工作效率，同时也可以提升顾客满意度。另外，掌握出色的沟通技巧也是重要的一面，这需要进行表达能力、聆听技能、电话应对技能以及接待访客的技能等方面的培训。

3）树立"内部顾客"的观念

顾客满意中的顾客，一是指外部顾客，即凡是购买或可能购买本企业产品和服务的个人和团体；二是指企业内部成员，主要包括企业的管理者和员工。此外，企业中各职能部门之间、上下工序之间亦为顾客关系。与外部顾客直接发生联系的一线员工想要为最终的外部顾客提供优良的服务，就必须得到企业其他员工和部门的支持。

内部顾客得到的服务要像最终的外部顾客所期望得到的服务一样，这一点非常重要。这就意味着，服务中产生的质量决不仅仅是外部顾客所见到的那些职能所独有的责任。例如，顾客质量投诉处理过程中，顾客所感知到的质量一方面有赖于顾客服务部的工作，同时也要依赖于质量部、物流部等部门的工作。因此，提供良好服务质量的责任遍及整个组织。

当企业内形成了重视顾客需求、追求顾客满意的良好的文化氛围，同时员工也可以从新的组织结构设置中获得更多的工作支持和工作责任时，具备了优良的综合素质的员工就可以在这样一种良好的环境中充分发挥个人的能力，使顾客满意战略的实施工作取得卓越的成效。

4.3.3 顾客满意理论及其发展

▶ 1. 顾客满意理论的缘起

顾客满意理论起源于企业管理中心的变化，以及顾客消费观念和消费形态的变化。

1）企业管理中心的变化

在早期，企业管理的中心是产值，企业运行的全部目标，就是要实现预先设定的产值，但产值管理的基本条件是供小于求的卖方市场。随着现代化大生产的出现，尤其是西方社会在1929—1933年的经济危机使产值中心论受到了严重挑战。大量的积压产品使企业面临危机，产值中心论退出历史舞台，代之而起的是销售中心论。根据销售中心论的观点，企业管理的中心是销售额，为了提高销售额，内部采取严格的质量管理措施，外部强化营销手段。但是，销售竞争使促销费用越来越高，销售额的提高却带来了利润的持续降低。因此，企业把经营中心从销售额转向了利润，即追求利润的绝对值。管理的重点放在了成本管理上，但成本是由各种资源构成的，相对而言，不能无限制的下降。于是，企业对利润的渴求逐渐无法或很难从成本压缩中获得，所以，企业把目光转向了顾客，希望建立产品的差异化，创造高附加值的产品来满足顾客以获得利润。之后，再从顾客中心发展到以顾客满意为中心，通过详细分析顾客的现实需求与潜在需求、当前需求和未来需求、合理需求和不合理需求、主导需求和辅助需求等来达到顾客满意，以获取利润。因此，对管理者和决策者来说，顾客满意度是企业未来成败与收益的晴雨表。

传统的观点认为，凡是符合顾客要求的，就是合格产品。在激烈竞争的市场环境中，传统的质量观念发生了很大的变化：企业的产品质量不仅要符合顾客的要求，而且要比竞争对手更好。美国是世界上的汽车生产和消费大国，但是充斥于美国街头的却是日本汽车，其实，美国生产的汽车质量并不差，只是日本的汽车更能满足消费者各方面的期望，相比之下，美国企业生产的汽车在满足消费者期望方面就要略逊一筹。现代工业社会中，系统的服务正占据越来越重要的地位，而产品的核心部分却降到次要的地位。美国管理学家Levitt曾指出："新的竞争不在于工厂里制造出来的产品，而在于工厂外能否给产品加上包装、服务、广告、咨询、融资、送货或顾客认为有价值的其他东西。"

2）顾客消费观念和消费形态的变化

20世纪90年代以后，一些发达国家由高度的"成长型社会"转向所谓的"成熟型社会"，即不再注重数量的发展，而是注重质量的提高，从而导致顾客对商品的评价标准逐步升级，主要体现在理性消费、感性消费、情感消费这三个时代的递进。在理性消费时代，由于物质不充裕，消费者在安排消费行为时表现得比较理性，主要追求产品价廉物美和经久耐用，主要评价标准是产品的质量、功能、价格三大因素，以"好"与"坏"来评价企业的产品。因此，企业要用与产品基本功能有关的质量来取信于顾客。随着时代的发展，消费者的价值选择也在变迁。在感觉消费时代，物质日益丰富，消费者开始重视产品的设计、品牌、形象、使用的方便程度等。顾客开始以"喜欢"与"不喜欢"的标准评判产品，确定购物对象时，常常凭感性和直觉，因此，企业要用品牌、包装和特色来吸引顾客。随着健康、教育、娱乐、文化及信息业的发展，消费者进入了情感消费时代，他们不仅要求得到商品的使用功能，还要求在消费之后获得心理上的满足感，即产品能否为自己的生活带来活力、充实、舒适和美感。此时，消费者采用的是情感消费形式，对产品的评价所采用的是"满意"与"不满意"的标准。因此，企业要用产品具有的魅力和一切为顾客着想的体贴去感动顾客。顾客满意是顾客在消费了相应的产品之后感到满足的一种心理体验，这种体验既是综合的、模糊的，又是可以分化的、具体的。企业为了了解顾客的要求，就要设定产品或服务的顾客满意项目，并定量测定顾客满意的程度，这在某种程度上也促进了顾客满意理论的研究与应用。

▶ **2. 顾客满意度概念**

顾客满意度概念最早由美国密歇根大学工商学院的经济学家、CFI国际集团董事长

C. Fornel 教授于 1990 年提出。

对顾客满意的理解主要有两种观点：

1) 预期理论

预期理论认为顾客的满意程度与其对将获得的产品或服务售后表现与售前预期相比较的结果相关，并且顾客的满意程度将会导致三个基本结果：顾客流失、顾客抱怨和顾客忠诚。

$$CS = f(售前预期，售后表现)$$
$$顾客忠诚 = f(顾客满意度，转移障碍，顾客口碑)$$

该理论在概念上比较容易理解，但未考虑到愿望对顾客满意所起的作用。

课堂思考：忠诚的顾客的特点是什么？怎么区分满意的顾客和忠诚的顾客？

2) 预期愿望理论

预期愿望理论认为顾客的满意程度与他获得的产品或服务的品质与预期和愿望的综合比较相关，期望与愿望的区别在于：期望是顾客对产品的服务属性、利益或产出所持信念的一种可能性，而愿望是产品或服务的属性、利益或产出导致一个人对价值层次的评价。期望是未来导向性的，相对易变；而愿望是现在导向性的，比较稳定。它把愿望和信息满意等概念引入顾客满意模型，丰富了顾客满意的内涵，提出了导致顾客全面满意的七个因素的关系模型，如图 4-9 所示。

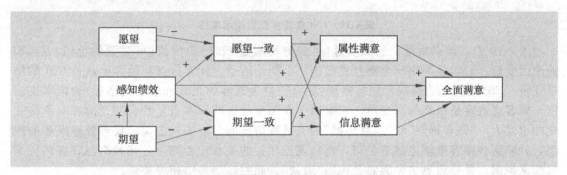

图 4-9　预期愿望理论顾客满意关系模型

图 4-9 中，"感知绩效"对"全面满意"的作用是通过"愿望一致""期望一致""属性满意"和"信息满意"来传递的。

3) 顾客满意的特性

（1）主观性。顾客满意是建立在其对产品或服务的体验，感受对象是客观的，结论是主观的。它既与自身条件如知识和经验、收入、生活习惯、价值观念等有关，还与媒体传闻、市场中假冒伪劣产品的干扰等因素有关。

（2）层次性。著名心理学家马斯洛指出人的需要有五个层次，处于不同层次的人对产品或服务的评价标准不一样。这可以解释处于不同地区、不同阶段的人或同一个人在不同的条件下对某个产品的评价可能不尽相同。

（3）相对性。顾客通常对产品技术指标和成本等经济指标不熟悉，他们习惯于把购买的产品和同类型的其他品牌，或者和以前的消费经验进行比较，由此得出满意或不满意的相对意义。

（4）阶段性。产品都有其使用寿命，服务也有时间性，顾客对某个品牌的产品或服务的满意感来自他过去的使用体验，是在过去多次买卖和提供的服务中逐渐形成的，顾客现在满意并不能说明他在将来仍然满意。

4) CSI 的变量模型

为量化顾客满意度，C. Fornel 教授主持创立美国顾客满意度指数（american customer satisfaction index，ACSI）体系，为美国政府提供了一个衡量宏观社会经济发展总体趋势和微观企业整体经营状况，并能够支持企业决策的强有力工具。

C. Fornel 教授认为，如今企业管理的中心已逐步从以产值、销售额、利润等为中心转向以顾客或顾客满意为中心，作为一种质量型经济指标，CSI 可以较好地弥补数量型经济指标的不足，从而科学地评价企业的经营业绩。以 CSI 为指向，对企业的经营管理进行改进，达到企业和顾客双赢的目的。CSI 的变量模型结构如图 4-10 所示。

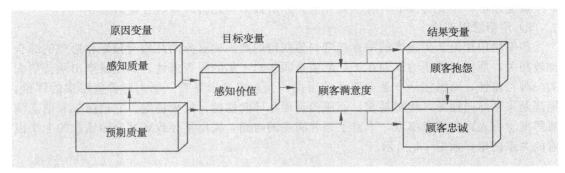

图 4-10 CSI 变量模型结构示意图

图 4-10 中，预期质量、感知质量（可观测的质量）和感知价值（可观测的价值）是 CSI 的原因变量，它们是影响顾客满意程度的三个初始因子。顾客抱怨和顾客忠诚是 CSI 的结果变量。CSI 的高低直接决定顾客抱怨（观测变量为顾客的正式和非正式抱怨）和顾客忠诚度，顾客忠诚度是最终的因变量，它有两个观测变量：即顾客重复购买的意向和对价格变化的承受力。"顾客抱怨"对"顾客忠诚"的关系视情况而定。如果公司已妥善处理顾客的抱怨，并使这些顾客重新忠诚于公司，则呈现正相关的关系；否则，公司和抱怨顾客的关系将越来越糟，并导致更多顾客对公司不"忠诚"，此时，将是负相关关系。

CSI 的概念与消费者需求分析理论中的不和谐原理、学习原理等都具有某种理论上的渊源关系。不和谐原理是一种研究人们在购买消费品后的感觉对再次购买的影响的理论。该理论认为：人们的购买力是有限的，因此消费者在选择购买某些商品或服务的同时，必须放弃另外一些选择。在购买了一些消费品后，消费者往往会将其与所放弃购买的那些商品或服务相比较，从而产生满意或不满意的感觉，进而影响进一步购买的欲望。学习理论则强调了经验对消费品购买的重要性，所谓学习，即有目的地接受信息，将其保留在记忆中。消费者在购买某物品后，获得的如果是正面的经验，则在类似条件下其对购买该商品的忠诚度提高，反之，则大幅下降。

在消费者需求理论中有一些研究消费者心理和行为过程的模型，霍华德·希思模型就是其中的一种，但缺乏定量分析方法，如图 4-11 所示。

CSI 的变量结构模型基于计量经济学模式的原理，通过将观测变量输入该模型求出目标变量 CSI，进而判断顾客忠诚度，并用量化的百分比来表示有多少顾客再来购买商品或服务。CSI 的变量模型在研究消费者消费心理和行为方面提出了较好的定量分析方法，具有较强的实践意义。至少在这一点上，是优于霍华德·希思模型的。

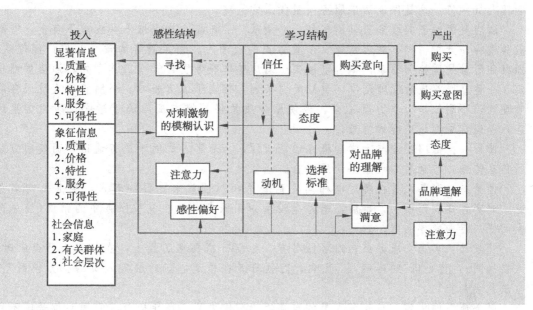

图 4-11 霍华德·希思模型

项目小结

服务是一类产品,也是"过程"的结果,通常是无形的,并且是在提供方和顾客接触面上至少需要完成一项活动的结果。而服务质量是指顾客对服务生产过程、服务的效用感知认同度的大小及对其需求的满足程度的综合表现。由此,决定了服务质量管理与制造业质量管理的差别。本项目从介绍服务的定义、特性和服务业的分类入手,阐述了服务质量管理的基本理论、服务质量的要素、服务质量形成模式及服务质量差距模型等基础知识;从服务策略、服务组织和服务员工三个关键要素方面,阐述了以顾客为导向的服务金三角,由此产生了服务员工的满意和顾客满意对服务企业发展的影响;基于服务质量环中的市场调研与开发、服务设计和服务提供三个基本服务过程,介绍了服务过程的质量管理。最后,从顾客满意与顾客满意度管理角度,介绍了实施顾客满意管理的基础性工作,以及顾客满意理论及其发展。

阅读资料

服务质量是酒店生存的第一竞争力

服务质量是酒店经营管理的生命线,这一点早已取得酒店业同仁的共识,但如何加强酒店服务质量管理创建服务精品,营造核心竞争优势,使酒店在这个快速变动、竞争激烈的市场中处于领先地位,这是许多酒店管理者和业内人士一直在研究和探讨的话题。

无论是新筹建的酒店,还是正在运营中的酒店,都必须首先建立起一套严密且严格的酒店服务质量管理规章制度。制度是酒店人员管理、经营管理、服务质量管理的核心准则,是保障酒店良好运营,给客人提供优质服务的法典。酒店服务质量的好坏、管理水平的高低,最关键的因素是要造就一批有高度质量意识、服务意识,对质量工作高度负责的管理人员队伍,这是保证酒店服务质量优质的灵魂。

酒店要想保证其服务质量的优良,必须从"头"抓起,首先培养一批勇于负责,有高度敬业精神、开拓精神、酒店意识、质量意识的经理人。许多酒店的领导和部门经理认为,抓服务质量是质检部的事,把自己游离于酒店整体服务质量管理工作之外。酒店虽然也制定了一整套服务质量管理制度,奖励处罚条例,但由于酒店领导、个别管理人员服务质量管理意识不到位,工作力度不强,致使服务质量督导检查工作流于形式。即使在星级酒店,也经常见到过这样的情景:

情景一:部门经理与大堂副理在酒店大厅,当着客人的面不说普通话,而使用方言进行信息传递,甚至对客人服务使用方言。

情景二:服务人员在餐厅电梯间见到老总和两位前来就餐的客人,服务员向老总问好,对宾客却视而不见,事后,老总也没去纠正服务人员在礼貌服务中的错误(应先向客人问好,再向领导问好。)。

情景三:客房女服务员在对客服务时,把传呼机别在工裙上,在给客人开夜床时(客人在房间),传呼机"嘀嗒嘀嗒"乱响,而领班就在楼道,却对服务人员的行为视而不见,也没前去制止。

服务质量的优劣,与管理人员的自觉性、工作力度、督导检查、管理到位是密不可分的。国外酒店服务质量督导检查管理工作有两个准则:一是酒店不能有卫生死角;二是酒店不能有服务不到位的地方。酒店服务质量管理体系一旦建立,就必须教育全体员工,要自觉树立优质服务的思想,做好对客服务的每一项具体而细小的工作,服从酒店质量管理工作的思想观念。只有全员高度树立了服从质量管理的思想,酒店的各项服务质量管理工作和检查考评制度才能落实到位,才能保证酒店整个质量管理体系的良好运行。特别是中层管理人员决不能有质检部发现本部门存在的各种服务质量问题,认为是给本部门挑毛病的思想,而应该看成质检部是在帮自己部门发现了自己没发现的服务质量、卫生质量问题,是在帮助本部门完善工作,提高管理水平。

同时,酒店是半军事化管理的企业,质检部和酒店领导发现的卫生、服务、信息沟通、部门协调、硬件维修等方面影响酒店服务质量的问题,各部门工作人员都必须无条件地加以改进、完善和提高。只有在层层管理、逐级负责、垂直领导的过程中,树立全员高度服从质量管理的思想观念,酒店管理水准和服务质量才能提高。

建立和完善日检、周检、月检的质检管理体系,可以保证服务质量管理工作的贯彻执行,以实施酒店全面服务质量管理。酒店每日的检查工作由质检部工作人员进行例检。周检工作由质检部经理牵头,带领各部门主管、领班各一名进行检查。月检工作在每月底的最后一天,由质检部、总经办牵头由总经理或常务副总带领各部门经理,对酒店各部门、各岗位进行全方位的服务质量、卫生保洁、设备养护、节能降耗、安全防火、服务人员仪容仪表、礼节礼貌、外语水准等工作实施全面督导检查。

另外,在进行日常三级质检督导工作的同时,还可聘请业内同行、旅游局星评员、常住客对酒店的服务质量、卫生质量等进行明查、抽查、探访和暗访。广泛收集各方面意见,以改进和提高酒店的整体服务质量管理水平。

酒店服务质量控制,一靠预防,防患于未然,杜绝发生质量事故;二靠检查督导控制,实行日检、周险、月检;三靠与经济利益挂钩,奖罚严明。在酒店服务质量管理控制中,最难做的工作就是第三道程序:"处罚"问题。一旦触及经济利益,不要说服务人员,许多部门经理都会表现出不接受、不情愿、不执行的情况。所以酒店在制定《服务质量奖罚条例》时，一定要总经理亲自挂帅、统一部署，全员参加，各部门建立质检奖罚条例起草小组，让酒店全体人员共同参与制定。起草制定的过程，也是对全体员工进行《服务质量奖罚条例》培训学习和教育的过程，变传统的事后劣质服务质量处罚管理为预防服务质量管理。

《质检奖罚纪律规章条例》一旦制定实施，从酒店总经理到普通员工都必须无条件遵照执行，在质检纪律面前做到人人平等、不留情面、不流形式、不打折扣，该奖则奖、该罚则罚，并使之成为酒店质量管理和保障服务质量优良的一张电网，谁触犯了它，它就要处罚谁。国内许多酒店之所以质检工作力度不大，最主要的因素是人情大于法治，批评教育替代经济处罚，制度执行只触及表皮，而不能触及灵魂深处。

服务质量是酒店生存发展的前提，优质化是保障服务工作标准化、快捷化、个性化、超值化的基本条件，服务质量管理已成为当今酒店管理的一门艺术。

在现代酒店经营过程中，有许多酒店往往偏重于公关营销、市场客源拓展，忽略了酒店内部服务质量管理的精细与创新。营销部花了大量的时间、精力、宣传费用，好不容易把客人吸引到酒店，但由于酒店在服务管理中没做到共性优质服务与个性优质服务的双管齐下，使部分客人感到不满意，造成了 100－1＝0 的服务结果。吸引来的客人被酒店中的个别低劣服务赶走了，这种劣质的服务，不但没为酒店培养出忠实的顾客，而且给酒店造成了客源流失。这种不合格的服务产品一旦成为事实，对酒店产生的不良影响是十分大的，吸引来的客户越多，对酒店产生的不良影响面就越大。

资料来源：百度文库.

案例分析

着力服务体验，成都大悦城购物中心成为零售业服务典范

成都大悦城 2016 年上半年经营数据：客流 993 万、营业额 4.6 个亿、车流 70 万、出租率超 95%……这一连串令人眼花缭乱的动作和令全国业界侧目的数据，成为 2016 年成都商业最热门的头条。一个开业仅半年的购物中心，地理位置并不讨好，这亮眼的数据背后到底隐藏着大悦城什么样的商业逻辑？近年来，国内商业企业的竞争日趋激烈，竞争的焦点也逐渐由价格竞争转向服务竞争，提高服务质量已成为现代商场提高经济效益和增强市场竞争力的主要手段之一。记者近日体验了大悦城的服务，从服务方面解释"大悦城现象"。

服务项目齐全为顾客营造舒适、便捷的购物环境。记者来到服务台，首先看见服务台上放着包装精美的月饼，工作人员介绍："我们会把近期开业店铺物品免费包装，并且免费放在前台进行宣传。"为了方便消费者，大悦城在每层楼都设有服务台，除了拥有和其他零售商场一样的基础功能，如问询指引、礼品包装、广播寻人（物）、影印扫描、客诉接待、礼品兑换、会员卡办理及积分补录、失物报失/认领/拾物保管，还有独特的细节服务，如百宝箱(含一次性雨衣、一次性针线包、棉签、化妆棉、卫生巾、婴儿尿不湿、湿纸巾、衣物去渍笔、老花镜、手部消毒液、梳子)、医药箱(含藿香正气水、碘伏消毒液、体温计、压脉带、纱布、医用棉签、创可贴、一次性口罩)。甚至有大悦城专属定制的物品租借，如婴儿推车、儿童防走失带、宠物推车、轮椅、拐杖、雨伞、充电宝、电吹风等。

大悦城亲子中心分布在三楼秋中庭与夏中庭之间，提供有儿童玩耍区、婴儿睡眠区、家长休息区、哺乳室及婴儿换洗台区。儿童玩耍区提供小马、大小球等玩具。婴儿睡眠区提供6张床铺及配套的床被、枕头、儿童便池、遮光帘布、座椅。家长休息区提供软性沙发给宝宝家长们临时休息。哺乳室提供软性沙发及感应门，方便妈妈们安全、卫生的喂奶。婴儿换洗台区提供婴儿软性换洗台面、婴儿湿纸巾、擦手纸、手部消毒液、空气净化器、饮水机、温奶器、高温杀菌消毒柜，以及2个沙发软座。在商场洗手间里，坐便器、蹲厕、洗手台等设施大多按照成年人的身高和体型设置，亲子中心的洗手池、小便池、坐便器都比普通卫生间的小了一号，小朋友如厕很便捷，洗手时也不必使劲踮起脚向前伸胳膊。另外，亲子卫生间里还用一扇"玻璃屏风"隔出一处成人"方便"的空间，这样父亲单独带女儿或者母亲单独带儿子使用就能避免尴尬。大悦城为小朋友们准备了福利，不定时地给小朋友们发免费的气球等。

来到大悦城的屋顶花园，眼前绿树成荫，曲径通幽，使以公园著称的成都大悦城尽显自然之美。屋顶花园上面有露天花园、玫瑰广场、钻石广场，玫瑰广场是精心为情侣告白、求婚准备的场所，4月23日"疯抢节"在这里上演了一出百人相亲好戏，让整个屋顶花园弥漫着浓浓爱意。钻石广场是举行婚礼的圣地，想象在大悦城的屋顶花园，周围花草环绕，清风徐来，婚礼一定是特别浪漫、幸福。

大悦城地下停车场有2 000个车位免费开放，停车场分3层，其中女性专用车位有10个。除此之外，商场内配有44个充电桩，适用于国际标准充电接口的所有乘用车辆。逛完商场，到停车场取车，却记不清车停在哪了？大悦城开启了智能寻车系统，只要记住车牌号码或者车位号码都可以快速知道自己把车停在哪里，然后根据自动寻车机提供的路线图找到自己的车。

大悦城独创特色服务让顾客更喜欢来购物。成都大悦城是成都第一个鼓励消费者带宠物进商场的项目。大悦城精心为宠物准备了宠物推车，宠物推车设计合理，里面给了宠物大量空间，通风性强，并且在天台上面设有宠物游乐场、宠物洗澡池、宠物便袋等设施，便于消费者带着宠物逛商场。

"悦宝之家"是成都大悦城精心打造的萌宠主题体验式会员服务中心，也是国内首个户外单体萌宠主题的会员中心。这个贝壳样式的独栋造型建筑传达的是场景化的"家"的概念，突出的是温馨、舒适、随性的体验氛围。在这里，成都大悦城为会员们量身定制了涵盖儿童阅读、咖啡烘焙、沙龙讲座、手作体验、创客集市、业务办理等新型会员服务体验项目。成都大悦城从功能上将会员中心的核心业务进行细分，锁定在顾客服务、中粮产业链融合、萌宠售卖及互动体验四个方面。

为了方便顾客来大悦城购物，大悦城特意开设了免费循环巴士。为了方便项目周边的消费者更便捷地来到大悦城，成都大悦城循环巴士将行经三环路、武侯大道、武阳大道、佳灵路、三环路一个环形后回到大悦城，覆盖了附近主要的公交线路以及地铁沿线。

国内商业企业的竞争日趋激烈，高服务质量已成为现代商场提高经济效益和增强市场竞争力的主要手段之一，大悦城良好的服务态度，给顾客带来最佳的购物体验。

资料来源：腾讯财经.

思考：

1. 通过本案例，你认为成都大悦城为顾客提供了哪些贴心服务？
2. 本案例中，你认为哪些服务能够提升顾客满意度？
3. 运用服务质量环，描述成都大悦城的服务过程的质量管理。

习题

一、单项选择题

1. 顾客满意是顾客对其要求已被满足的程度的感受。如果可感知效果与顾客期望相匹配，顾客就会（　　）。
   A. 满意　　　　　　　B. 高度满意　　　　　C. 抱怨　　　　　　　D. 忠诚

2. 服务的内容是发生在组织和（　　）上的一系列活动。
   A. 满足顾客的需要　　　　　　　　B. 无形产品的交付
   C. 顾客参与性　　　　　　　　　　D. 顾客接触面

3. 服务的（　　）是服务产生的基础，是服务业的基本职能。
   A. 功能质量　　　　　B. 技术质量　　　　　C. 形象质量　　　　　D. 感知质量

4. 服务的（　　）是一切服务企业的重要职责，是服务业在交易过程中提供的无形的劳务质量。
   A. 功能质量　　　　　B. 技术质量　　　　　C. 形象质量　　　　　D. 感知质量

5. 服务的（　　）完全取决于顾客的主观感受，难以进行客观的评价。
   A. 功能质量　　　　　B. 技术质量　　　　　C. 形象质量　　　　　D. 感知质量

6. 服务的（　　）都是服务满足消费者购买产品和服务所能给予他们的利益和消费价值的体现。
   A. 功能质量　　　　　B. 技术质量　　　　　C. 形象质量　　　　　D. 感知质量

7. （　　）是指服务企业在社会公众心目中形成的总体印象。
   A. 功能质量　　　　　B. 技术质量　　　　　C. 形象质量　　　　　D. 感知质量

二、多项选择题

1. 服务蓝图将服务提供过程、员工、顾客的角色和服务的有形证据直观地展示出来，一般服务蓝图包括（　　）。
   A. 顾客行为　　　　B. 前台员工行为　　　C. 后台员工行为
   D. 支持过程　　　　E. 顾客接触面

2. 与硬件和流程性材料等有形产品相比，服务具有（　　）的特征。
   A. 无形性　　　　　B. 不可分离性　　　　C. 响应性
   D. 移情性　　　　　E. 差异性　　　　　　F. 无所有权性

3. 服务质量要求可从（　　）方面衡量顾客的实际消费经历与顾客期望之差。
   A. 无形性　　　　　B. 有形性　　　　　　C. 响应性
   D. 移情性　　　　　E. 差异性　　　　　　F. 可靠性

4. 服务质量是服务本身的特性与特征的总和，因此，服务质量是由服务的（　　）构成。
   A. 技术质量　　　　B. 质量　　　　　　　C. 形象质量
   D. 感知质量　　　　E. 真实瞬间　　　　　F. 预期质量

5. 服务质量也是消费者感知的反应，因此，服务质量是由（　　）与（　　）的差距所体现。
   A. 技术质量　　　　B. 质量　　　　　　　C. 形象质量
   D. 感知质量　　　　E. 真实瞬间　　　　　F. 预期质量

6. 服务质量环是对服务质量形成的流程和规律的抽象描述、理论提炼和系统概括，其基本过程包括（　　）过程。

A. 市场开发　　B. 服务设计　　C. 服务提供

D. 业绩分析与改进　E. 服务评价

三、名词解释

1. 服务
2. 服务质量
3. 服务的技术质量
4. 服务的功能质量
5. 顾客满意
6. 顾客满意度指数
7. 顾客满意管理

四、简答题

1. 什么是服务？服务有哪些特征？
2. 服务质量要素是什么？
3. 简述服务质量差距模型。
4. 简述服务质量形成的过程及其主要内容。
5. 试述顾客满意的内涵，以某企业为例做出顾客满意度调查的指标体系。

五、论述题

1. 为什么说顾客满意是企业效益的源泉？
2. 试述提高服务质量的意义。

六、实践练习

1. 调查一家旅游公司，了解该公司的服务质量基本状况，并按照服务质量差距模型来分析该公司的服务质量具体内容，形成分析报告。
2. 为某银行的服务质量满意度做出测评。

项目5 质量检验理论与方法应用

本项目重点

1. 抽样检验的基本术语；
2. 计数抽样检验原理；
3. 计数调整型抽样方案转移规则。

学习目标

1. 了解质量检验的基本概念；
2. 了解质量检验的含义和分类；
3. 理解抽样检验的基本术语；
4. 掌握计数抽样检验原理；
5. 掌握计数调整型抽样方案。

课前导读

2017年5月，深圳市市场监管局组织发布了有关2016年鞋类产品质量监督抽查结果的报告。

本次共抽查了26家企业的50批次产品，其中（标称）深圳企业生产产品6批次。抽查发现不合格产品4批次，不合格项目主要有勾心弯曲性能、勾心尺寸（长度下限值）和勾心纵向刚度3个项目。

本次监督抽查对鞋类产品的游离甲醛/甲醛、可分解有害芳香胺染料、勾心纵向刚度、勾心硬度、六价铬、重金属总量（砷、铅、镉）等11个项目进行检测。

本次抽查的所有不合格项目均与"勾心"相关，那么"勾心"是什么呢？如果勾心质量不过关会对人体有哪些危害呢？深圳市市场监管局的业内人士告诉记者，勾心是连接后跟和前掌的大梁，是皮鞋、靴子、凉鞋等鞋类的脊梁骨，也是鞋子主要的受力部件之一。它安装在鞋子腰窝部位的外底与中底之间，不仅起保持鞋底弧度和稳定鞋跟的作用，而且能够托起和支撑足弓，承接人体重量，分配由体重而产生的压力，保护足弓和脚底状态，能缓解和减轻因站立和行走时的足部过度疲劳，在中、高跟鞋中尤为重要。如果勾心不达标，就会增加消费者在穿鞋过程中的疲劳感。

为此，深圳市市场监管局的相关部门对鞋类产品的生产商提出了严格按照法律法规、国家标准组织生产，不得生产销售不合格产品的要求。而对于鞋类产品的销售者来说，必须严格履行进货检查验收制度，查验供货商的经营资格，验明产品合格证明和产品标识，采取措施保证产品质量，不得销售不合格产品，对公告的不合格产品必须立即停止销售。

5.1 质量检验概述

质量检验是质量管理工作中一个不可缺少的组成部分。从质量管理发展史来看，质量检验曾经是保证产品质量的主要手段，质量管理理论就是在过去质量检验的基础上发展起来的。检验是生产过程中的一个有机组成部分，通过检验可以分离并剔除不合格品，对生产过程及时做出分析，评鉴工序质量状况，并且获得信息回馈，采取矫正及改善措施。通过检验，及时预测不合格品的产生，保证做到"不合格的原料不投产，不合格的半成品不转序，不适用的成品不出厂"，以保证满足顾客需要的要求，建立与维护企业的信誉。因此，必须进一步加强质量检验的基本职能，有组织、有目的地完成质量检验，更有效地发挥质量检验的作用。

5.1.1 质量检验的含义

朱兰认为："所谓检验，就是这样的业务活动，决定产品是否在下道工序使用时适合要求，或是在出厂检验场合，决定能否向消费者提供。"

英国标准(BS)将"检验"定义为："按使用要求来测量、检查、试验、计量或比较一个项目的一种或多种特性的过程。"

国际标准《质量管理体系基础和术语》(ISO 9000：2005)中，将检验定义为："通过观察和判断，适当时结合测量、试验所进行的符合性评价。"

(1) 检验就是通过观察和判断，适当结合测量、试验所进行的符合性评价。对产品而言，是指根据产品标准或检验规程对原材料、中间产品、成品进行观察，适当行测量或试验，并把所得到的特性值和规定值做比较，判定出各个物品或成批产品合格与不合格的技术性检查活动。

(2) 质量检验就是对产品的一个或多个质量特性进行观察、测量、试验，并将结果和规定的质量要求进行比较，以确定每项质量特性合格情况的技术性检查活动。

质量检验是要对产品的一个或多个质量特性，通过物理的、化学的和其他科学技术手段和方法进行观察、试验、测量，取得证实产品质量的客观证据。因此，需要有适用的检测手段，包括各种计量检测器具、仪器仪表、试验设备等，并且对其实施有效控制，保持所需的准确度和精密度。质量检验的结果要依据产品技术标准和相关的产品图样、过程(工艺)文件或检验规程的规定进行对比，确定每项质量特性是否合格，从而对单件产品、成批产品质量或过程质量状态进行判定。

5.1.2 质量检验比较与判断的依据

产品质量检验的依据是产品图样、制造工艺、技术标准及有关技术文件。外购、外协件及有特殊要求的产品需根据订货合同中的规定及技术要求进行检验验收。质量标准是质量检验比较与判断的依据。不同水平的质量标准对同一批产品，可能做出不同的判断。实际上，质量检验的过程就是质量标准执行的过程。质量检验主要依据以下几类标准。

▶ 1. 技术标准

（1）产品标准。产品标准是指为保证产品的适用性，对产品必须达到的某些或全部要求所制定的标准。通常，包括对产品结构、规格、质量和检验方法所做的技术规定，是在一定时期和一定范围内具有约束力的技术准则，包括对产品结构、性能等质量方面的要求，以及对生产过程有关检验、试验、包装、储存和运输等方面的要求。所以，在一定意义上说，产品标准也是生产、检验、验收、使用中的维护、合作贸易和质量仲裁的技术依据。

（2）基础标准。基础标准是指在一定范围内作为其他标准的基础，具有通用性和广泛指导意义的标准。例如，在技术标准中，基础标准包括通用技术语言标准，即技术文件、图纸等所用的术语和符号等，也包括精度和互换性标准，如公差配合，还包括计量标准、环境条件标准和技术通则标准等。

（3）安全、卫生与环境标准，包括环境条件、卫生安全和环境保护等方面的要求。

▶ 2. 检验标准

检验标准主要包括检验指导书、检验卡、验收抽样标准等。例如，检验指导书的格式可以根据企业的产品类型和生产过程的复杂程度来制定。

▶ 3. 管理标准

管理标准就是指企业为了保证和提高产品质量和工作质量，完成质量计划和达到质量目标，企业员工共同遵守的准则。

管理标准主要包括质量手册和检验人员工作守则；检验工作流程中的规则和制度；检验设备和工具的使用、维护制度；有关工序控制的管理制度和管理标准；有关不合格品的管理制度；有关质量检验的信息管理制度，等等。

5.1.3 质量检验的基本职能

在产品质量的形成过程中，检验是一项重要的质量职能。概括起来说，检验的质量职能就是在正确鉴别的基础上，通过判定把住产品质量关，通过质量信息的报告和反馈，采取纠正和预防措施，从而达到防止质量问题重复发生的目的。

▶ 1. 鉴别职能

根据技术标准、产品图样、作业（工艺）规程或订货合同的规定，采用相应的检测方法观察、试验、测量产品的质量特性，判定产品质量是否符合规定的要求，这是质量检验的鉴别功能。鉴别是"把关"的前提，通过鉴别才能判断产品质量是否合格。不进行鉴别就不能确定产品的质量状况，也就难以实现质量"把关"。鉴别主要由专职检验人员完成。

▶ 2. 把关职能

质量"把关"是质量检验最重要、最基本的功能。产品实现的过程往往是一个复杂的过程，影响质量的各种因素（人、机、料、法、环）都会在这过程中发生变化和波动，各过程（工序）不可能始终处于等同的技术状态，质量波动是客观存在的。因此，必须通过严格的质量检验，剔除不合格品并予以"隔离"，实现不合格的原材料不投产，不合格的产品组成部分及中间产品不转序、不放行，不合格的成品不交付（销售、使用），严把质量关，实现"把关"功能。

▶ 3. 预防职能

现代质量检验不单纯是事后"把关"，同时还起预防的作用。检验的预防作用体现在以下几个方面。

（1）通过过程（工序）能力的测定和控制图的使用起预防作用。无论是测定过程（工序）能力或使用控制图，都需要通过产品检验取得批数据或一组数据，但这种检验的目的，不是为了判定这一批或一组产品是否合格，而是为了计算过程（工序）能力的大小和反映过程的状态是否受控。如发现能力不足，或通过控制图发现了异常因素，需及时调整或采取有效的技术、组织措施，提高过程（工序）能力或消除异常因素，恢复过程（工序）的稳定状态，以预防不合格品的产生。

（2）通过过程（工序）作业的首检与巡检起预防作用。当一个班次或一批产品开始作业（加工）时，一般应进行首件检验，只有当首件检验合格并得到认可时，才能正式投产。此外，当设备进行了调整又开始作业（加工）时，也应进行首件检验，其目的都是为了预防现成批不合格品。而正式投产后，为了及时发现作业过程是否发生了变化，还要定时或不定时到作业现场进行巡回抽查，一旦发现问题，可以及时采取措施予以纠正。

（3）广义的预防作用。实际上对原材料和外购件的进货检验，对中间产品转序或入库前的检验，既起把关作用，又起预防作用。对前过程（工序）的把关，对后过程（工序）就是预防，特别是应用现代数理统计方法对检验数据进行分析，就能找到或发现质量变异的特征和规律。利用这些特征和规律就能改善质量状况，预防不稳定生产状态的出现。

▶ 4. 报告职能

报告的职能也就是信息反馈的职能。这是为了使高层管理者和有关质量管理部门及时掌握生产过程中的质量状态，评价和分析质量体系的有效性。为了能做出正确的质量决策，了解产品质量的变化情况及存在的问题，必须把检验结果用报告的形式，特别是计算所得的指标，反馈给管理决策部门和有关管理部门，以便做出正确的判断和采取有效的决策措施。

▶ 5. 监督职能

监督职能是新形势下对质量检验工作提出的新要求，它包括：参与企业对产品质量实施的经济责任制考核；为考核提供数据和建议；对不合格产品的原材料、半成品、成品和包装实施跟踪监督；对产品包装的标志及出入库等情况进行监督管理；对不合格品的返工处理及产品降级后更改产品包装等级标志进行监督；配合工艺部门对生产过程中违反工艺纪律现象的监督等。

5.1.4 质量检验的主要职责

质量检验的主要职责如下。

（1）按质量策划的结果（如质量计划、进货检验指导书、国家或行业标准等）实施检验；

（2）做好记录并保存好检验结果；

（3）做好产品状态的标识；

（4）进行不合格品统计和控制；

(5) 异常信息反馈。

总之，加强质量检验可以确保不合格原材料不投产，不合格半成品不转序，不合格零部件不装配，不合格产品不出厂，避免由于不合格品的使用给用户、企业和社会带来损失。另外，在质量成本中，检验成本往往占很大的份额，通过合理确定检验工作量，对降低质量成本具有很重要的意义。

5.1.5 质量检验的分类

质量检验可按其不同的检验方式进行分类，也可按基本检验类型划分。综合起来主要有以下几种划分方法。

▶ 1. 按检验的数量特征划分

质量检验按检验的数量特征，可划分为全数检验和抽样检验两种。

1) 全数检验

全数检验就是对待检产品进行100%地检验。全数检验适用于精度要求较高的产品和零部件、对后续工序影响较大的质量项目、质量不太稳定的工序，以及对不合格交验品进行100%重检及筛选的场合。

2) 抽样检验

抽样检验是按照数理统计原理预先设计的抽样方案，从待检总体（一批产品、一个生产过程等）取得一个随机样本，对样本中每一个体逐一进行检验，获得质量特性值的样本统计值，并和相应标准比较，从而对总体质量做出判断（接收或拒受、受控或失控等）。抽样检验适用于全数检验不必要、不经济和无法实施的场合。

▶ 2. 按检验的质量特性值特征划分

质量检验按检验的质量特性值特征，可划分为计数检验和计量检验计数检验适用于质量特性值为计点值或计件值的产品或过程的检验。计量检验适用于质量特性值为计量值的产品或过程的检验。

▶ 3. 按检验方法的特征划分

质量检验按其方法本身的特征，可划分为理化检验和感官检验。

1) 理化检验

理化检验是应用物理或化学的方法，依靠量具、仪器及设备装置等对受检物进行检验。

2) 感官检验

感官检验就是依靠人的感觉器官对质量特性或特征做出评价判断。例如对产品的形状、颜色、气味、伤痕、污损、锈蚀和老化程度等，往往需要人的感觉器官来进行检查和评价。

▶ 4. 按检验后状态划分

质量检验按检验后状态，可划分为破坏性检验和非破坏性检验。

1) 破坏性检验

破坏性检验是指经检验后，受检物不再具有原来的质量特性和使用功能。如炮弹等军工产品、某些产品的寿命试验、布匹或材料的强度试验等，都属于破坏性检验。破坏性检验只能采用抽检方式。

2) 非破坏性检验

非破坏性检验就是检验对象被检查以后仍然完整无缺，不影响其使用性能。随着科学技术的发展，无损检查的研究和应用使非破坏性检验的范围不断扩大。

▶ 5. 按检验实施的位置划分

质量检验按检验实施的位置，可划分为固定检验和流动检验。

1）固定检验

固定检验也叫集中检验，是指在生产单位内设立固定的检验站，各工作地的产品加工以后送到检验站集中检验。

2）流动检验

流动检验就是由检验人员直接去工作地检验。流动检验的应用场合有其局限性，不受固定检验站的限制。

▶ 6. 按检验目的的特征划分

质量检验按检验目的的特征，可划分为验收检验和监控检验。

1）验收检验

验收性质的检查目的是为了判断被检验的产品是否合格，从而决定是否接收该件或该批产品。验收检查是广泛存在的方式，如原材料、外购件、外协件的进厂检验，半成品入库前的检验，成品的出厂检验，都属于验收性检查。

2）监控检验

监控检验的直接目的不是为了判定被检验的产品是否合格，从而决定是接收或拒收一批产品，而是为了控制生产过程的状态，也就是要监控生产过程是否处于稳定的状态。所以这种检查也叫做过程检查，其目的是预防大批不合格品的产生。如生产过程中的巡回抽检、使用控制图时的定时抽检，都属于这类检验。其抽查的结果只是作为一个监控和反映生产过程状态的信号，以便决定是继续生产还是要对生产过程采取纠正调节的措施。

▶ 7. 按质量检验的基本类型

按质量检验的基本类型可以分成三种类型，即进料检验（IQC）、工序检验（IPQC）和成品检验（OQC）。

1）进货/进料检验

进货与进料检验是对外购物料的质量验证，即对采购的原材料、辅料、外购件及配套件等入库前的接收检验。

2）过程检验

过程检验也称为工序检验和阶段检验，工序检验的目的是为了防止连续出现大批不合格品，避免不合格品流入下道工序继续进行加工。

3）成品检验

成品检验是对完工后的产品进行全面的检查与试验，其目的是预防不合格品进入流通领域，对顾客和社会造成危害。

实际上，一种检验活动往往具有多种特征，因此，可以同时属于多种检验方式。

课堂思考： 试分别对不同的检验分类进行举例，并对比其中的差别。

5.1.6　质量检验的过程

从质量检验的含义可以看出，质量检验的整个过程如下。

▶ 1. 检验的准备

熟悉规定要求，选择检验方法，制定检验规范。首先要熟悉检验标准和技术文件规定的质量特性和具体内容，确定测量的项目和量值。为此，有时需要将质量特性转化为可直接测量的物理量；有时则要采取间接测量方法，经换算后才能得到检验需要的量值；有时则需要有标准实物样品（样板）作为比较测量的依据。要确定检验方法，选择精密度、准确度适合检验要求的计量器具和测试、试验及理化分析用的仪器设备。确定测量、试验的条件，确定检验实物的数量，对批量产品还需要确定批的抽样方案。将确定的检验方法和方案用技术文件形式做出书面规定，制定规范化的检验规程（细则）、检验指导书，或绘成图表形式的检验流程卡、工序检验卡等。在检验的准备阶段，必要时要对检验人员进行相关知识和技能的培训和考核，确认能否适应检验工作的需要。

▶ 2. 测量或试验

按已确定的检验方法和方案，对产品质量特性进行定量或定性的观察、测量、试验，得到需要的量值和结果。测量和试验前后，检验人员要确认检验仪器设备和被检物品试样状态正常，保证测量和试验数据的正确、有效。

▶ 3. 记录

对测量的条件、测量得到的量值和观察得到的技术状态用规范化的格式和要求予以记载或描述，作为客观的质量证据保存下来。质量检验记录是证实产品质量的证据，因此数据要客观、真实，字迹要清晰、整齐，不能随意涂改，需要更改的要按规定程序和要求办理。质量检验记录不仅要记录检验数据，还要记录检验日期、班次，由检验人员签名，便于质量追溯，明确质量责任。

▶ 4. 比较和判定

由专职人员将检验的结果与规定要求进行对照比较，确定每一项质量特性是否符合规定要求，从而判定被检验的产品是否合格。

▶ 5. 确认和处置

检验有关人员对检验的记录和判定的结果进行签字确认，对产品（单件或批）是否可以"接收""放行"做出处置。

（1）对合格品准予放行，并及时转入下一作业过程（工序）或准予入库、交付（销售、使用）。对不合格品，按其程度分别做出返修、返工、让步接收或报废处置。

（2）对批量产品，根据产品批质量情况和检验判定结果分别做出接收、拒收、复检处置。

各个过程中，把测量或试验的数据做好记录、整理、统计、计算和分析，按一定的程序和方法，向领导和部门反馈质量信息，作为今后改进质量、提高质量制定措施的依据。

5.2 抽样检验

抽样检验的研究始于20世纪20年代，那时就开始了利用数理统计方法制定抽样检查表的研究。1944年，道奇和罗米格发表了合著《一次和二次抽样检查表》，这套抽样检查表目前在国际上仍被广泛地应用。

1974年，ISO发布了"计数抽样检查程序及表"（ISO 2859：1974）。我国在等同和等效采用ISO标准的基础上，也开始制定和适时修订计数抽样检验方面的国家标准，简单介绍如下。

• 适用于孤立批的 GB/T 13262-2008 不合格品百分数的计数标准型一次抽样检验程序及抽样表。

• GB/T 2828 计数抽样检验程序系列标准中的 GB/T 2828.1-2012 计数抽样检验程序第 1 部分：按接收质量限（AQL）检索的逐批检验抽样计划（ISO 2859-1：1999，IDT）。

• GB/T 2828.2-2008 计数抽样检验程序第 2 部分：按极限质量（LQ）检索的孤立批检验抽样方案（ISO 2859-2：1985，NEQ）。

• GB/T 2828.10-2010 计数抽样检验程序第 10 部分：计数抽样检验系列标准导则（ISO 2859-10：2006，MOD）等。

无论是在企业内部还是在企业的供求双方进行交易，对交付的产品（如原材料、半成品、外协件等）验收时，经常要进行抽样检查，以保证和确认产品的质量。抽样检验是相对于全数检验而言的，它以"批"为处理对象。

5.2.1 抽样检验的概念

所谓抽样检验，是指从批量为 N 的一批产品中随机抽取其中的一部分单位产品组成样本，然后对样本中的所有单位产品按产品质量特性逐个进行检验，根据样本的检验结果判断产品批合格与否的过程。如果样本中所含不合格品数不大于抽样方案预先最低规定数，则判定该批产品合格，即为合格批，予以接收；反之，则判定该批产品不合格，予以拒收。

简而言之，按规定的抽样方案随机地从一批或一个过程中抽取少量个体进行检验称为抽样检验。计数抽样检验方案是以数理统计原理为基础，适当兼顾了生产者和消费者双方风险损失的抽样方案，具有科学的依据，并提供一定的可靠保证。

抽样检验适用范围：检验项目较多时；希望检验费用较少时；生产批量大、产品质量比较稳定的情况；不易划分单位产品的连续产品，如钢水、粉状产品等；带有破坏性检验项目的产品；生产效率高、检验时间长的产品；有少数产品不合格不会造成重大损失的情况。

由于抽验的检验量少，因此检验费用低，较为经济，而且该方法所需人员较少，管理也不复杂，有利于集中精力，抓好关键质量。由于是逐批判定，对供货方提供的产品可能是成批拒收，这样能够起到刺激供货方加强管理的作用。

抽样检验也存在以下缺点：经抽验合格的产品批量中，可能混杂一定数量的不合格品；抽验存在着错判的风险，不过风险大小可根据需要加以控制。另外，抽验前要设计方案，增加计划工作或文件编制工作量，抽验所得的检测数据比全检少。

5.2.2 抽样检验的基本术语

无论是企业内部的质量检验还是交易双方对交付的产品（如原材料、半成品、外协件等）验收时的检验，为保证和确认产品的质量，经常要遇到以"批"为处理对象的抽样检查。因此，抽样检验中术语和定义的一致性认同，非常重要。

▶ 1. 单位产品

单位产品是指可单独描述和考虑的一个事物。例如一个有形的实体（1 台电视机）；一定量的材料（1 立方米的铁水）；一项服务、一次活动或一个过程；一个组织或个人；或是上述项目的任何组合。

2. 与样本有关的术语

与样本有关的术语包括批、批量、样本、样本量。

批是检验批的简称,是指汇集在一起的一定数量的某种产品、材料或服务。对于抽样检验中的"批"特指提交检验的批,它是由几个生产批或生产批的一部分组成。

批量是指批中包含的单位产品的个数,常用 N 表示。

样本是指从批中随机抽取的并且提供有关该批的信息的一个或一组单位产品。样本应从整批中随机抽取,可在批构成之后或在批的构成过程中进行。为了能够抽得无偏的样本,即样本能够代表总体,通常采用的取样方法是随机抽样法。随机抽样包含:简单随机抽样、分层随机抽样、整群随机抽样和系统随机抽样等方法。

(1) 简单随机抽样法,是指总体中的每个个体被抽到的概率都是相等的。为实现抽样的随机化,可采用抽签、查随机数值表或掷随机骰子等办法。简单随机抽样的优点是抽样误差小,缺点是抽样手续比较繁杂。在实际工作中,真正做到总体中的每个个体被抽到的机会完全一样是不容易的。

(2) 系统抽样法,又叫等距抽样法或机械抽样法,是指在时间上或空间上以相等的间隔顺次地抽取样品组成样本的抽样方法。系统抽样法操作简便,实施起来不易出差错,较适用于工序控制。由于系统抽样的抽样起点一旦被确定后,整个样本也被完全确定了,所以这种抽样方法容易出现较大的偏差。因此,在总体会发生周期性变化的场合,不宜采用这种抽样方法。

(3) 分层抽样法,也叫类型抽样法,是指先把总体分成若干层,再在各层中按一定的比例随机抽取样品的方法。这种抽样方法的优点是样本的代表性比较好,抽样误差比较小。缺点是抽样手续比简单随机抽样还要烦琐。

(4) 整群抽样法。整群抽样法将总体分成若干群,每个群由个体按一定方式结合而成,然后随机抽取若干群,并由这些群中的所有个体组成样本。例如,对某种产品,每隔一定时间一次抽取若干个产品组成样本。这种抽样方法的优点是组织方便,容易抽样。缺点是样本只来自个别几个群体,因此代表性较差。

样本量是指样本中所包含的单位产品的数量,常用 n 表示。

3. 批质量水平

批质量水平是指批中的不合格品的百分数,包括样本不合格品百分数、总体或批不合格品百分数。

样本不合格品百分数是指样本中的不合格品数除以样本量再乘上100,即

$$\frac{d}{n} \times 100$$

式中,d 为样本中的不合格品数;n 为样本量。

总体或批不合格品百分数是指总体或批中的不合格品数除以总体量或批量再乘上100,即

$$100P = \frac{D}{N} \times 100$$

式中,P 为不合格品率;D 为总体或批量中的不合格品数;N 为总体量或批量。

4. 接收数(Ac)和拒收数(Re)

接收数是指接收批的样本中允许的不合格品的最大数。通常记作 Ac 或 C。拒收数是指抽样方案中,预先规定判定的批产品不合格的样本中最小允许不合格数,通常记为 Re。

▶ 5. 合格质量水平(CQL)与接收质量限(AQL)

合格质量水平是指批中允许的不合格品百分数的上限值；接收质量限是指当一个连续系列批被提交验收抽样时，可容忍的最差过程平均质量水平。接收质量限的术语仅限于 GB/T 2828.1 和 GB/T 6378.1 中的转移规则时使用。

▶ 6. 抽样方案

抽样检验方案是指样本量和批接收准则的组合。一次抽样方案是样本量接收数和拒收数的组合(n, Ac, Re)，例如，封套出厂检验抽样方案如表 5-1 所示。二次抽样方案是两个样本量、第一样本的接收数和拒收数及联合样本的接收数和拒收数的组合。

表 5-1 封套出厂检验样本量、检验项目及抽样方案表

批量(件)	样本量	正常检验一次抽样防范(检验水平 S-4)					
		AQL=4.0			AQL=6.5		
		Ac	Re	检验项目	Ac	Re	检验项目
1 201～3 200	32	3	4	印刷黏合封舌	5	6	规格尺寸外观
3 201～10 000							
10 001～35 000	50	5	6		7	8	
35 001～150 000	80	7	8		10	11	
150 001～500 000							

▶ 7. 生产方风险与使用方风险

生产方风险是指对于给定的抽样方案，当批质量水平刚好为合格质量水平时，判定批不接收的概率。GB/T 13262-2008 标准中生产方风险规定为 5%；使用方风险是指对于给定的抽样方案，当批质量水平为某一指定的不合格品百分数时的接收概率。GB/T 13262-2008 标准中使用方风险规定为 10%。

▶ 8. 抽样计划及相关术语

抽样计划是指抽样方案和从一个抽样方案改变到另一个抽样方案的规则的组合。从一个抽样方案改变到另一个抽样方案涉及正常检验、加严检验和放宽检验。

正常检验是指当过程平均优于接收质量限时，所使用的一种能保证批以高概率接收的抽样方案；加严检验是使用比正常检验抽样方案接收准则更严厉的接收准则的一种抽样方案的检验。一般情况下，保持样本量不变，通过减少接收数来生成加严检验的抽样方案。当正常检验抽样方案的接收数为 0 和部分接收数为 1 时，要通过增加样本量来生成加严检验的抽样方案；放宽检验是指使用样本量比相应正常检验抽样方案的样本量小，接收准则和正常检验抽样方案的接收准则相差不大的一种抽样方案。通过样本量的改变和通过接收数与拒收数的改变到另一个抽样方案的规则的组合如表 5-2 所示。

表 5-2 抽样方案示例

项目	正常检验	加严检验	放宽检验
样本量	315	315	125
接收数	10	8	6
拒收数	11	9	7

5.2.3 抽样方案的分类

▶ **1. 按照质量特性值的性质分类**

按照质量特性值的性质，抽验方案可分为计数抽验方案和计量抽验方案两类。

（1）计数抽验方案是指根据规定的要求，用计数方法衡量产品质量特性，把样品中的单位产品仅区分为合格品或不合格品（计件），或计算单位产品的缺陷数（计点），根据测定结果与判定标准比较，最后对其制定接收或拒收的抽验方案。由于计数抽验仅仅把产品区分为合格与否，具有手续简便、费用节省，且无须预定分布规律等优点。

（2）计量抽验方案是指对样本中的单位产品质量特性进行直接定量计测，并用计量值作为批判定标准的抽验方案。这类方案具有信息多、判定明确等特点，一般更适用于质量特性较关键的产品检验。

对于成批成品抽验，常采用计数抽验方法；对于那些需作破坏性检验及检验费用极大的项目，一般采用计量抽验方法。

▶ **2. 按照抽样方案分类**

抽样方案可分为标准型抽样方案、挑选型抽样方案和调整型抽样方案。

（1）标准型抽样方案是指能同时满足生产方和使用方双方要求，适用于孤立批的检验。

（2）挑选型抽样方案是指对被判为不合格的批进行全数检验，将其中的不合格品换成合格品后再出厂。这种抽样方案适用于不能选择供货单位时的收货检验、工序间的半成品检验和产品出厂检验。如果不合格批可以废弃、退货或降价接收，不宜应用这种抽样方案。此外，破坏性检验也不能应用该方案。

（3）调整型抽样方案是指根据产品质量的好坏来随时调整检验的宽严程度。在产品质量正常时，采用正常抽检方案；当产品质量变坏或生产不稳定时，采用加严抽检方案，以保证产品质量；当产品质量有所提高时，则换用放宽抽检方案，以鼓励供货者提高产品质量，降低检验费用。在连续购进同一供货者的产品时，如果选用这种抽样方案，可以得到较好的结果。

▶ **3. 计数抽样方案**

根据只有在检验批中最大限度地进行抽样做出批合格与否的判定这一准则，抽样方案可分成一次抽样、二次抽样与多次抽样等类型。

一次抽样是一种最基本和最简单的抽样检查方法，它从总体 N 中抽取 n 个样品进行检验，根据 n 中的不合格品数 d 和预先规定的允许不合格品数 Ac 对比，从而判断该批产品是否合格，其操作原理如图 5-1 所示。

二次抽样是指最多从批中抽取两个样本，最终对批做出接收与否判定的一种抽样方式。此类型须根据第一个样本提供的信息，对第一个样本检验后，可能有三种结果：接收、拒收及继续抽样。若得出"继续抽样"的结论，抽取第二个样本进行检验，最终做出接收还是拒收的判断，如图 5-2 所示。二次抽样中，一般设定 $n_1 = n_2$。

多次抽样是一种允许抽取两个以上具有同等大小样本，最终才能进行批产品作业接收与否判定的一种抽样方式。因此它可以取多达 $k(k \geqslant 3)$ 个样本，是否需抽取第 $i(i<k)$ 个样本，须由前一个样本所提供的信息而定。如五次抽样方案则是指由第一样本大小 n_1，第二样本大小 n_2，…，第五样本大小 n_5，以及判定数组（$A_1, A_2, A_3, A_4, A_5; R_1, R_2, R_3, R_4, R_5$）结合在一起组成的抽样方案。ISO 2859 的多次抽样多达七次，GB 2828 的多次抽

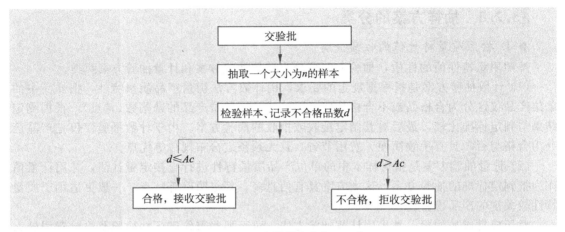

图 5-1 一次抽样方案(n, Ac)

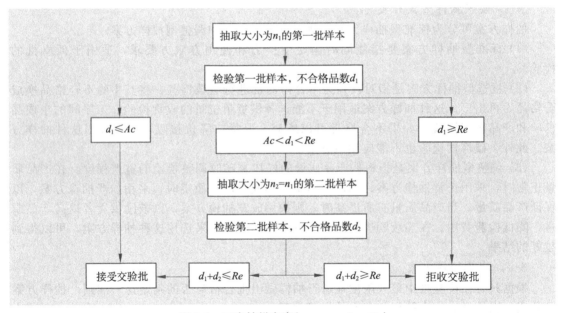

图 5-2 二次抽样方案(n_1, n_2, Ac, Re)

样达五次。因此，通常采用一次或二次抽样方案。

拓展案例

当 $N=1\,000$、$n_1=36$，$n_2=59$、$Ac=0$、$Re=3$ 时，则这个方案可表示为（1 000，36，59，0，3），其含义是指从批量为 1 000 件的交验产品中，随机抽取第一个样本 $n_1=36$ 件进行检验，若发现 n_1 中的不合格品数为 d_1，则（1）若 $d_1 \leqslant 0$（实际为零），则判定该批产品合格，予以接收；（2）若 $d_1 > 3$，则判定该批产品不合格，予以拒收；（3）若 $0 < d_1 \leqslant 3$，即在第一个样本 n_1 中发现的不合格数为 1 件、2 件或 3 件，则不对该产品合格与否做出判断，需要继续抽取第二个样本，即从同批产品中随机抽取 $n_1=59$ 件再进行检验，记录 n_2 中的不合格数 d_2：① 若 $d_1+d_2 \leqslant 3$，则判定该批产品合格，予以接收；② 若 $d_1+d_2 > 3$，则判定该批产品不合格，予以拒收。

无论哪种抽样方法,它们都具有以下三个共同的特点。
(1) 批合格不等于批中每个产品都合格,批不合格也不等于批中每个产品都不合格。
(2) 抽样检查只是保证产品整体的质量,而不是保证每个产品的质量。
(3) 在抽样检查中,可能出现两类风险 α 和 β。

一种是把合格批误判为不合格批,这对生产方是不利的,称为第Ⅰ类风险或生产方风险,以 α 表示,一般 α 值控制在 1%、5% 或 10%。

另一种是把不合格批误判为合格批,对使用方产生不利,称为第Ⅱ类风险或消费者风险,以 β 表示,一般 β 值控制在 5% 或 10%。

5.2.4 计数抽样检验的基本原理

▶ 1. 接收概率与接收概率曲线

把具有给定质量水平的交检批判为接收的概率,称为接收概率 $L(P)$,当用一个确定的抽检方案对产品批进行检查时,产品批被接收的概率是随产品批的批不合格品率 P 变化而变化的,它们之间的函数关系可以用一条曲线来表示,这条曲线称为接收概率曲线,即接收概念 $L(P)$ 与不合格率 P 在坐标系中的图像。

1) 接收概率

接收概率是用给定的抽样方案验收某交检批,结果为接收的概率。当抽样方案不变时,对于不同质量水平的批接收的概率不同。(N, n, Ac) 代表一个一次抽检方案,在实际的质量检验中,人们最关心的问题是,采用这样的抽检方案时,假设交验批产品的不合格率为 P,则该批产品有多大可能被判为合格批而予以接收,或者说被接收的概率有多大。即一个方案的接收概率是批的不合格品率的函数,记为 $L(P)$。根据数理统计原理,可以计算 $L(P)$ 的值,由概率的基本性质可知 $0 \leqslant L(P) \leqslant 1$。在一次抽检方案中,当 n 中的不合格品数 $d \leqslant Ac$ 时,该批产品被判定为合格,予以接收,其接收概率为 $L(P) = P(d \leqslant Ac)$。

设产品批的不合格品率为 P,从批量为 N 的一批产品中随机抽取 n 件,设其中的不合格品数为 X,X 为随机变量,接收概率为

$$L(P) = P(X \leqslant Ac) = P(X=0) + P(X=1) + \cdots + P(X=Ac)$$

一次抽样方案 (N, n, Ac) 若以 $P(d)$ 表示样本 n 中恰好有 d 件不合格品的概率,接收概率的计算方法如下。

二项分布近似计算

$$L(P) = \sum_{d=0}^{Ac} C_n^d P^d (1-P)^{n-d}$$

超几何分布近似计算:

$$L(P) = \sum_{d=0}^{Ac} \frac{\binom{PN}{d}\binom{N-PN}{n-d}}{\binom{N}{n}}$$

柏松分布近似计算:

$$L(P) = \sum_{d=0}^{Ac} \frac{(nP)^d}{d!} e^{nP}$$

课堂思考: 设有一批产品,批量 $N=1\,000$,批不合格品率 $P=4\%$;采用抽样方案

(30,1)进行验收,则其接收的概率是多少?

2)接收概率与抽样特性曲线

在实际工作中,每一个交验批的不合格品率不仅是未知的,而且是变化的。对于一定的抽样方案(N, n, Ac)来说,每一个不同的 P 值都对应着唯一的接收概率 $L(P)$。当 P 值连续变化时,特定抽样方案的接收概率随 P 值的变化规律称为抽样特性。如果建立一个直角坐标系,横坐标为不合格品率 P,纵坐标为 $L(P)$,那么 $L(P)$ 在这个坐标系中的图像称为抽样特性曲线(operating characteristic curve),也称为 OC 曲线,亦称为操作特性曲线,如图 5-3 所示。

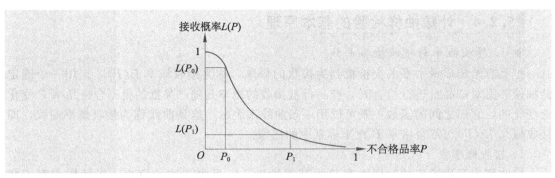

图 5-3 抽样特性曲线

OC 曲线具有下列性质。

(1) $L(0)=1$,即当交验批没有不合格品时,应被百分之百接收。

(2) $L(1)=0$,即当交验批没有合格品时,应被百分之百拒收。

(3) $L(P)$ 为 P 的减函数。即当交验批不合格品率变大时,被接收的概率应相应减小。

影响 OC 曲线形状的因素主要有批量 N、样本大小和合格判定数 Ac,故改变方案中的参数必将导致 OC 曲线发生变化,其影响规律如图 5-4 所示。

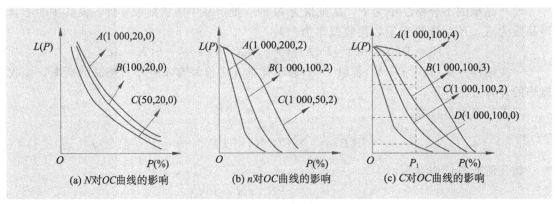

图 5-4 参数变化对 OC 曲线的影响

(1)(n, Ac)一定,N 变化对 OC 曲线的影响如图 5-4(a)所示。样本大小 $n=20$、合格判定数 $C=0$ 时,N 分别等于 1 000、100、50 时的 OC 曲线。可以看出,批量值对 OC 曲线的影响较小,可忽略。

(2)(N, Ac)一定,而 n 变化对 OC 曲线如图 5-4(b)所示。批量值 $N=1\,000$、合格判定数 $Ac=2$ 时,样本大小 n 分别等于 200、100、50 时的 OC 曲线。可以看出,如果 n 增

大，则 OC 曲线向左移动，且曲线形状变陡，表明鉴别能力提高，即抽样方案变严格了；反之，n 减小，则 OC 曲线向右移动，方案抽样方案变宽松了。

(3) (N, n) 一定，而 Ac 变化对 OC 曲线的影响如图 5-4(c)所示。批量值 $N=1\,000$、样本大小 $n=100$ 时，合格判定数 Ac 分别等于 0、2、3、4 时的 OC 曲线。可以看出，随着 Ac 增大，则 OC 曲线向右移动，表明鉴别能力减少，即抽样方案变严格了；反之 Ac 减小，则 OC 曲线向左移动且曲线形状变陡，且接收概率在同一 P 水平时 Ac 增大，说明抽样方案变宽松了。

另外，若 n、Ac 同时发生变化，则如果 n 增大而 Ac 减小时，方案加严；若 n 减小而 Ac 增大，则抽样方案放宽；若 n 和 Ac 同时增大或减小，对 OC 曲线的影响比较复杂，要看 n 和 Ac 的变化幅度各有多大，不能一概而论。

▶ **2. 抽样方案的风险与抽样方案的确定**

(1) 抽样方案的风险。抽样检验是通过样本去推断总体，这样就难免出现判断错误。常见的错误有两类：第一类错误判断是将合格批作为不合格批而拒收，对生产商不利；第二类错误判断是将不合格批作为合格批而接收，对使用者不利。

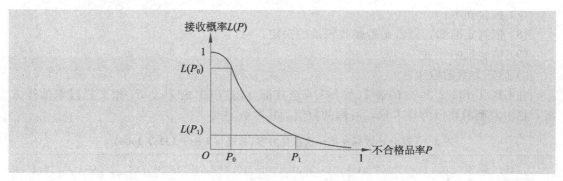

图 5-5　抽样检验的两类错误

如图 5-5 所示，假定 P_0 是可接收的质量水平的上限（通常用 AQL 表示），即批不合格品率当 $P \leqslant P_0$ 时，说明批质量是合格的，应 100% 接收。然而实际上，当 $P=P_0$ 时，交验批只能以 $1-\alpha$ 的概率被接收，被拒收的概率为 α。这种错判会使生产者受到损失。所以，被称为生产者风险，记为 PR。$\alpha = 1 - L(P_0)$。

设 P_1 为可接收的极限不合格品率（通常用 LTPD 表示），即批不合格品率当 $P \geqslant P_1$ 时，应 100% 拒收。实际上，当 $P=P_1$ 时，仍然有可能以 α 的概率被接收。这种错判会使用户蒙受损失。所以被称为使用者风险，记为 $CR_0 \beta = L(P_1)$。

因此，对于给定的抽样方案 (n/Ac)，当批质量水平 P 为某一指定的可接收值（如 P_0）时的拒收概率叫做生产方风险 α；对于给定的抽样方案 (n/Ac)，当批质量水平 P 为某一指定的不可接收值（如 P_1）时的接收概率叫作使用方风险 β。

显然，对于生产者而言，希望 α 较小些；对于使用者来说，则希望 β 越小越好。在选择抽样方案时，应选择一条合理的 OC 曲线，使两种风险尽量控制在合理的范围内，以保护双方的经济利益。

(2) 抽样方案的确定。为了使抽样方案既能满足对产品质量的要求，又能经济合理地降低成本，就必须使生产者的风险 α 和使用者的风险 β 都尽可能小。为此，首先由供需双方共同协商确定 P_0、P_1、α、β 四个参数，然后求解下列联立方程就可求得样本含量 n 和合格品判定数 Ac。

3. 计数标准型一次抽样检验程序与抽样方案

计数标准型一次抽样检验程序是针对孤立的一批产品进行的抽样检验，标准型抽样检查是一种对生产者和使用者都提供一定保护的检查，这种检查的特点是完全根据对产品批抽检结果对产品质量做判断，而不需要利用产品批以往的质量资料，同时对两类错判率进行控制。因此，标准型抽检适用于对孤立的产品批或对产品批质量不了解的情况。

1) 抽样检验的程序

计数标准型一次抽样检验程序执行 GB/T 13262-2008 标准。

(1) 规定单位产品的质量特性；
(2) 规定质量特性不合格的分类与不合格品的分类；
(3) 生产方风险质量与使用方风险质量；
(4) 组成检验批；
(5) 检索抽样方案；
(6) 抽取样本；
(7) 检验样本；
(8) 依判定准则，做出是否接收该批的决定；
(9) 检验批的处置。

2) 抽样方案的检索

在 GB/T 13262-2008 的表1(表 5-3 节选其部分内容)中由 P_0、P_1 相交栏读取抽样方案，栏中左侧的数值为样本量，右侧的数值为接收数 Ac。

表 5-3 部分计数标准型一次抽样方案(节选自 GB/T 13262-2008)

$P_{1,\%}$ $P_{0,\%}$	7.11～8.00	8.01～9.00	9.01～10.00	10.1～11.2	11.3～12.5	12.6～14.0	14.1～16.0
0.711～0.800	49, 1	46, 1	42, 1	38, 1	34, 1	31, 1	27, 1
0.801～0.900	47, 1	44, 1	40, 1	38, 1	34, 1	31, 1	27, 1
0.901～1.00	74, 2	42, 1	39, 1	36, 1	34, 1	30, 1	27, 1
1.01～1.12	72, 2	64, 2	37, 1	35, 1	32, 1	30, 1	27, 1

5.2.5 计数调整型抽样计划与抽样系统

所谓调整型抽样检验，是指根据已检验过的批质量信息，随时按一套规则"调整"检验的严格程度的抽样检验过程。当生产方提供的产品正常时，采用正常检验方案进行检验；当产品质量下降或生产不稳定时，采用加严检验方案进行检验，以免第二类错判概率 β 变大；当产品质量较为理想且生产稳定时，采用放宽检验方案进行检验，以免第一类错判概率 α 变大。这样可以鼓励生产方加强质量管理，提高产品质量的稳定性。调整型抽样检验较多地利用了抽样检验结果的历史资料，因此在对检验批质量提供同等鉴别能力时，所需抽取的样本量要少于标准型抽样检验，且能较好地协调供需双方各自承担的抽样风险。计数调整型抽样检验方案主要适用于连续批的检验，是目前使用最广泛、理论上研究得最多的一种抽样检验方法。

具有代表性的调整型抽样检验标准是美国的军用标准 MIL-STD-105D(以下简称105D)。105D 起源于 1945 年美国哥伦比亚大学统计研究小组为美国海军制定的、由美国国防部命名的抽样检验表 JAN-STD-105。经美国国防部对 JAN-STD-105 某些细节的修改,形成了于 1959 年正式出版的军用标准 MIL-STD-105A。以后,又相继更新为 1958 年出版的 MIL-STD-105B 和 1961 年出版的 MIL-STD-105C。由于这些标准在美国各工业部门和国际上的广泛影响,从 1960 年起,由美国、英国和加拿大三国联合组成了一个 ABC 工作小组,在 MIL-STD-105C 的基础上,负责研究并制定了适用于三国的共同的抽样标准,于 1963 年公布了 ABC-STD-105。作为国家标准,该标准在美国命名为 MIL-STD-105D,在英国为 BS-9001,在加拿大为 105-GP-1,在日本为 JIS-Z-9015,国际上更习惯称为 MIL-STD-105D。1989 年,美国国防部修订了 MIL-STD-105D 标准,新标准的代号为 MIL-STD-105E。

1974 年,国际标准化组织(ISO)在美国军用标准 MIL-STD-105D 的基础上,制定颁布了计数调整型抽样检验的国际标准,代号为 ISO 2859。1989 年,将其修订为 ISO 2859-1。1999 年,又将其做了修订,代号为 ISO 2859-1:1999。我国在博采众长的基础上,于 1987 年颁发了 GB/T 2828"逐批检查计数调整型抽样程序及抽样表",并于 1988 年 5 月 1 日起实施。GB/T 2828-1987 是参考 ISO 2859、MIL-STD-105D、JIS-Z-9015 的技术内容制定的,其编制原理科学、技术内容先进、可操作性强,是我国应用范围最广、最有影响的抽样检验标准。但随着科学技术的进步、质量管理水平的提高和适应加入世界贸易组织后国际贸易与技术交流的需要,我国又对 GB/T 2828-1987 标准进行了修订,于 2003 年发布了 GB/T 2828.1-2003《计数抽样检验程序第一部分:按接收质量限(AQL)检索的逐批检验抽样计划》标准,该标准完全等同采用 ISO 2859-1:1999 标准。

计数调整型抽样计划不是一个单一的抽样方案,而是由一组严格程度不同的抽样方案和一套转移规则组成的抽样系统。抽样系统是抽样方案或抽样计划及抽样程序的集合,其中抽样计划带有改变抽样方案的规则,而抽样程序则包括适当的抽样方案或抽样计划的准则。

▶ 1. 按接收质量限(AQL)检索的抽样程序

接收质量限(acceptable quality limit)是当一个连续系列批被提交验收抽样时,可允许的最差过程平均质量水平,以符号 AQL 表示。也即在抽样检验中,认为满意的连续提交批的过程平均的上限值。它是控制最大过程平均不合格品率的界限,是计数调整型抽样方案的设计基础。

确定 AQL 时,应考虑对生产方的认知程度(如过程平均、质量信誉)、使用方的质量要求(如性能、功能、寿命、互换性等)、产品复杂程度、产品质量不合格类别、检验项目的数量和经济性等因素。常用方法如下:

(1) 根据过程平均确定。根据生产方近期提交的初检产品批的样本检验结果对过程平均的上限加以估计,与此值相等或稍大的标称值如能被使用方接受,则以此作为 AQL 值。此种方法大多用于品种少、批量大,而且质量信息充分的场合。

(2) 按不合格类别确定。对于不同的不合格类别的产品,分别规定不同的 AQL 值。越是重要的检验项目,验收后的不合格品造成的损失越大,越应指定严格的 AQL。原则上,A 类的 AQL 要小于 B 类的 AQL,C 类的 AQL 要大于 B 类的 AQL。另外,也可以考虑在同类中对部分或单个不合格再规定 AQL,也可以考虑在不同类别之间再规定 AQL。

(3) 根据检验项目数确定。同一类的检验项目有多个(如同属 B 类不合格的检验项目有 3 个)时，AQL 值的规定值应比只有一个检验项目时的规定值要适当大一些。

(4) 根据产品本身的特点来确定。对一些结构复杂的产品或缺陷只能在整机运行时才被发现的产品，AQL 应规定得小些；产品越贵重，不合格造成的损失越大，AQL 应越小。另外，对同一种电子元器件，一般用于军用设备比用于民用设备所选的 AQL 值应小些。

(5) 根据检验的经济性来确定。对一些破坏性检验，检验费用比较高或检验时间比较长的检验，为了减小样本量，AQL 应规定得小些。

应注意的是，AQL 的值并不是可以任意取的。在计数调整型抽样方案中，AQL(%)只能采用 0.01，0.015，…，1 000 共 26 档，这些值都是 R5 优先数系。其中，AQL 在 10 以下时，可以是每百单位不合格品数，也可以是每百单位不合格数，但在 10 以上的 AQL 值，只能是每百单位不合格数。如有可能，应尽量选择抽样表中给出的 AQL 值；否则，抽样表就不适用，而要求设计特殊的方案。

▶ 2. 检查水平与样本大小字码。

检查水平对应着检验量。GB 2828-2012 中的表 1(见表 5-4)中给出了 3 个一般检验水平Ⅰ、Ⅱ、Ⅲ。除非另行有规定，应使用水平Ⅱ。当要求鉴别能力较低时可使用水平Ⅰ，当要求鉴别能力较强时使用水平Ⅲ。GB 2828-2012 表 1 还给出了四个特殊检查水平 S-1、S-2、S-3、S-4，它们可用于必须使用相对小的样本量而且能容许较大抽样风险的情形。样本量通过样本量字码确定。对给定的批量和规定的检验水平使用 GB 2828-2012 表 1 检索适用的字码。

表 5-4 样本大小字码表

批 量	特殊检验水平				一般检验水平		
	S-1	S-2	S-3	S-4	Ⅰ	Ⅱ	Ⅲ
2～8	A	A	A	A	A	A	B
9～15	A	A	A	A	A	B	C
16～25	A	A	B	B	B	C	D
26～50	A	B	B	C	C	D	E
51～90	B	B	C	C	C	E	F
91～150	B	B	C	D	D	F	G
151～280	B	C	D	E	E	G	H
281～500	B	C	D	E	F	H	J
501～1 200	C	C	E	F	G	J	K
1 201～3 200	C	D	E	G	H	K	L
3 201～10 000	C	D	F	G	J	L	M
10 001～35 000	C	D	F	H	K	M	N
35 001～150 000	D	E	G	J	L	N	P
150 001～500 000	D	E	G	J	M	P	Q
500 001 以上	D	E	H	K	N	Q	R

选择检验水平应考虑以下几点：

（1）产品的复杂程度与价格。构造简单、质量要求低的产品的检验水平应低些，检验费用高的产品应选择低检验水平。

（2）破坏性检验。宜选低检验水平或特殊检验水平。

（3）生产的稳定性。生产的稳定性差或新产品应选高检验水平。

（4）保证用户的利益。如果想让大于 AQL 的劣质批尽量不合格，则宜选高检验水平。

（5）批与批之间的质量差异性。批间的质量差异性小并且以往的检验总是被判合格的连续批产品，宜选低检验水平。

（6）批内质量波动幅度大小。批内质量波动比标准规定的波动幅度小，可采用低检验水平。

另外，在选取检验水平和 AQL 值时，应避免 AQL 同检验水平的不协调。如在检验水平为特殊水平 S-1 的情况下，字码不超过 D，而与字码 D 相对应的一次正常检验的样本量为 8，若规定 AQL 为 0.1（%），其样本量为 125，此时指定的 S-1 无效。

▶ 3. 抽样方案的检索和抽样方案的类型

GB/T 2828.1-2012 使用 AQL 和样本量字码从抽样方案表（GB/T 2828.1-2012 的表 2、表 3、表 4 或表 11）中检索抽样方案。对于一个规定的 AQL 和一个给定的批量，应使用 AQL 和样本量字码的同一组合从正常、加严和放宽检验表检索抽样方案。检索方法是得到样本量字码后，在抽样方案表中由该字码所在行向右，在样本量栏读出样本量，再以样本量字码所在行和指定的接收质量限所在列相交处，读出接收数 Ac 和拒收数 Re。若在相交处是箭头，则沿箭头方向读出箭头所指的第一个接收数 Ac 和拒收数 Re，然后，由此接收数和拒收数所在行向左，在样本量栏内读出相应的样本量 n。

GB/T 2828.1 标准规定的多次抽样为五次抽样。因此，在 GB 2828 中规定了一次、二次和五次抽检方案类型。当批量 N 一定时，对于同一个 AQL 值和同一个检查水平，采用任何一种抽检方案类型，其 OC 曲线基本上是一致的。所以，当 N、AQL、IL 一定时，不同抽样方案类型的判别能力是一样的，所不同的是一次抽样方案的平均样本量比二次大，而二次抽样方案的平均样本量比五次的要大。一次、二次和五次抽样方案的优缺点比较如表 5-5 所示，供选择抽样方案时参考。

表 5-5　一次、二次和五次抽样方案的优缺点比较

项　目	一　次	二　次	五　次
对产品批的质量保证	相同	相同	相同
管理要求	简单	中间	复杂
对检查人员的抽样知识要求	较低	中间	较高
对供方心理上的影响	最差	中间	最好
检验工作量的波动性	不变	变动	变动
检验人员和设备的利用率	最佳	较差	较差
每批平均检验个数	最大	中间	最少
总检验费用	最多	中间	最少
行政费用	最少	中间	最多

▶ 4. 检验的严格度与转移规则

1) 检验的严格度

所谓检验的严格度,是指交验批所接受检验的严格程度。GB/T 2828.1规定有三种不同严格度的检验:正常检验、加严检验和放宽检验。正常检验的设计原则是:当过程质量优于AQL时,抽样方案应以很高的接收概率接收检验批,以保护生产方的利益。而加严检验是为保护使用方的利益而设立的。一般情况下,加严检验的样本量与正常检验的样本量相同而降低合格判定数,加严检验是带强制性的。放宽检验的设计原则是:当批质量一贯很好时,为了尽快得到批质量信息并获得经济利益,以减少样本量为宜。放宽检验的样本量一般为正常检验样本量的40%。

2) 转移规则

转移规则是指从一种检验状态转移到另一种检验状态的规定。调整型抽样方案是根据连续交验批的产品质量及时调整抽样方案的宽严,以控制质量波动,并刺激生产方主动、积极地不断改进质量。开始检验时,一般先从"正常检验"开始,再按一定的规则选择转移方向。我国标准GB 2828-2003给出了4种检验状态及6个转移规则,如图5-6所示。

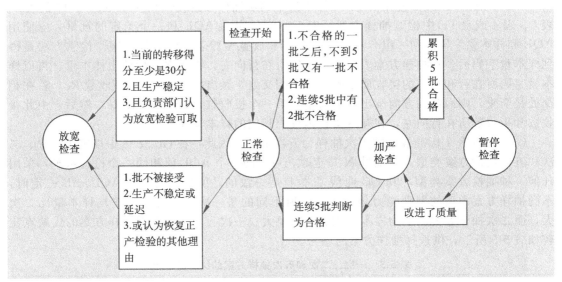

图5-6 调整方案的转移规则

(1) 正常转为加严。正常检验开始以后,一旦发现有一批被拒收,则从被拒收的这一批开始计算,如果连续5批或者不到5批,又有一批被拒收,则应立即从下批开始加严检验。

(2) 加严转换为正常。当采用加严方案时,如果连续5批抽检合格,则转为正常抽检。如果连续5批或不到5批中又有一批被拒收,则从被拒收的下一批开始计算,如果连续5批被接收,就应立即转入正常检验。

(3) 加严转换为暂停。当采用加严方案时,如果加严检验拒收的批数已累积到5批,就应立即停止进行的检验。

(4) 暂停转换为加严。当采用暂停检验时,只有实施了改进,提高了质量,才能将暂停转换为加严。

(5) 正常转为放宽。在进行正常检验时,如果被接收批的质量水平和生产过程能同时满足放宽检验的3个条件:当前的转移得分至少是30分、生产稳定、负责部门认为放宽检验可取,就可以实施放宽检验,如表5-6所示。

表 5-6 批次得分与转移选择

批　次	1	2	3	4	5	6	7	8	9	10	11	12	13	14	15	16
每批抽样的不合格数	1	2	1	1	2	1	1	1	0	1	1	0	1	0	1	放宽检验
转移得分	3	0	3	6	0	3	6	9	12	15	18	21	24	27	30	

（6）放宽转为正常。在进行放宽检验时，当生产不稳定或者延迟，或者有一批初检被拒收，即使不出现上述情况，放宽检验的每一批初次检验都被接收了，但所有被接收的批的过程平均等于或者劣于 AQL 规定的水平，或者在生产过程中已经出现了某些不稳定的因素或其他原因时，就应立即转入正常检验。

▶ 5. 计数调整型抽样方案的使用步骤

按接收质量限 AQL 检索的抽样程序执行的是 GB/T 2828.1-2012 标准。GB/T 2828.1-2012 标准是一个按批量、检索水平和 AQL 检索的抽样系统，其检验程序如下：

（1）规定单位产品的待检验质量特性值。
（2）规定 AQL 和检查水平。
（3）组成交验批，确定批量 N 和规定抽样的次数。
（4）根据批量和检查水平通过 GB 2828 检索样本大小。
（5）根据字码和 AQL 通过 GB 2828 正常抽检方案表检索出正常方案。
（6）检索出加严方案和放宽方案，查取放宽界限数 LR。
（7）制定调整型抽样方案组（包括正常方案、加严方案、放宽方案）。
（8）从正常方案开始抽取样本。
（9）交验批判断，交验批处置。
（10）按照转移规则确定下一次抽样方案的宽严。

拓展案例

对某产品进行连续验收，AQL＝1.0，检验水平＝Ⅱ，N＝1 000，共 16 批，查一次正常表得（n＝80，Ac＝2），加严一级的 AQL＝0.65，再查一次正常表得到（n＝80，Ac＝1），每一批的产品不合格品率如表 5-5 所示。当接收数为 0 或 1 时，如果该批被接收，则给转移得分加 2 分；否则将转移得分重新设定为 0。

项目小结

质量检验是一种符合性的检查与评价，质量检验是质量管理中一个不可缺少的重要组成部分。现代质量管理强调一切以预防为主，预防和把关是质量检验不可分割的两个重要职能，而质量检验的报告职能，以及由质量检验而获得的信息与数据又是质量改进的前提条件，每一个生产过程都离不开质量检验。因此，质量检验是企业质量管理的基础。质量检验的组织与管理，会直接影响企业的产品质量、信誉、收益和社会效益。抽样检验是产品质量检验的一个重要方法，科学合理地利用抽样检验方法，有利于企业的生存和发展。理解和掌握这些内容对于在质量管理实际中分析和解决问题具有十分重要的意义。

阅读资料

电子元件抽样检验计划（进货检验）

大田电器有限公司作业指导书	文件编号：WI/IQC/001	
标题：继电器进货抽样检验计划	版号：A/0	分发日期：
	页码：	分发编号：

一、抽样计划设计因素

(1) 抽样标准选择：选用 GB/T 2828.1-2003。
(2) 检验项目：性能测试（检验标准详见《继电器检验作业指导书》）。
(3) 不合格品分类：不对产品的不合格进行分类。
(4) 检验方式：计件（不合格品百分数检验）。
(5) 检验方法：用继电器测试仪进行检测。
(6) 批量范围：3~6 箱（每箱 500 个）作为 1 批，即批量 N＝1 500~3 000。
(7) 检验水平：一般检验水平 Ⅱ。
(8) 接收质量限 AQL：1.5。
(9) 抽样方案类型：一次。

二、抽样检验方案

(1) 正常检验一次抽样方案：125[5, 6]；
(2) 转移得分抽样方案：125[3, 4]；
注：当正常一次抽样方案 $A_c \geqslant 2$ 时，应由样本量字码（此处为 K）和加严一级的 AQL（此处 AQL＝1.0）检索出为计算转移得分所使用的一次正常抽样检验方案。此方案称为转移得分抽样方案。
(3) 加严检验一次抽样方案：125[3, 4]；
(4) 放宽检验一次抽样方案：50[3, 4]。

三、转移规则

(1) 在检验开始时应使用正常检验。
(2) 除需要按转移规则改变检验的严格度外，下一批检验的严格度继续保持不变。
(3) 正常检验到加严检验。当正在采用正常检验时，只要初次检验中连续 5 批或少于 5 批中有 2 批是不可接收的，则转移到加严检验。
(4) 加严检验到正常检验。当正在采用加严检验时，如果初次检验的接连 5 批已被认为是可接收的，应恢复正常检验。
(5) 正常检验到放宽检验。当正在采用正常检验时，如果下列各条件均满足，应转移到放宽检验：
① 当前的转移得分至少是 30 分。转移得分的计算：
a) 在正常检验一开始就计算转移得分。
b) 当按转移得分抽样方案判该批被接收时，则给转移得分加 3 分，否则将转移得分重新设定为 0。
② 供应商交货及时，中断供货不超过半年。
(6) 放宽检验到正常检验。当正在执行放宽检验时，如果初次检验出现下列任一情况，应恢复正常检验。
① 一个批未被接收。
② 供应商连续两次交货不及时或中断供货半年以上。
(7) 加严检验到暂停检验。加严检验后累计 5 批是不可接收时，应暂停从供应商处进货，并要求供应商采取纠正措施。

续表

(8) 暂停检验后的恢复。供应商采取纠正措施，经我公司 QA 现场审核合格后，通知采购部恢复从该供应商处进货。
恢复检验从使用加严检验开始。

四、抽样检验流程
(1) 仓库向 IQC 发出"检验通知单"。
(2) IQC 根据以前的检验信息及检验严格度转移规则，判断采用正常、加严或放宽检验。
(3) 根据抽样检验方案中确定的样本量随机抽取样本进行检验。
(4) 根据检验结果，判定整批产品合格与否。
(5) 检查后的处理。

① 合格批整批接收，办理入库手续。
② 不合格批和不合格品退回供应商（如生产急用，可对不合格批进行 100%检验，合格品办理入库手续，不合格品退回供应商）。

编写：	审核：	批准：

案例分析

高效检验服务便捷山东省东营市特检所创新"互联网＋特检"工作新模式

最近，山东省东营特检所起重机械检验师王峰，切实感受到了从事检验工作 9 年来从单调重复劳动中解脱出来的惬意。同样，接受王峰检验的东营华兴公司设备管理员刘明忠也感受到了特检工作与以往不同的便捷和效率。这些明显的工作转变都是东营特检所实行了"互联网＋特检"工作新模式的结果。

"规范、高效、便捷、服务"是东营特检所在新常态下开展检验检测工作的根本理念，为最大限度地方便企业和用户，该所从报检环节开始研究完善检验工作流程，梳理调整检验环节，与山东金质信息技术公司共同研发东营特种设备检验管理系统，充分利用互联网技术提高服务质量和工作效率。

"企业或用户在特检所门户网站'网上报检栏目'内进行注册，经审核进入'特检网上申报系统'，按要求填写报检表，下载盖章后将表格扫描上传，就可完成设备报检。"东营特检所综合业务服务大厅工作人员边操作演示边介绍。大厅工作人员将企业的报检申请通过管理系统送到各检验科室。在各检验科室系统操作界面上，新提报的报检申请呈红色待办状态，检验人员根据申请组织现场检验。

在起重机械监督检验现场，记者看到检验人员手持平板电脑，接入互联网进入东营特检现场无纸化办公系统，将现场测得的多组原始数据准确填入监检项目表中，提交后形成检验报告，"现场完成检验报告，不需要回到办公室第二遍录入原始数据，以前手写一份监督检验原始记录要 20 分钟左右，现在最多只要 10 分钟。"检验员说。系统的应用从另一方面提高了特检工作质量，以往手写原始记录容易出现差错，且易修改，检验报告的质量得不到保证。

特检工作效率和质量的提高，更给企业带来了欣喜。"有时我们单位待检设备数量多，需集中检验，为避免耽误开工日期，检验人员加班加点的忙活，我们看着干着急帮不上忙。实行网络化检验后，三四天之内就能拿到检验报告。"企业负责人对"互联网＋特检"工作模式有自己的认识。企业检验报告封面上有一个二维码，通过手机可以查看检验信息并可辨别检验报告的真伪。整个检验工作完成后，检验信息及时准确地上传至山东省金质特种设备检验管理系统，实现与安全监察机构的信息对接和资源共享。

"互联网＋特检"为提高东营特检服务水平带来了无限空间，节省工作效率，为检验人员钻研业务预留了充足时间，东营特检所所长孙玉苹接受中国质量报记者采访时表示，《国务院关于积极推进"互联网＋"行动指导意见》出台后，更坚定了使用"互联网＋特检"工作模式的信心，特检服务企业、社会和安全监察机构的能力会在"互联网＋"的平台上做得更强。

资料来源：国家质量监督检验检疫总局.

思考：
1. 东营特检所创新的"互联网＋特检"工作新模式对质检工作有什么好处？
2. 试探讨一下质检工作如何适应新形势，开展工作的新局面。

河南栾川开展专项行动服务旅游发展

为迎接旅游旺季的到来，切实服务旅游产业发展，河南栾川县质监局从特种设备、计量这两个与景区、游客联系紧密的领域出发，以服务为重点，组织监管执法人员开展了专项行动。

本次专项行动前期对景区在用的特种设备（主要包含索道、场内机动车辆）和景区内商户使用的计量器具开展了为期半个月的监督检查。其中检查索道8条，场内机动车辆48辆；检查使用计量器具商户47家，计量器具50台（件）。

该局在检查中还发现，该县重渡沟、东北虎园、老君山等5家景区普遍存在场内机动车辆操作人员证件到期或是需要新办证的问题，该局邀请市特检院培训中心，举办了场（厂）内机动车辆培训班，共有5个景区和10余家企业的109名驾驶员参加培训并顺利取证，确保场（厂）内机动车辆运行安全。

栾川县质监局还对计量检查中发现的13台标识不符合国家规定的计量器具使用单位提出警告；对7台不合格计量器具予以没收，并将根据相关法律严肃查处。

资料来源：国家质量监督检验检疫总局.

思考：
1. 质检工作在旅游业中的作用是什么？
2. 在服务类产品中，质检工作的重点在哪里？

习　题

一、单项选择题

1. 准确的"检验"定义是（　　）。
   A. 通过测量和试验判断结果的符合性
   B. 记录检查、测量、试验的结果，经分析后进行判断和评价
   C. 通过检查、测量进行符合性判断和评价
   D. 通过观察和判断，适当时结合测量、试验进行符合性评价

2. 产品验证中所指的"客观证据"是（　　）。
   A. 产品说明　　　　　　　　B. 产品质量检验记录
   C. 技术标准　　　　　　　　D. 产品供方的发货单

3. 以下检验方法中，（　　）不是化学检验。
   A. 重量分析法　　B. 仪器分析法　　C. 探伤分析法　　D. 滴定分析法

4. 根据中华人民共和国国家标准GB/T 19000-2008，不合格的定义是（　　）。
   A. 未达到要求　　　　　　　　　　B. 未达到规定要求
   C. 未满足要求　　　　　　　　　　D. 未满足规定要求
5. 如何对待不合格品返工返修后检验的问题，正确的做法是（　　）。
   A. 不合格品返工后仍不合格，所以不需重新进行检验
   B. 不合格品返工后成了合格品，所以不需要再进行检验
   C. 返修后还是不合格品，所以不需要重新进行检验
   D. 返工后不管是否合格都需要重新进行检验
6. 标准型抽样检验对（　　）提供保护。
   A. 生产者　　　B. 生产者和使用者　　C. 生产者或使用者　　D. 使用者
7. GB/T 2828 计数调整型抽样检验国家标准规定了（　　）检验水平。
   A. 4种　　　　　B. 5种　　　　　　C. 6种　　　　　　D. 7种

二、多项选择题
1. 质量检验定义中所涉及的活动有（　　）。
   A. 培训　　　　　B. 测量　　　　　C. 设计研究开发
   D. 观察　　　　　E. 试验　　　　　F. 比较
2. 质量检验依据的主要文件有（　　）。
   A. 产品图样　　　　B. 顾客反馈意见的记录　　　　C. 技术标准
   D. 工艺文件　　　　E. 合同文本
3. 产品验证需要提供"客观证据"，这里的"客观证据"可以是（　　）。
   A. 产品合格证　　　B. 质量证明书　　　C. 供货合同单　　　D. 检测报告
4. （　　）是质量检验中的主要步骤。
   A. 测量或试验　　　B. 检定　　　　　C. 记录　　　　　D. 隔离
5. 质量检验的主要功能有（　　）。
   A. 提高检验人员能力　　　　　　　B. 鉴别质量是否符合规定要求
   C. 把住不合格品不放行的关口　　　D. 根据质量状况分析提出改进建议
6. 不合格品隔离的主要内容有（　　）。
   A. 把不合格品码放整齐　　　　　　B. 对不合格品做出标识
   C. 设立专职人员看守　　　　　　　D. 设立隔离区或隔离箱
7. 在使用GB/T 2828.1的转移规则时，应注意由正常检验转为加严检验是（　　）的，由正常检验转为放宽检验是（　　）的。
   A. 强制，强制　　　B. 强制，非强制　　　C. 非强制，强制　　　D. 非强制，非强制

三、名词解释
1. 质量检验
2. 进货检验
3. 过程检验
4. 成品检验
5. 合格判定数 Ac
6. 合格质量水平（AQL）

四、简答题
1. 为什么说质量检验是质量控制活动的一项重要内容？

2. 质量检验工作有哪几项职能？
3. 质量检验有哪几种分类方法？
4. 质量检验的作用是什么？
5. 不合格品的管理包括哪些内容？
6. 抽样检验有哪几种分类方法？各有何特点？
7. 简述接收概率与抽样特性曲线的含义。
8. （N，n，Ac）对抽样曲线有何影响？
9. 抽样检验中会发生哪两种错误？为什么？

五、综合分析题

某集团公司在新技术开发区投资兴建一家企业，在即将竣工的同时，公司领导决定筹建企业的各级组织机构，请筹建组组织专业人员考虑企业的质量检验机构，经过一个阶段的学习讨论后，进一步明确了质量检验的性质、作用和任务，为进一步开展工作打下基础。

1. 首先明确了质量检验部门的性质，统一了认识，请指出他们一致认为质量检验机构的性质是（　　）。

　　A. 质量管理的职能部门
　　B. 负责质量体系又负责质量检验的职能部门
　　C. 负责生产又负责检验的职能部门
　　D. 独立行使质量检验的技术部门

2. 经过讨论，他们确定了质量检验部门的主要工作范围，请指出他们确定的主要工作任务是（　　）。

　　A. 编制需要采购的产品原材料目录和技术要求
　　B. 组织编制和控制质量检验的程序文件
　　C. 开展不合格品的回收和利用
　　D. 配置和管理检测

3. 他们还提出了质量检验机构的集中管理式组织模式请领导决定和批准。在此方案中设计了两种方案供领导选择，这两种方案是（　　）。

　　A. 按检验职能划分　　　　　　　　B. 按规模划分
　　C. 按所处生产组织位置划分　　　　D. 按产品结构划分

六、实践练习

设有一批汽车零部件，批量为1 000件，公司内控标准确定抽样检验的 AQL＝0.25%，检验水平为Ⅱ，试求其计数调整型一次抽样检验方案，并结合 GB/T 2828.1-2003 中提供的转移规则，按此调整抽样检验方案模拟使用抽样检验结果和转移规则。要求模拟顺序为：

（1）由正常检验开始实施；
（2）由20批正常检验后转为放宽检验；
（3）由放宽检验转为正常检验；
（4）由正常检验转为加严检验；
（5）由加严检验转为暂停检验，待供应商实施质量改进后，再由加严检验开始实施；
（6）由加严检验转为正常检验。

项目6 常用质量管理方法与工具的应用

本项目重点

1. 质量数据的类型及特点；
2. 常见的质量管理工具的应用。

学习目标

1. 了解质量特性的分类；
2. 掌握质量数据的类型和特点；
3. 了解常见的质量管理工具的原理及应用步骤；
4. 掌握直方图和排列图的绘制方法。

课前导读

某压缩机有限公司降低铜线报废率的方法

压缩机市场竞争激烈，为了给顾客提供高品质、低价格的产品，某公司QC小组经过调查，发现在所有报废材料中，铜线的报废率占首位，给公司带来严重的经济损失。经过谈论，公司决定采取以下措施：

（1）推理分析得出八大末端因素。QC小组进行了铜线材料是否符合要求的检验。根据现场"铜线上线管理表"的记录及卷线机铜线使用量进行统计，日产3 400台，日均更换1次铜线，更换报废量为0.2kg，对铜线更换，未发现较大异常。根据"人为报废记录表"的记录，一个月内没有发现碰伤、落地灯违章造成的铜线报废。现场员工的操作方法验证：现场员工按培训计划进行培训考核，成绩优异。现场作业标准书的操作方法和作业人员的操作方法相对比，作业人员的操作方法和作业标准书一致。引出线长度比实际需要长度长10~12cm，每天铜线头的报废为25kg左右，铜线头报废量大，对公司造成相当大的经济损失。线圈着磁、真空报废一匝或多匝的，整台定子线圈将作全部报废处理，造成铜线报废高。针对此现象，进行一周的调查，结论显示其是主因。对绕线机在运转状态下进行观察，设备切线装置行程感应器失灵，造成绕线过程中设备突发停止频繁，产生匝数因数圈不足导致铜线报废，针对此异常现象，通过保全人员及现场班长跟踪调查及统计，发现其是主因。

（2）要因确认。经过对八个末端因素进行分析，得出铜线报废率高有以下三个因素：铜线引出线过长、真空着磁报废高、绕线机切线装置感应器异常。

（3）针对上面找出的问题，制定对策。

（4）对策落实及效果检查。

（5）制定下一步 PDCA 改进计划。

经过以上五个方面的工作，该公司降低了材料报废率，提高了经济效益。

人们在质量管理时间特别是质量改进过程中，发明了许多质量管理的工具和方法，其中有的用于数据处理，有的用于过程控制和改进，还有的用于策划、收集创意和解决问题。这些方法中，有单一的工具和方法，也有综合性、系统化的方法。它们以统计技术和数据处理理论为基础，应用于质量管理过程的各个环节，或者用于解决问题的各个环节。本项目主要介绍质量管理中常用的工具和方法，说明其用途和基本的应用过程。

6.1 质量特性与质量数据

6.1.1 质量特性

质量特性是指产品、过程或体系与要求有关的固有属性。质量概念的关键是"满足要求"。这些"要求"必须转化为有指标的特性，作为评价、检验和考核的依据。由于顾客的需求是多种多样的，所以反映质量的特性也应该是多种多样的。

质量特性可分为两大类：真正质量特性和代用质量特性。所谓"真正质量特性"，是指直接反映用户需求的质量特性。一般地，真正质量特性表现为产品的整体质量特性，但不能完全体现在产品制造规范上。而且，在大多数情况下，很难直接定量表示。因此，就需要根据真正质量特性（用户需求）相应地确定一些数据和参数来间接反映它，这些数据和参数就称为"代用质量特性"。

另外，根据对顾客满意的影响程度不同，还可将质量特性分为关键质量特性、重要质量特性和次要质量特性三类。关键质量特性是指若超过规定的特性值要求，会直接影响产品安全性或产品整机功能丧失的质量特性。重要质量特性是指若超过规定的特性值要求，将造成产品部分功能丧失的质量特性。次要质量特性是指若超过规定的特性值要求，暂不影响产品功能，但可能会引起产品功能的逐渐丧失的质量特性。

6.1.2 质量数据

质量数据是对产品进行某种质量特性的检查、试验、化验等所得到的量化结果。它通常是由个体产品质量特性值所组成的样本（总体）的质量数据集。这些数据向人们提供了产品的质量信息。质量数据主要来自于检验、测试环节和质量检验的原始记录，以及入库单、废品单、维修单、日产数据、投料单据等，这是质量管理的基础工作。

▶ 1. 质量数据的种类

质量数据可以分为计量值数据和计数值数据。

计量值数据是可以连续取值的数据，属于连续型变量，其特点是在任意两个数值之间都可以取精度较高一级的数值。它通常由测量得到，如重量、强度、几何尺寸、标高、位移等。此外，一些属于定性的质量特性，可由专家主观评分、划分等级而使之数量化，得到的数据也属于计量值数据。

计数值数据是只能按 0，1，2，… 数列取值计数的数据，属于离散型变量，一般由计数得到。计数值数据又可分为计件值数据和计点值数据。

（1）计件值数据，表示具有某一质量标准的产品个数，如总体中合格品数、一级品数。

（2）计点值数据，表示个体（单件产品、单位长度、单位面积、单位体积等）上的缺陷数、质量问题点数等。如检验钢结构构件涂料涂装质量时，构件表面的焊渣、焊疤、油污、毛刺数量等。

▶ 2. 质量数据的特征值

过程的质量特性值是不断波动的。当搜集到的数据足够多时，就会发现一个现象，即所有数据都在一定范围内分散在一个中心值周围，越靠近中心值，数据越多；越偏离中心值，数据越少。这意味着数据的分散是有规律的，表现为数据的集中性。数据的分散性和集中性统称为数据的"统计规律性"。质量数据的集中趋势和离散程度反映了总体质量变化的内在规律性。

质量数据特征值是由样本数据计算的、描述样本质量数据波动规律的指标。统计分析就是根据这些样本数据特征值来分析、判断总体的质量状况。常用的有描述质量分布集中趋势的均值、中位数和描述数据分布离散趋势的极差、标准偏差。计算公式如表 6-1 所示。

表 6-1 质量数据的特征值

类型	总体	样本
均值	$\mu = \dfrac{1}{N}\sum\limits_{i=1}^{N} x_i$	$\bar{x} = \dfrac{1}{n}\sum\limits_{i=1}^{n} x_i$
中位数	N 个 x 值按大小排列，N 为奇数时，位于中间的 x 值；N 为偶数时，取位于中间两个 x 值的平均值	一个样本中 N 个 x 值按大小排列，N 为奇数时，位于中间的 x 值；N 为偶数时，取位于中间两个 x 值的平均值
极差	$R = X_{\max} - X_{\min}$	$R = X_{\max} - X_{\min}$
标准偏差	$\sigma = \sqrt{\dfrac{\sum\limits_{i=1}^{N}(X_i - \mu)^2}{N}}$	$s = \sqrt{\dfrac{\sum\limits_{i=1}^{n}(X_i - \bar{x})^2}{n-1}}$
注	这里，X_i 是第 i 个观察对象的值，N 是总体的单体个数	这里，n 是样本单体数，N 是表现为一个感兴趣的准则中样本单体的个数

课堂思考：测量获得某一产品外径数据为 22.6、22.5、22.3、22.0、22.2、21.9、

21.8、21.7、21.2，试计算该产品外径数据的均值、中位数、极差和标准偏差。

6.2 常见的几种质量管理工具的应用

在质量管理中，有一些主要用于现场质量控制中收集、处理数据的工具和方法。常见的质量管理工具有调查表、分层法、直方图、散布图、排列图、因果图、控制图（将在项目七中介绍）、KJ法、关系图和系统图等。

6.2.1 调查表

调查表，又称检查表、核对表、统计分析表，是一种利用一定格式的表格，对质量数据进行登记、整理，进而对质量问题产生的原因进行初步分析的一种质量管理工具。调查表是用来系统地收集资料和积累数据，确认事实，并对数据进行粗略整理和分析的统计图表，被广泛地应用于现场管理，用以迅速取得或整理数据。

▶ 1. 种类和用途

在应用实践中，常用的调查表有不合格品项目调查表、缺陷位置调查表和质量特性分布调查表。

1）不合格品项目调查表

不合格品项目调查表主要用于调查生产现场不合格品种、不合格项目频数和不合格品率，以进一步用排列图等分析研究。表 6-2 是某 QC 小组对插头焊接缺陷的调查表。

表 6-2 插头焊接缺陷调查表

序 号	项 目	频 数	累 计
1	插头槽径大	3 367	3 367
2	插头假焊	521	3 888
3	插头焊化	382	4 270
4	插头内有焊锡	201	4 471
调查者	×××	调查日期	××年××月××日
地点	×××		

值得注意的是，统计数据会因时间、区域不同而有较明显差异。因此在进行统计分析前，先要确定待统计分析数据的时间、区间，然后再收集对应时间、区间范围内的数据，最后对所收集到的数据进行统计整理和分析。

2）缺陷位置调查表

为了准确掌握质量缺陷所在的位置，以便重点地采取措施，常采用缺陷位置调查表进行统计分析。缺陷位置调查表主要用来记录、统计、分析不同类型的外观质量缺陷所发生的部件、部位和密集程度，进而找出规律性，为调查或找出解决问题的方法提供依据，如表 6-3 所示。

表 6-3　某工序某产品缺陷位置调查表

序号	存在位置	缺陷项目 1/数量	缺陷项目 2/数量	缺陷项目 3/数量	缺陷项目 4/数量
检察员			检查时间		

为了更加直观地反映缺陷位置，有时候也用缺陷位置图表示，图 6-1 所示为反映汽车车身喷漆质量的缺陷位置图。

总称			尘粒		日期	
代号		调查项目	流漆		检查者	
工序名称	喷漆		色斑		制表者	

（简图位置）

△ 尘粒
× 流漆
· 色斑

图 6-1　汽车车身喷漆质量的缺陷位置图

3）质量特性分布调查表

质量特性分布调查表是计量值数据进行现场调查的有效工具，一般依据有关标准设立，包括物理特性和外观特性等。填制时通常按照时间顺序和实际检测情况及时据实填报。这些数据是产品质量的原始数据，是进行质量分析的基础和依据，如表 6-4 所示。

表 6-4　某产品质量特性分布调查表

时　间	特　性 1	特　性 2	特　性 3	特　性 4	记　录　人

▶ 2. 调查表的应用程序

调查表的设计要遵循目的性、简洁实用性和美观大方性等基本原则。调查表的应用过程通常包括以下步骤。

（1）选定调查统计对象；
（2）明确调查统计目的；
（3）选择调查统计项目；
（4）初步设计调查表格式；
（5）将调查表进行试用，确定调查表格设计的合理性并做出评价；

(6) 对初表进行修改完善并形成最终使用表。

拓展案例

仓库原料质量问题调查统计表

鉴于近期产品质量问题频繁发生,某企业对原料仓库物品管理进行了一次大检查,发现在原料管理上存在包装破损、受潮变质、油污染、不同批号混放等影响产品质量的现象。为进一步掌握情况,检查人员对以上问题进行了调查统计,情况如表6-5所示。

表6-5 仓库原料问题调查统计表

序 号	现 象	包 数	重量(kg)
1	包装破损	18	450
2	受潮变质	10	250
3	油污染	4	100
4	不同批号混放	100	2 500
5	过期产品没有隔离	26	650
6	无标志或标志不清	80	2 000
合计		238	5 950

分析:由表6-5可知,该企业在原料管理中存在较为严重的问题,特别是不同批号原料混放和产品无标志或标志不清的问题非常突出。在明确问题后,企业要制定相应的管理制度,加强原料管理,禁止以上不良现象的发生。

6.2.2 分层法

分层法又叫分类法、分组法,就是将性质相同的,在同一条件下收集的数据归纳在一起,以便进行比较分析,其目的是把杂乱无章和错综复杂的数据和意见加以归类汇总,使之能更确切地反应客观事实。

▶ 1. 分层的原则

分层的目的不同,分层的标志也不同。分层要坚持同一层次内的数据波动幅度尽可能小,而层与层之间的差别尽可能大的原则,这样才能达到归类汇总的目的。常用的分层标志是5M1E,即造成产品质量波动的原因主要有6个方面。

(1) 人(man/manpower):操作者对质量的认识、技术熟练程度、身体状况等;
(2) 机器(machine):机器设备、工夹具的精度和维护保养状况等;
(3) 材料(material):材料的成分、物理性能和化学性能等;
(4) 方法(method):包括加工工艺、工装选择、操作规程等;
(5) 测量(measurement):测量时采取的方法是否标准、正确;
(6) 环境(environment):工作地的温度、湿度、照明和清洁条件等。

▶ 2. 分层法的应用

分层法常用于归纳整理所搜集到的统计数据,其具体应用程序如下:
(1) 明确分析目的;
(2) 收集相关质量数据;
(3) 选用合适的分层标志;
(4) 将已收集的数据按照分层标志进行统计整理;

(5) 根据整理结果确定问题来源；

(6) 进一步分析问题原因并制定有效措施。

分层法经常与其他统计方法结合起来应用，如分层直方图、分层排列图、分层控制图、分层散布图、分层因果图和分层调查表法。

拓展案例

分层法和调查表的结合运用

某薄膜生产车间4月8日共生产产品60吨，其中不合格品7.8吨，不合格率为13%。为尽快查出产生不合格品的原因，该车间质量管理员小张首先找到资料统计员小李，拿到4月8日全部产品的数据，然后分别按照质量缺陷项目和生产班次标志对质量数据进行了分层统计，结果如表6-6和表6-7所示。

表6-6 不同类型产品缺陷分类统计表

缺陷项目	缺陷数量（吨）	占总量比例（%）
接头超标	1.4	17.95
松紧不一	3.7	47.44
端部不齐	2.3	29.49
油污	0.4	5.13
合计	7.8	100

表6-7 不同班次产品缺陷分类统计表

班次	缺陷数量（吨）	占总量比例（%）
早班	0	0
中班	3.2	41.03
晚班	4.6	59.97
合计	7.8	100

通过分层可以看出，导致不合格品较多的主要原因是松紧不一、端部不齐和接头超标，并且集中在中班和晚班。小张就继续针对以上问题查找中班和晚班的生产情况以及产品出现松紧不一、端部不齐和接头超标等缺陷的具体原因，并制定具体整改措施。

知识链接

进行分层法分析的注意事项：

(1) 合理选择分层标志，以便发现问题；(2) 根据分析目的收集和整理数据；(3) 明确分层是手段，不是目的；(4) 在对数据进行分层分析后，应及时进一步查找相应的原因并采取有效措施。

6.2.3 直方图

直方图又称质量分析图、频数分布直方图，是表示资料变化情况的一种主要工具。用直方图可以解析出资料的规则性，比较直观地看出产品质量特性的分布状态，对于资料分布状况一目了然，便于判断其总体质量分布情况。

直方图由一个横坐标、一个纵坐标、一系列柱形组成，其基本格式如图6-2所示。其中,横坐标代表质量特性值;纵坐标代表频数,即质量特性值的多少;直方图的宽度代表质量特性值的组距;直方图的高度为质量特性值的计数值。

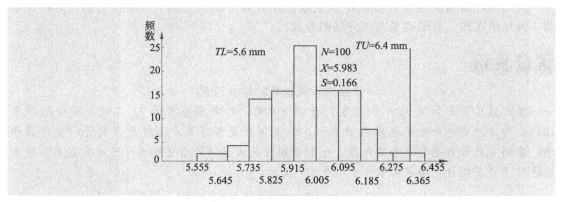

图 6-2 直方图示例

▶ 1. 直方图的用途

(1) 显示质量波动的状态;

(2) 较直观地传递有关过程质量状况的信息;

(3) 通过研究质量波动状况,掌握过程的状况,从而确定在什么地方集中力量进行质量改进工作。

知识链接

直方图应用原理

在特定的条件下,质量特性值总会表现出特定的分布规律。直方图就是根据质量特性值的离散程度,找出其分布规律,并据此分析、判断产品质量和工作质量的好坏,进而开展适当的调整,达到解决质量问题的最终目的的一种质量管理方法。

▶ 2. 直方图的应用程序

现以某场生产的产品重量为例,对直方图的应用程序加以说明。产品重量的标准要求是 1 000±50g,为简化计算取超差的重量进行计算。

(1) 收集数据。收集生产稳定状态下的产品 100 个,测定其重量得到 100 个数据(超差重量,单位:g)。值得注意的是,做直方图的数据要大于 50 个,否则反映分布的误差太大。

43	28	27	26	33	29	18	24	32	14
34	22	30	29	22	24	22	28	48	1
24	29	35	36	30	34	14	42	38	6
28	32	22	25	36	39	24	18	28	16
38	36	21	20	26	20	18	8	12	37
40	28	28	12	30	31	30	26	28	47
42	32	34	20	28	34	20	24	27	24
29	18	21	46	14	10	21	22	34	22
28	28	20	38	12	32	19	30	28	19
30	20	24	35	20	28	24	24	32	40

(2) 找出质量数据中的最大值和最小值,计算极差 R 为
$$R = X_{max} - X_{min}$$
(3) 将质量数据分组,确定组数 K。组数的确定要适当,组数太少会因代表性差引起较大计算误差;组数太多会影响数据分组规律的明显性,且计算工作量加大。一般情况下,组数可根据以下两种方法进行确定:

① 依照数据多少进行粗略确定,如表 6-8 所示。

表 6-8 样本容量与组数对照表

样本容量 n	<50	50~100	100~250	>250
组数 K	5~7	6~10	7~12	10~20

② 按照如下公式计算确定:$K = 1 + 3.3321 gn$。

(4) 计算组距 h,公式为 $h = R/K$

组距一般取测量单位的整数倍,即与测量单位保持一致,以便于分组。在不违背分组原则的基础上,组距尽量取奇数,以便于组界的划分。

(5) 确定各组的上下限。首先要确定第一组的上下界限。为将所有数据都纳入组内,第一组的下限值=X_{min}-0.5 测量单位。第一组的上限值=第一组的下限值+组距。第二组的下限值为第一组的上限值,依此类推,计算多组的界限值。

(6) 编制频数分布表(见表 6-9)。

表 6-9 频数分布表

组　号	组的界限值	频 数 记 录	频 数 统 计
1	0.5~5.5	/	1
2	5.5~10.5	///	3
3	10.5~15.5	//////	6
4	15.5~20.5	//////////////	14
5	20.5~25.5	///////////////////	19
6	25.5~30.5	///////////////////////////	27
7	30.5~35.5	//////////////	14
8	35.5~40.5	//////////	10
9	40.5~45.5	///	3
10	45.5~50.5	///	3
	合计		100

(7) 画直方图,如图 6-3 所示。以频数为纵坐标,以质量特性值为横坐标,画出坐标,在横坐标上面画出公差线并标出公差范围(T)。以组距为底,频数为高画出各组的长方形。横坐标上第一组的起点位置不必与原点重合,也不必按实际数值定,空出一定距离即可。同时在图上标明:图名、样本大小、样本平均值、样本标准偏差值等相关信息。

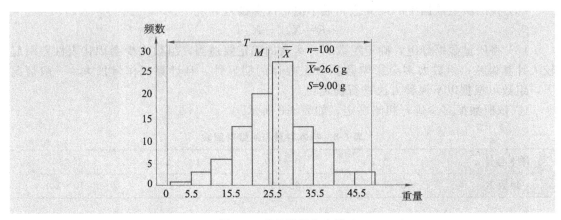

图 6-3 成品重量直方图

▶ 3. 直方图的观察与分析

通过观察直方图的形状,以及对照规范要求进行分析,可以了解过程能力和所处的状态,并可以发现原因,以进一步采取改进措施。

1) 7 种常见的直方图及其产生的原因

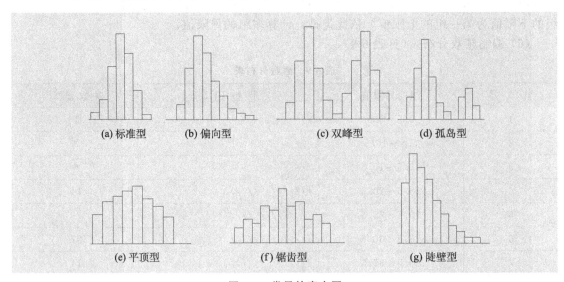

图 6-4 常见的直方图

(1) 标准型:图形对称分布,数据的平均值与中心值相同或相近,平均值附近的数据频数最多。分组频数从中间向两遍呈对称性缓慢下降,说明工序处于统计控制状态(稳定状态)。

(2) 偏向型,又称偏态型,指图的顶峰有时偏向左侧,有时偏向右侧。由于某种原因使下限受到限制时,容易发生偏左型。例如,用标准值控制下限,摆差等形位公差,不纯成分接近于 0,疵点数接近于 0 或由于工作习惯都会造成偏左型。由于某种原因使上限受到限制时,容易发生偏右型。例如,用标准尺控制上限,精度接近 100%,合格率也接近 100% 或由于工作习惯都会造成偏右型。

(3) 双峰型。当直方图中出现了两个峰,这是由于观测值来自两个总体、两个分布的数据混合在一起造成的。例如,两种有一定差别的原料所生产的产品混合在一起,或者两种产品混在一起,此时应当加以分层。

(4) 孤岛型。在直方图旁边有孤立的小岛出现，当这种情况出现时过程中有异常原因，例如，原料发生变化、不熟练的新工人替人加班、测量有误等，都会造成孤岛型分布，应及时查明原因、采取措施。

(5) 平顶型。当直方图没有突出的顶峰，则呈平顶型。形成这种情况一般有三种原因：①与双峰型类似，由于多个总体、多总分布混在一起；②由于生产过程中某中缓慢的倾向在起作用，如工具的磨损、操作者的疲劳等；③质量指标在某个区间中均匀变化。

(6) 锯齿型。当直方图出现凹凸不平的形状，这是由于作图时数据分组太多，测量仪器误差过大或观测数据不准确等造成的，此时应重新收集数据和整理数据。

(7) 陡壁型。当直方图像高山的陡壁向一边倾斜时，通常表现在产品质量较差时，为了找出符合标准的产品，需要进行全数检查，以剔除不合格品。当用剔除了不合格品的产品数据做频数直方图时容易产生这种陡壁型，这是一种非自然形态。

2) 五种典型直方图公差限及过程质量状况分析(见图 6-5)

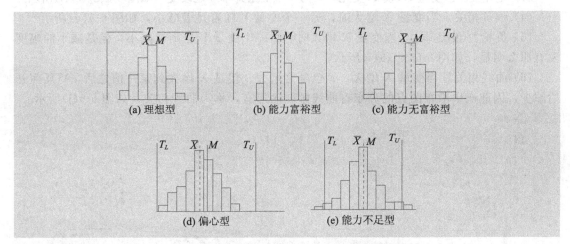

图 6-5　典型的直方图公差限及过程质量状况

(1) 理想型。图形对称分布，样本分布中心 $\bar{x}$ 与公差中心 M 近似重合，分布在公差范围内且两边有一定余量，是理想状态。因此，可保持状态水平加以监督。

(2) 能力富裕型。样本分布中心 $\bar{x}$ 与公差中心 M 近似一致，但两边与规格上、下限有很大距离，说明工序能力出现过剩，经济性差。因此，可考虑改变工艺，放宽加工精度或减少检验频次，以降低成本。

(3) 能力无富裕型。样本分布中心 $\bar{x}$ 与公差中心 M 近似重合，但两边与规格的上、下限紧紧相连，没有余地，表明过程能力已到极限，非常容易出现失控，造成不合格。因此，要立即采取措施，提高过程能力，减少标准偏差。

(4) 偏心型。样本分布中心 $\bar{x}$ 比公差中心 M 有较大偏移，这种情况下，稍有不慎就会出现不合格。因此要调整分布中心与公差中心近似重合。

(5) 能力不足型。样本中心 $\bar{x}$ 与公差中心 M 近似重合，但分布已超出上、下限。这时不合格已经出现，因此，要采取措施提高加工精度，减少标准偏差。

6.2.4　散布图

散布图又叫相关图，它是将两个可能相关的变数资料用点画在坐标图上，用以表示成对的资料之间是否有相关性。这种成对的资料或许是特性—原因、特性—特性的关系。通过对其观察分析,来判断两个变数之间的相关关系,如热处理时淬火温度与工件硬度之间的关系、某种元素在材料中的含量与材料强度的关系等。这种关系虽然存在,但又难以用精确的公式或函数表示,在这种情况下用相关图来分析就是很方便的。假定有一对变数 x 和 y,x 影响因素,y 表示某一质量特征值,通过实验或收集到的 x 和 y 的资料,上用点表示出来,根据点的分布特点,就可以判断 x 和 y 的相关情况。在我们的生活及工作中,许多现象和原因,有些呈规则的关联,有些呈不规则关联,我们要了解它,就可借助散布图统计方法来判断它们之间的相关关系。

▶ 1. 散布图的类型

(1) 强正相关。当变量 X 增大时,另一个变量 Y 也随着显著增大,如图 6-6(a)所示。

(2) 正相关(中、弱)。当变量 X 增大时,另一个变量 Y 也随着增大,但是增大的幅度没有那么明显,如图 6-6(b)和(c)所示。

(3) 不相关。当变量 X(或 Y)变化时,另一个变量并不随之改变,如图 6-6(d)(e)(f)所示。

(4) 强负相关。当变量 X 增大时,另一个变量 Y 随着显著减小,如图 6-6(g)所示。

(5) 负相关(中、弱)。当变量 X 增大时,另一个变量 Y 也随着减小,但是减小的幅度没有那么明显,如图 6-6(h)和(i)所示。

(6) 曲线相关。当变量 X 增大,Y 也随之增大,但是 X 增大到某一值之后,Y 反而开始减少,因此产生散布图点的分布有曲线倾向的形态,称为曲线相关,如图 6-6(j)所示。

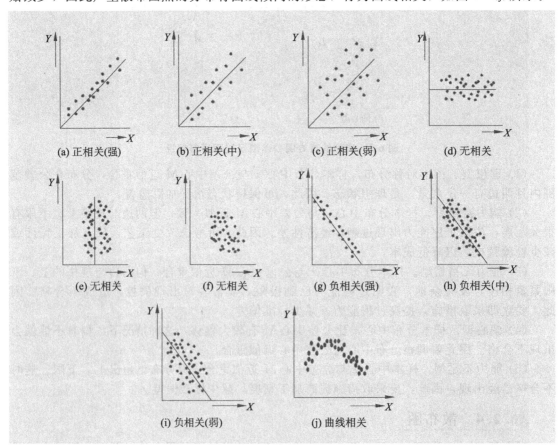

图 6-6 典型的散布图形

2. 散布图的用途

(1) 散布图可以用来发现两组相关数据之间的关系，并确认两组相关数据之间预期的关系；

(2) 分析两组相关数据之间的关系主要是确认其相关性质，即正相关和负相关；相关程度，即强相关和弱相关。电子云的形态可以反映出相关的性质和程度；

(3) 两个随机变量的关系可能有函数关系、相关关系和没有关系 3 种状态，其中函数关系可以看作为不相关；

(4) 对散布图可以进行定性分析，也可以进行定量分析。

3. 散布图的应用

(1) 收集成对数据 (X, Y)：收集成对数据一般在 30 组以上。

(2) 确定坐标并标明刻度：横坐标为自变量（原因或因素），纵坐标为因变量（结果或特性），且两轴的长度大体相等。

(3) 描点，形成散布图：当两组数据相等时，即数据点重合时，可围绕数据点画同心圆表示，或在离第一个点最近处画上第二个点。

(4) 图形分析：根据点子云的形状，确定相关关系的性质和程度，对散布图的分析判断方法如下。

① 对照典型图形分析法：将绘制的散布图与 10 种典型图相对比，从而确定其相关关系和程度。

② 简单象限法：在图上画一条与纵坐标平行的直线 P，使直线 P 左、右两侧的点数相等或大致相等；在图上再画一条与横坐标平行的直线 Q，使直线 Q 上、下两侧的点数相等或大致相等；P、Q 两线把图形分成四个象限，计算各象限区域内的点数，线上的不计，如图 6-7 所示计算对角象限内的点数，即

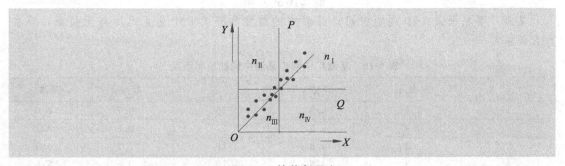

图 6-7 简单象限法

当 $n_I + n_{III} > n_{II} + n_{IV}$ 时，为正相关；

当 $n_I + n_{III} < n_{II} + n_{IV}$ 时，为负相关；

当 $n_I + n_{III} = n_{II} + n_{IV}$ 时，为不相关。

知识链接

散布图应用注意事项

(1) 数据的性质要相同且收集到的数据要超过 30 对，否则会导致不真实的判断结果；

(2) 散布图的相关规律的运用范围一般局限于观测值数据的范围内，不能任意扩大相关推断范围；

(3) 散布图中出现的个别偏离分布趋势的异常点，应当查明原因予以剔除。

课堂思考： 上述判断方法较简单、直观，但较粗糙，是简易近似判断法，有没有定性分析的方法？

▶ 4. 相关系数

相关图可反映两个变量之间的相互关系及其相关方向，但无法确切地表明两个变量之间相关的程度。于是，著名统计学家卡尔·皮尔逊设计了统计指标——相关系数（correlation coefficient），用 r 表示。相关系数是用以反映变量之间相关关系密切程度的统计指标。相关系数是按积差方法计算，同样以两变量与各自平均值的离差为基础，通过两个离差相乘来反映两变量之间的相关程度；着重研究线性的单相关系数。

$$r = \frac{\sum(x_i - \overline{x})(y_i - \overline{y})}{\sqrt{\sum(x_i - \overline{x})^2 \sum(y_i - \overline{y})^2}}$$

相关系数的值介于 -1 与 $+1$ 之间，即 $-1 \leqslant r \leqslant +1$，其性质如下：

(1) 当 $r > 0$ 时，表示两变量正相关，$r < 0$ 时，两变量为负相关。
(2) 当 $|r| = 1$ 时，表示两变量为完全线性相关，即为函数关系。
(3) 当 $r = 0$ 时，表示两变量间无线性相关关系。
(4) 当 $0 < |r| < 1$ 时，表示两变量存在一定程度的线性相关。且 $|r|$ 越接近 1，两变量间线性关系越密切；$|r|$ 越接近于 0，表示两变量的线性相关越弱。

一般可按三级划分：$|r| < 0.4$ 为低度线性相关；$0.4 \leqslant |r| < 0.7$ 为显著性相关；$0.7 \leqslant |r| < 1$ 为高度线性相关。

拓展案例

散布图的应用

某酒厂要根据表 6-10 判定中间产品酒中的酸度和酒度 2 个变量之间有无关系，存在什么关系？

表 6-10 某酒厂中间产品酒中的酸度和酒度

序 号	酸度 x	酒度 y	序号	酸度 x	酒度 y
1	0.5	6.3	16	0.7	6.0
2	0.9	5.8	17	0.9	6.1
3	1.2	4.8	18	1.2	5.3
4	1.0	4.6	19	0.8	5.9
5	0.9	5.4	20	1.2	4.7
6	0.7	5.8	21	1.6	3.8
7	1.4	3.8	22	1.5	3.4
8	0.9	5.7	23	1.4	3.8
9	1.3	4.3	24	0.9	5.0
10	10.0	5.3	25	0.6	6.3
11	1.5	4.4	26	0.7	6.4
12	0.7	6.6	27	0.6	6.8
13	1.3	4.6	28	0.5	6.4
14	1.0	4.8	29	0.5	6.7
15	1.2	4.1	30	1.2	4.8

解析：
1. 确定坐标：横坐标 x 轴为酸度，纵坐标 y 轴为酒度。
2. 描点，形成散布图，如图6-8所示。

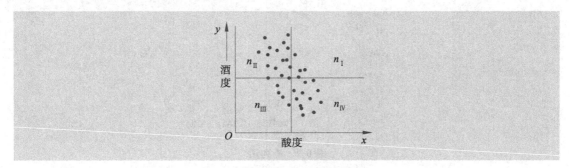

图6-8　酒的酸度和酒度散布图

3. 图形分析：可以认为酸度和酒度之间存在着弱负相关关系。

6.2.5　排列图

排列图又称帕累托图，是为寻找主要问题或影响质量的主要原因所使用的图。

排列图是根据"关键的少数和次要的多数"的原理绘制而成的，也就是将影响产品质量的众多影响因素按照其对质量影响程度的大小，用直方图形顺序排列，其应用通常以分层法为基础。

知识链接

排列图的来历

排列图于1897年被意大利经济学家帕累托用于分析社会财富的分布状况而得名。帕累托在进行社会财富分布分析时发现，少数人占有大部分社会财富，对社会经济发展起着关键作用，而大多数人处于贫困状态，即发现了"关键的少数和次要的多数"的关系。后来人们发现很多场合都服从这一规律，于是称为Pareto。美国品质管理专家朱兰博士运用柏拉图的统计图加以延伸，将其用于品质管制分析和寻找影响质量主要因素的一种工具。

▶ 1. 排列图的构成

排列图是由两个纵坐标、一个横坐标、几个按高低顺序依次排列的长方形和一条累计百分比折线所组成。

排列图用双直角坐标系表示，左边纵坐标表示频数，右边纵坐标表示频率。折线表示累积频率，横坐标表示影响质量的各项因素，按影响程度的大小（即出现频数多少）从左到右排列，通过对排列图的观察分析可以抓住影响质量的主要因素，如图6-9所示。

▶ 2. 排列图的作用

（1）按重要性顺序显示每个质量改进项目对整个质量问题的作用；
（2）识别进行质量改进的机会；
（3）在工程质量统计分析方法中，寻找影响质量主次因素的方法一般采用排列图。

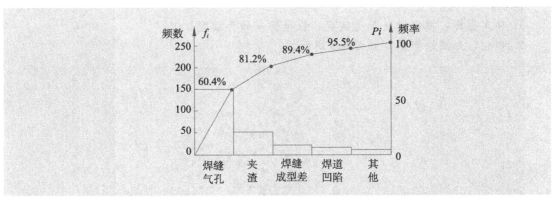

图 6-9 排列图

▶ 3. 排列图的应用程序

(1) 选择要进行质量分析的项目。

(2) 选择用于质量分析的度量单位，如出现的次数(频数)、成本、不合格品数、金额或其他度量单位。

(3) 选择进行质量分析的时间范围。所选定的时间段应足够长，以使数据具有一定的代表性。

(4) 画横坐标。按质量单位量值递减的顺序自左向右在横坐标上列出项目，将量值最小的1个或几个项目归并为"其他"项，把它放在最右端。

(5) 画纵坐标。在横坐标的两端画出两个纵坐标，左边的纵坐标按度量单位规定，其高度必须与所有项目度量单位的量值和相等，右边纵坐标应与左边纵坐标等高。

(6) 在每个项目上画矩形，其高度表示该项目度量单位的量值，用以显示每个项目的作用大小。

(7) 由左至右累加每一项目的量值(以百分比表示)，并画出累计频率曲线，用来表示各项目的累计百分比。

(8) 确定对质量改进最为重要的问题或因素。

▶ 4. 排列图的注意事项

(1) 一般来说，关键的少数项目应是管理小组有能力解决的最突出的一个，否则就失去找主要矛盾的意义，关键因素最多不超过3个。

(2) 纵坐标可以用"件数"或"金额"等来表示，原则是以更好地找到"主要项目"为准；

(3) 不太重要的项目很多时，横轴会变得很长，通常都把这些列入"其他"栏内，因此"其他"栏总在最后；

(4) 确定了主要因素并采取了相应的措施后，为了检查"措施效果"，还要重新画出排列图。

拓展案例

排列图的应用

某化工机械厂为从事尿素合成的公司生产尿素合成塔，尿素合成塔在生产过程中需要承受一定的压力，上面有成千上万个焊缝和焊点。由于该厂所生产的15台尿素合成塔均不同程度地出现了焊缝缺陷，由此对返修所需工时的数据进行统计，并按照频数从大到小排列后得到6-11表。

表6-11 尿素合成塔返修所需工时

序号	项目	返修工时	频率	累计频率	类别
1	焊缝气孔	148	60.4	60.4	A
2	夹渣	51	20.8	81.2	A
3	焊缝成型差	20	8.2	89.4	B
4	焊道凹陷	15	6.1	95.5	B
5	其他	11	4.5	100	C
合计					

根据频数统计表，画出排列图，见图6-9，由图形可以看出主要质量问题是焊缝气孔和夹渣。

6.2.6 因果图

因果图也叫特性因素图、鱼骨图、石川图，是整理和分析影响质量（结果）的各因素之间的一种工具。因果图形象地表示了探讨问题的思维过程，通过有条理地逐层分析，可以清楚地看出"原因—结果"和"手段—目标"的关系，使问题的脉络完全显示出来。

知识链接

石川馨（Ishikawa Kaoru），QCC之父、日本式质量管理的集大大成者，出生于日本，毕业于东京大学工程系，主修应用化学。石川馨是20世纪60年代初期日本"质量圈"运动的最著名的倡导者。石川馨强调有效的数据收集和演示，以促进质量工具如帕累托图和因果图用于优化质量改进而著称。石川馨认为因果图和其他工具一样都是帮助人们或质量管理小组进行质量改进的工具。也因为如此，他主张公开的小组讨论与绘制图表有同等的重要性。石川图表作为系统工具是有用的，可以用来查找、挑选和记录生产中质量变化的原因，也可以使它们之间的相互关系有条理。

▶ 1. 因果图的构成

因果图由主箭线和一系列的方框、支箭线构成。其中，箭线表示影响因素与问题之间的关系，方框用以描述问题和因素内容。主箭线一般水平居中、由左向右，主箭线箭头处的方框为问题框，其他箭线箭尾处的方框为因素框，支箭线的箭头分别指向它的上一级箭线，如图6-10所示。

▶ 2. 因果图的绘制

制作因果图分两个步骤：分析问题原因/结构、绘制因果图。

1) 分析问题原因/结构

(1) 针对问题点，选择层别方法（如人、机、料、法、环等）。

(2) 按头脑风暴分别对各层别类别找出所有可能原因（因素）。

(3) 将找出的各要素进行归类、整理，明确其从属关系。

(4) 分析选取重要因素。

(5) 检查各要素的描述方法，确保语法简明、意思明确。

2) 绘制因果图

(1) 填写鱼头（按为什么不好的方式描述），画出主骨；

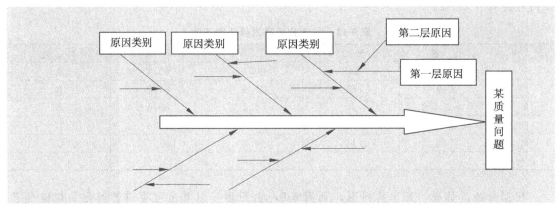

图 6-10 因果图的形式

(2) 画出大骨，填写大要因；
(3) 画出中骨、小骨，填写中小要因；
(4) 用特殊符号标识重要因素。

▶ 3. 因果图的注意事项

(1) 确定原因时要集合全员的知识和经验，集思广益，以免疏漏；
(2) 有多少质量问题，就要绘制多少张因果图；
(3) 原因必须要细分，直到能采取具体措施为止；
(4) 应以客观数据（如影响时间、影响的产品数量等）为依据来评价每个因素的重要性；
(5) 把重点放在解决问题上，即解决问题的对策上。

拓展案例

因果图应用

某建筑公司运用因果图对施工进度太慢进行的原因分析，如图 6-11 所示。

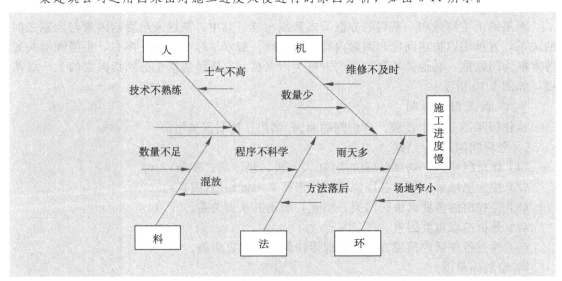

图 6-11 某建筑公司因果图

经过分析，认为主要原因是工人的技术不熟练。

6.2.7　KJ 法

KJ 法又称 A 型图解法、亲和图法，是日本川喜田二郎提出的一种质量管理工具。KJ 法的核心是头脑风暴法，是根据结果去找原因。这一方法是从错综复杂的现象中，用一定的方式来整理思路、抓住思想实质、找出解决问题新途径的方法。KJ 法不同于统计方法，统计方法强调一切用数据说话，而 KJ 法则主要用事实说话，靠"灵感"发现新思想、解决新问题，如图 6-12 所示。

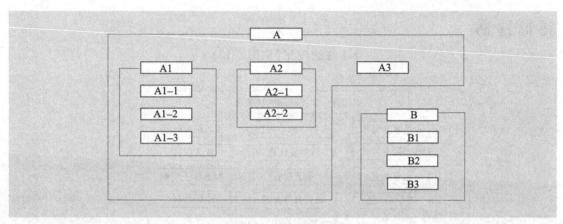

图 6-12　KJ 法示意图

▶ 1. KJ 法的用途

（1）掌握处于不清楚状态的事实的资料，用以认识事实，例如处理面对从未进入的市场领域的问题。

（2）对于难以理出头绪的事情进行归纳整理，提出明确的方针和见解。

（3）突破现状，旧有的概念体系一旦打破，思路观念又会处于混乱状态，用 KJ 法进行归纳，使之系统化。

（4）通过管理者和员工的一起讨论和研究，有效地贯彻和落实企业的方针政策。

▶ 2. KJ 法的应用

KJ 法的核心是头脑风暴法，其主要工作是制作亲和图，具体步骤如下。

（1）准备：主持人和与会者 4~7 人，准备好黑板、粉笔、卡片、大张白纸、文具。

（2）头脑风暴法会议：主持人请与会者提出 30~50 条设想，将设想依次写到黑板上。

（3）制作卡片：主持人同与会者讨论，将提出的设想概括成 2~3 行的短句，写到卡片上，每人一套，这些卡片称为"基础卡片"。

（4）分成小组：让与会者按自己的思路各自进行卡片分组，把内容在某点上相同的卡片归在一起，并加一个适当的标题，用绿色笔写在一张卡片上，称为"小组标题卡"。不能归类的卡片，每张自成一组。

（5）并成中组：将每个人所写的小组标题卡和自成一组的卡片都放在一起。经与会者共同讨论，将内容相似的小组卡片归在一起，再给一个适当标题，用黄色笔写在一张卡片上，称为"中组标题卡"。不能归类的自成一组。

（6）归成大组：经讨论再把中组标题卡和自成一组的卡片中内容相似的归纳成大组，加一个适当的标题，用红色笔写在一张卡片上，称为"大组标题卡"。

（7）编排卡片：将所有分门别类的卡片，以其隶属关系，按适当的空间位置贴到事先准备好的大纸上，并用线条把彼此有联系的卡片连接起来。如编排后发现不了有联系，可以重新分组和排列，直到找到联系。

（8）确定方案：将卡片分类后，就能分别暗示出解决问题的方案或显示出最佳设想，经会上讨论或会后专家评判确定方案或最佳设想。

拓展案例

KJ法的应用（见图6-13）

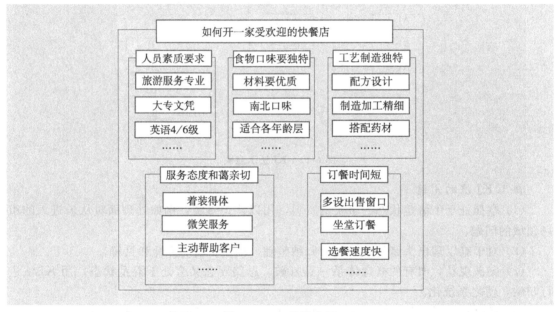

图6-13　KJ法的应用

6.2.8　关系图

关系图，又称关联图，是指用连线图来表示事物相互关系的一种方法，用来分析事物之间"原因与结果""目的与手段"等复杂关系。如图6-14所示，图中各种因素A、B、C、D、E、F、G之间有一定的因果关系。其中因素B受到因素A、C、E的影响，它本身又影响到因素F，而因素F又影响着因素C和G，……这样，找因素之间的因果关系，便于统观全局、分析研究以及拟定解决问题的措施和计划。

▶ 1. 关系图的类型

（1）中央集中型的关系图。该类型的关系图是尽量把重要的项目或要解决的问题，安排在中央位置，把关系最密切的因素尽量排在它的周围。

（2）单向汇集型的关系图。该类型的关系图是把重要的项目或要解决的问题安排在右边（或左边），把各种因素按主要因果关系，尽可能地从左（从右）向右（或左）排列。

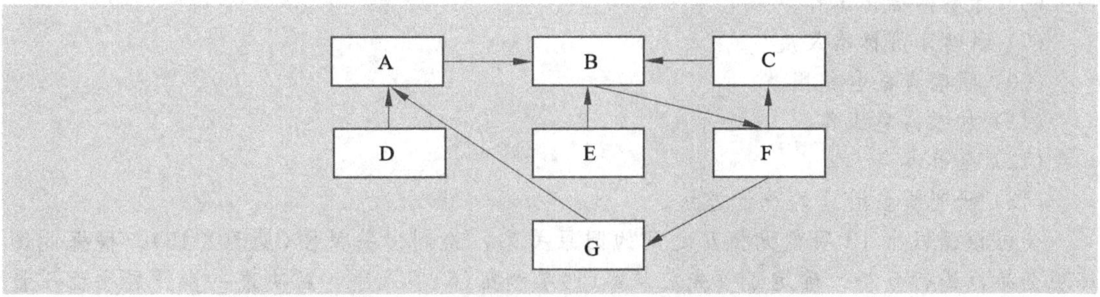

图 6-14 关系图示意图

(3) 关系表示型的关系图。该类型的关系图是以各项目间或各因素间的因果关系为主体的关系图。

(4) 应用型的关系图。该类型的关系图是以上三种类型为基础而使用的图形。

▶ 2. 关系图的用途

(1) 制定质量管理的目标、方针和计划。
(2) 产生不合格品的原因分析。
(3) 制定质量故障的对策。
(4) 规划质量管理小组活动的展开。
(5) 用户索赔对象的分析。

▶ 3. 关系图的应用

(1) 提出认为与问题有关的各种因素。
(2) 用简明而确切的文字或语言加以表示。
(3) 把因素之间的因果关系,用箭头符号做出逻辑上的连接(不表示顺序关系,而是表示一种相互制约的逻辑关系)。
(4) 根据图形进行分析讨论,检查有无不够确切或遗漏之处,复核和认可上述各种因素之间的逻辑关系。
(5) 指出重点,确定从何处入手来解决问题,并拟订措施计划。

在绘制关系图时,箭头的指向通常为:各因素的关系是"原因—结果"型的,则是从原因指向结果(原因→结果);各因素间的关系是"目的—手段"型的,则是从手段指向目的(目的→手段)。

拓展案例

关系图的应用

日本科技联盟曾就公司开展全面质量管理应从何处入手的问题进行调查。

(1) 确定方针、目标、计划。
(2) 思想上重视质量和质量管理。
(3) 开展质量管理教育。
(4) 定期监督检查质量与开展质量管理活动的情况。
(5) 明确管理项目和管理点。
(6) 明确领导的指导思想。
(7) 建立质量保证体系。

(8) 开展标准化工作。
(9) 明确评价标准尺度。
(10) 明确责任和权限。
(11) 加强信息工作。
(12) 全员参与。
(13) 研究质量管理的统计方法。

公司根据以上13项意见相互之间的因果关系，绘制出关系图（见图6-15）。根据此图综观全局，进行分析，确定了首先应从第(1)项和第(6)项入手，解决进一步开展全面质量管理的问题。

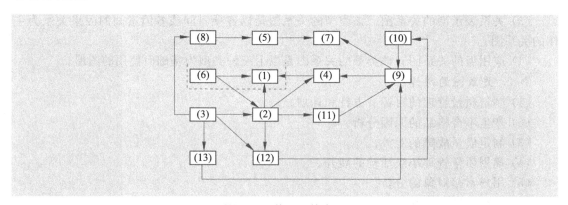

图 6-15　关系图的应用

6.2.9　系统图

系统图就是为了达成目标或解决问题，以"目的—方法"或"结果—原因"层层展开分析，以寻找最恰当的方法和最根本的原因。

系统图在质量管理中主要用来针对企业目标、方针、实施措施手段而展开，主要用于新产品开发研制过程中设计质量，解决企业产品质量、成本和测量标准等问题，也可作为因果图分析质量问题的展开。系统图对于较为复杂，或涉及面较广的项目或目标，效果更突出，很容易对事项进行展开；系统图对协调、归纳、统一成员的各种意见，把问题看得更全面，方法和工具可能选择更恰当有效，容易整理、观看时简洁、直观、明了。

▶ 1. 系统图的分类

系统图一般可分为两种：对策型系统图和原因型系统图。系统图简单、直观，可以形象地将繁杂的流程一目了然地展现出来。

1) 对策型系统图

对策型系统图以"目的—方法"方式展开，例如问题是"如何提升品质"，则开始发问"如何达成此目的，方法有哪些？"经研究发现有推行零缺点运动、推行品质绩效奖励制度等（一次方法）；"推行零缺点运动有哪些方法？"（二次方法）；后续同样就每项二次方法换成目的，展开成三次方法，最后建立对策型系统图。

2) 原因型系统图

原因型系统图以"结果—原因"方式展开，例如，问题是"为何品质降低？"则开始发问"为何形成此结果，原因有哪些？"经研究发现原因是人力不足、新进人员多等（一次原因）；

接着以"人力不足、新进人员多"等为结果，分别追问"为何形成此结果，原因有哪些？"其中"人力不足"的原因有招聘困难，人员素质不够等（二次原因）；后续同样就每项二次原因展开成三次原因等，最后建立原因型系统图。

▶ 2. 系统图的使用范围
(1) 新产品研制过程中设计质量的展开。
(2) 制订质量保证计划，对质量活动进行展开。
(3) 可当作因果图使用。
(4) 目标、方针、实施事项的展开。
(5) 任何重大问题解决的展开。
(6) 明确部门职能、管理职能。
(7) 对解决企业有关质量、成本、交货期等问题的创意进行展开。

知识链接

使用系统图的注意事项

(1) 下级使用的方法和工具应具体规定，并且提出实施对策和行动计划。
(2) 针对改善对策需要进行有效评估，确保改善对策的有效性。

▶ 3. 系统图的应用

系统图是目前在企业内被广泛运用的图法，其制作步骤如下：
(1) 组成制作小组，选择有相同经验或知识的人员。
(2) 决定主题：将希望解决的问题或想达成的目标以粗体字写在卡片上，必要时，以简洁精练的语句来表示，但要让相关的人能够了解语句中的含义。
(3) 记入所设定目标的限制条件，如此可使问题更明朗，而对策也更能依循此条件找出来，此限制条件可依据人、事、时、地、物、费用、方法等分开表示。
(4) 第一次展开，讨论出达成目的方法，将其可能的方法写在卡片上，此方法如同对策型因果图中的大要因。
(5) 第二次展开，把第一次展开所讨论出来的方法当作目的，为了达成目的，哪些方法可以使用呢？讨论后，将它写在卡片上，这些方法则称为第二次方法展开。
(6) 以同样的要领，将第二次方法当成目的，展开第三次方法，如此不断地往下展开，直到大家认为可以具体展开行动，而且可以在日常管理活动中加以考核。
(7) 制作实施方法的评价表，经过全体人员讨论同意后，将最后一次展开的各种方法依其重要性、可行性、急迫性、经济性进行评价，评价结果最好用分数表示。
(8) 将卡片与评价表贴在白板上，经过一段时间（1 小时或 1 天）后，再集合小组成员检查是否有遗漏或需要修正。
(9) 系统图制作完毕后，须填入完成的年、月、日、地点、小组成员及其他必要的事项。

拓展案例

系统图的应用

某企业为进行质量改进活动而采取的目标、方法和手段，如图 6-16 所示。

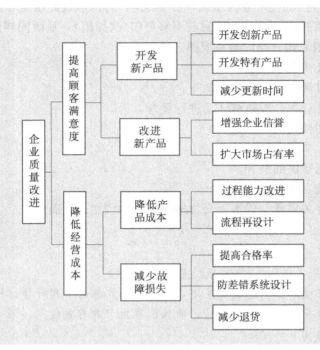

图 6-16 系统图的应用

项目小结

质量管理工具是更快、更好完成质量工作的必要工具。掌握各种质量管理工具是每个从事质量工作的人员的必备技能。本项目首先介绍了质量特性和数量数据，为质量工具的使用提供数据准备。然后介绍了调查表、分层法、直方图、散布图、排列图、因果图、KJ法、关系图和系统图九种常见质量管理工具的原理及应用程序，并结合拓展案例对工具的使用进行了详细论述。

调查表用于以逻辑的形式收集数据，收集来的数据是其他方法的基础。分层法是一种流程，用于对过程内资料的系统分层，再获得对过程结构的详细了解。直方图是从总体中随机抽取样本，将从样本中获得的数据进行整理，从而找出数据变化的规律，以便测量工序质量的好坏。散布图是通过分析研究两种因素的数据关系，来控制影响产品质量的相关因素的一种有效方法。排列图的主要原则是将至关重要的少数几类数据从许多琐碎的分类中区分出来，使工作者能够集中于关键的类别，它提升了努力的优先顺序，不断鼓励过细的管理。因果图是用来分析问题的所有可能原因，选出最可能的原因，再验证主要原因和问题的因果关系，用以指导采取合理的行动来解决问题。KJ法是利用因素之间的亲密程度，对因素进行分类管理，从错综复杂的现象中，用一定的方式来整理思路、抓住思想实质、找出解决问题新途径的方法。关系图用来分析事物之间"原因与结果""目的与手段"等复杂关系。系统图则是为了达成目标或解决问题，以"目的—方法"或"结果—原因"层层展开分析，以寻找最恰当的方法和最根本的原因。

项目6 常用质量管理方法与工具的应用

> 质量管理工具的使用并不是完全独立,针对不同的问题可能需要多种质量工具的结合应用,因此质量管理工作者需要熟练掌握质量管理工具,提高质量管理技能。

阅读资料

中国管理工具使用现状

当前,全球的企业管理者都在使用大量的管理工具。这些工具既包括战略规划和基准管理等广泛适用的方法,也包括射频识别标签应用等专业化的方法。事实上,关注并选择管理工具,几乎已经成为每一位管理者的责任。1993年,贝恩公司(Bain)推出了一项跨年度的调查,以了解世界范围内管理工具使用的状况,其目标是为管理者提供信息,帮助他们选择并实施有助于他们实现战略目标与利润目标的管理工具。该项调查涉及公司对工具使用情况,管理者对所使用工具的满意度,以及他们对热点商业问题的看法。这项调查帮助贝恩公司建立了一个有7 000多位问卷应答者的全球数据库,其中,针对中国大陆管理者的调查是贝恩公司与财富(中文版)合作完成的。调查研究了中国公司打算如何竞争以及中国的管理者使用什么样的工具来获得帮助。报告主要关注25种最流行的管理工具和技术,所选择的工具必须符合以下要求:与高层管理者相关。当前热点问题主要以其在商业新闻中出现的频率来衡量可测量性的。这25种管理工具分别是客户关系管理、全面质量管理、顾客细分、外包、核心能力、供应链管理、战略规划、业务流程再造、知识管理、使命书和愿景书、平衡记分卡、作业导向管理、忠诚度管理、六西格玛、战略联盟、基准管理、变革管理计划、增长战略、经济增加值增值分析、价格优化模型、开放市场创新、规模定制、情景设定和突发计划、海外经营、射频识别,如图6-17所示。

近年来,中国公司低成本制造的能力享誉全球。没有哪个国家能够像中国那样,以如此低的价格向世界市场提供大量标准化的产品。然而,中国的管理者也面临各种竞争压力,其中包括来自那些以高质量的产品侵占市场的跨国公司的挑战。

调查显示,中国公司并不打算永远都做低价值商品的制造者。在调查中发现,88%的中国经理人认为,他们的产品和服务趋向于低值商品化,很明显需要提供差异化的、更富创新性的商品;78%的中国管理者担心,顾客洞察力方面的欠缺是影响他们业绩的一大障碍。此外,他们似乎对那些能够帮助其实现创新的大胆举措非常有兴趣。例如,大约80%的人(这个比例甚至高于其他国家)认为,在新产品、工艺流程和服务的开发过程中,通过与其他公司甚至竞争者合作,可以大大提高创新能力。

案例分析

质量管理工具在Mega Bytes餐馆的质量改进中的应用

Mega Bytes是一家招待商务旅行者的餐馆,为了调查顾客满意度,管理者组织了一次问卷调查。根据收集的问卷,发现餐馆的主要问题是顾客等待就座的时间太长。为此,餐馆成立质量管理项目小组来解决这个问题。小组成员决定采用"七步法"来改进顾客等待就座时间太长的问题。

一、第一步——定义质量改善项目

该餐馆的大多数客人是商务旅行者,他们想得到快捷的服务或需要有时间在饭桌上谈

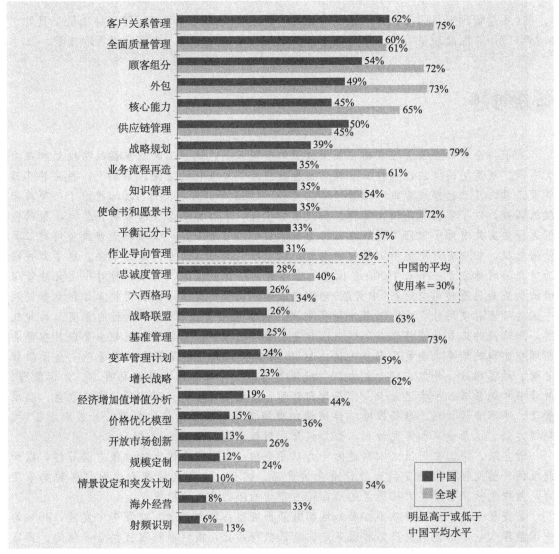

图 6-17　中国与全球的管理工具使用率对比

论业务，太长时间的等候会引起他们的不快。

分析了各类投诉的严重性后，项目小组决定将本次质量改善项目定义为"解决顾客等候就座时间过长的问题"。以此定义为中心，项目小组对问题进行了细化，如顾客等候何时开始，何时结束，怎样衡量顾客等候的时间等。

二、第二步——研究目前状况

项目小组收集了顾客等候就座的基本数据（等候就座时间超过 1 分钟的顾客占所有等候顾客人数的比例），并把它们记录为一个曲线图。同时，还绘制了从客人进入餐厅到就座的整个服务流程和餐馆的建筑平面布局，以帮助了解具体服务情形。数据表明，等待时间超长的现象在前半周比后半周要多。这与该餐馆的主体客源的特点是相符的，因为餐馆的大部分顾客是商务旅行者。

顾客等候的主要原因有两个：一个是餐桌已满，无餐桌可用；二是没有自己喜欢的位置。当然，没有服务生招呼或顾客的就餐伙伴尚未到来也可能引起他们的等候，但调查结果表明这种现象很少发生。即使发生，也可以简单地通过在前半周和营业繁忙时刻增加服务人手来解决。

项目小组认为他们需要更多的信息，来了解关于餐桌不够的原因和顾客就座偏好对发生等候现象的影响。搜集到的数据显示，餐桌不够主要是由于餐桌清理不及时。数据还显示，大部分等候的顾客偏爱非吸烟区的餐桌位置。

三、第三步——分析潜在的原因

项目小组运用因果图来分析"餐桌清理不及时"的原因，如图6-18所示。经过多次类似分析，项目小组最后确定造成"餐桌清理不及时"和"顾客花长时间等候非吸烟区的餐桌"两个问题的可能原因有两点：一是就餐位置与厨房的距离远；二是吸烟区与非吸烟区的就餐位置比例不当。

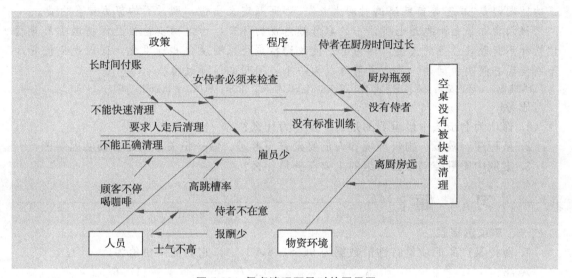

图 6-18　餐桌清理不及时的因果图

四、第四步——提出并实施解决方案

项目小组提出了一系列解决方案，主要是适当增加非吸烟区的餐桌，并在此区域设立临时工作台，以方便服务人员尽快清理餐桌和满足不吸烟客人的要求，同时也便于收集有关顾客入座等候的信息。

五、第五步——检查结果

项目小组分析了按照第四步方案实施后一个月内采集的数据，发现改进的效果是显著的。

六、第六步——改进方案标准化

改进方案将作为餐馆的管理标准固定下来，增加的非吸烟区餐桌和临时工作台将永久使用下去。

七、第七步——确定将来的计划

项目小组决定解决在上次调查中显示出来的另一个严重的问题：餐厅的自助餐桌布置不当，作为下一步改进的任务。

点评：七步法最初由美国威斯康星州麦迪逊联合会提出，用于模拟问题解决和流程改善。七步法指导项目小组依照逻辑顺序分步骤对出现的质量问题、潜在的原因和可行解决方案进行全面分析。这种方法能帮助项目小组切入问题，避免为达不到预期目标的努力而分散精力。本案例展示了一个运用七步法从发现问题、分析原因、提出解决方案、评估效果到将解决方案标准化并进行新的质量改进的全过程,帮助餐馆解决了顾客等候就座时间长的质量问题。

七步法注重数据分析而不是列举研究,七步法使用数据而不是主观看法。客观数据往往更令人信服,因此能减少工作中的争执,促进同事之间的信任。

本案例还提出了较多质量分析方法,如质量曲线图、因果图等,这些方法简单、实用,可作为餐饮管理者实施质量管理的有效工具。

当然,运用七步法确实也会遇到一些困难。例如,项目小组在最初的定义问题上遇到了困难。有些问题属于表象而不是实质,项目小组很容易把它们误认为问题的实质,如"太少的服务生""没有足够的桌子"或"服务生需要工作得利索一些"就是问题的表象,而真正的问题则是"顾客等待就座的时间太长"。如问题定义出错,则后面的努力就会白费。

第六步和第七步也是七步法中较容易被忽视的环节,而这两步恰恰是保持服务质量稳定性和不断改善服务的关键,因为它们使改进措施得以制度化和标准化,同时也促使餐厅不断发现并解决新问题,使质量管理成为一个不间断的循环过程。

资料来源:菲茨西蒙斯. 服务管理运作、战略与信息技术[M]. 北京:机械工业出版社,2008:147-152.

思考:
1. 你认为七步法中最重要的是哪一步?为什么?
2. 从程序、政策、物资环境和人员要素方面考虑,做一份关于问题方面的因果图。
3. 案例中质量控制项目小组的主要任务是什么?

习 题

一、单项选择题

1. 测得某产品的质量特性值数据为9、5、8、9、4,它们的中位值为( )。
   A. 6   B. 8   C. 7   D. 6.5
2. 在下面列出的数据中,属于计数值数据的是( )。
   A. 长度   B. 不合格品数   C. 重量   D. 化学成分
3. KJ法所使用的亲和图的设计思路源于( )。
   A. 头脑风暴法   B. 系统图法   C. 流程图法   D. 因果图法
4. 建立直方图时,如果分组过多或测量数据不准确,则直方图的形状会是( )。
   A. 偏向型   B. 双峰型   C. 孤岛型   D. 锯齿型
5. 在散布图中,当 x 增加,相应的 y 减少,则称 x 和 y 之间是( )。
   A. 正相关   B. 不相关   C. 负相关   D. 曲线相关
6. 把不同材料、不同加工者、不同操作方法、不同设备生产的两批产品混在一起时,直方图形状为( )。
   A. 双峰型   B. 孤岛型   C. 对称型   D. 偏向型
7. 以下常用工具中,可用于明确"关键的少数"的是( )。
   A. 排列图   B. 因果图   C. 直方图   D. 调查表
8. 表示质量特性与原因关系的一种图表技术是( )。
   A. 排列图   B. 因果图   C. 散布图   D. 调查表
9. 排列图是现代质量管理活动中应用的统计分析方法,下列关于排列图结构的说法中,正确的是( )。

A. 左纵坐标表示影响质量的各项因素　　B. 右纵坐标表示频数
C. 折线表示累积频率线　　D. 横坐标表示频率
10. 孤岛型直方图出现的原因可能是（　　）。
A. 分组过多　　B. 分组过少
C. 夹杂了其他分布的少量数据　　D. 几种平均值不同的分布混在了一起
11. 对计量值数据进行现场调查的有效工具是（　　）。
A. 不合格品项目调查表　　B. 缺陷位置调查表
C. 质量分布调查表　　D. 矩阵调查表
12. 当相关系数 $\gamma=1$ 时，表明两个变量 X 与 Y（　　）。
A. 不相关　　B. 完全线性负相关
C. 完全线性正相关　　D. 非线性相关
13. 因果图又称鱼骨图，是由（　　）提出的。
A. 戴明　　B. 朱兰
C. 石川馨　　D. 菲根堡姆

二、多项选择题
1. 利用散布图分析判断两个变量相关性的常用方法有（　　）。
A. 对照典型图例法　　B. 简单象限法　　C. 回归分析法
D. 假设检验法　　E. 方差分析法
2. 造成双峰型直方图可能的原因是（　　）。
A. 产品经过了挑选　　B. 产品中混进了其他型号的产品
C. 加工过程中存在主观倾向　　D. 数据分层不当
E. 数据来源于两个总体
3. 散布图中的点子云的形状有（　　）。
A. 强正相关　　B. 弱正相关　　C. 不相关
D. 强负相关　　E. 曲线相关
4. 因果图又称（　　）。
A. 石川图　　B. 鱼骨图　　C. 特性要因图
D. 调查图　　E. 以上都是
5. 做排列图应注意的事项有（　　）。
A. 做好因素的分类　　B. 主要因素不能过多
C. 数据要充足　　D. 适当合并一些因素
E. 合理选择计量单位

三、问答题
1. 常用的分层方法有哪些？
2. 简单论述一下关系图的应用范围。
3. 为什么说 KJ 法的核心是头脑风暴法？

四、计算题
1. 某厂加工的螺栓外径规范要求为 7.900～7.950mm。今抽样 100 个零件，得到最大值为 $X_{max}=7.938$mm，最小值为 $X_{min}=7.913$mm。若取分组数 $K=7$，要求：
（1）计算直方图的组距 h 及第 1 组的上限值和下限值；
（2）若做出的直方图为如图 6-19 所示的形状，说明应采取的工序调整措施。

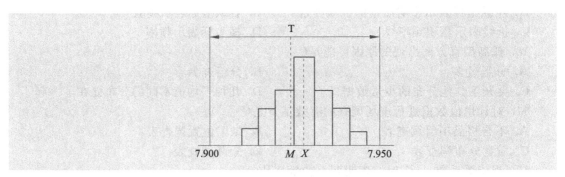

图 6-19　螺栓外径抽样测量直方图

2. 某质量管理小组对某注塑机 2 月 5 日—2 月 10 日生产的塑料制品的外观质量进行调查,得到如表 6-12 所示的数据。请用排列图进行分析,并指出主要质量问题。

表 6-12　塑料制品外观质量数据

缺陷项目	气孔	成形	疵点	变形	其他
数量(个)	59	13	14	19	6

3. 收集某班学生的进校成绩和第一学期期末考试成绩数据,并运用散布图和相关系数分析它们之间的相关性。

五、实践练习

1. 假如你是一位老师,需要对学生期末考试成绩及形成的原因进行分析,并设计一份可靠的分析思路(方案),要求尽可能多的应用本项目学习到的工具和方法。

2. 质管员小张要分析产品厚度分布情况,收集到 50 件产品厚度数据。结果绘制出的直方图虽然都在公差范围内,而且数据也比较集中,但是却呈平顶型分布。请帮助小张分析一下问题可能出在什么地方,并提出改进意见。

项目 7 统计过程质量控制

本项目重点

1. 产品质量特性波动的来源；
2. 引起产品质量特性波动因素的特点；
3. 控制图的应用及分析；
4. 过程能力和过程能力指数的概念；
5. 过程能力指数的计算机评价。

学习目标

1. 了解统计过程控制的特点；
2. 掌握产品质量特性波动的来源及引起产品质量特性波动因素的特点；
3. 掌握控制图的原理、类型应用及分析；
4. 掌握过程能力和过程能力指数的概念及区别；
5. 掌握过程能力指数的计算及评价方法。

课前导读

公司员工绩效考评的过程控制

某 IT 行业民营公司的人员绩效管理主要表现在绩效考核上，根据考评结果给予合理回报。考评时，领导把内容差不多的绩效考核表发给每位员工，让他们给自己打分，然后收起上交人事部，人事部也没有不满意。而事实是，对于这种"表演式"考评，员工抱怨考核结果不能反映自己的工作绩效。员工绩效处于"闷包"中，员工不知道领导如何评价自己，不知道自己各方面好与不好，不知道如何改进。小吴是位名牌大学硕士生，有理想、有抱负，进公司 3 年，越来越觉得这种考评没有意思，增薪或减薪、晋升或转岗都是在考核中打"闷包"。而老孙则不同，他 40 岁，觉得这种考评可以糊里糊涂地应付过来，没有压力，但是他担心这种考评会影响自己的奖金和用工期限。

分析：绩效考评的过程控制非常重要。应该如何加以改进，才能让员工安心？其关键在于绩效考评的制定、实施流程、统计流程、监督流程是否合理。这个问题产生的原因：制定绩效的过程控制不合理，致使员工觉得不能反映自己的工作业绩。企业的管理者应该有效运用质量控制的方法，通过对检测资料的收集和分析，从而有效控制生产过程、不断改进品质。统计过程控制就是对生产过程质量进行预防控制常用的方法。

资料来源：阮喜珍. 现代质量管理实务[M]. 武汉：武汉大学出版社，2012：95-96.

7.1 统计过程控制简介

从质量管理理论与实践的发展历程来看，统计思想、统计技术和方法的应用，为质量管理理论研究提供了有力的工具，也使质量管理实践进入了一个崭新的阶段。

7.1.1 产品质量的统计规律

产品质量具有波动性，产品质量的波动具有统计规律性，这是现代质量管理的基本观点之一。

▶ 1. 波动的来源

任何事物都是过程的结果，因此过程输出结果的波动来源于过程。任何生产过程都可能是引起波动的来源，如图7-1所示。在这个过程中，不同批次的原材料在强度、厚度和水分方面会有变化。各种工具在强度和构成上存在固有的变异。在制造过程中，加工工具受到磨损、震动会导致机器配置变化，而电流波动会导致功率变异。操作者不能一致地将零部件定位在固定器上，同时身体上和心理上的压力会影响一致性等。这些过程中的变异，传递到过程的输出，形成产品质量特性的波动。

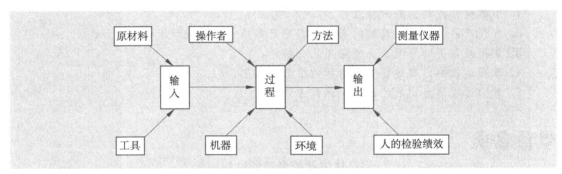

图7-1 生产过程中的波动来源

▶ 2. 波动的原因

现代质量控制专家休哈特从变异的角度讲过程分为两大类：伴有"不可避免的随机变异"的稳定过程和伴有"可确定原因引起的变异"的不稳定过程。因此，我们将引起质量波动的原因分为偶然因素与异常因素。

偶然因素是过程固有的、始终存在的，且不可避免，对质量的影响微小但是难以去除。由偶然因素所造成的质量波动称为正常质量波动，鉴于正常质量波动的原因难以查明和消除，所以常采取持续改进的方法。在生产过程中，偶然因素造成的质量波动占所观察到波动的80%～95%。当一个过程仅受到偶然因素影响时，该过程称为稳定过程。

异常因素是非过程固有，有时存在有时不存在，对质量的影响较大但是不难去除。由于异常因素造成的质量波动，其原因可以查明和消除，所以采取的态度是"严加控制"。异常因素通常是由外部来源产生的，因此异常因素更易于利用统计方法进行探测，并且进行纠正。

波动无处不在，许多管理者不了解偶然因素和异常因素的区别，可能导致干预稳定系统而增加变异，或者失去消除变异的异常因素的机会，这是管理者可能会犯的两个根本性错误。

第一，针对所有实际上由偶然因素引起的瑕疵、抱怨、差错、故障、事故或短缺等质量问题，像异常因素那样处理。这种情况下，干预一个稳定的系统会增加系统变异，从而形成长期针对偶然因素进行的"瞎调整"。

第二，针对所有实际上由异常因素引起的瑕疵、抱怨、差错、故障、事故或短缺等质量问题，将其归因于偶然因素。这种情况下，由于错误地假设变异不可控制而失去了减少变异的机会。

▶ 3. 波动的统计规律

产品质量的波动也是有规律性的，但它不是通常的确定性现象的确定规律，而是具有随机现象的统计规律。正常质量波动表现出质量数据形成典型分布(在确定的条件下，质量数据的分布中心 μ 和标准差 σ 表现为确定的值)，对于计量特性值，最常见的是正态分布；对于计件特性值，最常见的是二项分布；对于计点特性值，最常见的是泊松分布。

1) 正态分布

正态分布(normal distribution)也称"常态分布"，又名高斯分布，是一种最常见的连续性随机变量的概率分布。正态曲线，两头低中间高、左右对称，因其曲线呈钟形，因此又称为钟形曲线，如图 7-2 所示。

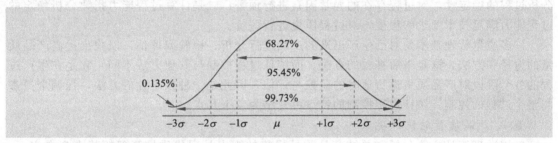

图 7-2 正态分布曲线

正态分布的概率密度函数为

$$f(x) = \frac{1}{\sigma\sqrt{2\pi}} e^{-(x-\mu)^2/2\sigma^2}$$

式中，μ 为数据的算术平均值；σ 为数据的标准偏差。其特征如下。

(1) 集中性：正态曲线的高峰位于正中央，即均数所在的位置。

(2) 对称性：正态曲线以均数为中心，左右对称，曲线两端永远不与横轴相交。

(3) 均匀变动性：正态曲线由均数所在处开始，分别向左右两侧逐渐均匀下降。

(4) 曲线与横轴间的面积总等于 1，相当于概率密度函数从正无穷到负无穷积分的概率为 1，即频率的总和为 100%。横轴区间 $(\mu-3\sigma, \mu+3\sigma)$ 内的面积约为 99.73%，由于"小概率事件"和"假设检验的基本思想"，X 落在 $(\mu-3\sigma, \mu+3\sigma)$ 以外的概率小于 3‰，在实际问题中常认为相应的事件是不会发生的，基本上可以把区间 $(\mu-3\sigma, \mu+3\sigma)$ 看作是随机变量 X 实际可能的取值区间，称为正态分布的 3σ 原则。

2) 二项分布

二项分布是一种典型的离散型分布。在每次试验中只有两种可能的结果，而且两种结果发生与否互相对立，并且相互独立，与其他各次试验结果无关，事件发生与否的概率在每一次独立试验中都保持不变。例如，产品在每一次检验中只有两个可能：合格与不合格，不合格概率为 p，合格概率为 1-p。当 p 固定，而样本量 n 足够大时，二项分布近似于正态分布；当 p 很小而 n 较大时，二项分布也可以用泊松分布来近似。

3) 泊松分布

泊松分布是一种统计与概率学里常见到的离散概率分布，由法国数学家西莫恩·德尼·泊松在 1838 年时发表。泊松分布适合描述单位时间（或空间）内随机事件发生的次数，如电话交换机接到呼叫的次数、汽车站台的候客人数、机器出现的故障数、自然灾害发生的次数、一块产品上的缺陷数、显微镜下单位分区内的细菌分布数等。

7.1.2 统计过程控制的特点

质量管理的一项主要工作是通过收集数据、整理数据，找出波动的规律，把正常波动控制在最低限度，消除系统性原因造成的异常波动。把实际测得的质量特性与相关标准进行比较，并对出现的差异或异常现象采取相应措施进行纠正，从而使工序处于控制状态，这一过程就叫作统计过程控制（statistical process control，SPC）。它是应用统计技术对过程中的各个阶段进行评估和监控，建立并保持过程处于可接受的并且稳定的水平，从而保证产品与服务符合规定的要求的一种质量管理技术。

统计过程控制是过程控制的一部分，从内容上说主要是有两个方面：一是利用控制图分析过程的稳定性，对过程存在的异常因素进行预警；二是计算过程能力指数分析稳定的过程能力满足技术要求的程度，对过程质量进行评价。

许多质量管理技术是对已生产出来的产品进行分析、检验或评估，以找出提高产品质量的途径和方法，这是事后补救的方法。而统计过程控制与其他方法不同，它是在生产过程的各个阶段对产品质量进行适时的监控与评估，因此是一种预防性的方法，强调全员参与整个过程的控制。统计过程控制的特点可总结为以下几点。

▶ 1. 产品质量的统计观点

应用数理统计方法分析和总结产品质量规律的观点是现代质量管理的基本观点之一。产品质量的统计观点包括以下两方面内容。

（1）产品质量或过程质量特性值是波动的。在生产过程中，产品的质量特征值的波动是不可避免的。它是由 5M1E 六个方面等基本因素的波动综合影响所致。由于产品在生产中不断受 5M1E 等质量因素的影响，而这些质量因素是在不断变化的，即使同一个工人，用同一批原材料在同一台机器设备上所生产出来的同一种零件，其质量特性值也不会完全一样，它们或多或少存在差异，这是质量变异的固有本性，即波动性。产品公差制度的建立已表明产品质量是波动的。

（2）产品质量的变异具有统计规律。产品质量特性值的波动幅值及出现不同波动幅值的可能性大小，服从统计学的某些分布规律，即产品质量特性值的波动具有统计规律性。在质量管理中，常用的分布主要有正态分布、二项分布、泊松分布等，而寿命特性值很多服从指数分布。知道了质量特性值服从什么分布，就可以利用这一点来保证与提高产品的质量，因此，可以用统计理论来保证与改进产品质量。统计过程质量控制就是在这种思想指导下产生的。

▶ 2. 发现及纠正异常因素

从对质量的影响大小来看，质量因素的波动分为两种：正常波动和异常波动，或称为偶然误差（偶然因素）和系统误差（异常因素）。产生质量波动的因素分为随机因素和异常因素两大类。随机因素对产品质量和过程的影响可用质量改进的技术与方法进行识别、减小和降低；异常因素对产品质量的影响很大，在生产过程中应利用 SPC 控制技术及时分析，并纠正和消除。因此，在正常生产过程中一旦发现异常因素，则应尽快把它找出来，并采取措施将其消除，统计过程控制技术是发现及纠正异常因素的科学工具。

▶ 3. 稳定状态是过程质量控制追求的目标

在生产过程中，只有随机因素而没有异常因素的状态称为稳定状态，也叫统计控制状态。在统计控制状态下，对产品质量的控制不仅可靠而且经济，所产生的不合格品最少。因此，稳态生产是过程控制所追求的目标。

▶ 4. 预防为主是统计过程控制的重要原则

质量是制造出来的，不是检验出来的。统计过程控制的目的是在生产过程中实施一种避免浪费、不生产废品的预防策略，发挥质量管理人员、技术人员、现场操作工人的共同作用，从上、下工序过程的相互联系中进行分析，实现"预防为主"的原则，在生产过程中保证产品质量。

现代质量管理强调以预防为主，要求在质量形成的整个生产过程中，尽量少出或不出不合格品，这就需要研究两个问题：一是如何使生产过程具有保证不出不合格品的能力；二是如何把这种保证不出不合格品的能力保持下去，一旦这种保证质量的能力不能维持下去，应能尽早发现，及时查明原因、采取措施，使这种保证质量的能力继续稳定下来，真正做到防患于未然。前一个问题一般称为生产过程的工序能力分析，后一个问题一般称为生产过程的控制。

7.1.3 统计过程诊断

美国休哈特博士首创过程控制理论及其工具——控制图，对质量管理做出了划时代的贡献。但统计过程控制也有其历史局限性：它不能进行诊断，而现场则迫切需要诊断问题，否则即使想要纠正异常也无从下手。统计过程诊断（statistical process diagnostic, SPD）是利用统计技术对过程中的各个阶段进行监控与诊断，从而缩短诊断异常的时间，以便迅速采取纠正措施、减少损失、降低成本、保证产品质量、提高办事效率，是 20 世纪 80 年代由我国质量管理专家张公绪首次提出的。

统计过程控制的未来发展方向为统计过程诊断。统计过程控制可以判断过程的异常，及时报警，而统计过程诊断则是利用统计技术对过程中的各个阶段进行监控和诊断，从而缩短诊断异常时间。统计过程诊断不但具有对统计过程控制的及时报警进行控制的功能，并且具有统计过程控制所没有的诊断功能，故统计过程诊断是统计过程控制进一步发展的新阶段。

知识链接

张公绪（1932—2008），男，江苏江都人，1953 年毕业于上海交通大学。生前系北京科技大学管理科学研究所教授、博士生导师。在质量科学方面取得下列多项重要科技成果：

(1) 1980 年，提出新型控制图——选控图系列，大大缩小搜索异常因素的范围。

(2) 1981 年，提出通用图，解决了计数值休哈特控制图（简称休图）难以作图、难以判断异常的困难。1986年，发布为国家标准GB 6381。

（3）1982年，提出世界上第一个统计质量诊断理论——两种质量诊断理论，突破了传统的美国休哈特质量控制理论，开辟了统计质量诊断理论的新方向。

（4）1994年，提出多元逐步诊断理论，克服了西方国家统计诊断理论第一种错误概率大的缺点。

（5）1996年，将两种质量诊断理论多元化，提出两种质量多元诊断理论，解决了工厂普遍存在的多工序、多指标生产线的控制与诊断问题，居世界领先水平。

7.2 控制图

7.2.1 控制图概念及基本原理

在生产过程中，产品质量由于受偶然因素和异常因素的影响而产生变差，偶然因素是由大量微小的偶然因素叠加而成，异常因素则是由可辨识的、作用明显的原因所引起，经采取适当措施可以发现和排除。当一生产过程仅受偶然因素的影响，从而使产品的质量特征的平均值和变差都基本保持稳定时，称为处于控制状态。此时，产品的质量特征服从确定概率分布的随机变量，它的分布（或其中的未知参数）可依据较长时期在稳定状态下取得的观测数据用统计方法进行估计。分布确定以后，质量特征的数学模型随之确定。为检验其后的生产过程是否也处于控制状态，就需要检验上述质量特征是否符合这种数学模型。为此，每隔一定时间，在生产线上抽取一个大小固定的样本，计算其质量特征，若其数值符合这种数学模型，就认为生产过程正常，否则，就认为生产中出现某种系统性变化，或者说过程失去控制。

20世纪二三十年代，美国的统计技术和质量管理专家休哈特提出统计过程控制的理论与方法，其代表性技术即为控制图，一般称为休哈特控制图。"二战"后，统计过程控制技术从军工领域迅速扩散到工业界，在过程质量控制、过程诊断和改进方面取得广泛地应用。统计过程控制就是应用统计技术监视过程，识别变异的异常因素以及在适当时采取纠正的方法论。统计过程控制的基本观点是如果过程变异是由偶然因素引起的，则认为过程受控，当过程出现异常因素时，将会超出控制图的界限。统计控制状态的实际含义是过程平均值和方差两者都随着时间变化而保持稳定。统计过程控制的基本工具是控制图。

▶ 1. 控制图的概念

控制图（control chart）就是对生产过程的关键质量特性值进行测定、记录、评估并监测过程是否处于控制状态的一种图形方法。控制图又称为管理图，是用来区分偶然因素还是异常因素引起质量波动的工具，是统计质量管理的一种重要手段和工具。

运用控制图的目的之一就是，通过观察控制图上产品质量特性值的分布状况，分析和判断生产过程是否发生了异常，一旦发现异常就要及时采取必要的措施加以消除，使生产过程恢复稳定状态。也可以应用控制图来使生产过程达到统计控制的状态。

控制图的基本结构是在直角坐标系中画三条平行于横轴的直线，中间一条实线为中线，上、下两条虚线分别为上、下控制界限。横轴表示按一定时间间隔抽取样本的次序，纵轴表示根据样本计算的、表达某种质量特征的统计量的数值，由相继取得的样本算出的结果，在图上标为一连串的点，将它们用线段连接起来，如图 7-3 所示。

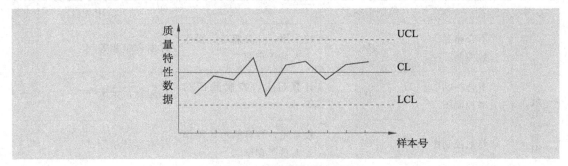

图 7-3 控制图的基本结构

▶ 2. 控制图的设计原理

（1）正态性假设。任何生产过程生产出来的产品，其质量特性值总会存在一定程度的波动，当过程稳定或者说受控时，这些波动主要是由 5M1E 的微小变化造成的随机误差。此时，绝大多数质量特性值均服从或近似服从正态分布。这一假定，称为正态性假定。

（2）3σ 原则——控制界限的界定。在生产过程中，仅有偶然性误差存在时，质量特性 x 服从正态分布 $N(\mu, \sigma^2)$，则据正态分布的概率性质，有

$$P\{\mu-3\sigma<x<\mu+3\sigma\}=99.73\%$$

实际经验证明，根据 3σ 原则，上、下控制界限 x 的实际取值范围为 $(\mu-3\sigma, \mu+3\sigma)$。则控制图的中心线、上下控制界限公式为：$CL=\mu$，$LCL=\mu-3\sigma$，$UCL=\mu+3\sigma$。

（3）小概率事件原理。小概率事件原理是指小概率的事件一般不会发生。由 3σ 原则可知，若 x 服从正态分布，则 x 的可能值超出控制界限的可能性只有 0.27%。因此在生产过程正常的情况下，质量特性值是不会超出控制界限的，如果超出，则认为生产过程发生异常变化。

7.2.2 控制图的种类及选择程序

▶ 1. 控制图的种类

1）按照质量数据的性质分类

按照质量数据的性质，可分为计量值控制图、计数值控制图两大类，具体分类、特点及适用场合如表 7-1 所示。

表 7-1 控制图按照质量数据的性质分类

类别	名称	控制图符号	特点	适用场合
计量值控制图	平均值—极差控制图	$\bar{X}$-R	最常用，判断工序是否比正常的效果好，但计算工作量很大	适用于产品批量较大的工序
	中位数—极差控制图	Me-R	计算简便，但效果较差	适用于产品批量较大的工序
	单值—移动极差控制图	X-Rs	简便省事，并能及时判断工序是否处于稳定状态。缺点是不易发现工序分布中心的变化	因各种原因（时间、费用等）每次只能得到一个数据或希望尽快发现并消除异常原因

续表

类别	名称	控制图符号	特点	适用场合
计数值控制图	不合格品数控制图	Pn	较常用，计算简单，操作工人易于理解	样本容量相等
	不合格品率控制图	P	计算量大，控制线凹凸不平	样本容量不等
	缺陷数控制图	C	较常用，计算简单，操作工人易于理解	样本容量相等
	单位缺陷数控制图	U	计算量大，控制线凹凸不平	样本容量不等

(1) 平均值—极差控制图。对于计量值数据而言，$\bar{X}$-R 控制图是最常用、最重要的控制图。$\bar{X}$ 图的统计量为均值，反映在 X 上的异常波动往往是在同一个方向的，它不会通过均值的平均作用抵消。因此，正图检出异常的能力高，R 图的灵敏度则不如 $\bar{X}$ 图高。

(2) 中位数—极差控制图。Me-R 控制图只是用中位数图代替均值图。由于中位数的计算比均值简单，所以多用于现场需要把测定数据直接计入控制图进行控制的场合，这时为了简便，应规定为奇数个数据。

(3) 单值—移动极差控制图。X-Rs 控制图适用的场合，一是对每一个产品都进行检验，采用自动化检查和测量的场合；二是取样费时、昂贵的场合；三是化工等过程，样品均匀，多抽样也无太大意义的场合。由于单值—移动极差控制图不像前两种控制图那样能取得较多的信息，所以判断过程变化的灵敏度要差一些。

(4) 不合格品数控制图。Pn 是用来度量一个检验中不合格品的数量。Pn 控制图表示不合格品的实际数量而不是与样本的比例，适用于检验数相同的分组，通常作为不合格品率控制图的一个补充。Pn 控制图是由每一组数据不合格品数组成的连线图，在样本大小相同的情况下，用 Pn 控制图比较方便。

(5) 不合格品率控制图。P 用来测量在一批检验项目中不合格品（不符合或所谓的缺陷）项目的百分数，属于计数类控制图。不合格品率控制图是由每一组数据的不合格品率组成的连线图，常见的不良率有不合格品率、废品率、交货延迟率、缺勤率，邮电、铁道部门的各种差错率等。

(6) 缺陷数控制图。C 控制图用来测量一个检验批内缺陷的数量。缺陷数控制图是对单位缺陷数控制图的一种补充。缺陷数控制图是用来控制相对缺陷数的变化状况，有利于不同条件下的部门考核，有利于公司品质方针与政策的执行，如布匹上的疵点数、铸件上的砂眼数、机器设备的缺陷数或故障次数、传票的误记数、每页印刷错误数、办公室的差错次数等。

(7) 单位缺陷数控制图。U 控制图用来测量具有容量不同的样本的子组内每检验单位产品内的缺陷数量。U 控制图也是对不良率控制图的一个补充。在实际品质管理中，对各个部门进行品质考核时，由于各个部门的产量不同，使用不良率进行考核就不一定合理，而单位缺陷数可以更好地满足部门考核需要。

2) 按照控制图的用途分类

按照控制图的用途，可以分为分析用控制图和控制用控制图。

(1) 分析用控制图。一道工序开始应用控制图时，几乎总不会恰巧处于稳态，即总存在异常因素。如果就以这种非稳态状态下的参数来建立统计过程控制图，控制图界限之间的间隔一定较宽，以这样的控制图来控制未来，将会导致错误的结论。因此，一开始需要将非稳态的过程调整到稳态，这就是分析用控制图。分析用控制图的作用有：所分析的过程是否处于统计控制状态，以及该过程的过程能力指数是否满足要求。若经过分析后，生产过程处于非统计控制状态，则应查找原因并加以消除。

(2) 控制用控制图。控制用控制图由分析用控制图转化而成，用于对生产过程进行连续监控，按照确定的抽样间隔和样本大小抽取样本，计算统计量数值并在控制图上描点，判断生产过程是否异常。控制用控制图在使用一段时间后，应根据实际情况对中心线和控制界限进行调整。

▶ **2. 选择控制图的程序**（见图7-4）

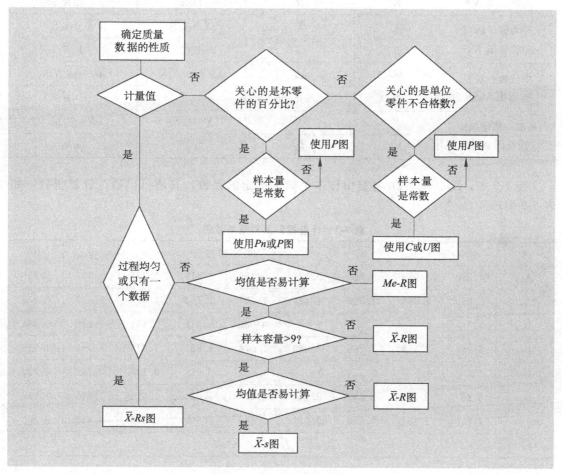

图7-4　选择控制图的程序

课堂思考：判断以下质量特性值适用哪种控制图：

(1) 轴承直径。

(2) 教材上的印刷缺陷数。

(3) 每100个产品种有缺陷的产品数量。
(4) 每箱产品的重量。

7.2.3 控制图的控制界限

对于控制图的控制界限计算公式,世界上各个国家都有相应的标准。中华人民共和国国家标准《常规控制图》(GB/T 4091-2001),等同于国际标准《休哈特控制图》(ISO 8258:1991)及其1993年的修订本。

▶ 1. 常规计量控制图的界限公式

常规计量控制图的界限公式如表7-2所示。

表7-2 常规计量控制图的界限公式

控制图名称与代号		CL	UCL	LCL
平均值—极差控制图 $\overline{X}$-R	$\overline{X}$	$\overline{\overline{X}}$	$\overline{\overline{X}}+A_2\overline{R}$	$\overline{\overline{X}}-A_2\overline{R}$
	R	$\overline{R}$	$D_4\overline{R}$	$D_3\overline{R}$
平均值—标准差控制图 $\overline{X}$-S	$\overline{X}$	$\overline{\overline{X}}$	$\overline{\overline{X}}+A_3\overline{S}$	$\overline{\overline{X}}-A_3\overline{S}$
	S	$\overline{S}$	$B_4\overline{S}$	$B_3\overline{S}$
中位数—极差控制图 Me-R	Me	$\overline{Me}$	$\overline{Me}+m_3A_2\overline{R}$	$\overline{Me}-m_3A_2\overline{R}$
	R	$\overline{R}$	$D_4\overline{R}$	$D_3\overline{R}$
单值—移动极差控制图 X-Rs	X	$\overline{X}$	$\overline{X}+E_2\overline{Rs}$	$\overline{X}-E_2\overline{Rs}$
	Rs	$\overline{Rs}$	$D_4\overline{Rs}$	$D_3\overline{Rs}$

表7-2中,A_2、A_3、D_4等是由样本个数 n 确定的系数,其值可以通过计算得到,如表7-3所示。

表7-3 计量控制图界限系数表

n	2	3	4	5	6	7	8	9	10
A_2	1.880	1.023	0.729	0.577	0.483	0.419	0.373	0.337	0.308
A_3	2.659	1.954	1.628	1.427	1.287	1.182	1.099	1.032	0.975
B_3	0	0	0	0	0.030	0.118	0.185	0.239	0.284
B_4	3.267	2.568	2.266	2.089	1.970	1.882	1.815	1.761	1.716
D_3	0	0	0	0	0	0.076	0.136	0.184	0.223
D_4	3.267	2.574	2.282	2.114	2.004	1.924	1.864	1.816	1.777
m_3A_2	1.880	1.187	0.796	0.691	0.549	0.509	0.432	0.412	0.363
E_2	2.660 $n=2$								

▶ 2. 常规计数控制图的界限公式

计数控制图是通过记录所考察的样本中每个个体是否具有某种特性(或特征),如合格与不合格、合格率与不合格率、缺陷与单位缺陷等某种事件所发生的次数对过程进行监控的控制图。常规计数控制图的界限公式如表7-4所示。

表 7-4 常规计数控制图的界限公式

制图名称与代号		CL	UCL	LCL
不合格频率控制图	P	$\bar{p}$	$\bar{p}+3\sqrt{\dfrac{\bar{p}(1-\bar{p})}{n}}$	$\bar{p}-3\sqrt{\dfrac{\bar{p}(1-\bar{p})}{n}}$
不合格品数控制图	Pn	$n\bar{p}$	$n\bar{p}+3\sqrt{n\bar{p}(1-\bar{p})}$	$n\bar{p}-3\sqrt{n\bar{p}(1-\bar{p})}$
缺陷数控制图	C	$\bar{c}$	$\bar{c}+3\sqrt{\bar{c}}$	$\bar{c}-3\sqrt{\bar{c}}$
缺陷率控制图	U	$\bar{u}$	$\bar{u}+3\sqrt{\bar{u}/n_i}$	$\bar{u}-3\sqrt{\bar{u}/n_i}$

7.2.4 控制图的观察与分析

应用控制图的目的是使生产过程或工作过程处于稳定状态。所谓稳定状态，是指生产过程或工作过程仅受偶然因素影响，其产品质量特性的分布基本上不随时间而变化的状态；反之，则为非控制状态或异常状态。观察分析控制图的常用准则有判稳准则和判异准则。

▶ 1. 判稳准则

在生产过程中只存在偶然因素而不存在异常因素对过程的影响状态，这种状态称为统计控制过程状态或稳定状态，简称稳态。稳态是生产过程追求的目标。在统计量为正态分布的情况下，只要有一个点在界限外就可以判断有异常。但由于两类错误的存在，只根据一个点在界限外远不能判断生产过程处于稳态。如果连续在控制界内的点更多，即使有个别点出界，过程仍可看作是稳态的，这就是判稳准则。

(1) 控制图上的点不超过控制界限或正好在控制界限上；
(2) 控制图上的点排列分布没有缺陷。

关于第(1)条标准，在下述情况下也可以认为基本上处于控制状态，作为以后进行控制所遵循的依据：①连续 25 点都在控制界限内；②连续 35 点中，仅有 1 点超出控制界限或在控制界限上；③连续 100 点中，不多于 2 点超出控制界限或正在控制界限上。

关于第(2)条标准，控制图上点的排列分布没有缺陷，指的是控制图上点的分布没有判异准则所列的各种情况。

▶ 2. 判异准则

控制图上的点依样本时间序列而出现在控制图上，通常是很随机地散布在控制界限内。有时点虽未超出控制界限，但一连串好几个点都在控制图的中心线以上或点呈现周期性变化时，也可判为异常。

判异准则有两类：①点出界就判异，这一点是针对界外点的；②界内点排列不随机判异，这一点则是针对界内点的。

国家标准 GB/T 4091-2001《常规控制图》中规定了 8 种判异准则。为了应用这些准则，将控制图等分为 6 个区域，每个区域宽度为 1σ。这 6 个区域的标号分别为 A、B、C、C、B、A，其中两个 A 区、B 区、C 区都关于中心线对称。需要指明的是，这些判异准则主要适用于 $\bar{X}$ 图和单值 X 图，且假定质量特性 X 服从正态分布。

准则 1：1 个点落在 A 区以外(见图 7-5)。点超出控制界限的概率为 0.27%。发生点出界的情况,则可以认为生产过程中出现了异常变化,即处于失控状态。点超出上界说明均值增大,点超出下界说明均值减小。

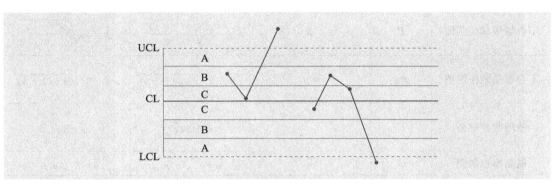

图 7-5　准则 1

准则 2：连续 9 个点落在中心线同一侧(见图 7-6)。当过程处于受控状态时,连续 9 个点落在中心线同一侧的概率为 0.390 6%,出现这种情况可能是过程发生漂移。落在中心线上侧说明均值增大;在中心线下侧说明均值减小。

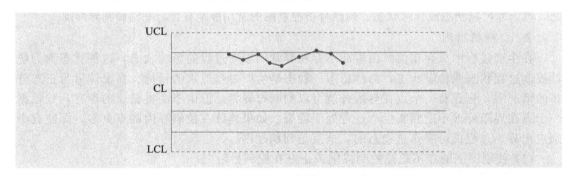

图 7-6　准则 2

准则 3：连续 6 个点递增或递减的趋势(见图 7-7)。当过程处于受控状态时,发生 6 个点趋势的概率为 0.273 3%,出现这种情况可能是设备、工具磨损或操作者疲劳等原因造成的。递增,说明均值逐渐增大;递减,说明均值逐渐减小。

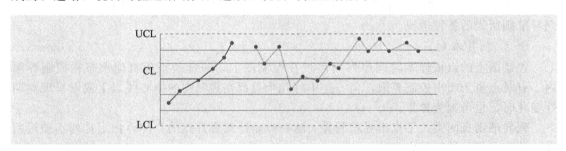

图 7-7　准则 3 和准则 4

准则 4：连续 14 个点中相邻点交替上下(见图 7-7)。当过程处于受控状态时,连续 14 个点中相邻点交替上下的概率为 0.4%,出现这种情况可能是存在两个总体造成的。

准则 5：连续 3 个点中有 2 个点落在中心线同一侧的 B 区以外(见图 7-8)。当过程处于受控状态时,连续 3 个点中有 2 个点落在中心线同一侧的 B 区以外的概率,一是 2 个点落在中心线同一侧的 B 区与 A 区的界限上的概率为 2.14%，二是 2 个点落在中心线同一侧的 A 区的界限内的概率为 0.268%。落在中心线以上的 B 区外，说明均值增大；落在中心线以下的 B 区外，说明均值减小。

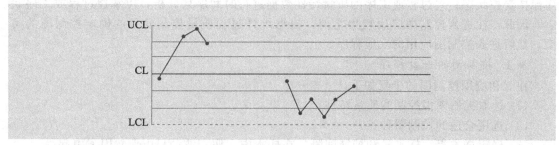

图 7-8　准则 5 和准则 6

准则 6：连续 5 个点中有 4 个点落在中心线同一侧的 C 区以外（见图 7-8）。当过程处于受控状态时，连续 5 个点中有 4 个点落在中心线同一侧的 C 区以外的概率为 0.533 1%，如果落在中心线以上的 C 区外，说明均值增大；落在中心线以下的 C 区外，说明均值减小。

准则 7：连续 15 个点落在中心线两侧的 C 区之内（见图 7-9）。当过程处于受控状态时，发生连续 15 个点落在中心线两侧的 C 区之内的概率为 0.326%，出现这种情况可能是数据分层不够，控制线过宽或存在虚假数据等原因造成的。

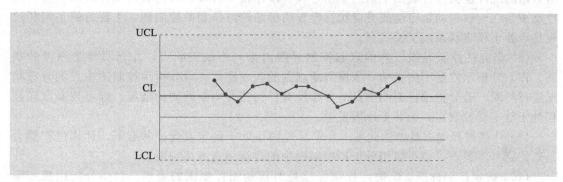

图 7-9　准则 7

准则 8：连续 8 个点落在中心线两侧且无 1 个点在 C 区内（见图 7-10）。当过程处于受控状态时，发生连续 8 个点落在中心线两侧且无 1 个点在 C 区内的概率为 0.010 3%，出现这种情况可能是标准偏差加大或质量数据来源于两个或更多过程等造成的。

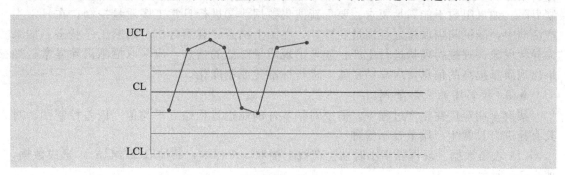

图 7-10　准则 8

7.2.5 控制图的应用

应用控制图的主要目的是发现过程或工序异常点,追查原因并加以消除,使过程或工序保持受控状态;对过程或工序的质量特性数据进行时间序列分析,以掌握过程或工序状态。因此,在进入控制图应用程序之前,根据统计过程质量控制的目的确定控制图的类型,然后进入控制图应用的一般程序。

▶ 1. 控制图的一般程序

建立和应用控制图的步骤如下。

(1) 选取控制图拟控制的质量特性。

(2) 选用合适的控制图种类。

(3) 确定样本组、样本量和抽样间隔,在样本内,假定波动只由偶然因素引起。

(4) 收集并记录至少 20~25 个样本组的数据,或使用以前所记录的数据。

(5) 计算各样本的统计量;

(6) 计算各统计量的控制界限,不同图种的控制图其控制界限的计算公式各不相同,但都需要计算 CL、UCL、LCL,计算公式根据统计量的分布特征值及相互关系推导而得。

(7) 画控制图并标出各组统计量,根据计算的控制界限数值,在控制图纵坐标上标出刻度,并描出 CL、UCL、LCL 三条界限。控制图横坐标的刻度为样本号。按数据表中各组数据的统计量值在控制图中描点并用直线线段连接为折线,即为分析用控制图。分析用控制图是在对过程的稳定性或受控状态没有明确结论时绘制的控制图,主要目的是判断过程是否处于稳定状态或受控状态。

(8) 研究在控制界限以外的点和控制界限内排列有缺陷的点,并标明异常原因的状态。作为分析用控制图的完结,依据判断规则的各项准则,对分析用控制图中点的分布状况进行判断。若分析用控制图中点的分布没有任何违背判断准则的情况,即可判断取样过程处于稳定受控状态,无异常原因发生。

(9) 计算过程能力是否达到基本要求。过程是处于稳定或受控状态下,计算过程能力是否达到基本要求,也可以用分析用控制图中的数据做直方图判断。

(10) 确定控制标准。①确定控制标准是对控制用控制图的要求。利用分析用控制图的判断,如果过程稳定,无异常发生,且过程能力指数满足技术要求,可将分析用控制图的控制界限延长作为标准,此时分析用控制图转化为控制用控制图,以对日常过程或工序控制进行监管。如果过程不稳定,有异常发生,或过程能力指数不能满足技术要求,要对分析用控制图进行修正。修正时,如果组数能满足要求,可剔除不合理数据,重新得到控制界限。如果组数不能满足要求,要重新搜集数据。②进行日常工序质量控制。在日常生产活动中,随机间隔取样进行测量和计算,在图上描点、观察分析、判断工序状态。如果无异常现象,则维持现状进行生产;如果出现质量降低的信息,应采取措施消除异常;如果出现质量提高的信息,应总结经验,进行标准化或制度化。

▶ 2. 控制图的应用举例

某汽车制造厂在生产过程中,需要对轴零件的制造过程建立平均值—极差控制图,对其直径进行日常生产质量控制管理。

(1) 收集数据。现每隔半小时在生产线上抽取 5 个样本,共抽取 20 组(k),形成数据,如表 7-5 所示。

表 7-5 轴直径的数据表

组号	样本数据					计算统计量	
	x_1	x_2	x_3	x_4	x_5	$\bar{x}$	R
1	6.470	6.478	6.480	6.480	6.478	6.477	0.010
2	6.468	6.474	6.474	6.480	6.481	6.475	0.013
3	6.470	6.472	6.475	6.473	6.475	6.473	0.005
4	6.463	6.465	6.465	6.484	6.492	6.474	0.029
5	6.474	6.475	6.475	6.477	6.480	6.476	0.006
6	6.475	6.479	6.483	6.489	6.492	6.484	0.017
7	6.475	6.483	6.480	6.479	6.480	6.479	0.008
8	6.474	6.476	6.480	6.484	6.484	6.480	0.010
9	6.475	6.481	6.480	6.482	6.482	6.480	0.007
10	6.468	6.472	6.475	6.477	6.490	6.476	0.022
11	6.473	6.470	6.477	6.476	6.475	6.474	0.007
12	6.470	6.478	6.473	6.480	6.484	6.477	0.014
13	6.485	6.493	6.488	6.495	6.500	6.492	0.015
14	6.464	6.466	6.472	6.478	6.480	6.472	0.016
15	6.475	6.476	6.478	6.475	6.485	6.478	0.010
16	6.462	6.465	6.481	6.483	6.489	6.476	0.027
17	6.470	6.475	6.474	6.486	6.485	6.478	0.016
18	6.472	6.472	6.485	6.488	6.500	6.483	0.028
19	6.471	6.486	6.484	6.487	6.485	6.483	0.016
20	6.475	6.478	6.481	6.485	6.489	6.482	0.014
平均						6.478	0.015

(2) 计算统计量。计算每组的均值和极差，结果已计入表中。

(3) 计算 20 组的总均值和平均极差。

$$\bar{\bar{x}} = \frac{1}{k}\sum_{i=1}^{k}\bar{x}_i = 6.478, \bar{R} = \frac{1}{k}\sum_{i=2}^{k}R_i = 0.015$$

(4) 计算控制界限。

均值图：$CL = \bar{\bar{x}} = 6.478$；$UCL = \bar{\bar{x}} + A_2\bar{R} = 6.487$；$LCL = \bar{\bar{x}} - A_2\bar{R} = 6.470$。

极差图：$CL = \bar{R} = 0.015$；$UCL = D_4 R = 0.032$；$LCL = D_3 R = 0$。

(5) 做分析用控制图。根据所计算 $\bar{x}$ 图和 R 图的控制界限数值，分别建立两个图的坐标系，并对坐标轴进行刻度。分别以各组数据的统计量、样本号相对应的一组数据，在平均值和极差控制图上描点连线，即得到分析用控制图，如图 7-11 所示。

(6) 分析生产过程是否处于控制状态(稳定状态)。观察图 7-11 的 $\bar{x}$ 图和 R 图的控制

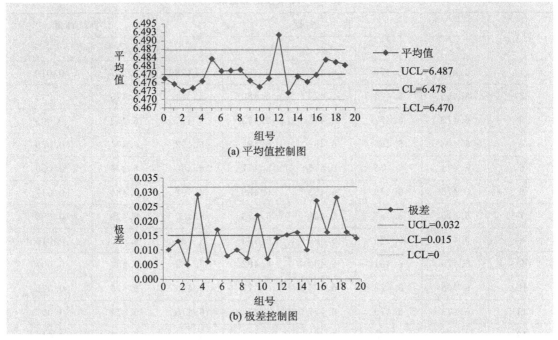

图 7-11 轴零件直径的平均值—极差控制图

图,根据判断准则,均值图中的点已经出界,初步判断该过程是不稳定的。在实际生产过程中,为谨慎起见还会继续收集数据,并对控制图进行修正,以便用于控制。

7.3 过程能力分析

产品及其生产过程的质量变异是客观存在的。在实际工作中,既要承认这种变异,又要对其进行限制,这种限制是按照用户对产品质量的要求,在设计过程中给定其质量特性值的公差范围,例如,对材料成分的公差值、对铸件表面允许缺陷的公差值、对锻件屈服强度的公差值、对热处理硬度的公差值、对机械加工尺寸的公差值和对表面处理镀层厚度的公差值等,并以此作为评定产品质量是否合格的标准。但是,任何产品的设计质量是靠生产过程中每个过程的质量予以保证的,因此需要控制每个过程对产品质量保证的程度,即进行过程能力分析。

7.3.1 过程能力与过程能力指数

▶ 1. 过程能力

过程能力(process capability,PC)又叫工序能力,是指过程(或工序)处于稳定状态下的实际加工能力。它是衡量工序质量的一种标志,在机械加工业中又叫加工精度。过程能力是过程处于统计控制状态下,加工产品质量正常波动的经济幅度,通常用质量特性值分布的 6 倍标准偏差来表示,记为 $B=6\sigma$,其数值越小越好。

过程能力未必能够始终保持稳定,根据对过程控制的好坏,可以有某种程度的稳定性，但不是绝对的，例如，设备各个部分自然的磨损会引起过程能力的变化，因此有必要区分短期过程能力和长期过程能力的概念。短期过程能力是指在一个操作循环中测量所得的数据，经过分析后，仅由偶然因素引起的变异，过程属于统计控制状态下，方可计算短期过程能力，也可称为机器能力指数，用于分析新设备的能力指标。长期过程能力是在短期过程受控状态下，经过很长时间测量所得的数据，经过分析，过程处于统计控制状态下，方可计算长期过程能力，它实际上是偶然因素和异常因素之和所引起的总变异。

▶ 2. 过程能力指数

工序能力是表示生产过程客观存在着分散的一个参数，但是这个参数能否满足产品的技术要求，仅从它本身还难以看出。因此，还需要另一个参数来反映工序能力满足产品技术要求（公差、规格等质量标准）的程度，这个参数就叫作工序能力指数，它是技术要求和工序能力的比值。

过程能力指数是表示过程能力满足过程质量标准要求程度的量值。它用过程质量要求的范围（公差）和过程能力的比值表示，一般记为 Cp，其公式为

$$Cp = \frac{T}{6\sigma}$$

式中，T 表示过程公差，$T = T_U - T_L$，其中 T_U 表示公差上限，T_L 表示公差下限，T_M 表示公差分布的中心；σ 为总体标准差。在实际应用中，当所选取的样本量超过 100 时，通常默认用样本的均值和标准差代替总体的均值和标准差，即 $\sigma \approx S$，$\mu \approx \overline{x}$。

过程能力指数的值越大，表明产品的离散程度相对于技术标准的公差范围越小，过程能力就越高；过程能力指数的值越小，表明产品的离散程度相对公差范围越大，过程能力就越低。因此，可以从过程能力指数的数值大小来判断能力的高低。从经济和质量两方面的要求来看，过程能力指数值并非越大越好，而应在一个适当的范围内取值，通常要求 Cp 大于 1。

7.3.2 过程能力的计算

生产中最常用的过程能力指数是短期过程能力指数，其计算又分为以下几种情况。

▶ 1. 双侧规格过程能力指数

双侧规格下，质量特性值有上下限的要求，如桌子的长度和宽度。双侧规格下有两种情况：

（1）双侧规格要求下，过程分布中心 μ（样本均值 $\overline{x}$）与质量标准公差中心 T_M 重合，如图 7-12 所示。

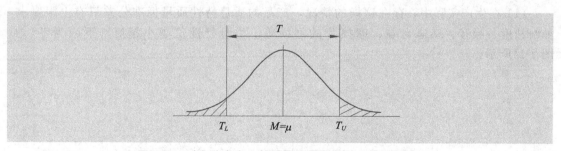

图 7-12　过程分布中心与质量标准公差中心重合的情况

设样本的质量特性值服从正态分布 $N(\mu, \sigma^2)$。样本足够大时，常利用所有样本数据

的标准偏差 S 来估计标准差 σ。当过程分布中心与质量标准公差中心重合时，这时的过程能力指数计算公式为

$$Cp = \frac{T}{B} = \frac{(T_U - T_L)}{6\sigma} = \frac{(T_U - T_L)}{6S}$$

此时，产品的不合格率为

$$P = 2\Phi\left(\frac{T_L - \mu}{\sigma}\right) = 2[1 - \Phi(3Cp)]$$

式中，$\Phi(x)$ 为标准正态分布函数，其值可以根据正态分布函数表查出相关函数值。

（2）双侧规格要求下，过程分布中心 μ（样本均值 $\bar{x}$）与质量标准公差中心 T_M 不重合，如图 7-13 所示。

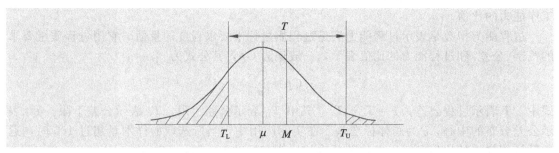

图 7-13　过程分布中心与质量标准公差中心不重合的情况

在生产实际中，质量特性的实际分布中心往往与质量标准公差中心不重合而产生一定的偏移，即 $\mu \neq T_M$ 时，称此过程有偏移。此时，偏移量 $\varepsilon = |T_M - \mu|$，偏移系数 $k = \varepsilon/(T/2) = 2\varepsilon/T$。此时，潜在过程能力指数 Cp 不能反映有偏移的实际情况，需要加以修正，应用 Cpk 表示，其计算公式为

$$Cpk = (T/2 - \varepsilon)/3\sigma = (T - 2\varepsilon)/6\sigma = (T - 2\varepsilon)/6S = Cp(1 - k)$$

此时，过程不合格品率为

$$P = 2 - [1 - \Phi(3Cp)] - \Phi[3Cp(1 + K)]$$

从分析结果可以看出无偏移情况的 Cp，表示过程加工的一致性，即"过程质量能力"，Cp 越大，过程质量能力越强；而有偏移情况的 Cpk 表示过程分布中心与质量标准公差中心偏移情况下的过程能力指数，Cpk 越大，则两者偏离越小，是过程的"质量能力"与"管理能力"两者综合的结果。故 Cp 和 Cpk 两者的着重点不同，需要同时加以考虑。

▶ 2. 单侧规格要求下，仅有质量特性值上限（T_U）或下限（T_L）要求

（1）在生产实际中，存在这样的情况，产品的质量特性质量标准公差只有上限要求，如清洁度、噪音、杂志含量、摩擦片的磨损等，质量特性值越小越好，下限为零，如图 7-14 所示。

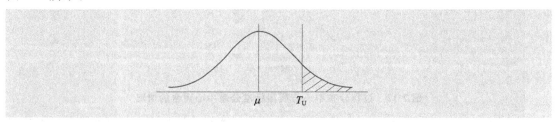

图 7-14　单侧规格要求下质量特性值仅有上限要求

由图 7-14 可以看出，产品质量特性值规格范围是左开右闭区间，即质量特性值 $x \leqslant T_U$ 为合格品，修正后的过程能力指数用 Cpu 表示，其公式为

$$Cpu = \frac{T_U - \mu}{3\sigma} \approx \frac{T_U - \bar{x}}{3S}$$

此时，过程不合格率为

$$p = p[x < T_U] = 1\Phi[Cp(1-k)]$$

(2) 在生产实际中，存在这样的情况，产品的质量特性质量标准公差只有下限要求，如材料的强度、零件的寿命、营养物质添加量等，质量特性值上限可认为无限大，如图7-15所示。

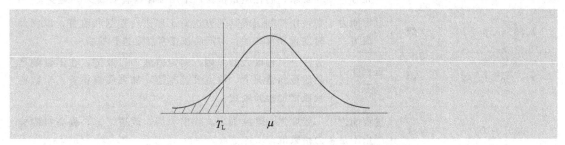

图 7-15　单侧规格要求下质量特性值仅有下限要求

由图 7-15 可以看出，产品质量特性值规格范围是左闭右开区间，即质量特性值 $x \geqslant T_L$ 为合格品，修正后的过程能力指数用 Cpl 表示，其公式为

$$Cpl = \frac{\mu - T_L}{3\sigma} \approx \frac{\bar{x} - T_L}{3S}$$

此时，过程不合格率为

$$p = p[x < T_L] = 2\Phi(-3Cpl)$$

拓展案例

过程能力指数的计算

某零件质量要求为 20±0.15，抽样 100 件，测得 $\bar{x}=20.05$mm，$\sigma=0.05$mm，求过程能力指数。

解：抽取 100 个样本，样本量足够大，可以用样本的均值和标准差代替总体的均值和标准差。

因为 $T_M = (T_U + T_L)/2 = 20.00 \neq \bar{x}$，所以 $\varepsilon = |T_M - \mu| = 0.05$，$Cpk = (T - 2\varepsilon)/6\sigma = 0.67$。

7.3.3　过程能力评价与处置

过程能力指数客观且定量地反映了过程能力满足质量标准的程度。它与生产过程中的加工能力和管理水平有关。过程能力指数越大，产品的加工质量就越高，过程能力越大。因此，在实际生产中，根据过程能力指数的大小对过程的加工能力进行分析和评价，以便于采取必要的措施，既要保证过程质量，又要使成本适宜。

▶ 1. 无偏状态下过程能力评价

一般情况下，无偏状态是指过程中心与质量标准公差中心重合，过程能力评价及处理可以参照表 7-6 所示的标准。但需要指出的是，表中所列的标准并不是绝对的，应视具体

情况而定。

表 7-6 过程能力指数的评价

范　围	等级	判断	措　施
$Cp \geqslant 1.67$	特级	过程能力过于充分	为提高产品质量,对关键或主要项目再次缩小公差范围;或为提高效率、降低成本而放宽波动幅度,降低设备精度等级等
$1.67 > Cp \geqslant 1.33$	1级	过程能力充分	当不是关键或主要项目时,放宽波动幅度;降低对原材料的要求;简化质量检验,采用抽样检验或减少检验频次
$1.33 > Cp \geqslant 1$	2级	过程能力尚可	必须用控制图或其他方法对工序进行控制和监督,以便及时发现异常波动;对产品按正常规定进行检验
$1 > Cp \geqslant 0.67$	3级	过程能力不足	分析分散程度大的原因,制定措施加以改进,在不影响产品质量的情况下,放宽公差范围,加强质量检验,全数检验或增加检验频次
$0.67 > Cp$	4级	过程能力严重不足	一般应停止继续加工,找出原因,改进工艺,提高过程能力指数值

(1) 特级:过程能力过于充分。在过程或工序允许的情况下,可考虑放宽管理或降低成本,可放宽检查,如人和设备的配备可相对降低一些,这样可以带来降低成本、提高效率的效果;提高产品的原设计精度,改进产品性能;加大抽样间隔,减少抽验件数,降低检验的各种消耗。

(2) 1级:过程能力充分。按过程进行管理,正常运转;非重要过程或工序可允许小的外来波动;对不重要的过程或工序可放宽检查,工序控制抽样间隔可放宽。

(3) 2级:过程能力尚可。必须加强对生产过程的监控,防止外来波动;调查各因素,做必要改进;严格执行各种规范、标准、制度;坚持合理的抽样方案和检验规程。

(4) 3级:过程能力不足。必须采取措施提高过程或工序能力,通过因果图、排列图找出需要改进的因素;分析质量标准是否脱离实际,应实事求是地修正质量指标过严的情况;加强质量检验工作。

(5) 4级:过程能力严重不足。立即追查原因,采取紧急措施,提高工序能力,必须进行根本性的改革,要从根本上消除影响质量的关键因素。

▶ 2. 有偏状态下过程能力评价

一般情况下,有偏状态是指过程分布中心与质量标准公差中心不重合,出现了偏移。从统计的角度看有偏状态,中心偏移使得过程分布中心值不在目标值上,偏移量的出现使得过程能力指数降低,过程输出的不合格品率增加。表 7-7 和表 7-8 分别表示了存在偏移系数时的判断准则以及 Cp、k 与不合格率 p 的关系。

表 7-7 存在 k 时的判断准则

偏移系数 k	过程能力指数	采取措施
$0 < k < 0.25$	$Cp > 1.33$	不必调整均值
$0.25 < k < 0.50$	$Cp > 1.33$	要注意均值的变化
$0 < k < 0.25$	$1 < Cp < 1.33$	密切观察均值
$0.25 < k < 0.50$	$1 < Cp < 1.33$	采取必要调整措施

表 7-8 C_p、k 与不合格率 p 的关系

k \ C_p	0.00	0.08	0.16	0.24	0.28	0.32	0.36	0.40	0.44	0.52
0.50	13.39	13.64	14.48	15.86	16.75	17.77	13.92	20.19	21.58	24.7
0.60	7.19	7.48	8.37	9.85	10.81	11.92	13.18	14.59	16.51	19.9
0.70	3.57	3.83	4.63	5.99	6.89	7.94	9.16	10.55	12.10	15.74
0.80	1.64	1.89	2.46	3.55	4.31	5.21	6.28	4.53	8.88	12.48
0.90	0.69	0.83	1.25	2.05	2.62	3.34	4.21	5.27	6.53	9.76
1.00	0.27	0.35	0.61	1.14	1.55	2.07	2.75	3.59	4.65	7.49
1.10	0.10	0.14	0.29	0.61	0.88	1.24	1.74	2.39	3.23	9.66
1.20	0.03	0.05	0.13	0.31	0.48	0.72	4.06	1.54	2.19	4.20
1.30	0.01	0.02	0.05	0.15	0.25	0.42	0.63	0.96	1.45	3.06
1.40	0.00	0.01	0.02	0.07	0.18	0.22	0.36	0.59	0.98	2.19
1.50		0.00	0.01	0.03	0.06	0.11	0.20	0.35	0.59	1.54
1.60			0.00	0.01	0.03	0.06	0.11	0.20	0.36	1.07
1.70				0.01	0.01	0.03	0.06	0.11	0.22	0.72
1.80				0.00	0.01	0.01	0.03	0.06	0.13	0.48
1.90					0.00	0.01	0.01	0.03	0.07	0.31
2.00						0.00	0.01	0.02	0.04	0.20
2.10							0.00	0.01	0.02	0.13
2.20								0.00	0.01	0.08
2.30									0.01	0.05
2.40									0.00	0.03
2.50										0.02
2.60										0.01
2.70										0.01
2.80										0.00

▶ 3. 提高过程能力的途径

过程能力指数反映了过程能力，由过程能力指数的计算公式可见，影响过程能力指数有三个变量，即产品公差范围 T、过程加工的分布中心 $\bar{x}$ 和公差中心 T_M、过程质量特性值的分散程度 S。因此，提高过程能力的途径有三个：减少中心偏移量、减少标准偏差和增大公差范围。

1）调整过程加工的分布中心，减少中心偏移量

（1）通过收集数据，进行统计分析，找出大量连续生产过程中由于工具磨损、加工条件随时间逐渐变化而产生偏移的规律，及时进行中心调整，或采取设备自动补偿偏移或刀

具自动调整和补偿等。

（2）根据中心偏移量，通过首件检验，可调整设备、刀具等的加工定位装置。

（3）改变操作者的倾向性加工习惯，以公差中心值为加工依据。

（4）配置更为精确的量规，由量规检验改为量值检验，或采用高一等级的量具检测。

2）提高过程能力，减少分散程度

（1）修订工序，改进工艺方法，修订操作规程，优化工艺参数，补充增添中间工序，推广应用新材料、新工艺、新技术。

（2）检修、改造或更新设备，改造、增添与公差要求相适应的精度较高的设备。

（3）增添工具工装，提高工具工装的精度。

（4）改变材料的进货周期，尽可能减少由于材料进货批次的不同而造成的质量波动。

（5）改造现有的现场条件，以满足产品对现场环境的特殊要求。

（6）对关键工序、特种工艺的操作者进行技术培训。

（7）加强现场的质量控制，设置过程质量控制点或推行控制图管理，开展质量管理小组活动，加强质检工作。

3）增加公差范围

增加公差范围，其前提条件是必须保证放宽公差范围不会影响产品质量。在这个前提条件下，可以对不切实际的过高的公差要求进行修订，以提高过程能力指数。

时间证明，在过程能力分析时，减少中心偏移量的防误措施在技术上、操作上比较容易实现，同时也不必为此花费太多的人力、物力和财力，因此把它当作提高过程能力的首要措施。而只有当中心偏移量 $\varepsilon=0$，而 Cp 值仍然小于 1 时，才考虑提高过程能力，减少过程加工的分散程度或考虑是否有可能放宽公差范围。放宽公差范围必须不影响产品质量，不影响用户使用效果。

项目小结

本项目主要介绍了统计过程控制中的产品质量的统计规律、统计过程控制的特点及统计过程诊断；控制图的原理、类型、观察分析及应用；过程能力及过程能力指数的计算和过程能力评价与处置。系统学习了质量管理工作的核心内容统计过程控制。

本项目涉及质量管理统计方法的主要内容，是本课程的一个重点章节，理解和掌握这些内容对于在质量管理实际中分析和解决问题具有十分重要的意义。现代质量管理强调过程控制，也就是要使过程处于稳定受控状态。为了实现过程控制，必须采用科学的统计方法，捕捉过程中的异常先兆，并结合专业技术消除异常的质量波动。也就是说，统计过程控制是通过应用统计技术识别异常、消除异常，把不合格消灭于过程之中，达到预防不合格品产生的目的。实现预防性控制，消除过程中的异常因素，长期、稳定地保持过程能力，即具备保持不出现不合格品的能力。统计技术是实施过程控制的常备工具，是异常的警报装置。因此，在关键过程和关键工序必须有统计技术的应用，以预防不合格品的产生，确保过程能力在稳定中有所提高；控制图技术与方法用于监视和控制所有类型的产品（硬件、软件、流程性材料和服务）的生产和测量过程。

阅读资料

数理统计质量控制之父——沃尔特·休哈特

工业化时代进入20世纪之际,一位名叫沃尔特·休哈特的年轻工程师加入了制造行业,并开始尝试运用数理统计方法进行工序的质量控制。作为美国质量学会荣誉会员的第一人,他成功地将统计、工序流程与经济理论融为一体,奠定了现代质量管理技术的基石,因此被称为现代"质量控制之父"。休哈特所创立的控制图,作为一种直观而有效的工具而被广泛推广和应用。

休哈特是"不厌其烦地发展并检验自己和他人思想的科学家,是科技社会展的敏锐观察者",当人们还在讨论物理及技术系统活动的随机性,以及在这些系统中采用统计学原理予以调控的可能性时,休哈特已经提出了解决的办法。其1931年所著的《产品质量的经济控制》和1967年出版的《工业质量控制》,至今仍被视为质量控制基本原理的经典之作。

休哈特的巨大成就与其扎实雄厚的物理学背景密不可分。他在伊利诺斯大学获经济学硕士学位,在加利福尼亚大学伯克利分校获物理学博士学位,并曾先后在上述两所大学任教,其后还曾出任过威斯康星州师范学院物理系主任。

休哈特1918—1924年任西屋电气公司工程师,1925—1956年任职于贝尔电话实验室。此外,除了一直兼任哈佛社会关系委员、普林斯顿大学数学系顾问职务外,休哈特还经常应邀前往英国、印度等国家和地区,做有关质量控制和应用统计学的演讲和相关项目的咨询指导工作。

作为美国陆军总部和联合国的特别顾问,休哈特活跃于美国政府产业研究委员会和国际统计学会,并任著名的《数学统计序列》杂志的首席主编达20年之久。

休哈特获得成功的因素之一,是他善于从其他聪明、知识丰富的人那里获得智慧和思想,并对这些信息进行有条理的分析,提出建议和答案。他的绅士风度、对工作的热忱负责以及对他人的真诚关心,赢得了工商管理界的由衷尊敬。正如美国质协授予他荣誉会员时所评价的那样:"作为一名质量工作者,应该具有什么样的素质呢?首先他要有足够的智力,为大家拨开周围的迷雾。其次,他的胸怀必须宽广,善于表达他的理念和方法,让他的同行从中获益。最后,他必须拥有一个真正教育者应该具备的温情,让他的学生或追随者甚至相隔遥远的人与他亲近。所有这些性格,都在休哈特博士身上得到了突出体现。"

作为第一代创业者,休哈特对质量事业的发展寄予了殷切的期望和美好的憧憬。在去世前不久,他最后一次在美国质量学会年会上演讲时曾说:"在不久的将来,这个领域必将扩展到人们目前构想所不及的地方。希望你们继续这一令人喜悦和惊奇的事业。"半个世纪过去了,质量理念的延伸和技术方法的普及,证实了休哈特的预想。

资料来源:封林晚. 数理统计质量控制之父:沃尔特·休哈特[J]. 中国质量,2003(03):40.

案例分析

生产现场质量控制

某电缆厂生产的某种电线有8个生产工序:压胶、挤橡、硫化、试电、编织、过油、塑胶、包装。据分析,电线的质量不稳定,有时废品率高达80%以上,为解决这一问题,保证产品质量的稳定性,企业成立了课题组,进行分析并做出改进质量的决策。

一、问题分析与解决思路

质量问题分析流程如图 7-16 所示。

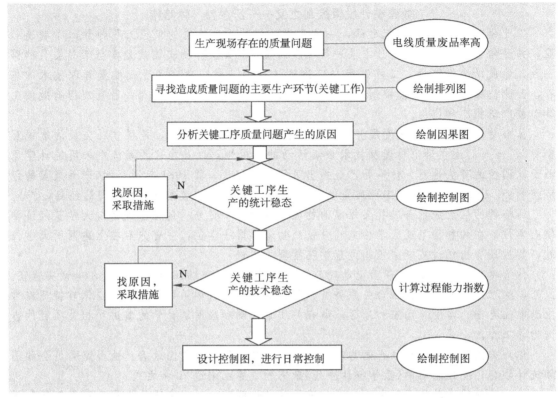

图 7-16 质量问题分析流程

二、具体措施

1. 寻找造成质量不稳定、废品率高的主要生产环节（关键工序）

根据需要，从废品电线中随机抽检获得 100 个数据，并编制不合格频率统计表，如表 7-9 所示。并排列图进行分析，如图 7-17 所示。由排列图可知，挤橡、塑胶是造成电线质量不稳定的关键工序（主要因素），硫化是次要因素，压胶和其他是一般因素。

表 7-9 不合格品统计表

原　　因	数量（件）	比率（%）	累积百分比（%）
挤橡	55	55	55
塑胶	20	20	75
硫化	15	15	90
压胶	7	7	97
其他	3	3	100
合计	100	100	

2. 分析关键工序质量问题产生的原因

针对造成电线质量不稳定的关键工序挤橡，课题组召开质量分析会，通过因果图进行详细分析,如图 7-18 所示。经过因果分析,明确了影响挤橡工序质量的各种原因。并且经现场测试验证后,对相对影响大的原因混合胶质量差、内外模对不好,采取了相应的措施,保证其处于正常稳定的状态。

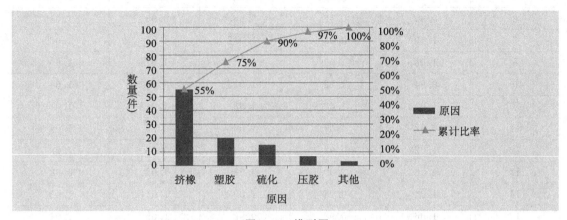

图 7-17 排列图

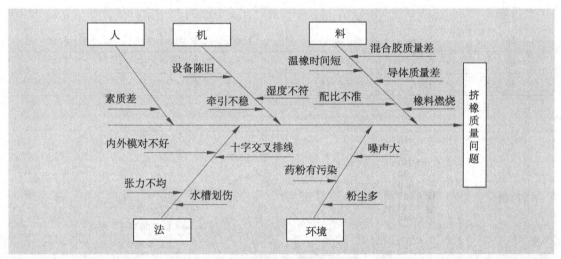

图 7-18 因果图

3. 分析关键工序挤橡的生产稳定情况——统计稳定

从工序中随机抽取 20 组 100 个数据(挤橡工序的质量特性是挤橡厚度,标准为 1 ± 0.1 mm),如表 7-10 所示。做控制图如图 7-19 所示。通过控制图分析得知工序处于稳定状态。

表 7-10 挤橡厚度统计表

组　号	x_1	x_2	x_3	x_4	x_5
1	0.94	0.96	1.07	0.96	1.012
2	0.94	1.02	0.98	0.98	1.08
3	1.012	1.02	1.04	0.98	1.02
4	1.00	0.96	0.92	0.96	1.013

续表

组　　号	x_1	x_2	x_3	x_4	x_5
5	1.00	1.08	1.07	1.014	1.00
6	0.94	0.96	0.96	0.98	1.012
7	1.00	0.98	1.012	1.06	1.021
8	1.08	1.02	1.04	1.07	1.00
9	0.94	1.02	1.012	0.98	1.04
10	1.012	1.02	1.08	1.012	1.012
11	0.92	1.07	1.00	0.96	1.06
12	1.02	0.93	0.98	0.98	1.08
13	0.98	1.00	0.93	1.02	0.98
14	1.04	0.96	1.00	1.04	1.02
15	1.06	0.98	0.92	1.05	1.04
16	1.00	1.02	1.02	1.04	1.08
17	0.94	1.08	1.02	1.012	0.96
18	1.08	0.93	1.00	1.05	0.99
19	0.94	1.06	0.95	1.06	1.02
20	1.02	0.98	1.00	1.04	0.94

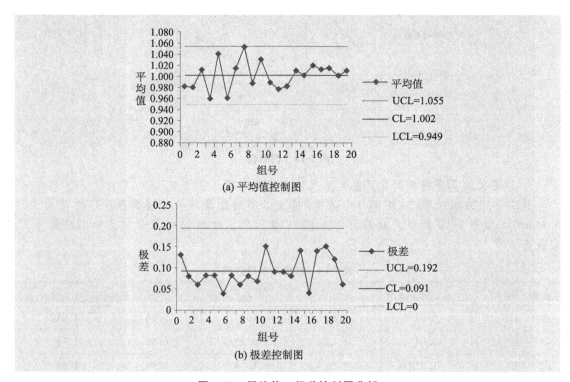

(a) 平均值控制图

(b) 极差控制图

图 7-19　平均值—极差控制图分析

4. 分析关键工序挤橡的工序能力——技术稳定

通过前面的分析，可以看出工序处于稳定状态。但是工序能力满足程度是否足够，需要进行过程能力分析。

(1) 计算比较过程分布中心与公差中心。过程分布中心通过 Excel 的函数求得约为 1.002，与公差分布中心不重合。

(2) 过程能力指数。因为过程分布中心与公差中心重合，所以过程能力指数 $Cpk=(T-2\varepsilon)/6\sigma$。样本量为 100，所以用样本的标准偏差 s 代替 σ，通过 Excel 的函数求得 $s=0.044$，$\varepsilon=1.002-1=0.002$，所以求得 $Cpk=0.742<1$，工序能力不足。针对这一情况，课题组提出提高工序能力的思路与措施，如要求操作者对自己的产品进行检查、控制自检正确率等。

三、改进后的工序能力分析

实施一段时间的改进措施后，为了验证是否有效，随机抽检产品，取得 100 个数据如表 7-11 所示，根据数据再计算工序能力指数、工序不合格频率，从而评价采取措施后的工序质量状态。

表 7-11　采取措施后收集的厚度统计表

组　号	x_1	x_2	x_3	x_4	x_5
1	1.00	0.96	1.04	1.04	1.01
2	1.04	1.02	1.04	0.98	1.02
3	0.99	1.02	0.98	0.98	1.00
4	1.00	0.96	1.02	0.96	1.02
5	1.00	1.02	1.02	1.00	1.00
6	0.98	0.96	0.96	0.98	1.04
7	1.00	0.98	0.98	1.01	1.02
8	1.00	1.02	1.04	0.98	1.00
9	0.94	1.02	1.01	0.98	1.00
10	1.06	1.02	1.00	0.98	1.00
11	1.02	1.02	1.00	1.04	1.02
12	1.02	0.99	1.04	0.98	1.01
13	0.98	1.00	1.00	1.02	0.98
14	1.04	1.00	1.00	1.04	1.02
15	1.06	0.98	1.02	0.96	1.04
16	1.00	1.00	1.00	1.00	1.02
17	1.06	1.00	1.02	1.00	0.96
18	1.00	1.02	1.00	0.93	1.06
19	1.06	1.02	0.95	1.06	1.02
20	1.02	0.96	1.00	1.04	0.99

做出均值—极差控制图,如图7-20所示。

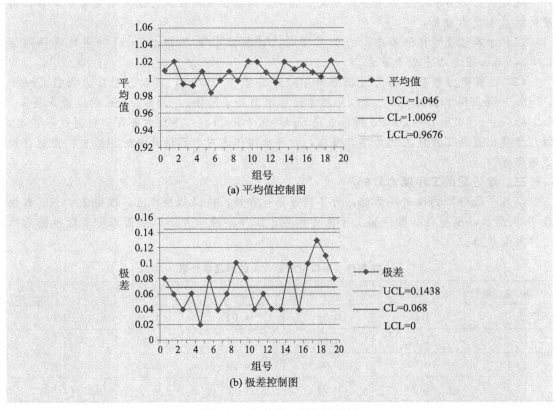

图7-20 平均值—极差控制图

1. 判断工序工程稳定

由图7-20可以看出,20个数据点均在控制界限内,且无其他异常情况,说明工序过程稳定。

2. 计算过程能力指数和工序不合格率

(1) 计算比较数据分布中心与公差中心。由Excel的AVERAGE函数得出 $\bar{x}=1.0069$,$T_M=1$,所以两者不相等,中心有偏差。

(2) 计算工序能力指数 Cpk。$\varepsilon=1.0069-1=0.0069$,$Cpk=(T-2\varepsilon)/6\sigma$。样本量为100,所以用样本的标准偏差 s 代替 σ,通过Excel的函数求得 $s=0.028593$。分别代入公式,求得 $Cpk=1.09$,$Cp=1.166$,$k=0.069$。

(3) 计算工序不合格率为

$$P=\phi[-3\times(1+k)Cp]+\phi[-3\times(1-k)Cp]=0.065\%$$

由此可见,改进后的工序质量状态较为稳定,并且工序能力有了显著提高,不合格率几乎降为0,工序生产能力达到了较高质量水平。

工序稳定,且工序能力满足顾客要求,说明图7-20可以作为日常所需的控制用控制图。在后续的生产中,操作人员应根据控制图所示的均值和极差的上下限,严格规范操作程序,将工序各环节控制在该范围内,以保证生产的稳定高效运行。

资料来源:白宝光. 质量管理理论与案例[M]. 北京:高等教育出版社,2012:124-131.

思考：
1. 你认为该课题组的问题分析和解决思路有什么可借鉴之处？为什么？
2. 利用案例中数据，用计算机画出控制图。

习 题

一、单项选择题

1. 控制图在生产工序中的主要作用是（　　）。
   A. 发现异常情况　　　　　　　　　B. 发现不合格产品
   C. 分析质量原因　　　　　　　　　D. 找出影响质量的主要原因
2. 工序处于稳定状态的直方图是（　　）直方图。
   A. 正常型　　　　B. 双峰型　　　　C. 平顶型　　　　D. 锯齿型
3. 当过程能力指数大于1且小于1.33时，认为过程能力（　　）。
   A. 过高　　　　　B. 充分　　　　　C. 尚可　　　　　D. 不充分
4. 计量型测量数据适用的控制图是（　　）。
   A. P 控制图　　　B. Pn 控制图　　C. C 控制图　　D. $\bar{x}\text{-}R$ 控制图
5. 在计量值控制图中，计算简便，但效果较差的是（　　）。
   A. 平均值—极差控制图　　　　　　B. 中位数—极差控制图
   C. 单值—移动极差控制图　　　　　D. 连续值—极差控制图
6. 在计数值控制图中，P 表示（　　）。
   A. 不合格品数控制图　　　　　　　B. 不合格品率控制图
   C. 缺陷控制图　　　　　　　　　　D. 单位缺陷数控制图
7. 工序能力的大小通常用（　　）的6倍来表示。
   A. 标准偏差　　　B. 极限偏差　　　C. 公差　　　　　D. 位置偏差
8. 公式 $Cp=\dfrac{T}{6\sigma}$ 的应用前提是（　　）。
   A. 分布中心与标准中心重合　　　　B. 分布中心与标准中心不重合
   C. 无论重合与否　　　　　　　　　D. 工序不存在质量波动
9. 当工序能力指数范围为 $0.67<Cp\leqslant 1$ 时，工序能力等级为（　　）级。
   A. 特　　　　　　B. 1　　　　　　C. 2　　　　　　D. 3

二、多项选择题

1. 计数值控制图的类别有（　　）。
   A. 不合格品数控制图　　　　　　　B. 不合格品率控制图
   C. 缺陷数控制图　　　　　　　　　D. 单位缺陷数控制数
   E. 均值控制图
2. 数据的统计特征值有（　　）。
   A. 平均值　　　　B. 方差　　　　　C. 中位数
   D. 级差　　　　　E. 标准偏差
3. 中华人民共和国国家标准《常规控制图》(GB/T 4091-2001)的8种判异准则中包括（　　）。
   A. 1个点落在B区以外　　　　　　　B. 连续9个点落在中心线同一侧
   C. 连续7个点递增或递减　　　　　　D. 连续14个点中相邻点上下交替

E. 连续15个点在C区中心线上下

4. 影响工序能力的变量是（　　）。

A. 产品质量特性　　B. 公差范围　　C. 中心偏移量

D. 标准差　　　　　E. 环境

三、简答题

1. 什么是生产过程的受控状态？为什么？
2. 为什么说计量值控制图必须两图两用？
3. 简述控制图对过程异常的判断准则。
4. 什么是过程能力指数？
5. 简述质量波动的原因。

四、计算题

1. 为了分析过程是否处于稳定状态，现每小时从过程中抽取5个样品，已抽取30组样本，求得各组均值总和为458.4，各组极差总和为127.6。假定 $n=5$，$A_2=0.577$，要求：

(1) 计算均值控制图的上下控制界限及中心值。

(2) 若绘制控制图并描点后发现1个点在上控制界限以上，其他点均在控制界限内并无异常排列，试判断其过程是否稳定？

2. 某小包装粮食装袋过程，要求为 $(1\,500\pm4)$ 克，实测均值为 1 501.2 克，测定值标准差 $s=0.8$ 克，求 Cpk 并判断过程能力等级和给出后续措施。

五、实践练习

某电子元件车间一号生产线生产一种电阻，该电阻作为电路板的元件之一，其阻值是一个重要的质量特性。按照设计标准要求，阻值在 $[82-4.1, 82+4.1]$，即 $[77.9, 86.1]$ 之间为合格品（单位：$k\Omega$）。为了监控电阻的质量特性的变化，质量管理人员每隔一小时从最新下线产品中随机抽取四个电阻并测定其阻值，得到一个样本。部分样本数据如表7-12所示。

表7-12　部分样本数据

组号	x_1	x_2	x_3	x_4	组号	x_1	x_2	x_3	x_4
1	81.86	81.61	82.98	81.33	9	80.69	80.49	82.16	84.29
2	82.09	81.06	80.48	80.07	10	82.72	82.12	81.77	81.60
3	81.21	82.77	79.95	80.72	11	80.98	81.33	81.60	80.70
4	81.23	80.61	81.68	82.13	12	80.42	82.20	80.13	80.24
5	83.20	82.50	82.37	80.54	13	82.11	82.13	83.22	82.17
6	82.68	82.48	82.96	82.12	14	82.40	81.41	82.93	83.13
7	80.17	81.83	81.12	81.41	15	81.55	80.91	81.31	82.43
8	80.40	81.60	85.00	83.80					

质量管理人员为保证产品的生产质量，通常对以下问题十分感兴趣：这种波动是否正常？波动是否服从某一分布？波动幅度是否偏大？波动的中心与质量特性的设计中心有多大差距？生产过程的能力如何？正常的波动下不合格品率有多大？如何尽早发现异常波动？如何提高过程能力降低不合格品率？等等。

要求：运用统计方法研究和解决上述这些生产过程中产品质量的控制和管理问题，并用计算机手段做出控制图进行分析。

项目8 质量改进

本项目重点

1. 质量改进的工作原理；
2. 质量改进的常用方法与工具；
3. 六西格玛管理的原理。

学习目标

1. 理解质量改进的意义；
2. 掌握质量改进的工作原理和步骤；
3. 掌握质量改进常用方法与工具；
4. 理解六西格玛管理的基本理论；
5. 理解 QFD 质量屋的基本原理。

课前导读

企业提供的产品或服务质量的好坏，决定了顾客的满意程度。要提高顾客的满意程度，就必须不断地进行质量改进。质量改进是质量管理的一个十分重要的环节。

传统的质量改进是一种应急和补救措施，目的是减少或消灭现场中操作人员出现的差错。例如，产品合格率下降时，通过生产班组和技术人员分析问题，找出问题所在，实施改进的措施，使产品合格率上升。直到 20 世纪 50 年代，现代质量管理理论在日本应用和发展，质量改进的内涵才得到了新的诠释和实践。他们发现，如果对生产流程、产品开发和质量成本降低等方面持续不断地改进与完善，不仅降低质量成本、提高产品的质量，还会实现技术上的突破。因此，日本的企业将质量改进拓展到企业经营的各个方面。鉴于日本企业在持续质量改进方面取得的重大成就，各国企业管理者开始重新审视质量改进工作，并结合全面质量管理在企业内部建立持续改进的渠道和组织氛围。不同的质量管理学者也不断提出质量改进的方法和工具，如美国质量管理专家克罗斯比的"零缺陷"运动就是为解决环境污染和航天技术发展的需要，而提出的新的质量概念：一次成功、零的缺陷，以及戴明的 PDCA 循环和朱兰的质量改进方法等。

质量成本研究的发展，提出生命周期质量成本概念。很多先进企业注意到有关顾客利润的预测、鉴定和故障成本的管理和控制，这使质量管理的价值观发生了改变，为从价值角度进行质量改进开辟了新方向。

8.1 质量改进概述

质量管理活动可划为两个类型：一类是维持现有的质量，其方法是"质量控制"；另一类是改进目前的质量，其方法是主动采取措施，使质量在原有的基础上有突破性的提高，即"质量改进"。

8.1.1 质量改进的内涵

▶ 1. 质量改进的含义

ISO 9000：2015 标准关于质量改进的定义为：质量改进是质量管理的一部分，致力于增强满足质量要求的能力。质量改进并不满足于现状，它提供一种"与时俱进"的进取精神，核心理念是要探索增强满足程度的新途径。因此，它要发扬创新精神，追求新的质量水平，实现质量水平的新提升、新突破。

美国质量管理学家朱兰在欧洲质量管理组织第 30 届年会上指出：质量改进是使效果达到前所未有的水平的突破过程。由此可见，质量改进的含义应包括以下内容。

1）质量改进的对象

质量改进的对象包括产品（或服务）质量以及与它有关的工作质量，也就是通常所说的产品质量和工作质量两个方面。前者如电视机厂生产的电视机实物的质量，饭店的输出服务质量等；后者如企业中供应部门的工作质量，车间计划调度部门的工作质量等。因此，质量改进的对象是全面质量管理中所叙述的广义质量概念。

2）质量改进的效果在于突破

朱兰认为：质量改进的最终效果是按照比原计划目标高得多的质量水平进行工作。如此工作必然得到比原来目标高得多的产品质量。质量改进与质量控制效果不一样，但两者是紧密相关的，质量控制是质量改进的前提，质量改进是质量控制的发展方向，控制意味着维持其质量水平，改进的效果则是突破或提高。可见，质量控制是面对今天的要求，而质量改进是为了明天的需要。

3）质量改进是一个变革的过程

质量改进是一个变革和突破的过程，该过程也必然遵循 PDCA 循环的规律。由于时代的发展是永无止境的，为立足于时代，质量改进也必然是永无止境的。

此外，还要深刻理解变革的含义，变革就是要改变现状。改变现状就必然会遇到强大的阻力，这个阻力来自技术和文化两个方面。因此，了解并消除这些阻力，是质量改进的先决条件。

▶ 2. 质量改进的策略

世界各国均重视质量改进的实施策略，方法各不相同。美国麻省理工学院 Robert Hayes 教授将其归纳为两种类型：一种称为递增型策略；另一种称为跳跃型策略，它们的区别在于：质量改进阶段的划分以及改进的目标效益值的确定两个方面有所不同。

递增型质量改进的特点是：改进步伐小，改进频繁。这种策略认为，最重要的是每天每月都要改进各方面的工作，即使改进的步子很微小，但可以保证无止境地改进。递增型质量改进的优点是，将质量改进列入日常的工作计划中去，保证改进工作不间断地进行。由于改进的目标不高，课题不受限制，所以具有广泛的群众基础。它的缺点是缺乏计划性，力量分散，所以不适用重大的质量改进项目。

跳跃型质量改进的特点是：两次质量改进的时间间隔较长，改进的目标值较高，而且每次改进均须投入较大的力量。这种策略认为，当客观要求需要进行质量改进时，公司或企业的领导者就要做出重要的决定，集中最佳的人力、物力和时间来从事这一工作。该策略的优点是能够迈出相当大的步子，成效较大，但不具有"经常性"的特征，难以养成在日常工作中"不断改进"的观念。

质量改进的项目是广泛的，改进的目标值的要求相差又是很悬殊的，所以很难对上述两种策略进行绝对的评价。企业要在全体人员中树立"不断改进"的思想，使质量改进具有持久的群众性，可采取递增式策略。而对于某些具有竞争性的重大质量项目，可采取跳跃式策略。

▶ 3. 质量改进的意义

质量改进强调的是突破和发展，不断提高质量水平，所追求的是卓越、零缺陷和一次成功。坚持不懈地进行质量改进，必然给企业带来巨额经济效益，所以质量改进是企业的一种创造性变革。

组织内的每一项活动或每一项工作都包含着一个或若干个过程，质量改进就是通过改进过程质量来实现这些过程，它实际上是一种以追求更高的过程效果和效率为目标的持续的质量活动。质量改进应该而且必须成为企业经营管理的核心，推动企业的进一步发展。

1) 杜绝长期浪费，促进企业成本的降低

质量管理活动的一个根本性的目标在于降低成本以取得良好的经济效益。质量成本的降低一直是质量改进的一个重要的目标。在质量改进中，人们的目标除了显而易见地降低成本之外，还有降低长期浪费。长期浪费是指在产品生产的运作过程中，一定含有不合格事项而需要返工的工作。降低长期浪费成为企业必须开展的一项长期工作，这一任务自然地落在质量改进上，并且消除与降低劣质成本是质量改进的持续活动，其空间之大往往使质量改进活动的每一次努力都有收益，犹如一座挖掘不尽的金矿。

2) 不断突破，提高产品质量和推动新产品的开发与推广

在质量管理活动中，有一对矛盾，即维持和"突破（或改进）"。"维持"呈现的特性是按照质量管理的预订计划和运行方案保持运作的平稳、有序，努力排除各子系统空间的摩擦或碰撞，努力克服外界对系统的干扰和冲击，"稳定"和防止"混乱"是"维持"的基本目的。人们不能消极地低估"维持"的重要性，从"维持稳定""防止和消除""混乱"的角度来看，"维持"是质量管理系统的生命所在，没有"维持"就没有"质量管理"乃至企业整个经营管理的"生命"。然而，一个系统仅仅有"维持"是不够的，从系统内部而言，随着时间的推移，必定有某些单元因长期运作而老化、死亡；从系统外部而言，随着时间的推移，对系统必定会提出新的要求、新的标准、新的规则，系统不适应环境也必定导致死亡。这就要求系统调整、修正、改进、突破、创新，以给自身增添新的活力，适应环境的新需求。因此，"维持"和"突破"各有其自身存在的依据和价值。"维持"是相对的，"突破"是绝对的。整个质量管理活动则是沿着"维持—突破—再维持—再突破"螺旋上升，每一个循环不是回到原

地,而是提升到了一个新的层面,实现了质的飞跃。从这种意义而言,质量改进是质量管理中一种最具生命、最富活力的突破因素。

因此,质量改进必将推动新产品的开发和推广。由此,把顾客需求合理地转化为对产品的质量特性的设计,构建产品生产的新的运作程序,以提升产品对顾客的质量信誉程度,这必将要求对企业原有的质量管理模式进行改进或创新。一个新的产品投入市场是否能取得成功,除了新产品的质量是否能完全满足顾客的需求或引导顾客产生新的需求之外,还必须有一整套高质量运行的企业经营管理活动予以保证。要求企业制定高效的促销策略,构建高质量运行的销售渠道,建立快速应对顾客反馈信息的服务机制,这些活动都必须高质、高效地进行,它必须在质量改进的层面上予以保证,离开了质量改进,离开了创新,企业是难以前进的。

3) 改进过程,不断提高企业运作的效率

提高产品质量、降低长期浪费离不开过程的改进,产品质量是质量策划所设计的"过程"的产物,而长期浪费则伴随产品质量同时产生,因此,要提高产品质量、降低长期浪费,离开过程的改进就不能前进一步。所以,质量改进应在所有的生产过程及业务过程中进行,应设计新过程以替代原有过程,或对原过程进行突破性的修改。用系统论的观点来考察过程,过程实际上是一个转换系统,具有输入和输出,转换过程的实现离不开人力资源和设施、技术、服务、管理等其他资源,并且输出并不是输入的等价物,而应具有系统的增强效应。据此改进过程应建立相应的评价体系,以此对改进过程进行监控和测评,衡量其绩效。人们在强调对过程进行重新设计的时候,并不能忽视或放弃对过程的某一局部、某一阶段小过程的改进,要注意量的积聚可以导致质的飞跃,全过程的改进往往是各个小过程改进的总和与提升。在论及过程改进时,还应重视过程与周边环境的协同关系。输入、输出端实际是与外部环境的接口,接口往往是最需关注的节点,要保证其连接的有效和有序。在质量改进中,从过程着眼重视资源配置、注重效率、协调内部及内外关系,这些应成为质量改进对企业运作效率方面的积极影响。

为了应对多元变化市场的激烈竞争,企业必须通过各项工作过程的改进来促进管理的组织、体系、程序的更新,促进工序、设施、技术、服务的改进,唯此才能提高企业的效率、超越竞争对手。

4) 不断挖掘企业的潜力,推动企业品牌的打造

任何质量问题的产生都是有其原因和根据的,质量改进不应仅仅着眼于"质量问题"这一结果,而应主动出击去寻找原因、采取措施、控制原因、消灭事故,使事故发生率大为降低。企业应该不断适应需求地开发新的产品,采用新工艺、新技术、新方法去实现新的产品生产,从而不断挖掘企业的潜力,推动企业品牌的打造,永葆企业品牌之青春。

质量改进活动从时间而言,贯穿企业质量经营活动的始终;从空间而言,可以覆盖企业质量经营活动的每个领域、每个方面、每项活动、每个部门、每位员工。从这种意义而言,质量改进活动对企业潜力的挖掘是永无止境的,应该是永不止步的,质量改进触及企业的每一个细胞,从而成为企业永葆青春的不竭动力。企业要打造品牌,离不开质量改进。质量改进推动产品质量的持续提高,成为企业打造品牌的最坚实的基础;质量改进推动企业经营活动的高质量运行,成为企业打造品牌的最根本的动力;质量改进推动企业核心竞争力的提升,成为企业打造品牌的最具震撼力的克敌制胜法宝。质量改进成为质量立业的源泉。

课堂思考: 你认为在企业进行质量改进的过程中,存在阻力吗?如果有,应该如何预

防和消除这些阻力?

8.1.2 质量改进小组

组建各种各样的质量管理小组(QC 小组)对企业的质量改进工作具有十分重要的意义。QC 小组诞生于日本。20 世纪 50 年代末 60 年代初,统计技术在日本企业界逐步受到重视,并对基层员工进行培训。为了进一步改善技术、提高产品质量,借鉴目标管理及激励管理的一些方法,日本企业结合独特的企业文化,巧妙地设计了一种挑战游戏,QC 小组也就应运而生。在日本,QC 小组的盛行,已不仅仅是在企业里,在其他行业也都有它的存在,而且产生了很大的作用。

开展质量管理小组活动,充分发挥广大职工群众的聪明才智,形成一个人人积极参与质量改进工作的局面,是提高企业管理水平,提高职工素质,促进物质文明和精神文明建设,解决质量管理问题的有效途径。

▶ 1. 质量管理小组的概念与特点

QC 小组,是指在生产或工作岗位具体从事各种劳动的职工,围绕企业的质量方针目标和现场存在的问题,运用质量管理的理论和方法,以改进质量、降低消耗、提高经济效益和提高人的素质为目的,在自愿的原则下,由工作性质相同或接近的员工,以小组形式组织起来,通过定期的会议及其他活动进行质量改进的一种组织。QC 小组是企业员工参与全面质量管理的重要方法。

QC 小组与企业的班组既有联系又有区别。一般来说,以工人为主体的"现场型"或是以劳动组织为主体建立的 QC 小组,都与班组紧密联系。它们的区别在于班组是一种行政组织,同时也是按专业分工划分的一种劳动组织;而 QC 小组则是以改进质量,提高管理水平和经济效益为目的自愿组织起来开展活动的小组。

QC 小组具有以下几个特点。

(1) 明显的自主性。一般以职工自愿参加为基础,实行自主管理,以自我学习、自我控制、自我提高为主,不受行政命令的制约和班组岗位的限制。

(2) 明确的目的性。从大处来说,是为社会主义现代化建设而搞好质量;从小处来说,是为实现企业的方针目标开展质量管理活动。

(3) 严密的科学性。不是单凭良好的主观愿望去搞质量,而是依靠管理技术、科学的工作方法和科学程序去攻克质量难关。

(4) 广泛的群众性。QC 小组活动是开展群众性质量管理活动的好形式,通过集体活动,可以充分发挥小组的群体优势,集思广益,能更快更好地解决问题。

(5) 高度的民主性。依靠小组成员大家出主意,充分发扬民主,畅所欲言,平等相处,组长由成员民主选出,充分发挥个人的积极性和创造性。

▶ 2. 质量管理小组的建立

QC 小组的组建应遵循自愿结合、形式多样、方便活动、易出成果的原则。在自愿结合的前提下,也可以由行政出面组织,采用自上而下和上下结合方法组建,但仍应坚持自愿为主、行政干预为辅的原则。

(1) 自愿结合,是在志向相同、兴趣相近的基础上结合,并积极开展活动。只有在对课题的看法一致,兴趣爱好相近的情况下才能活动到一起,才能快出成果、多出成果。

(2) 自上而下地建立,即由领导选择一些有特长、有能力的人员组成,并组织他们开展活动。

（3）上下结合组建。对于涉及面广、难度较大的课题，组成由干部、工程技术人员和工人"三结合"的 QC 小组，有利于解决各种关键和疑难问题。

建立 QC 小组应从实际出发，根据工作的性质和内容，可以在企业的班组或车间建立，也可以跨车间（部门）建立，但应着重发展以工人为主体的生产现场、施工现场、服务现场的"现场型""服务型"的 QC 小组，提倡工人、技术人员、领导干部相结合的"攻关型" QC 小组。也可以以管理人员为主组成，组建以提高工作质量，改善和解决管理中的问题，提高管理水平为目的的"管理型"QC 小组。

每个 QC 小组的人数一般以 3～10 人为宜，否则不便于开展活动。QC 小组组长是带头人，选好组长是十分重要的。组长应是推行全面质量管理的热心人，而且有较高的思想水平和技术能力，善于团结群众并有一定的组织能力。

为了便于质量管理部门掌握群众性的质量管理活动情况，加强管理和指导，QC 小组组建后，应向质量管理部门注册登记，以及向上级 QC 小组主管部门备案。主管部门每年都进行一次检查和重新登记，没有进行重新登记的小组，以前的注册登记自行失效，不搞终身制，从而有利于推动 QC 小组的活动。

QC 小组活动的效果可以分为两大类：一类是看得见的，侧重于经济效益；一类是看不见的，侧重于人际关系。前者只是冰山露出水面的部分，后者是沉入水中的冰山，其效果更有意义，更值得重视。

企业在建立 QC 小组时应注意以下要点。

（1）QC 小组活动需要最高管理层全力支持。按 GB/T 19004-2000 的规定，管理者应创造适合进行质量改进的环境，这个环境就包括 QC 小组活动。在日本，公司总裁经常参与 QC 小组活动，有的还亲自上台发表成果或讲课。

（2）QC 小组活动需要进行组织管理。QC 小组活动虽然强调员工自愿参与，但组织必须管理，才能激发员工参与 QC 小组活动的积极性。因此，组织应指定一个部门或人员负责 QC 小组活动的管理工作。

（3）QC 小组活动必须强调自愿参与。QC 小组活动是员工日常工作之外的一种活动，组织只有通过示范、鼓励、支持及奖励等手段来吸引员工参与，而不能用强迫手段迫使员工参与。否则，员工即使参与了也没有积极性，使 QC 小组活动徒具形式，失去作用。

（4）对员工应当进行相应的培训。QC 小组活动要取得成效，员工必须具有相关的知识和技能。为了提高 QC 小组活动的业绩，对参与员工应当进行培训，培训的内容除 QC 小组和质量改进的基本知识外，至少应包括一些常用的质量改进工具等。

（5）活动课题应结合实际，不要好大喜功。QC 小组活动要循序渐进，选择活动课题时应优先选容易完成的、工作和生产中迫切需要解决的问题。对取得的成果要实事求是评价，严防形式主义、走过场。也就是说，要更看重过程，而不要把结果作为评价 QC 小组活动的唯一标准。

（6）对取得的成果一定要进行奖励。QC 小组活动结束或告一段落后，一定要按 PDCA循环的要求及时总结经验、发表成果、给予奖励，以鼓励 QC 小组成员，并吸引更多员工参与。奖励主要是精神方面的，但也要有物质内容，应由组织的最高管理者颁发。

▶ 3. 质量管理小组的活动

QC 小组开展活动的基本程序是组建 QC 小组、注册登记、选择课题、选好小组长、按 PDCA 开展工作、撰写成果、发表成果以及继续活动等。

1) QC 小组命名，注册登记

QC 小组成立并选好小组长后，召开第一次 QC 小组会时，应给 QC 小组一个具体的名称。QC 小组的名称没有一定的规定，可以是严肃的，如挑战 QC 小组；也可以是活泼的，如乖乖 QC 小组等，只要是小组成员达成共识即可。第一次 QC 小组会，QC 小组成员之间要营造一个民主的气氛，在善意的气氛中，可以使用头脑风暴法来选择适合本 QC 小组个性的 QC 小组名称。QC 小组组建起来后，应在组织的主管部门或主管人员处注册登记，填写注册登记表。如果组织愿意，还可报所在地的质量管理协会等备案。注册登记的目的，一是加强领导；二是获得支持和帮助。注册登记也可在选择活动课题之后进行，登记表如表 8-1 所示。

表 8-1　QC 小组登记表

单位		小组名称		成立时间		小组人数	
形式		班组内（　）跨班组（　）		登记号码		登记时间	

小组职务	姓名	性别	年龄	工种	技术等级	文化程度

单位主管人员：	单位负责人：

2) 选择活动课题

活动课题是 QC 小组在一个时期内的质量目标，关系到 QC 小组活动的方向、深度和广度。选择活动课题的要点如下。

(1) 选择周围易见的课题。

(2) 选择 QC 小组成员共同关心的关键问题和薄弱环节。

(3) "先易后难"，注重能够解决的"小"课题。

(4) 选择具体的课题，一定要有目标值。

QC 小组成员应把各自搜集的部门内的问题提出来讨论。一般来说，工作现场的问题主要体现在效率、品质、浪费、成本和服务等方面。

讨论问题时，QC 小组长应提醒 QC 小组成员一定要就工作本质的目的来考虑，避免跑题。

QC 小组应制定解决问题的先后顺序，并决定本小组要解决的主题。此时 QC 小组长应提醒 QC 小组成员考虑本 QC 小组是否有能力解决所提出的主题。有些 QC 小组成员喜欢好高骛远，一开始就对超过解决能力的主题下手，最后遭到失败与挫折，丧失信心。因此，主题的选择应慎重。

选好课题后，编制一份计划表，如表 8-2 所示。

表 8-2　QC 小组活动计划表

单位		小组名称		组长	
课题					
开始日期			计划完成日期		
现状					
序号			负责人		备注
措施					
单位领导			备注		

3）制定目标

选定好主题后，应制定工作目标。为此，要先了解现状，确定改善的空间大致有多大。制定的目标应是经过努力可以实现的，同时，应引入 5W2H 的方法。

why：为什么，即为什么这样做；
what：做什么，即主题项目及目标值（数据）；
who：谁来做，即 QC 小组成员的分工；
where：何处进行，即进行的场所及配合部门；
when：何时，即制订出阶段计划和进度；
how to do：如何做，即工作和解决问题的方法；
how much：成本如何，即大约需花费多少成本。

制定目标要掌握目标管理的 SMART 原则。

specific：目标要清晰明确，主题要明确；
measurable：目标要可衡量，要以数据作为目标；
attainable：目标经努力是可达成的，不要制定做不到的目标；
relevant：制定的目标是集体与个人均需要的；
time table：目标的实现、考核是有时间计划的。

此外，制定的目标应经全体 QC 小组成员的一致同意方能成立。

4）制订达成目标的工作计划

制定目标后，全体 QC 小组成员应探讨达成目标的具体方法，在此基础上，制订 QC 小组工作计划，各 QC 小组成员应对每人所分配的任务也制订出相应的工作计划。计划的进行状况，可使用检查表定期查检。

5）QC 小组工作方法

对于改善主题，使用层次分析法将需要的资料统计汇总，并使用排列图法对原因加以分析，找出重要的关键项目，改善的工作应从重要的项目下手。

（1）分析原因。可以使用鱼骨图法、头脑风暴法，将影响质量问题的原因一一列出，并找出几个主要原因。为了不让分析的原因远离所要改善的主题，对于一些较具专业性的改善主题，可以邀请专业技术人员参加，以提高原因分析的准确性和对策措施的可行性。

（2）提出对策。主要原因找出来后，应研究制订解决问题的计划，计划的内容应包括改善项目、产生的原因、对策措施、确定对策措施责任者、预定完成时间。

不同的改善项目，可视情况由 QC 小组成员分别担任，也可由两人一组共同进行同一项目的对策工作。必须注意的是，提出的对策措施应尽量不要花钱，而且要有具体的方法。在企业内，可以使用散布图、检查表或简易实验法研究制定具体的对策。

（3）对策实施。提出对策实施方案后，应拟定具体的实施方法。实施前应召集相关人员进行必要的培训。

实施过程中，负责专项责任的 QC 小组成员应负起指导的责任，并控制过程中的正确做法。

（4）效果确认。在实施过程中，督导人员可使用"实施考核表"（见表 8-3）进行考核。效果确认可以使用控制图、直方图。从图上（或表上）可以看出对策实施的效果。如果不理想，应重新探讨，重复上述步骤，不断实施 PDCA 管理循环，终究可以达到预期的效果。

表 8-3 QC 小组工作实施考核表

评鉴项目		评鉴基准	得		分			备 注
活动状况	QC 小组定期研讨状况	①注意有无走上形式化的活动 ②是否准时研讨及发言状况 ③头脑风暴法运用是否适度	10	8	6	4	2	
	QC 小组人员合作及分工情形	合作是否真诚，分工是否明确	10	8	6	4	2	
	发表会	资料是否充分，有无运用图表						
	报告、记录、申请表	①有无明确记录 ②撰写方式是否符合要求	5	4	3	2	1	
有形效果	合乎组织的目标与计划	①计划有无具体明确 ②交货是否准时	5	4	3	2	1	
	目标达成率	达成率高低	10	8	6	4	2	
	品质不良率降低	降低该项不良率的多少	10	8	6	4	2	
	节省金额	效果换算成金额	15	12	9	6	3	
	提案改善采用件数	该小组内改善提案采用件数	10	8	6	4	2	
无形效果	工作士气是否高昂	分工合作、主动积极性	10	8	6	4	2	
	工作挑战心	是否自发吸收对于目标完成有益的新知识	5	4	3	2	1	
	品质意识及成本观念	是否提升品质意识及爱惜公司财产	5	4	3	2	1	
QC 小组名称及编号								
评语								
评鉴人								
评鉴日期			年		月		日	

6）总结与发表

QC 小组活动完成了 PDCA 循环，取得了成果后，要及时总结、撰写成果。成果材料必须以活动记录为基础，进行必要的整理，用数据说话，不要生搬硬套、事后编造。成果的主要内容包括：成果名称、概述、选题理由、原因分析、措施计划、实施过程、实施效果、标准化措施、遗留问题，以及下一步打算。

QC 小组成员经努力取得成果后，应将活动的过程、使用的方法及达到的效果，使用文图方式予以发表，一方面得到部门主管及公司的肯定；另一方面 QC 小组成员们可以分享这一成果。

QC 小组发表成果的主要方法如下。

（1）说明活动主题选定的理由。

（2）改善目标及成果。QC 小组活动的过程可以留到后面介绍，先谈得到多少成果，以及把实际成果与预期成果做比较。

（3）将得到的成果，或成果不理想的理由加以说明。

（4）说明 QC 小组活动的经过。说明时只叙述主要步骤，不要太烦琐。

（5）发表时，要尽量使用视听教材及道具，以强化注意力。

按 PDCA 循环的结果，可以将遗留的问题作为下一次继续开展活动的依据，也可以重新选择课题继续开展活动。如果认为课题已经解决，该 QC 小组也可以解散，然后按新的质量问题组建新的 QC 小组开展活动。

7）质量管理小组的评价与奖励

QC 小组的评价应采用活动评价与成果评价相结合，并以活动评价为主的方式。活动评价贯穿于 QC 小组活动的全过程，以其经常性、持久性、全员性、科学性和有效性为主要依据。活动评价既是评价过程又是管理过程，而成果评价主要是评价 QC 小组活动的效果、成果总结和发表的水平，以推动活动的深化。要注意的是，优秀 QC 小组评价和优秀成果评价应有区别，因为有的优秀 QC 小组不一定每年都有显著成果。因此，评价的重点应放在小组活动的持久性、全员性、科学性，以及活动的方式上。

对 QC 小组的活动和成果进行评价之后，应进行奖励和表彰。这是激励人们奋发进取和推动 QC 小组活动的重要手段。奖励的透明度要高，要把奖励纳入正常的管理工作之中，做到技术性成果与管理性成果并重，成果奖与活动奖并重，明确规定以课题注册登记、活动记录、成果报告书作为奖励的凭证，体现成果的有效性。奖励与表彰可分为 QC 成果发表奖和授予"优秀 QC 小组"光荣称号两大类，可同时施以物质奖励与精神奖励。

知识链接

早在 20 世纪 20 年代初期，在新中国的工业建设中，就出现了马恒昌小组、郝建秀小组、赵梦桃小组等一大批先进班组，坚持"质量第一"的方针，在提高产品质量上不断做出贡献，提供了班组质量管理的经验。

1978 年 9 月，北京内燃机总厂在学习了日本的经验后，建立我国第一个 QC 小组。

8.1.3 质量改进的常用工具

所谓质量改进常用工具，就是在开展全面质量管理活动中，用于收集和分析质量数据，分析和确定质量问题，改进质量水平的常用方法。这些方法不仅科学，而且实用，应该首先学习和掌握它们，并应用到实际中，有效的质量改进活动会使质量成本得以改善。

同时,质量改进活动并非企业内一个部门、一个人的工作,特别是企业推行系统的、自上而下的、高层次的质量改进,即六西格玛管理,更需要企业最高管理层的策划和各相关方的参与。通过防差系统的设计将会杜绝人为操作,使得无缺陷过程得以实现。最后,通过顾客满意度的调查,改进顾客关系,达到以顾客满意为核心的现代企业的质量管理目的。

质量改进是一项系统工程,需要有精心的策划、认真的实施和管理。实施质量改进必须以实际情况和数据分析为基础进行决策和策划并付诸实践,才能取得成功。所以,正确、有效地应用各种有关的工具和统计方法是促进质量改进项目和活动取得成功的必要条件。表8-4中列举了常见的质量改进工作活动中使用的方法与工具。

表 8-4　常见的质量改进工具

方法与工具	应　用
调查表	系统地收集、记录数据资料,并进行分析,以得到事实的清晰实况
分层法	将有关某一特定论题的大量观点、意见或想法分类汇总
因果图	分析和表达因果图关系,根据症状分析原因,也包括分析解决问题的方法
散布图	发现和显示两组相关数据之间的关系,确认两组相关数据之间预期的关系
直方图	显示波动的形态,直观给出有关过程情况的信息,确定在何处进行改进工作
排列图	按重要性顺序显示出每一项目对整体作用的贡献,排列改进机会
控制图	诊断:评估一个过程的稳定性
	控制:决定某一过程何时需要调整,何时需要保持原有状态
	确认:确认某一过程的改进效果
头脑风暴法	引导小组成员创造性的思考,产生和澄清大量观点、问题或议题,用于识别可能的问题解决办法和潜在的质量改进机会
流程图	描述现存的过程,涉及新的过程
树图	表示某个论题与其组成要素之间的关系
水平对比法	将一个过程与公认的领先过程进行比较,以识别质量改进的机会
力场分析	识别促进或阻碍正在进行改进的力量
措施计划表	对存在的问题进行分析后,制定有针对性的措施,便于检查和落实

表8-4中所列的常用工具大体可以分为两类,一类是定量的方法与工具;另一类是定性的方法与工具。

▶ 1. 定量的方法与工具

以统计的观点看待产品和过程质量,有以下两方面的观念:①产品和过程质量之所以存在变异性,是因为影响产品和过程质量的人、机、料、法、环等诸因素均在无时无刻地变化着,因此造成产品和过程的变异性。即使完全相同的生产条件下所生产的若干产品,其质量特性也可能不完全一致。②产品和过程质量的变异在一定范围内,具有一定的数学规律,因此,质量改进的工作应以掌握产品质量变异的规律性为前提。

现代质量管理活动中,需要应用控制图、直方图、排列图、散步图等各种数理统计技术方法。为此,统计技术成为质量管理及质量改进的一个重要因素。在市场分析、产品设计、可行性规范、寿命和耐用性预测、工序控制和工序能力的研究、确定抽样检验方案的质量水平、数据分析、过程改进及安全性评价等质量活动领域应制定并坚持实施统计技术方法，能查明质量指标与哪些因素相关，其中哪些是主要因素，哪些是次要因素，从而为优质生产获取最佳生产条件或最优参数组合。在质量改进活动过程中，利用数理统计技术与方法提高设计质量，开发优质产品以及优化生产工艺，降低生产成本。常见的定量性的数理统计技术方法在本书项目6和项目7中已经进行了介绍，本章不再重复。

▶ 2. 定性的方法与工具

在很多情况下，影响产品和过程质量的人、机、料、法、环等诸因素难以取得量化的数字数据。此时，应通过广泛深入的调查研究，获得大量定性的非数字数据的信息、意见、反映、设想、议题等，分析其原因、结果或目的之间的因果关系，以符合逻辑的定性方法找出其彼此间的相互作用关系，来阐明问题所在的方法，称为定性的方法与工具。这些定性的方法与工具可以让参与人员在多次修改中取得一致观念与认同，并转化成一种方式方法去实施，对解决问题有无限帮助。若运用得当，经过分类、分层、归纳、总结，获得有条理的思路，对质量改进活动的成功也会发挥重要的作用。常见的定性的方法与工具有调查表法、分层法、KJ法、因果图等，已在本书项目6常用质量管理方法与工具部分进行了介绍，此处也不再赘述。

从20世纪60年代开始，日本的企业通过运用品质管理七大方法，收集工作现场的数据并进行分析，提升了日本产品的水平，这也是日本产品走向世界的关键因素。20世纪70年代初，日本大力推行QCC（quality control circle）活动，除了重视现场的数据分析外，对工作现场伙伴的情感表达和语言文字资料进行分析，并逐渐演绎成新的品质管理方法。1972年，日本科技联盟之QC方法开发委员会正式发表了"品质管理新七大方法"，对全世界的质量改进理论研究与实际工作都产生了巨大影响。

8.1.4 质量改进工作的管理

质量改进的目的是通过全员的共同参与，从质量、环境、安全、成本优化和顾客满意度等方面获取改进的潜能，不断改进公司的产品质量和生产率，降低成本，提高顾客满意度、员工满意度，增强市场竞争力。为实现质量改进的目的，质量改进工作的管理包括对质量改进活动的组织、策划、测量和评审。

▶ 1. 质量改进活动的组织

质量改进活动的组织一般分为两个层次，一是由企业质量管理职能部门承担的质量管理部门或质量管理委员会；二是由员工参与的质量改进小组，就是质量改进的实施组织，即质量改进的执行团队。

1）质量管理部门的主要职责

每个组织的质量管理部门应认真负责质量改进的组织工作，其主要职责与任务是：提出质量改进的方针、策略和目标，明确指导思想，支持和协调组织内各单位、部门的质量改进活动；组织跨部门的质量改进活动，确定其目标并配备所需资源以满足质量改进活动的需要；组织质量管理小组活动，实现质量改进目标；鼓励组织内每个成员开展与本职工作有关的质量改进活动，并协调这些活动的开展；评审和评估质量改进活动的进展情况等。

2）质量改进执行团队的主要职责

组织内各单位层次质量改进的职责是：识别并策划本单位的质量改进活动，并能持续开展；测量与跟踪质量损失减少情况，开发和保持一个使各工作人员有权力、有能力和有责任持续改进质量的环境。

在跨部门工作的过程中，组织质量改进的职责主要是：规定过程目标，在部门之间建立和保持联系，识别过程中顾客的需要和期望，并转化为具体的顾客要求，寻找过程质量改进机会，配置质量改进所需资源，并监督质量改进措施的实施。

▶ 2. 质量改进活动的策划

质量改进活动应在策划的基础上付诸实施。质量改进策划是组织的管理者及质量改进管理机构的一个首要职责，应把质量改进目标和计划作为本组织经营计划中的一部分，以提高效率和效益为目标，并围绕减少质量损失来制定质量改进计划及实施方案。质量改进的策划要吸收组织各个部门、各个方面的成员参与，以保证策划符合实际，并且具有可行性，可取得积极绩效。质量改进的策划应注意质量改进计划的点与面的关系，既要注意组织层面跨单位、跨部门的改进活动，又要注意把组织单位、部门层面的质量改进纳入计划之中，并制定有关的指导、监督、控制措施。质量改进策划要特别处理好主攻方向，把质量改进空间较大、可以取得明显绩效的项目作为重点，取得突破，扩大战果，带动全面。

▶ 3. 质量改进活动的测量

每个组织都应建立一个与顾客满意度、过程效率相联系的测量系统。既可识别和诊断质量改进机会，又能测量质量改进活动的结果。一个良好的测量系统应能开展组织内各个部门及各个层次的测量，重点测量下列三个方面的信息。

（1）与顾客满意度相联系的质量损失方面的信息，如对现有顾客和潜在顾客的调查，对同类竞争性产品和服务的调查，产品或服务特性记录，年收入的变化情况及顾客抱怨和索赔等。

（2）与过程效率相联系的质量损失方面的信息，包括劳动力、资金和物资的利用，返工和报废等不满意过程的输出，过程的调整，等候时间及周期，储运、库存规模、时间，不必要的设计及过程能力，稳定性的统计测量等。

（3）社会质量损失方面的信息，如雇员满意度、污染和废物处置造成的危害等。

所有测量结果均应进行统计分析，以了解其发展趋势，同时，也应测量与跟踪偏离以往情况"基线"的趋势，并把测量报告作为质量改进管理报表的重要组成部分。

▶ 4. 质量改进活动的评审

质量改进活动要有激励机制，而激励机制的基础在于对项目绩效的合理评审。这种评审不仅在项目终结时发挥积极的促进作用，并且在项目开展的每一阶段，也将推进活动的深入发展。评审主要考察质量改进各级组织发挥作用的有效性、质量改进计划实施的有效性、质量改进成果的顾客满意性及效率提高程度等。

各级管理者均应定期评审质量改进活动的绩效。通过质量改进活动的定期评审，达到或确保：质量改进组织能有效地起到作用；完善和落实质量改进计划；完善质量改进的测量，引导其向令人满意的方向发展；把评审结果反映到下轮质量改进策划中去。当然，通过质量改进活动的评审，也可发现不符合要求的情况，并对其采取适当的措施。

拓展案例

三星电子的品质改善与提升计划

2016年10月，由于电池存在问题导致Note 7起火，三星被迫停止销售并最终全球召回了这款手机。

事件之后,三星推出史无前例的品质改善与提升计划,旨在将三星制造水平提升到与科技创新同样的高度,包含整体产业链的把控、工艺规范与材质选取等多个项目,并以精确的数据衡量将产品品质的检测及管控推向前所未有的严苛水准。从新产品研发阶段实施"CS 认证制度",听取客户的需求并反映在产品设计中,通过与质量管理相关的各部门的协作,选定 CS 认证所需的评价课题,在研发各个阶段均施行质量水平的监测。

在产品规划阶段采用"多层安全措施协议",对设备的每个部分实施严格的安全标准,包括整体设计与所用材料、设备硬件强度与容量以及改进后的软件算法等,以实现更加安全的电池充电温度、充电电流与充电持续时间。

此外,2017 年 3 月,三星成立了一个专门负责改进全球产品质量的办公室。防止类似 Note 7 电池爆炸事件的发生,重建用户信任。

8.2 六西格玛质量管理

20 世纪 80 年代末,六西格玛最早作为一种突破性的质量管理战略,由摩托罗拉公司成形并付诸实践,三年后该公司的六西格玛质量管理战略取得了空前的成功:产品的不合格率从百万分之 6210 件,大约四西格玛,减少到百万分之 325 件,大约五西格玛,在此过程中节约成本超过 20 亿美元。但真正把这一高度有效的质量战略变成管理哲学和实践,从而形成一种企业文化的是在杰克·韦尔奇领导下的通用电气公司(GE)。1996 年年初,该公司开始把六西格玛作为一种管理战略,在公司全面推行六西格玛的流程变革方法。而六西格玛也逐渐从一种质量管理方法变成了一个高度有效的企业流程设计、改造和优化技术,继而成为世界上追求管理卓越性的企业最为重要的战略举措。摩托罗拉、通用电气等世界顶级企业成功推行六西格玛管理的典范经验,向人们展示一个通向卓越质量务实之路,使"依靠质量取得效益"成为现实。越来越多的服务性企业,如美国最大的花旗银行、全球最大的 B2C 网站公司 Amazon.com 等也成功地采用六西格玛战略来提高服务质量、维护客户忠诚度。所以,六西格玛已不再是一种单纯的、面向制造性行业业务流程的质量管理方法,同时也是一种有效地提高服务性行业业务流程的管理方法和战略,更是政府机构用来改善政府服务的武器。六西格玛的推崇者通过不断地学习并结合企业的实践发展成了六西格玛管理理论,使之成为质量管理界重要的一部分。一般美国公司的平均水准已从 3 西格玛上下提高到了接近 5 西格玛的程度,而日本则已超过了 5.5 西格玛的水准。六西格玛水准已成为衡量一个国家综合实力与竞争力的最有效的指标。

8.2.1 六西格玛管理简介

▶ 1. 六西格玛管理的概念

σ(Sigma)是一个反映数据特征的希腊字母,从统计意义上讲,σ 代表标准差,反映了一个过程的分布状态,是描述一组数据、一群项目或一个过程存在多少波动的统计量。正态分布曲线部分的面积,就是通常所说的合格率,落在此范围之外部分的面积就是缺陷率或不合格品率。用 σ 的数值来衡量质量要求(规格界限)或过程作业状况良好程度的话,值越高,则过程不良品率越低,过程状况越好。完成过程无缺陷作业的能力水平就越高。不考虑偏移时,以 1σ 为质量要求的合格率仅为 68.27%,以 3σ 为质量要求的合格率为 99.73%,而以 6σ 为质量要求的合格率高达 99.999 999 8%。即每 100 万仅有 0.002 落入规格限以外(缺陷率或不合格率)。由于种种随机因素的影响,任何过程在实际运行中都会产生偏离目标值或者偏离期望值的情况。美国学者本德和吉尔森研究了生产过程中的偏移,获得的结果是 1.5 个 σ。因此在计算过程缺陷率时,一般将正态分布的中心向左或向右移动 1.5σ,其统计结果如表 8-5 所示。

表 8-5 不同 σ 值下的质量水平

西格玛	均值无偏条件下		均值 1.5σ 偏移条件下	
	缺陷率/ppm	过程首次通过率	缺陷率/ppm	过程首次通过率
1σ	317 300	68.27	697 770	30.23
2σ	45 500	95.54	308 770	69.13
3σ	2 700	99.73	66 810	93.32
4σ	63	99.9 937	6 210	99.379 0
5σ	0.57	99.999 943	233	99.976 70
6σ	0.002	99.9 999 998	3.4	99.999 660

通常所说的六西格玛质量水平是考虑了漂移的情况,也就是在 100 万次产品缺陷的机会中,实际只有 3.4 次发生。六西格玛质量意味着管理过程的差错率为百万分之 3.4(即 3.4ppm)。根据美国学者 Evans 和 Lindsay 的统计,如果产品达到 99.37% 的合格率,以下事件便会继续在美国发生:
- 每年有超过 15 000 名婴儿出生时会被抛落在地上;
- 每年平均有 9 小时没有水、电、暖气供应;
- 每小时有 2 000 封信邮寄错误。

这样的事情是顾客所无法容忍的。因此,六西格玛已从单纯的含义标准差被赋予更新的内容。对于每年要生产数以千万件产品,或是提供上百万次服务的大企业来说,这样的合格率也不会让顾客和公司满意。表 8-6 给出的是对美国企业的现状(约 4σ 质量水平)和六西格玛质量水平的对比,可以看出从 4σ 质量提高到 6σ 质量的意义。作为一种衡量标准,σ 的数量越多,质量就越好。

表 8-6 美国企业的 4σ 质量水平和 6σ 质量水平

4σ 水平(6 210ppm)		6σ 水平(3.4ppm)	
每小时	2 万件邮件出错	每小时	有 7 件邮件送错
每天	15 分钟供水不安全	每 7 个月	有 1 次供水不安全
每周	5 000 个不正确手术	每周	有 1.7 个不正确手术
每月	7 小时停电	每 34 年	有 1 小时停电
每年	20 万次错误处方	每年	68 次错误处方

由于企业的复杂性,过程问题往往与资金问题和技术问题混杂在一起,成为多元性问题。与解决问题相比,对问题的预防更为重要,"忙碌的经理人也许并不是好的经理人",

把更多的资源投入到预防问题上，就会提高"一次做好"的概率。与出厂合格率相比，过程合格率更为重要，因为它是累计的。美国的统计资料表明，一个执行 3σ 管理水平的公司直接由质量问题导致的质量成本占其销售收入的 10%～15%，而 6σ 管理水平的质量成本占其销售收入的 1%。每个组织和企业都有成本核算，从这个意义上说，只要想改进业绩，不断减少质量成本占销售额的比率，六西格玛管理就是一个务实、有效的途径。因此，从经济意义上讲，六西格玛管理是提高质量、稳定业务流程、提高客户满意度和企业改进业绩的根本要素。

▶ 2. 六西格玛管理的特点

1）以顾客为关注焦点的管理理念

六西格玛是以顾客为中心，关注顾客的需求。它的出发点就是研究客户最需要的是什么，最关心的是什么。例如，改进一辆载货车，可以让它的动力增大一倍，载重量增大一倍，这在技术上完全做得到，但这是不是顾客最需要的呢？因为这样做，成本就会增加，油耗就会增加，顾客就不一定想要，什么是顾客最需要的呢？这就需要去调查和分析。假如顾客买一辆摩托车要考虑 30 个因素，这就需要去分析这 30 个因素中哪一个最重要，通过计算，找到最佳组合。因此，六西格玛是根据顾客的需求来确定管理项目，将重点放在顾客最关心、对组织影响最大的方面。

2）通过提高顾客满意度和降低资源成本促使组织的业绩提升

六西格玛项目瞄准的目标有两个：一是提高顾客满意度，通过提高顾客满意度来占领市场、开拓市场，从而提高组织的效益；二是降低资源成本，通过降低资源成本，尤其是不良质量成本损失（cost of poor quality，COPQ），从而增加组织的收入。因此，实施六西格玛管理方法能给一个组织带来显著的业绩提升，这也是它受到众多组织青睐的主要原因。

3）注重数据和事实，使管理成为真正意义上数字科学

六西格玛管理方法是一种高度重视数据，依据数据进行决策的管理方法，强调"用数据说话""依据数据进行决策""改进一个过程所需要的所有信息，都包含在数据中"。另外，它通过定义"机会"与"缺陷"，通过计算 DPO（每个机会中的缺陷数）、DPMO（每百万机会中的缺陷数），不但可以测量和评价产品质量，还可以把一些难以测量和评价的工作质量和过程质量，变得像产品质量一样可测量和用数据加以评价，从而有助于获得改进机会，达到消除或减少工作差错及产品缺陷的目的。因此，六西格玛管理方法广泛地采用各种统计技术工具，使管理成为一种可测量、数字化的科学。

4）这是一种以项目为驱动力的管理方法

六西格玛管理方法的实施是以项目为基本单元，通过一个个项目的实施来实现。通常项目是以黑带为负责人，牵头组织项目团队通过项目成功完成来实现一次六西格玛改进。

5）实现对产品和流程的突破性质量改进

六西格玛项目的一个显著特点是项目的改进都是突破性的，旨在彻底解决问题产生的根源。通过这种改进能使产品质量得到显著提高，或者使流程得到改造。从而使组织获得显著的经济利益。实现突破性改进是六西格玛的一大特点，也是组织业绩提升的源泉。

6）强调骨干队伍的建设

六西格玛管理方法比较强调骨干队伍的建设，其中，执行负责人、实施负责人、项目负责人、黑带大师、黑带和绿带构成了整个六西格玛队伍的骨干。对不同层次的骨干进行严格的资格认证制度。如黑带必须在规定的时间内完成规定的培训，并主持完成一项增产节约幅度较大的改进项目。

拓展案例

航班运营中的六西格玛管理

某航班的预计到达时间是下午五点,在五点半之前到达都算正点,一年运营了200次,其中的55次超过五点半到达,从质量管理的角度来说,航班的合格品率为72.5%,大约为2.1个西格玛。

如果该航班的准点率达到六西格玛水平,这意味着每一百万次飞行中仅有3.4次超过五点半到达,如果该航班每天运行一次,这相当于每805年才出现一次晚点到达的现象。

8.2.2 六西格玛管理中的常用术语

▶ 1. 个体(unit)

一个个体就是六西格玛项目研究的一个对象,如产品或零部件、服务或服务程序、时间周期等。

▶ 2. 关键质量特性(critical-to-quality,CTQ)

关键质量特性是对一件产品、一种服务或过程的关键参数,是对顾客所关心的重要指标的一种测量,例如,一家银行的一个ATM自动取款机在每个月的交易错误率。六西格玛管理正是被设计用来改进和优化这些关键质量特性的。

▶ 3. 缺陷(defect)

缺陷是不符合关键质量特性规范的任何事件,这导致了顾客的不满意。对一个给定的单位而言,每个质量特性是将顾客的期望转化为具体规格而定义的。对每个单位缺陷进行可操作性定义是非常重要的。

▶ 4. 缺陷体(defective)

一个缺陷体就是指没有达到特定规范的个体,也称不符合的个体。

▶ 5. 缺陷机会(defect opportunity)

缺陷机会是可能产生不满足关键质量特性的每种可能情况。一个特定的单位中可能包含很多缺陷机会数。例如,一项服务可能由4部分构成,如果每个组成部分都包含3个缺陷机会,于是该服务就有12个可能导致关键质量特性不被满足的缺陷机会数。

▶ 6. 单位缺陷数(defect per unit,DPU)

单位缺陷数是过程的"缺陷"数量与过程输出的"单位"数量比,表示平均每个单位上有多少缺陷。计算公式为

$$DPU = 缺陷总数/单位总数$$

单位机会缺陷数(defect per opportunity,DPO)是过程输出的"缺陷"的数量与过程输出的"缺陷机会数"之比。计算公式为

$$DPO = 缺陷总数/缺陷机会总数$$

百万单位缺陷机会缺陷数(defect per million opportunity,DPMO)是过程输出的"缺陷"的数量与过程输出的"缺陷机会数"之比乘以1 000 000。计算公式为

$$DPMO = DPO \times 1\,000\,000$$

假如一位顾客通过电话订购了4个汽车备件,希望5天内交付。那么,对交付过程来说,关键的顾客要求(CTQ)是及时交付订货,顾客要求的规范限USL是从接电话之日起5个工作日内,过程的缺陷是备件超过5天发出。对这次电话订货来说,有4个缺陷机会,

因为每一个备件都可能延迟发出。如果该电话销售部门6个月内共收到电话订货20个,每个订货4件,其中未能准时发货的5件。那么,该过程的质量水平如下:

DPU＝5÷20＝0.25,表示平均每次订货中有0.25件产品不能准时发出。

DPO＝5÷(20×4)＝0.062 5,表示不能准时发货的产品占发出的所有产品的6.25%。

DPMO＝0.062 5×1 000 000＝62 500,表示如果发出1 000 000个产品的话,将有62 500个产品不能准时发出。

▶ 7. 产出率(yield)

产出率是在规格限制内的部分单位除以总的单位数,即如果生产出的25个单位中有20个是好的,那么产出率就是0.8(20/25)。

▶ 8. 滚动产出率(rolled throughput yield,RTY)

滚动产出率是通过流程中每个阶段产品的最终产出率。它是一个单位的产品通过所有k个独立的阶段并且没有缺陷的概率。其公式为

$RTY=Y_1 \cdot Y_2 \cdot Y_3 \cdot \cdots \cdot Y_k$,其中$k$为过程中独立的步骤数,或者一件产品或服务的独立的组成零件或步骤数。在计算RYT之前必须计算出每步骤或每个零件的产出率Y,由此可以发现,越是步骤多、技术含量高的过程,对RTY的要求就越高。例如,如果每个子过程的Y都为99%,那么由50个子过程构成的大过程的RTY只有60.5%,也就是说,将有40%的过程输出须经返修或报废处理。也许经过返修处理后,过程的输出可以100%地交付顾客。用传统的产出率的统计方法,这个过程的产出率是100%。但事实上,这个过程中存在着质量、成本和周期的巨大损失,而这些损失是竞争力的损失。

拓展案例

摩托罗拉公司的六西格玛管理

20世纪七八十年代,摩托罗拉在同日本的竞争中先后失掉了收音机、电视机、BP机和半导体的市场。1985年,公司面临倒闭,激烈的市场竞争和严酷的生存环境使摩托罗拉的高层领导得出了这样的结论:"摩托罗拉失败的根本原因是其产品质量比日本同类产品的质量相差很多。"于是,在其首席执行官的领导下,摩托罗拉开始了六西格玛管理之路。

当时,摩托罗拉拿出年收入的5%～10%来纠正低劣的质量。公司利用精确的评估标准预测可能发生问题的区域,通过预先关注质量而获得一种主动权,而不是被动地对质量问题做出反应,也就是说,六西格玛将使公司领导人在质量问题上抢先一步,而不是被动地应付。

当摩托罗拉将六西格玛应用于"强盗"寻呼机的开发时,它的制造技术发生了极大的飞跃。在18个月内,摩托罗拉23位工程师用不足1 000万美元的代价设计出"强盗"寻呼机。这种寻呼机能够由公司设在佛罗里达海滩的自动化工厂生产,并且从摩托罗拉任何一个销售部门用电脑发出到产成品出厂只需27分钟。产品提供各种不同的选项,能为个别客户量身定做。此外,"强盗"寻呼机出众的设计和制造流程使它的平均使用寿命达到50年。公司的寻呼机如此可靠,以至于产品检验过程基本上被取消了。

由于推行六西格玛运动,摩托罗拉不久就得到了外界的认同,1988年,摩托罗拉成为第一个获得颇具影响的马尔科姆·鲍德里奇国家质量奖的公司。经过10年的努力,截至1997年,摩托罗拉销售额增长5倍,利润每年增加20%,实施六西格玛管理法带来的节约额累计达140亿美元,股票价格平均每年上涨21.3%。

8.2.3　六西格玛管理的组织

▶ 1. 六西格玛管理的导入

1) 组建六西格玛团队

由于六西格玛管理是一场自上而下的、会对组织产生深远影响的运动，因此它要从企业高层开始启动。执行负责人、实施负责人、项目负责人、黑带大师、黑带和绿带构成了其管理团队中的所有组织结构的角色。

执行负责人通常由组织的一名高层管理人员担任，主要任务是去监督和支持整个六西格玛项目，这就给组织的每位员工发出了信号：组织是认真的。这名高层管理人员可能是一名副总裁或者是一名主管生产或营销的总监等。实施负责人在六西格玛业务的实施全过程提供领导、参与项目，并承担责任。项目负责人的工作是监督、支持及为六西格玛项目提供资金和执行项目所需要的人员，从而让负责项目的人员把工作重心完全放在项目上，使工作顺利完成。项目的直接管理者是被称为"黑带大师"的人。黑带大师的角色通常是由作为六西格玛专家身份进入公司内部机构的外部顾问担任，他要在组织的上层和下层之间起承上启下的作用。在上层，他协助各位负责人选择好的项目和实施项目的人，然后培训和指导在日常工作中实施六西格玛的人员，并且及时向上层报告有关项目的进展情况。黑带大师是主要负责人，负责组织从上到下实施持久而根本的变革。黑带是真正做具体工作的人员，他是整个项目的关键，是六西格玛的真正领导者。成为一名黑带应该具备管理和技术两个方面的才能，他最重要的任务就是把六西格玛从想法变成现实。绿带是真正的实施者，绿带向黑带提供实施项目所必需的支持。选拔出的绿带人员可以而且应该来自组织中不同的部门，应具有解决问题的能力、较强的沟通能力、强烈的责任感，成员之间还应具有互助互补的技术能力。

2) 培训支持

实施六西格玛管理的关键是对六西格玛及其管理要有一个正确的理解，对六西格玛管理原则有准确的把握，同时对六西格玛管理方法进行有效的运用。故实施六西格玛管理需要以大量的培训作为支持。一是对高层执行领导的培训，高层执行领导是推行六西格玛获得成功的核心，所以高层执行领导的培训采取走出去的培训方式，培训的主要内容是六西格玛能给公司带来的好处及公司推行六西格玛的必要性；二是对黑带大师的培训，如果组织外聘经验丰富的黑带大师，则他将负责向六西格玛团队内的其他人提供培训，当然组织也可以通过培训培养出自己的黑带大师。培训的主要内容是六西格玛管理原则、技巧、改进方法和工具，以及领导力、团队工作、项目管理等方面的"软"技能培训；三是对黑带和绿带培训。黑带是六西格玛项目的领导者，绿带是六西格玛活动中人数最多的，也是最基本的力量，分别由黑带大师负责培训。培训内容主要是六西格玛的认知性和六西格玛技术方面的培训。因此，实施六西格玛管理之前，团队要建立完整的六西格玛培训体系，进行覆盖组织管理层的培训、黑带和绿带及项目团队和全体员工的培训。

▶ 2. 六西格玛管理项目的策划

六西格玛突破性改进的成功取决于所要改进的项目的选择，实施六西格玛策划，可以确保项目的正确选择。

1) 项目选择原则

在策划六西格玛项目时，选择的原则十分重要，此时，评价一系列潜在的六西格玛项目并从中挑选出最有希望被团队解决的项目是非常重要的。

挑选项目要基于两个"M"。一是 meaningful，有意义的，项目要真正有利于顾客和企业经营，才是有意义的；二是 manageable，可管理的，项目的规模应该能使团队有能力完成，便于管理，即团队的5个活动步骤（界定、测量、分析、改进和控制）都能够在这个范围内得以实施。这样给团队一些初步的界限，便于团队管理和开展活动。

2) 项目选择评价原则

六西格玛管理项目选择的评价要素基于以下几个方面。

(1) 顾客满意。关注顾客是六西格玛管理的主题之一。六西格玛质量的定义有两个基本点：一是产品特性让顾客满意直至忠诚；二是在此前提下避免任何缺陷（差错）。因此，过去企业许多常用的评价事项，如劳动工时、成本和销售额等都与顾客真正所关心的问题无关。让顾客满意，其关键是要掌握什么是顾客的期望和需求。用六西格玛语言来阐述，顾客的期望和需求称为关键质量特性，可以用六西格玛水平的测量方法来检查在满足顾客需求方面的业绩。

(2) 过程要素。六西格玛管理的另外一个主题是采取的措施应针对过程，通过对过程的分析，可以确定过程能力和过程的关键输入或输出变量，以及过程详细分析供方、输入、过程、输出和顾客。由于企业性质各异，过程相应不同，可以提供一致的方法来测量和比较不同的过程。

(3) 劣质成本。六西格玛管理的一大特点就是用财务的语言来阐述现状水平和改进的绩效，用财务指标将业绩转化成财务效益，劣质成本分析是一个十分有效的方法。劣质成本是六西格玛管理的重要切入点，可帮助选择六西格玛改进项目。因为理想的改进项目必须包含：在成本节省方面具有很大的潜力；涉及关键过程输出变量的有关问题；顾客和经营者都比较关心的问题。这样，劣质成本与销售收入的比例也可以用 σ 水平来反映。

(4) 增值能力。无论是制造业还是服务业，其生产和服务过程经常出现一个"隐蔽工厂"。过程的最终合格率的计算方法不能反映出该过程在通过最终检验之前所发生的返工等情况，滚动产出率是一个能够找出"隐蔽工厂"地点和数量的有效方法，为过程是否增值做出判断。增值和减少值，以致消灭"隐蔽工厂"是六西格玛管理的一项重要指标。

3) 项目选择评价程序

推行六西格玛管理的企业应设立一套决定策略性焦点议题的程序，以做出项目的正确选择。

如果缺少这样的程序，而仅将项目的选择留给黑带自己来做，六西格玛项目活动有可能演变成孤军奋斗。

(1) 评价程序。当组织的领导层，在掌握六西格玛项目团队前期工作情况的前提下，在对"顾客满意""过程能力""劣质成本"和"增值能力"各有一个基本评估的基础上，依据先前所制定的书面化的项目评价程序来对项目选择展开评价。

(2) 项目特许任务书。选择项目确定的标志是一份项目特许任务书。在六西格玛管理中，特许任务书是提供关于项目或问题书面指南的重要文件。任务书包括实施项目的理由、目标、基本项目计划、范围和其他的考虑，以及角色的职责的评价。一般任务书的内容由项目负责人和团队在界定阶段更加精确地确定。但事实上，特许任务书通常随着实施过程的进展而不断完善。

公司不同，特许任务书是不同的，但它们至少应包括：为什么这个特别的机会被选择；有什么特定的问题或困难需要解决，且结果将被证实是什么；确认的项目或资源预期使用的限制是什么；过程和(或)事件应包含多么大的范围；谁是团队成员、倡导者和其他股东(相关方)；每个阶段什么时候完成等。

8.2.4 六西格玛管理的实施

六西格玛管理法在 PDCA 循环的基础上，形成个性化的 DMAIC(define、measere、analyze、improve、control)改进模式(见图 8-1)。该模式从调查顾客需求开始，确定所要研究的关键特性，对其进行测量，以寻找改进空间，确定改进的质量目标，然后进行优化，并对关键过程实施监控。

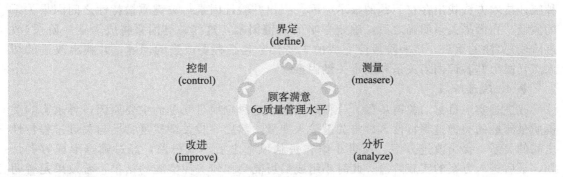

图 8-1 六西格玛管理的 DMAIC 改进模式

▶ 1. 界定阶段

界定阶段，必须抓住一些关键问题：我们的顾客是谁、重点关注哪个问题、顾客的需求是什么、我们正在做什么、为什么要解决这个特别的问题、过去是怎样做这项工作的、现在改进这项工作将获得什么益处等，其关键是明确过程中关键的质量特性。

1) 识别顾客需求

保证问题和目标始终围绕着顾客需求展开，以确定问题的核心，也就是关键输出变量 y。任何成本的节约都建立在不影响顾客满意的基础之上，项目的制定和实施是为了保证顾客对公司产品和服务保持更多关注。为追求更高的回报，不得不进行有限的投入，在投入和回报之间做一个平衡。

2) 编写项目计划

计划内容包括问题说明、目标说明、假设条件和限制条件、有关问题的初步数据、小组成员及责任和规划。

(1) 问题说明：简洁明了地说明过程在何处发生了问题，描述引起问题的症状，是对项目评估报告的润色和补充。

(2) 目标说明：问题说明描述的是"痛处"，目标说明描述"痛处"可能降低到的程度或消除等美好前景，确定将达成的预期收获，注意目标要与项目计划的时间及人力资源相一致。

(3) 范围和条件：明白现实的局限性，以避免团队小组误入歧途或不切实际的期望，围绕着问题提出新的问题，是对问题的进一步认识。

(4) 规划：明确制定项目进展的关键日期，有助于项目成员始终保持高昂的精神状态和紧迫感，以保证项目按照预期规划完成。

▶ 2. 测量阶段

测量是六西格玛管理分析的基础。在这个阶段开始描述过程，并将过程文件具体化，收集计划数据,在验证测量系统后,测量过程能力,以达到识别产品特性和过程参数,了解过程并测量其性能的目的。绘制过程流程图,以说明产品(服务)形成全过程;了解过程中所有可能造成波动的原因,以明确连续过程的每个阶段、过程中上下工序之间的关系、问题点或区域等。确定关键产品质量特性和过程参数,这是提高质量降低成本的一个重要环节。产品和过程中的任何质量特性和过程参数都很重要,根据测量阶段的实施要求,在测量业绩并描述过程及计划数据收集之后,需对测量系统进行验证,并开始测量过程能力。

▶ 3. 分析阶段

分析阶段需要对测量阶段中收集的数据进行整理和分析,并在分析的基础上,运用多种统计技术方法找出存在问题的根本原因,提出并验证因素与关键质量特性之间因果关系的假设。在因果关系明确之后,确定影响的关键因素,这些关键因素将成为下一阶段(改进阶段)关注的重点。这一阶段应完成的主要任务是把握要改进的问题,并找出改进的切入点,提出并验证因果关系和确定关键因素。

▶ 4. 改进阶段

改进是实现目标的关键步骤。分析阶段是确定影响项目问题的主要原因,寻求影响关键质量特性的关键过程特性,确定关键输入变量,然后寻找关键质量特性与关键过程特性之间的关系,提出改进方案,改进小组在头脑风暴之后形成思路,经过筛选形成方案计划,最后进入方案的实施阶段。此时小组成员可能会比较关注实施的结果,看效果是否明显。其实,为保证最后的成功,在实施改进措施的过程中也得注重预防,通过改进输入变量而实现提高输出变量的目标,同时对结果进行优化。

▶ 5. 控制阶段

将改进阶段所取得的成果一直保持下去,必须针对关键过程特性制订一系列非常详细的控制计划,应用SPC技术将主要变量的偏差控制在许可范围之内。

六西格玛项目的成功依赖于那些始终坚持如一的员工,控制过程中,明确管理职责,过程管理的职责应同其个人/部门职责相一致;使工作适合于过程要求;在工作中始终将顾客要求放在首要位置;过程要定期进行测量、分析、改进及设计等,对于新方法及相关的改变都要文件化,并实施监控。过程管理是六西格玛管理的终点,也是企业成为六西格玛组织的起点。一旦过程管理成熟,就会推动工作过程不断提高质量水平,对顾客的要求作出最及时的反应。

DMAIC模式作为实施六西格玛的操作方法,其运作程序与六西格玛项目的周期及工作阶段紧密结合,从界定到控制不是一次性的直线过程,在运用当中有些技术与方法被反复使用。DMAIC模型的应用是实现六西格玛质量水准的一个循环过程,只有不满足现状,勇于创新、不断改进,才能在六西格玛管理中取得卓越成就。

课堂思考: 如何确保六西格玛管理方式实施成功?

8.3 质量机能展开

8.3.1 QFD概述

质量机能展开(quality function deployment,QFD)又名"质量功能展开""质量功能配置"，是当今质量管理界经常提到的一个方法，是一种建立在演绎推理基础上的设计方法，自20世纪后期出现在日本之后，近年来一直被用来作为一种有效的新产品的开发方法。它以团队合作的方式，听取顾客意见，正确了解顾客需求，采用逻辑方法，以决定如何运用可用资源，以最佳的方法来设计新产品或服务，并持续不断地探查市场对新产品或服务设计的反应，再反馈到系统中，以实现顾客需求。换句话说，质量机能展开是将顾客满意因素与设计过程结合起来的一种有效工具。

▶ 1. 质量机能展开的理论发展与应用

20世纪中后期，当日本企业的质量管理发展到TQC阶段后，普遍存在一个疑问，即为保证设计质量，能否在产品尚未生产之前，就对后续过程中质量控制的重点和存在的问题做出明示。实际上，在设计质量确定后，后续过程中相关的质量控制的重点和瓶颈已客观存在，为了提前发现和展示这些内容，成了质量机能展开出现的最初动因。

1978年6月，水野滋和赤尾洋二教授编写的《质量机能展开》由日本科技连出版，该书从全公司质量管理的角度介绍了该方法的主要内容。

1988年，质量机能展开经过10年的推广应用，从制造业发展到建筑业、医院、软件生产及服务业。在总结各行业企业应用质量机能展开经验的基础上，出版发行了由赤尾洋二教授编写的《灵活应用质量展开的实践》。1990—1994年，陆续出版了赤尾洋二教授，以及大藤正和小野道照教授编写的《质量展开入门》《质量展开法——质量表的制作和练习》及《质量展开法——包括技术、可靠性、成本的综合展开》，从而建立起质量机能展开的基本理论框架和方法论体系。

目前，质量机能展开不仅作为提前揭示后续过程中可能存在的瓶颈的技术方法，同时，也成为产品从概念产品阶段向具体设计阶段过渡的最佳支持工具之一。通过应用把握用户质量要求、产生创意和概念产品等方面的工具，为新产品策划和设计提供了很好的方法，随后在主要国家和地区受到了关注，并得到了广泛应用。

1983年，福特汽车公司邀请石川馨教授带领的日本科技连成员，对公司的全面质量管理进行指导。同年，木暮正夫教授和赤尾洋二教授在原美国质量管理协会（ASQC）发行的杂志《质量进展》（Quality Progress）发表了题为《日本的QFD和CWQC》的论文。之后，由当时剑桥研究公司的今井正明先生在芝加哥召开了为期四天的题为"全公司质量管理和质量展开"的研讨会，赤尾洋二、木暮正夫和布留川靖教授出席了会议。大多数美国工商企业是通过《哈佛工商评论》（Harvard Business Review）的一篇题为《质量屋》（The House of Quality）的论文接触到质量机能展开。

1988年，美国国防部颁布指令"Total Quality Management"（DOD D 5000.51）中明确规定质量机能展开为承制美军产品的厂商必须采用的技术。由美国三大汽车公司为主起草的质量体系标准QS-9000中也多次提到该方法的使用。

欧洲于1981年开始关注设计质量管理，但直到20世纪80年代末也尚未对质量机能展开引起重视。在1985年，意大利的Galganol & Associati首先开始了质量机能展开的介绍工作，不仅在意大利，而且还利用全欧洲所有重要的研讨会、发表会的机会宣传推广质量机能展开。

1994年和1995年，我国国家技术监督局两次邀请著名日本质量管理专家赤尾洋二教授，来华举行了质量机能展开讲习班。1996年7月，又邀请了大藤正教授来华与北京科立特管理咨询公司共同举办讲学，全面系统地介绍了质量机能展开的应用步骤和新产品策划的有关方法，此后我国开始了对QFD的应用尝试。

几十年来，QFD的应用范围和领域不断扩大，已经被制造业企业广泛接受。世界著名的丰田公司、通用汽车公司、惠普公司相继采用了QFD方法，在汽车制造业、家用电器、集成电路等领域都有成功应用QFD的报道。除此之外，QFD逐渐应用于服务业、建筑业、计算机软件开发等领域当中。

目前，公开报道的成功应用QFD方法的案例表明，质量机能展开的有效性包括以下若干方面。

（1）有形的效益：大大减少研制时间、有效地减少后期的设计更改、在早期进行低成本设计、提高设计可靠性、降低企业的管理费用。

（2）无形的效益：使用户更加满意、健全企业质量管理、QFD数据库、改进产品策划的基础。

（3）积累的价值：强化当前的研制过程；在市场和经营需求的基础上，尽早明确目标；同时注意产品和工艺技法；使主要问题一目了然，以便优化资源分配；改进部门间的协作与联系；提高企业开发设计人员的水平；有效地获得用户真正所需的产品；更好地满足用户的需求；使产品更具竞争优势。

▶ 2. 综合的质量展开与狭义的质量机能展开

质量机能展开包括综合的质量展开和狭义的质量机能展开（也可称作质量职能展开），其中综合的质量展开又包括质量展开（质量表的绘制）、成本展开、技术展开和可靠性展开，其关系如图8-2所示。

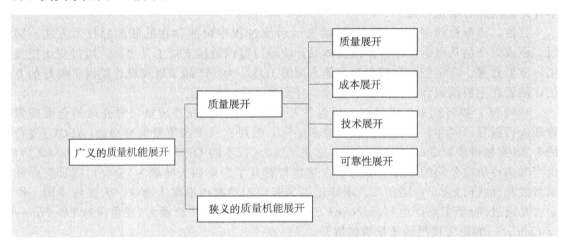

图8-2 质量机能展开概念图

质量机能展开由综合的质量展开和狭义的质量机能展开组成。综合的质量展开中的质量具有多方面含义，包括质量、成本、技术和可靠性，体现了日本质量管理的特点。它以用户需求为依据，从质量表出发，横向经过质量展开、成本展开、技术展开、可靠性展开，纵向经过以技术展开为中介，进行零部件展开。

狭义的质量机能展开（质量职能展开），即有关质量管理的业务职能的展开。

继质量展开之后，经过工序展开、绘制QA计划表，进而展开至工序质量管理项目一览表和作业标准，同时还可进行协作企业的展开。通过展开，明确需要解决的问题，并反馈至有关部门，成为质量改进和攻关的出发点，也为改进设计和设计评审提供了充分的依据。

日本的赤尾洋二教授对综合的质量展开（QD）的定义如下："将用户的要求变换成代用

特性,确定产品的设计质量,然后经过各功能部件的质量,从而至各部分的质量和工序要素,对其中的关系进行系统地展开。"

国内质量机能展开本身原理简单,但却包括了大量管理技术的应用,例如,价值工程和价值分析、矩阵图、系统图、亲和图、水平对比法、层次分析法(AHP)、市场调查和用户访问技术等。它通过系统对应地展开,并将大量的管理技术有机地融为一体。所以,质量机能展开是一种系统管理的思想在新产品开发中的体现更为贴切。

知识链接

运用质量机能展开的过程可以回答以下三个问题:
1. 顾客所要求的质量是什么(什么样的产品或服务是必不可少和必须考虑到的)?
2. 该产品必须起到什么样的功能以及如何利用它来提供相关的服务?
3. 根据现有掌握资源的情况,如何尽可能地满足顾客的需求?

8.3.2 质量屋及其应用方法

质量机能展开的方法主要是围绕着建立质量屋的过程,寻找满足顾客需求的各种方法和途径,使产品能够达到顾客要求甚至超出顾客期望。就像建立一座满足顾客需求的建筑,其运用相对灵活,但基本框架基本如图8-3所示。

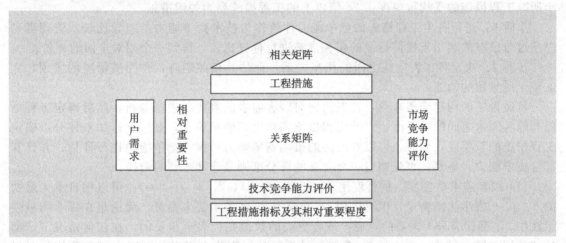

图 8-3　质量屋的要素结构

质量屋是一种确定顾客需求和相应产品或服务性能之间联系的图示方法。质量屋一直是产品开发中连接用户需求与产品属性的经典工具。例如,在相机产品开发中,市场研究得到了用户对产品的若干需求,如质量轻、使用方便、可靠、容易拿稳等。通过市场人员与设计人员共同工作,确定实现不同需求可行的方式。这个过程同时排除掉了一些技术无法实现的需求,就像选择家具。一个完整的质量屋,还包括竞争对手表现、技术指标之间的关系、技术指标重要性得分等信息。

从形式上讲,质量屋包含了以下七个要素:①左墙,用户需求及其重要程度;②天花板,工程措施(设计要求);③房间,关系矩阵;④地板,工程措施的指标及其重要程度;⑤屋顶,相关矩阵;⑥右墙,市场竞争能力评估;⑦地下室,技术竞争能力评估。

这七个要素都必须以相对固定的方法去构造,一般来讲,首先对用户需求进行评估,给出重要度系数；其次建立用户需求与工程项目两者之间的相互关系（即关系矩阵）；最后经过加权评分，得出每项工程措施的重要度数据。这样就对工程措施的作用进行了定量评估和排序，从而确定关键步骤。其主要步骤如下：

步骤1：确认顾客需求并进行顾客需求重要性评估。首先识别出顾客需求，包括主要需求、详细内容和各服务项目属性；然后管理者必须将顾客需求在相对平等的条件下将其量化来表示其重要程度，并放置在质量屋的左墙。

步骤2：进行同行竞争者的标杆评价。针对主要竞争对手A和竞争对手B做比较分析，得到市场竞争能力评价，以此作为右墙。

步骤3：挖掘工程措施（即探索服务设计/管理需求）。质量屋的天花板是工程措施，在此步骤中，管理者必须从组织运作的角度出发，运用各种方法挖掘出各种行之有效的与所有相关功能单位有关的工程措施。

步骤4：评估关系矩阵，定量表示工程措施在满足顾客需求方面的有效性。质量屋的中心是关系矩阵，用以表示顾客需求和服务设计/管理需求的关联程度，也就是说管理者请专家根据已有的经验和数据评估步骤3中各项服务设计/管理需求符合步骤1所列出的特定顾客需求的贡献程度。

步骤5：设定工程措施的指标及其相对重要度。根据顾客需求决定各项工程措施的相对权重。关键措施的重要度应该明显高于一般工程措施的重要度。例如，可以将重要度高于所有工程措施的平均重要度1.25倍以上的工程措施列为关键措施。

步骤6：进行各项工程措施的竞争能力评价作为技术竞争能力的差异比较。管理者可以通过与已有的运用于任何行业的相关措施进行标杆比较，得到一个相对全面的评价。

步骤7：决定各工程措施之间的相互关系，评估其相关矩阵，作为质量屋的屋顶，完成整个质量屋的构建。

从质量屋的构建步骤来看，首先需要对顾客需求的重要度进行分析，然后确定工程措施与顾客需求之间的关系度，以及工程措施两两之间的相关度，最后进行加权评分以确定工程措施的重要度；同时，可以对产品的市场竞争能力和技术竞争能力进行评估，并计算综合竞争能力。显然，事先制定一套合理的评分准则是非常重要的前提。

(1) 顾客需求重要度。重要度用K_i来表示($i=1,2,3,\cdots,m$)，可以用日本人最初的1、3、9表示法来衡量，也可以用1~9或1~5的表示法来衡量。无论是在哪个衡量表示法中，1都代表最不重要的，而5或者更高的数值则代表更重要的。在任何情况下，都建议使用整数。目前，多流行1~5的衡量表示法，因为它可以使顾客在评定分值的时候更有选择性，具体可以定义为1：不重要；2：一般重要；3：重要；4：比较重要；5：非常重要。

(2) 关系矩阵。关系度可以用r_{ij}来表示。建议采用1、3、5、7、9等关系度等级，1：微弱关系；3：有一定影响；5：关系较密切；7：关系密切；9：关系非常密切；空白即为0，表示不存在关系。有时可以只采用1、3、9三个关系度等级，这时可以用约定的符号来表示这三个数字等级。

(3) 相关矩阵。相关度通常用符号来表示，正相关○：表示该点对应的两项工程措施之间存在相互加强、互相叠加的交互作用；强正相关◎：表示该交点所对应的两项工程措施间存在很强的互相叠加的交互作用；负相关×：表示该交点所对应的两项工程措施间存在互相减弱、互相抵消的作用；强负相关#：表示该交点所对应的两项工程措施间的作用强烈排斥，有很大矛盾；空白则表示该交点所对应的两项工程措施间不存在交互作用。

(4) 市场竞争能力。用 M_i 来表示 ($i=1, 2, 3, \cdots, m$)，可以取下列 5 个数值，1：无竞争能力可言，产品积压，无销路；2：竞争能力低下，市场占有份额递减；3：可以进入市场，但并不拥有优势；4：在国内市场竞争中占有优势；5：在国内市场竞争中拥有较大优势，可以参与国际市场竞争，并占有了一定的国际市场份额。

(5) 加权后的工程措施的重要度。用 h_j 表示，$h_j = \sum K_i r_{ij}$，($i=1, 2, \cdots, m$) 由公式可知，若其中一项工程措施与多项用户需求均有关，且这些用户需求较为重要，则重要度取值就越大，意味着该项工程措施就重要。

(6) 技术竞争能力。用 $T_j (j=1, 2, \cdots, m)$ 来表示第 j 项工程措施的技术水平。技术水平包括指标本身的水平、本企业的设计水平、工艺水平、制造水平、测试水平等，可取以下 5 个数值，1：技术水平低下；2：技术水平一般；3：技术水平达到行业先进水平；4：技术水平达到国内先进水平；5：技术水平达到国际先进水平。

(7) 市场竞争能力指数。用 M 来表示，对市场竞争能力 $M_i (i=1, 2, \cdots, m)$ 进行综合后，获得产品的市场竞争能力指数为

$$M = \frac{\sum K_i M_i}{5 \sum K_i} (i=1, 2, \cdots, m); M \text{ 值越大越好}$$

(8) 技术竞争能力。用 T 来表示，对技术竞争能力 $T_j (j=1, 2, \cdots, n)$ 进行综合后，获得产品的技术竞争能力指数为

$$T = \frac{\sum h_j T_j}{5 \sum h_j} (j=1, 2, \cdots, n); T \text{ 值越大越好}$$

(9) 综合竞争能力。用 C 来表示，是市场竞争能力指数与技术竞争能力指数的乘积
$$C = MT; C \text{ 值越大越好}$$

质量屋的构建过程中一定要注意使用加权评分来量化确定工程措施的重要程度，以便集中力量实现关键的工程措施，最大限度地发挥人力、物力的作用。运用质量屋直观易懂，具有吸引力，在处理问题的深入程度和量化程度效果上都比较令人满意。

项目小结

质量改进作为朱兰"质量策划、质量改进、质量控制"三部曲的其中之一，是致力于增强满足质量要求能力的工作，因此只有研究新问题、吸收新营养，才能与时俱进，开拓新的领域。本项目对质量改进的相关理论进行了充分的介绍，其中包含了质量改进的基础知识、六西格玛管理方法和质量机能展开等内容。在学习过程中，除了掌握基本的理论知识之外，还应结合本书前面的项目内容，切实掌握质量改进的一些常用方法与工具，为以后从事相关工作打下坚实的知识基础。

阅读资料

质量机能展开的应用

质量机能展开，是一种建立在推理演绎基础上的设计方法，是将顾客满意因素与设计过程耦合起来的一种有效工具。质量机能展开方法主要是围绕建立质量屋的过程，寻找满

足顾客需求的各种方法和途径，使得产品/服务达到顾客要求甚至超出顾客期望。质量屋的应用分为以下几个步骤：

1. 顾客需求展开

(1) 确定要研究和分析的对象。在进行质量管理中质量机能展开的应用主要针对产品或服务的改进。因此，改进不能很好地满足顾客需求的产品或服务是开展质量机能展开的目的，即将不能很好地满足顾客要求的项目确定为要研究和分析的对象。

(2) 顾客需求陈述。将顾客的语言转换为 C_{11}，C_{12}，$\cdots$，C_{1n}，$\cdots$，C_{j1}，$\cdots$，C_{jn}，然后进行聚类分析，使用 KJ 法等进行聚类 B_1，B_2，$\cdots$，B_j。

(3) 顾客需求的展开。展开可以分层，一般分到准则(B)、指标(C)级，不宜太多，最末级的需求项目一般不超过 9 个。

例如，某汽车维修部旨在提高顾客满意度，采用质量机能展开的方法进行改进。目标顾客是那些非例行修理的车主，通过分析采用服务质量的 5 要素来描述顾客需求，并进行展开，如表 8-7 所示。

表 8-7 顾客需求展开表

顾客需求	准则层 B	指标层 C
顾客满意	维修技术 B_1	可靠性 C_{11}
		响应性 C_{12}
		保证性 C_{13}
	服务氛围 B_2	移情性 C_{21}
		有形性 C_{22}

2. 确定关键质量需求

关键质量需求的确定，在质量机能展开中称为质量策划。在此步骤中要明确以下几个要素。

(1) 重要度，也就是此项需求在顾客心目中的重要程度。确定方法可以采用李克特 5 级评分形式，可以请顾客对某项需求依照满意程度（或关注程度）的大小从 5、4、3、2、1 中选择一个数为评价值。一般情况下，5 表示影响大（非常关注）；4 表示有影响（关注）；3 表示一般（无所谓）；2 表示没有影响（不关注）；1 表示完全没有影响（很不关注）。

重要度评价，实际上是体现顾客的价值，也是顾客的期望的反映，实际上就是顾客的认知质量，所以质量机能展开中的重要度评价也就是定义认知质量。

(2) 比较分析，是对企业的产品或服务进行满意度评价，也就是对认知质量和感知质量的效果进行比较得出是否满意的判断。具体方法同样可以采用李克特 5 级评价法则，让顾客对某项顾客需求的实际感知效果的大小依次从 5、4、3、2、1 中选择评价值。一般认为，5：非常满意；4：满意；3：无所谓满意不满意；2：不满意；1：非常不满意。有时候为了对比竞争对手的情况，还可以就某项顾客需求，针对不同公司的产品或服务进行对比分析，做出满意度的评价比较。

(3) 改进目标。改进目标中有三项内容：改进目标、水平提高率、商品特性点。

改进目标：根据重要度（认知质量）和比较分析（感知质量）的评价结果，结合项目目标，可以制定出改进目标。这里的改进目标只是对顾客需求程度的表述，而不是对产品质量特性的要求。例如，某项顾客需求的重要性评价为"4"，比较分析结果为"3"。这说明顾客的期望是"4"，认为此项需求对满意度有影响，而比较结果为"3"，说明感知质量只是一般，无所谓满意不满意。为此，可对此项需求提出改进目标为"5"（至少为"4"），只有这样才能确保顾客期望的实现。

(4) 水平提高率。确定出改进目标后可以得出水平提高率，其公式如下：

$$水平提高率＝改进目标/本公司满意度评价$$

例如，改进目标设定为"5"，而确定的此项顾客需求的满意度评价为"3"，则其水平提高率＝5/3＝1.67。

(5) 商品特性点。把上述因素综合起来，再把产品的质量特性考虑进去，可以设定顾客需求的商品特性点。"◎"表示特别重要商品特性点，记值为1.5。"○"表示比较重要商品特性点，记值为1.2。"空白"表示一般，记值为1。

(6) 关键顾客需求。通过前面三项内容，可以计算出顾客需求的绝对权重。

$$绝对权重＝重要度×水平提高率×商品特性点$$

然后，再换算成顾客需求的权值，即

$$权值(M_j)＝绝对权重/各个需求绝对权重之和×100\%$$

例如，企业请顾客对维修部的顾客需求的认知质量和感知质量进行调查，得到关键顾客需求展开表，如表8-8所示。

表 8-8 关键顾客需求确定表

顾客需求		重要度	比较分析		改进目标			关键顾客需求排序	
			企业	其他	改进目标	水平提高率	商品特性点	绝对权值	权值100%
维修技术	可靠性	5	3	3	5	1.67	◎	12.5	22.7
	响应性	5	4	4	5	1.25	○	7.5	13.6
	保证性	5	2	3	5	2.5	○	15	27.2
服务氛围	移情性	4	2	3	4	2		8	14.6
	有形性	4	1	2	3	3		12	21.8
合计								55	100

3. 技术要求展开

知道了顾客的需求后，还需要正确掌握和识别技术上的需求，收集并组织企业已有的或潜在的技术要求指标，形成一系列具体的"可测量的"技术要求，作为对顾客需求的响应。

(1) 抽出技术质量要素。在顾客需求的各个项目指标中，抽出技术（质量）要素。

(2) 用KJ法合并归纳。将抽出的技术指标相类似地放在一起，然后求得高一级科目，并确定其名称。

(3) 编制展开表。将技术指标之间的关系汇总整理，并将各指标的质量特性值明确化。技术要求展开表是企业的技术世界，成功的展开使顾客的需求从技术上予以保证，只有对准了顾客的需求的焦点，识别出主要的质量要求及测定的质量特性才能使改进成功。

得出关键顾客需求以后，将这些顾客需求进行技术特性的描述。例如，"响应性"可以抽出技术要求有"训练""能力""信息""设备"；"有形性"可以抽出技术要求有"训练""设备"

等。在此基础上展开为技术要求,得到技术要求展开表,如表8-9所示。

表8-9 技术要求展开表

技术要求	技术指标				
	训练	态度	能力	信息	设备

4. 编制质量表

质量表可以描绘顾客需求和技术要求之间的关系,实现从顾客的世界向技术世界的转换。

(1) 关系矩阵。把关键顾客需求展开表与技术要求展开表纵横排列组合成矩阵形式,以二元表的形式揭示顾客需求与技术要求的相互关联性。

(2) 相互关联性确定。相互关联性的对应强度分别用符号"⊙""○""△"来表示,并且给予相应权重,如表8-10所示。

表8-10 质量表关系表

对应强度	符号	赋值
关系强	⊙	3
关系适中	○	2
关系弱	△	1
没有关系	空白	0

企业根据顾客需求与技术要求之间的关联性,绘制了质量表,如表8-11所示。

表8-11 质量表

顾客需求	训练	态度	能力	信息	设备
可靠性	⊙			○	○
响应性	△		⊙	△	△
保证性	○	⊙		○	
移情性		⊙			
有形性	△				△

5. 输出关键质量特性确定

输出关键质量特性确定是设计的主要标志,把握住关键质量特性(CTQ)就能正确反映产品和服务满足顾客的需求。

(1) 特性重要度评价。在质量表的基础上,把"关键顾客需求"向"关键质量特性"变换,也就是把表的权值依据质量表中矩阵表的顾客需求的重要度,按各行与技术要求特性的交叉对应关系强度进行比例分配,然后将各项要求的得分纵向合计后决定技术要求的重

要度。数值大的表示与关键顾客需求有密切关系。评价计算公式为

$$W_i = \sum M_{ij} \cdot a_{ij}$$

式中，M_{ij}为对应顾客需求的重要度（权值）；a_{ij}为对应的关系强度值。

(2) 比较分析。

对手分析：对其他公司竞争产品或业内先进产品与本公司项目现有产品的技术要求，即输出质量特性进行比较，尤其对重要度评价值高的指标，按顺序优先收集数据。用符号"十"表示强项；"一"表示弱项。

技术分析：对这些特性的技术难度进行分析，哪些技术要求容易达到，哪些技术要求非常不容易达到，用5级评分法来确定达到要求的技术困难程度，5：非常困难；4：困难；3：一般；2：容易；1：非常容易。

相关分析，技术要求之间实际上也存在各种关系，有时候某些技术要求指标的改进会影响其他技术要求指标的特性。因此，还需要做技术要求之间的相关分析，分析结果如表8-12所示。技术要求与技术要求之间的关系可以通过图表显示出来，如表8-13所示。

表8-12 影响程度划分表

影响程度	符号
强正影响	⊙
正影响	○
负影响	*
强负影响	#
无影响	

表8-13 技术要求相关表

技术要求	A_1	A_2	A_3	…	A_i
A_1		○	*		
A_2	○		#		
A_3	*	#			
…					
A_i					

表8-13中各项技术要求之间相关关系表示：技术要求A_1与技术要求A_2是呈正影响关系，若改进A_1必然会影响到A_2，A_1的改进有利于A_2的改进；技术要求A_2与技术要求A_3是呈强负影响关系，若改进A_2会从反面影响到A_3，即A_2的改进会有碍于A_3的改进。如果A_i中有些技术要求困难程度很大，则可根据其影响程度，从另外影响其特性的技术要求进行改进。如A_2困难很大（为5），而A_1或A_3比较容易，则我们可以对A_1或A_3采取措施，从而影响A_2这个技术要求。

(3) 设计输出质量特性。

选择特性目标：综合考虑该技术指标的重要度，对比分析的结果，该特性与项目目标的联系及其技术能力，可供支配的资源，以及现有特性指标的过程能力水平等因素再行选

择的目标值。

确定输出特性目标：根据改进的目标，给出技术要求指标的改进方向和具体目标。

设定输出质量特性：综合上述结果，确定关键质量特性，即输出关键质量特性及其规格界限。判断出选用的改进技术指标，用符号"√"表示可行，"×"表示暂缓。

至此，企业完成了质量机能展开的基本过程，可以给出质量机能展开的方案用于实际工作。

案例分析

大众汽车在华召回 8 000 余辆汽车

汽车产品召回，就是按照法定的要求和程序，由缺陷汽车产品制造商进行的消除其产品缺陷的过程。包括制造商以有效方式通知销售商、修理商、车主等有关方关于缺陷的具体情况以及消除缺陷的方法等事项，并由制造商组织销售商、修理商等通过修理、更换、退货等具体措施消除其汽车产品缺陷。汽车产品召回起源于美国，2004 年，中国开始实施汽车产品召回管理。

汽车产品召回制度、召回方式各国并不一致，根据认证和召回方式可分为自主型、强制型和自主强制结合型。自主型汽车召回是指企业自行按照国家提出的标准进行研发和生产，企业自行承担全部责任。国家在市场进行质量的抽查，如果发现有缺陷汽车产品的存在，就进入汽车召回管理的相关程序，其鼓励主动召回，消除缺陷影响，代表国家为美国。强制型汽车召回是指国家生产厂商提出产品的各项标准，并到国家相关机构进行认证，合格后保证产品标准和生产一致性后，可以投入大规模生产和使用，国家对社会承担责任，保证汽车安全使用，欧洲大部分国家和日本采用强制型认证方式。而中国在参考美国和日本等国家的模式后，使用企业自行发现缺陷提出召回和根据国家指令进行召回两者结合的自主和强制结合型的召回方式。

2004 年 10 月 1 日，中国颁布施行了《缺陷汽车产品召回管理规定》。2013 年 1 月 1 日，《缺陷汽车产品召回管理规定》升级为《缺陷汽车产品召回管理条例》（以下简称《条例》）。《条例》第十六条明确规定：生产者实施召回，应当按照国务院产品质量监督部门的规定制订召回计划，并报国务院产品质量监督部门备案。修改已备案的召回计划应当重新备案。生产者应当在确认其汽车产品存在缺陷后 5 个工作日内，以书面形式向主管部门报告。

为进一步规范汽车生产者召回报告材料的备案工作，中国国家质检总局缺陷产品管理中心于 2014 年 5 月 28 日发布了《关于更新汽车产品生产者召回报告备案材料模板的通知》，自通知发布之日起施行新的召回备案材料模板，主要包括召回计划备案申请单、召回计划、召回公告、召回新闻稿、召回通知书、召回维修作业方法、召回费用统计表、召回阶段性报告、召回总结报告等。

根据国家质检总局缺陷产品管理中心网站显示，2017 年 1 月，大众汽车（中国）销售有限公司、上汽大众汽车有限公司和一汽-大众汽车有限公司根据《缺陷汽车产品召回管理条例》的要求，向国家质检总局备案了召回计划，决定自 2017 年 2 月 20 日起，召回以下车辆，共计 8 418 辆：

1. 大众汽车（中国）销售有限公司进口的部分 2016 年 7 月 27 日至 2016 年 8 月 12 日生产的 2017 年款迈腾旅行系列汽车，共计 21 辆；2016 年 9 月 20 日至 2016 年 10 月 6 日生产的 2017 款迈特威多功能商务车车型，共计 8 辆。涉及驾驶员前部安全气囊。

2. 上汽大众汽车有限公司 2016 年 10 月 24 日至 2016 年 11 月 4 日生产的部分 2016 年款途观汽车，共计 325 辆。涉及副驾驶员前部安全气囊。

3. 一汽-大众汽车有限公司 2016 年 9 月 13 日至 2016 年 11 月 11 日生产的部分国产 2017 年款奥迪 A6L，共 6 512 辆；2016 年 10 月 18 日至 12 月 8 日生产的部分国产 2017 年款奥迪 A4L，共 932 辆；2016 年 9 月 12 日之后在奥迪特许经销商处更换过前排座椅安全带的 434 辆国产奥迪 A6L 和 1 辆国产奥迪 A4L。上述车辆涉及前排座椅安全带预紧器。

4. 一汽-大众汽车有限公司进口的 2016 年 9 月 7 日至 2016 年 10 月 20 日生产的：部分 2017 年款奥迪 A7，共计 48 辆；部分 2017 年款奥迪 A8L，共计 123 辆；部分 2017 年款奥迪 A6 allroad，共计 12 辆；2017 年款的奥迪 S6 以及 2017 年款的奥迪 RS6 各 1 辆。上述车辆涉及副驾驶座椅安全带预紧器。

召回范围内的部分车辆，由于供应商制造原因，初级气体发生器内部化学成分配比不当，可能导致在车辆发生碰撞后，相关车辆涉及的气囊或座椅安全带预紧器无法正常工作，存在安全隐患。对于上述进口迈腾、迈特威汽车，大众汽车（中国）销售有限公司将免费为召回范围内车辆更换驾驶员前部安全气囊模块；对于上述国产途观汽车，上汽大众汽车有限公司将免费为召回范围内涉及车辆更换副驾驶员前部安全气囊模块；对于上述国产奥迪 A6L 和 A4L，进口奥迪 A7、A8L、A6 allroad、S6 和 RS6 汽车，一汽-大众汽车有限公司将委托奥迪特许经销商根据实际检测结果，免费为涉及范围内的车辆更换前排双侧或单侧座椅安全带模块。

大众汽车（中国）销售有限公司、上汽大众汽车有限公司、一汽-大众汽车有限公司将通过特约经销商与召回范围内的用户取得联系，安排免费维修事宜。

资料来源：中央人民广播电台网站．

思考：

1. 有人说"企业召回的是缺陷产品，体现的是责任和担当，赢得的是信誉和市场"，你是如何看待这句话的？
2. 你认为汽车产品的召回是否体现了质量改进的相关理论？

习 题

一、单项选择题

1. 质量改进的常用的定量方法与工具不包括（ ）。
   A. 排列图法　　　B. 亲和图法　　　C. 直方图法　　　D. 散布图法
2. 六西格玛管理起源于（ ）。
   A. 通用电气　　　B. 丰田汽车　　　C. 摩托罗拉　　　D. 壳牌石油
3. 六西格玛改进的五个阶段 D、M、A、I、C 中的 D 表示（ ）。
   A. 实施　　　　　B. 设计　　　　　C. 界定　　　　　D. 缺陷
4. 通常所说六西格玛质量水平对应 3.4ppm 缺陷率是考虑了过程输出质量特性的分布中心相对目标值（ ）偏移。
   A. 3σ　　　　　B. -1.5σ　　　C. 1.5σ　　　D. $\pm 1.5\sigma$
5. 在六西格玛改进 DMAIC 的过程中，确定当前水平（基线）是（ ）阶段的活动要点。
   A. 界定　　　　　　　　　　　　　　B. 测量
   C. 分析　　　　　　　　　　　　　　D. 控制

二、多项选择题

1. 美国质量管理专家朱兰博士称（　　）为"质量管理三部曲"。
   A. 质量策划　　　　B. 质量控制　　　　C. 质量改进　　　　D. 质量分析

2. 适合确定为六西格玛项目的有（　　）。
   A. 疏通瓶颈，提高生产效率　　　　　　B. 关注成本节约
   C. 改进服务，提高顾客满意度　　　　　D. 提高质量、降低缺陷
   E. 新技术宣传推广

3. 有关质量屋的说法正确的有（　　）。
   A. 质量屋主要是为了实现企业自身的追求而被开发出来的一种工具
   B. 质量屋的提出者是张公绪
   C. 质量屋的左墙是指用户需求及其重要度
   D. 质量屋当中的技术竞争能力评估数值越大越好
   E. 质量屋是20世纪的产物，现在已经过时了

三、简答题

1. 实施质量改进工作的一般步骤有哪些？各步骤的具体工作是什么？
2. 简述DMAIC改进模式。
3. 简述质量屋的构成。

四、实践练习

1. 寻找一所学校周围的企业，实地考察并研究一下这个企业是否在经营中注重了质量改进？如果有，企业又是采用了哪些具体的方法，取得了什么样的成果。

2. 1990年，沃麦克等在《改造世界的机器》一书中提出了精益生产的概念，以诊治美国大量生产方式过于臃肿的弊病。时至今日，精益生产逐渐与六西格玛管理在众多领域方面追求一致，形成了精益六西格玛管理。查找资料，用精益六西格玛管理法为案例分析中的企业策划一个质量改进项目实施方案。

项目9 标准化与质量监督

本项目重点

1. 标准化与质量监督管理的概念；
2. 认证制度；
3. 免检制度；
4. 抽查制度。

学习目标

1. 了解并掌握标准化工作相关理论；
2. 掌握我国现行的标准分类；
3. 了解我国的质量监督管理体系；
4. 了解认证制度、免检制度、抽查制度的相关知识。

课前导读

2017年4月，国家质检总局公布了2016年旅行箱包等7种电子商务产品质量国家监督专项抽查结果。抽查结果显示，7种电子商务产品总体抽查合格率为72.7%。其中，有3种产品的不合格产品检出率超过了50%。

据悉，在2016年年底，质检总局针对网络销售的旅行箱包、电磁炉、移动电话、智能马桶盖、羊绒针织品、婴儿纸尿裤（片）、运动鞋7种电子商务产品组织开展了产品质量国家监督专项抽查。抽查采取"神秘买家"网上买样方式，分别从天猫、京东、苏宁易购等9家电商平台购买样品，涉及257家企业生产的275批次产品。经检验，有200批次产品合格，抽查合格率为72.7%。

据了解，本次抽查中，旅行箱包、电磁炉、移动电话、智能马桶盖、婴儿纸尿裤（片）等5种产品均为首次开展电子商务国家监督抽查，羊绒针织品和运动鞋为连续跟踪抽查的产品。

本次抽查有3个主要特点。一是重点抽查B2C模式电商企业的自营产品。本次抽查涉及的9家电商平台企业，其经营模式均以B2C为主。另外，在京东等8家电商平台抽查均以平台自营产品为主,在天猫平台抽查以旗舰店、品牌专卖店为主。二是突出抽查问题较多产品。本次抽查产品中,2016年,电磁炉线下国家监督抽查不合格检出率为71.2%,旅行箱包、移动电话、运动鞋3种产品以往线上或线下国家监督抽查不合格检出率均在20%~30%之间。三是突出源头追溯。通过电商平台企业,联系生产企业对样品和检验结果进行确认,不断完善电子商务产品质量源头追溯机制。

质检总局已要求各省(区、市)质量技术监督部门做好后续处理工作,对于本次抽查中产品质量不合格的生产企业,依法严肃进行处理。特别是对抽查中发现产品质量不符合国家强制标准要求的,应依法责令企业停止生产销售不合格产品,按照有关规定监督销毁或者做必要的技术处理。

9.1 标 准 化

常言道,没有规矩不成方圆。开展质量管理不能没有"标准",要保证产品质量,必须做好标准化工作。标准是对重复性事物和概念所做的统一规定。它以科学、技术、实践经验的综合成果为基础,经过有关方面协商一致,由主管部门批准,以特定形式发布,作为共同遵守的准则和依据。而标准化的工作活动贯穿了质量管理的全过程,包含了科学地制定标准、发布标准和实施标准,是推动质量管理的重要举措。

9.1.1 标准化的概念

▶ 1. 标准化

所谓标准化,就是为了在一定范围内获得最佳秩序,对实际的或潜在的问题制定共同的和重复使用的规则的活动,这一系列活动包括制定、发布和实施标准。在理解标准化的定义中,可以发现标准化的含义体现在:

(1) 标准化的对象是共同的和重复发生的活动及其结果,是发生的事物或概念。在质量管理中,作为标准对象的通常有在一定范围内重复使用的概念、产品、过程和体系。

(2) 标准化的内容就是使对象达到标准化状态的全部活动及其过程,主要有制定标准、发布标准和事实标准。在达到标准化的过程中,经常采用统一、简化、系列化、通用化和组合化等方式方法实现。

(3) 标准化的本质是统一。标准化就是在混乱中建立秩序,达到统一、一致的状态。

(4) 标准化的目的是获得最佳秩序。通过在一定范围内建立最佳秩序,来获得最大的社会和经济效益。

标准是标准化活动的产物。所谓标准就是为了在一定范围内获得最佳秩序,对活动及其结果规定共同的和重复使用的规则、导则或特性文件。该文件需经协商一致制定并经一个公认的机构批准。

标准最基本的含义就是"规定",是在一定范围和时限内对对象做出的"一致性"规定的文件。标准不同于其他一般的规定,其特殊性表现在以下几个方面:

(1) 标准的制定和贯彻以科学技术和实践经验的综合成果为基础,以促进最佳社会效益为目的。标准中所规定的各项要求都是在总结先进经验和先进技术成果的基础上提炼出来的,是在分析和验证的基础上做出规定的。

(2) 标准是"协商一致"的结果。标准规定的内容通过相关方充分协商，在解决分歧达成一致或基本同意后确定，能够代表各方面的利益。

(3) 标准通过特定的形式颁布。标准的制定有一套科学、完善的程序，在内容表述和格式等方面有严格的要求，并通过有影响的权威机构正式发布。为了便于管理使用，一个典型的标准通常规定特定的代码、编号、标准发布年限或版本等准确、严格地表明其各项属性。

▶ 2. 标准体系

标准化工作的一个重要目标是建立标准体系，只有将一定范围内的标准按照其内在的联系，形成科学的有机整体，才能充分发挥标准化的作用。

在这个体系中，从纵向层次和应用范围看，有国际标准、国家标准、行业标准、企业标准等；从标准所规定的内容来看，有技术标准、管理标准和工作标准；从标准化的领域看，有工业标准、农业标准、商业标准、建筑业标准、教育标准、卫生标准等；从标准推行的效力和要求的性质看，有强制性标准、推荐性标准。

1) 我国的标准体系

我国的标准体系也称为标准化体制，可以按照表 9-1 来进行区分。其中相关内容和要求在《中华人民共和国标准化法》中都有明确规定。

表 9-1 我国常用的标准分类

分类依据	种类	定义	说明
要求的性质	强制性标准	指具有法律属性，在一定范围内通过法律、行政法规等强制手段强制执行的标准	◆ 强制性标准中有的有全文强制的，有的是部分条文强制的。强制规定的内容范围主要涉及国家安全、人体健康、人身与财产安全、动植物安全和环境保护，产品技术衔接和配套，通用的试验、检验方法，以及防止欺骗和保护消费者利益方面的要求。 ◆ 强制标准的要求必须执行
	推荐性标准	指生产、交换和使用等方面，通过经济手段自愿采用的一类标准，也称为自愿性标准，是强制性标准以外的标准	◆ 推荐性标准可以自愿采用，任何单位可以决定是否采用，违反这类标准不承担经济、法律责任。然后一旦声明接受采用，或纳入合同内容之中，则成为双方必须遵守的技术依据，必须执行并具有法律约束力
标准的层次	国家标准	指由国家的官方标准化机构或国家政府授权的有关机构批准、发布，在全国范围内统一和使用的标准	◆ 我国的国家标准由国务院标准化行政主管部门编制计划和组织草拟，并统一审批、编号和发布。 ◆ 国家标准规定的是需要在全国范围内统一的、对国民经济和技术发展由重大意义的技术要求。 ◆ 我国的国家标准由国家标准代号（强制性标准代号为 GB，推荐性标准代号为 GB/T）、发布顺序号和发布年号组成
	行业标准	指全国性的在各行业内统一的标准	◆ 它是对没有国家标准，但是需要在全国某一行业范围内统一的技术要求。这是对国家标准的补充，当相应的国家标准实施后自行废止。 ◆ 行业标准由国务院有关行政主管部门编制计划和组织草拟，并统一审批、编号和发布，并报国务院标准化行政主管部门备案。 ◆ 行业标准代号由国务院标准化行政主管部门规定

续表

分类依据	种类	定义	说明
标准的层次	地方标准	指在某个省、自治区、直辖市范围内需要统一的标准	◆ 它是对没有国家标准和行业标准，但是需要在省、自治区、直辖市范围内统一工业产品的安全和卫生要求。 ◆ 地方标准由某个省、自治区、直辖市人民政府标准化行政主管部门编制计划和组织草拟，并统一审批、编号和发布，且向国家、行业两级标准化行政主管部门备案
	企业标准	指由企业制定的产品标准和为企业内部需要协调统一的技术要求及工作要求所制定的管理要求、工作要求所制定的标准	◆ 企业生产的产品在没有相应的上级标准或上级标准不适用时，制定企业产品标准，国家鼓励企业在不违反相应的强制标准的前提下，根据市场和顾客的要求，指定严于上级标准的企业标准，在企业范围内施行。 ◆ 企业标准由企业法人代表或法人代表授权的主管领导批准、发布和授权的部门统一管理，企业产品标准应在规定发布后 30 日内向隶属的当地标准化行政主管部门和行政主管部门备案
标准的对象	技术标准	这是对标准化领域中，需要协调统一的技术事项所制定的标准	主要规定产品和服务形成过程中必须满足的技术要求，如产品标准、工艺标准、检测试验标准、安全卫生环境保护标准等
	管理标准	这是对标准化领域中，需要协调统一的管理事项所制定的标准	主要规定管理过程中各种职能关系，是组织和管理生产和经营活动的依据和手段，如管理基础标准、经济管理标准、技术管理标准、行政管理标准和生产作业管理标准等
	工作标准	这是对标准化领域中，需要协调统一的工作事项所制定的标准	对工作范围、构成、工序、要求、效果和检验方法等所做的规定，通常包括工作范围和目的、工作程序和措施、工作监督和质量要求、工作效果与评价、协作关系等
标准规定的内容		根据标准规定的内容，常见的标准有基础标准、卫生标准、产品标准、方法标准、管理标准、安全标准和环境保护标准	

2）国际标准体系

20 世纪 80 年代以来，随着全球贸易往来的增多，国际性的标准化活动发展迅速，在国际标准化组织和专业性国际组织的推动下，在原有大量的产品和技术标准的基础上，逐步开发了一系列管理标准，如 ISO 9000 族质量管理体系标准、ISO 14000 系列环境管理体系标准，形成了由国际标准、区域性标准或先进国家和地区标准组成的国际标准体系。这些标准化活动推动了社会、经济的发展，促进了国际贸易和交往。

国际标准是指由国际标准化组织（ISO）、国际电工委员会（IEC）和国际电信联盟（ITU）、所制定的标准，以及国际标准化组织确认并公布的其他标准。国际保准由各个成员所承认，在世界范围内统一使用。

区域性标准是指未经 ISO 确认并公布的其他国际组织的标准、发达国家标准、区域性组织的标准、国际上有影响的团体标准和企业标准构成的先进标准。

9.1.2 标准化的基本方法

▶ 1. 简化

简化是一定范围内缩减对象（事物）的类型数目，使之在一定时间内足以满足一般需要的标准化形式。简化一般是在事后进行的，是在不改变对象质的规定性，不降低对象功能的前提下，减少对象的多样性、复杂性。简化肯定某些个性同时存在，着眼于精炼，简化的目的并不是简化为只有一种，而是在简化的过程中保存若干合理的种类，以少胜多，其主要的形式如物品种类简化、原材料简化、工艺设备简化、零部件简化、数值简化、结构要素简化、流程简化等。

▶ 2. 统一化

统一化是指两种以上同类事物的表现形态归并为一种或限定在一定范围内的标准化形式。其实质是使对象的形式，功能（效用）或者其他技术特征具有一致性，并把这种一致性通过标准确定下来。统一化主要有三种形式：

1) 选择统一

选择统一是在需要统一的对象中选择并确定一个，以此来统一其余对象的方式。它适用于那些相互独立、相互排斥的被统一的对象，如交通规则、方向标准等。

2) 融合统一

融合统一是在统一对象中博采众长、取长补短，融合成一种新的更好的形式，以代替原来的不同形式的方式。适合融合统一的对象都具有互补性，如结构性产品像手表、闹钟统一结构形式，都是采用融合统一的方法。

3) 创新统一

创新统一是用完全不同于被统一对象的崭新的形式来统一的方式。适宜采用创新统一的对象如下：

（1）在发展过程中产生质的飞跃的结果，如以集成电路统一晶体管电路。

（2）由于某种原因无法使用其他统一方式的情况，如用国际计量单位来统一各国的计量单位、用欧元统一各国的货币等。

▶ 3. 产品系列化

产品系列化是标准化的高级形式，是标准化高度发展的产物，是标准化走向成熟的标志；系列化是使某一类产品系统的结构优化、功能最佳的标准化形式。系列化通常指产品系列化，它通过对同一类产品发展规律的分析研究，经过全面的技术经济比较，将产品的主要参数、型式、尺寸、基本结构等做出合理的安排与计划，以协调同类产品和配套产品之间的关系。产品系列化的目的是简化产品品种和规格，尽可能满足多方面的需要。产品的系列化，便于增加品种、扩大产量、降低成本。

▶ 4. 通用化

通用化是指在互相独立的系统中，选择和确定具有功能互换性或尺寸互换性的子系统或功能单元的标准化形式。通用化是以互换性为前提的。所谓互换性，是指在不同的时间、地点制造出来的产品或零件，在装配、维修时，不必经过修整就能任意地替换使用的性能。通用化的目的是最大限度地扩大同一产品（包括元器件、部件、组件、最终产品）的使用范围，从而最大限度地减少产品（或零件）在设计和制造过程中的重复劳动。通用化的效果体现在简化管理程序，缩短产品设计、试制周期，扩大生产批量，提高专业化生产水平和产品质量，方便顾客和维修，最终获得各种物化劳动的节约。

5. 组合化

组合化是按照标准化的原则，设计并制造一系列通用性较强的单元，根据需要拼合成不同用途的物品的一种标准化组合化的形式。组合化是受积木式玩具的启发而发展起来的，所以也有人称为"积木化"和"模块化"。组合化的特征是通过统一化的单元组合为物体，这个物体又能重新拆装，组成新结构的物体，而统一化单元则可以多次重复利用。

组合化是建立在系统的分解与组合的理论基础上。把一个具有某种功能的产品看作是一个系统，这个系统又是可以分解的，可以分解为若干功能单元。由于某些功能单元不仅具备特定的功能，而且与其他系统的某些功能单元可以通用、互换，于是这类功能单元便可分离出来，以标准单元或通用单元的形式独立存在，这就是分解。为了满足一定的要求，把若干个事先准备的标准单元、通用单元和个别的专用单元按照新系统的要求有机地结合起来，组成一个具有新功能的新系统，这就是组合。组合化的过程既包括分解也包括组合，是分解与组合的统一。

9.1.3 标准化的基本原理

标准化的基本原理通常是指统一原理、简化原理、协调原理和最优化原理。

1. 统一原理

统一原理是为了保证事物发展所必需的秩序和效率，对事物的形成、功能或其他特性，确定适合于一定时期和一定条件的一致规范，并使这种一致规范与被取代的对象在功能上达到等效。

统一原理包含以下要点。

(1) 统一是为了确定一组对象的一致规范，其目的是保证事物所必需的秩序和效率。

(2) 统一的原则是功能等效，从一组对象中选择确定一致规范，应能包含被取代对象所具备的必要功能。

(3) 统一是相对的，确定的一致规范，只适用于一定时期和一定条件，随着时间的推移和条件的改变，旧的统一就要由新的统一所代替。

2. 简化原理

简化原理是为了经济有效地满足需要，对标准化对象的结构、形式、规格或其他性能进行筛选提炼，剔除其中多余的、低效能的、可替换的环节，精炼并确定满足全面需要所必要的高效能的环节，保持整体构成精简合理，使之功能效率最高。

简化原理包含以下几个要点。

(1) 简化的目的是为了经济，使之更有效地满足需要。

(2) 简化的原则是从全面满足需要出发，保持整体构成精简合理，使之功能效率最高。所谓功能效率系指功能满足全面需要的能力。

(3) 简化的基本方法是对处于自然状态的对象进行科学的筛选提炼，剔除其中多余的、低效能的、可替换的环节，精练出高效能的能满足全面需要所必要的环节。

(4) 简化的实质不是简单化而是精练化，其结果不是以少替多，而是以少胜多。

3. 协调原理

协调原理是为了使标准的整体功能达到最佳，并产生实际效果，必须通过有效的方式协调好系统内外相关因素之间的关系，确定为建立和保持相互一致，适应或平衡关系所必须具备的条件。

协调原理包含以下要点。

（1）协调的目的在于使标准系统的整体功能达到最佳并产生实际效果。

（2）协调对象是系统内相关因素的关系以及系统与外部相关因素的关系。

（3）相关因素之间需要建立相互一致关系（连接尺寸）、相互适应关系（供需交换条件）、相互平衡关系（技术经济招标平衡，有关各方利益矛盾的平衡），为此必须确立条件。

（4）协调的有效方式包括有关各方面的协商一致、多因素的综合效果最优化、多因素矛盾的综合平衡等。

按照特定的目标，在一定的限制条件下，对标准系统的构成因素及其关系进行选择、设计或调整，使之达到最理想的效果，这样的标准化原理称为最优化原理。

9.1.4 标准化的作用

标准化的主要作用是组织现代化生产的重要手段和必要条件；是合理发展产品品种、组织专业化生产的前提；是公司实现科学管理和现代化管理的基础；是提高产品质量保证安全、卫生的技术保证；是国家资源合理利用、节约能源和节约原材料的有效途径；是推广新材料、新技术、新科研成果的桥梁；是消除贸易障碍、促进国际贸易发展的通行证。具体体现在以下几个方面。

▶ 1. 在一定范围内获得最佳秩序，实现最大社会和经济效益

在社会化大生产和分工日益复杂的今天，标准作为实现协调和统一的重要手段，极大地促进了生产、生活和贸易活动的有序化，从而获得最大的效益。

▶ 2. 为科学管理奠定基础

首先，标准为管理提供了目标和基础，技术标准和管理标准是计划、组织、控制和协调等工作活动的依据。其次，标准化使不同的组织和个人实现合作、沟通，成为实现共同目标的前提和手段。

▶ 3. 推动质量改进活动，提升产品和服务质量

在 PDCA 循环中，标准化是处置阶段（A 阶段）的核心内容和必要环节，没有标准化，就不能总结改进的成果，使质量活动在更高水平上运行。

▶ 4. 保护消费者利益

通过建立标准，可以保证产品和服务的基本适用性，消费者能够了解产品和服务满足特定的标准，从而可以做出理性判断的采购决策。标准化的产品和服务，可以更便于发挥特定的功能，方便消费和处理。

▶ 5. 促进贸易的发展

标准提供了交流和沟通的依据，通过标准化工作，大量国际标准得以广泛使用，极大地促进了贸易的发展；通过国际贸易协议、规范标准和技术法规的制定与实施，消除不必要的贸易技术壁垒，推动国际贸易的顺利展开。

▶ 6. 保证人类安全、健康和保护环境

近年来，世界各国纷纷在健康、安全和环境保护领域制定并发布了相关标准，监督实施，大力推行安全、环境保护认证等活动，提供绿色、环保和可持续发展，改进和开发新产品，减少有害物质的排放，保护人类健康、安全，保护自然环境。

9.2 质量监督

从古代埃及的金字塔、中国的长城、秦始皇的"车同轨、书同文、统一度量衡"、毕昇的活字印刷术到今天的摩天大楼、宇宙飞船、信息网络,都包含质量技术监督的内容。可以说,经济建设的各个领域,人民生活的各个方面,都离不开质量技术监督,我们的祖先将此概括为"不以规矩,不能成方圆"。

改革开放之后,1988年7月,隶属于国务院的国家技术监督局正式成立,行使技术监督职能。1998年4月,国家技术监督局改名为国家质量技术监督局。2001年4月,国家质量技术监督局与国家进出口检验检疫局合并成立国家质量监督检验检疫总局,下设质量监督司。质量监督司的主要职能是:拟订产品质量安全监督的工作制度;承担产品质量国家监督抽查工作;拟订国家重点监督的国内产品目录并组织实施;承担工业产品生产许可证管理、产品质量安全强制检验和风险监控工作;指导和协调产品质量的行业、地方和专业性监督;管理机动车安全技术检验机构资格;监督管理产品质量检验机构及仲裁检验、鉴定。

知识链接

1765年,詹姆斯·瓦特发明了世界上第一台蒸汽机,在欧洲迅速推广及应用的同时也产生了一系列问题,带来了大量的危险事故。于是,1865年法国成立了蒸汽锅炉质量协会,1872年,欧洲成立了蒸汽锅炉质量协会,为生产设备提供安全保障。这些监督协会成立不久便受委托对锅炉进行强制性检测,这是欧洲最初的质量监督。

9.2.1 质量监督概述

▶ 1. 质量监督的含义

国际标准化组织(ISO)对质量监督的定义是:"为了保证满足规定的要求,对实体状况进行连续的监视和验证,并对记录进行分析。"这个定义可以从以下几个方面来进行理解。

(1)质量监督的对象是"实体"。在实际工作中能单独进行描述和考虑的事物都可以成为质量监督的对象,包括产品、活动、过程、组织、体系、人或者它们的有机组合。

(2)质量监督的目的是使监督对象确保满足规定的要求。所谓规定的要求,可以是标准、规范、法律、法规、规章、制度等。这些规定的实施,通过质量监督来保证。因此,质量监督的任务就是根据国家或法律规定的质量法规和产品技术标准,对生产、流通、运输、储存领域的产品进行有效的监督管理,实现对产品质量的宏观控制,保护消费者和生产者的合法权益,维护国家的利益,促进经济的发展。

(3)质量监督的手段是监视、验证,并对记录进行检查、分析,其方式可以是连续的,也可以是定期的;可以是即时的,也可以是延时的。

(4)质量监督实施的主体是顾客或顾客的代表。顾客代表主要是指顾客授权的代表(如第三方检验机构)或代表顾客利益的人或组织(如国家机关、消费者协会)等。一般是国家通过立法授权的特定国家机关或社会团体,如消费者协会等。

▶ 2. 质量监督的类型

质量监督可以分为企业内部的质量监督和企业外部的质量监督,企业外部的质量监督又可以分为国家监督、行业监督和社会监督三种类型。

1）企业内部监督

企业内部监督是为了保证满足质量要求，由管理者授权的相关人员对程序、方法、条件、产品、过程或服务进行随机检查，对照规定的质量要求，发现问题并予以记录，并督促责任部门分析原因，制定解决措施，直至问题得到解决。所以，也称企业内部监督为自我监督。

企业内部的质量监督涉及各个职能部门所管辖的全部工作和活动。例如，质量检验部门和检验人员负责对生产条件的监控和对外购、外协物资、工序、零部件和成品的验证；工艺部门相关工艺人员负责工艺系统对执行规定操作要求和工艺纪律的监督；计量部门及其人员负责计量值传递，法定计量单位贯彻和测试设备的配置是否满足产品检验的精密度与准确度的管理和监督等。企业内部主要是由质量检验部门和质量职能部门通过质量保证部门来进行质量监督。

2）国家监督

国家监督是一种行政监督执法，是国家通过立法授权的国家机关，利用国家的权力和权威来行使的，其监督具有法律效力。这种执法是从国家的整体利益出发，以法律为依据，不受部门、行业利益的局限，具有法律的权威性和严肃性。只受行政诉讼法的约束，不受其他单位的影响和干扰。

我国的政府监督主要是指质量监督检验检疫总局统一管理、组织协调各级政府职能部门的质量监督工作。其涉及的主要产品是针对可能危及人体健康和人身、财产安全的产品、影响国计民生的重要工业产品及有重大质量问题的产品。

质量监督一般可以理解为政府职能部门依据国家的法律、法规及政府批准的标准等进行的具有执法性质的政府监督，即根据政府法令或规定，对产品质量和企业保证质量的条件进行监督的活动。

3）行业监督

行业监督是指由行业的主管部门对所管辖的行业、企业贯彻、执行国家有关质量法律、法规的情况进行监督。其主要任务是根据国家产业政策，组织制订本行业或企业的产品升级换代计划，指导企业按市场需求，调整产品结构，提高产品质量，推动技术进步，生产适销对路的优质产品，创建名牌产品，提高产品在国内外市场中的竞争能力。行业质量监督不能与国家监督等同，无权使用国家法律、法规对所管辖的行业、企业实行行政处罚。

4）社会监督

社会监督是指消费者（顾客）或消费委员会等社会组织，协助国家或行业有关质量监督部门做好质量监督工作，保护用户或消费者的合法权益，协助顾客或消费者对假冒伪劣产品的揭露和投诉，进行一般质量争议的协调等工作。

社会监督还包括媒体和电视、电台、报刊等的舆论监督。舆论及新闻媒体的社会监督作用越来越大。

质量监督一般理解为政府职能部门依据国家的法律、法规及政府批准的标准等进行的具有执法性质的政府监督，即根据政府法令或规定，对产品质量和企业保证质量的条件进行监督检查、抽样检验、验证，并对检查、检验、验证的记录进行分析的活动，是一项技术性、政策性和法律性很强的工作。

▶ 3. 质量监督的作用

汽车作为现代重要的交通运输工具，应当具有载重量、排气量、安全、耗油、污染物排放、寿命、舒适等满足用户需要的基本质量性能，以及维修服务的基本要求。这些质量性能和要求，既要先进，又要合理；既要考虑用户的需求，又要考虑生产的水平，这就要制定一个科学、合理、公认的标准来衡量。一辆汽车由成千上万个零部件组装而成，不可能都由一个企业加工制造，这种社会化的大生产，又要求制定一些标准，把零部件连接配套的尺寸和性能统一协调起来，使一辆汽车从原材料选用、零件加工、外购件采购，直到部件、整机组装，能够协调配套，最终达到设计要求。那么，怎么衡量汽车的质量是否达到标准要求呢？这就必须进行测试检验，用数据说话。要测试检验，就要有可靠的计量器具和正确的测试检验方法，因此，要保证量值传递的统一和计量器具的准确。这里，还有一个问题，那就是汽车质量谁来检验的问题。日常生产检验和出厂检验，当然由汽车生产企业负责。但是，像汽车这类重要产品的质量，特别是涉及人体健康、人身财产安全的性能，政府需要进行监督检查，以维护国家和消费者的利益。当供需双方发生质量争议的时候，也需要第三方的公正的法定检验机构进行检验，并以此检验结果作为判定的依据。

食品是人类生存的第一需要。随着社会的进步，物质的丰富，人们对食品的要求越来越高。不仅要求食品含有一定的营养成分，而且要求严格的卫生指标，还要求有明确的标签事项，定量包装的食品不能缺斤短两。因此，需要制定各类食品的质量标准、卫生标准和标签标准，作为衡量质量的依据。同样，也需要用准确可靠的计量器具来测试检验，政府也需要进行监督检查。如果标识不符，消费者可以投诉，可以不买。这样，就可以提高消费者的自我保护意识，对不合格产品也能够依法予以查处。

宾馆、饭店已经是我国重要的服务业。人们可根据自己的条件，选择相应档次的宾馆。每个档次的宾馆应该有公认的硬件、软件功能。这样，就需要制定一个宾馆的星级标准，以便消费者选择和监督。宾馆中的电器设备、娱乐设施、食品饮料、防火设施等安全、卫生要求，以及用于贸易结算的计量器具，也要政府进行监督检查，以维护顾客的安全和利益。如果顾客发现有名不符实的情况，可以与宾馆交涉，也可以投诉，以得到合理的解决。

因此，政府行使质量监督的职能是对产品质量和企业保证质量的条件进行宏观控制，对保护消费者、生产者和国家利益不受到损害是十分必要的。质量监督作为国民经济管理的一项重要制度，是政府宏观经济调控的重要手段、维护市场经济秩序的重要保证，是保障广大人民群众根本利益的重要措施。

1）质量监督是维护市场经济秩序的重要保证

在市场经济体制下，遵守和执行质量法规和技术标准是保证市场经济运行的重要条件之一。在完善的市场经济体制下，质量监督已成为推行质量法规和技术标准，调解、仲裁人们在生产、流通、分配、消费中质量争议和维护市场经济正常秩序的重要手段。质量监督是用法律手段监督市场运行和维护平等竞争，监督企业严格依法组织生产和销售，规范市场行为，培育市场体系，从而为企业的生产、销售活动和经济发展创造一个良好的市场经济环境。

2）质量监督是规范企业经营行为和提高质量水平的手段

在经济生活中往往有些企业和个人违背诚信道德，忽视质量，粗制滥造，以次充好，甚至弄虚作假欺骗用户，非法牟取利益，损害消费者和国家的利益。质量监督就是要发现和纠正这种不规范的企业经营行为，并给予坚决的制止和有力的打击。质量监督督促企业在公平、公正、公开的前提下，开展企业间的竞争，使企业的经营行为符合市场经济的运行规则。

实行质量监督,是对企业的产品质量和质量工作的考核和检验,发现问题,依据有关的法规进行处理,奖优罚劣。以促进和帮助企业健全质量体系,加强生产检验工作,不断提高产品质量水平。

3) 质量监督能够积极维护消费者利益

质量监督是维护消费者利益、保障人民权益的需要。各级政府的质量监督管理部门,一般都设有专人、备有专用电话和投诉信箱,接待和处理消费者和用户的质量投诉及对产品质量的意见。通过及时处理消费者的质量投诉,帮助解决产品质量问题,并依据法规对劣质商品的责任者进行查处,从而增强了人民群众同政府之间的联系,密切了政府和人民群众的关系。

4) 质量监督是贯彻质量法规和技术标准的监察措施

国家颁布的有关质量的许多法规的贯彻执行,如《标准化法》《计量法》《食品卫生法》《药品管理法》《经济合同法》《工业产品质量责任条例》《产品质量监督试行办法》等,需要质量监督予以维护和监督执行。国家颁布的强制性的技术标准,包括国家标准、行业标准、地方标准,是必须执行的技术法规,也需要通过质量监督进行督导和监察,以促进技术标准的贯彻执行。

5) 质量监督是现代社会重要的质量信息源

质量监督管理部门对产品进行质量监督能公正地、科学地反映产品质量状况,向国家提供产品质量信息,作为国家完善经济计划,分析质量形势,制定相应的政策、措施的依据。质量监督管理部门提供的产品抽样检查中,公布的质量信息,可指导消费者和用户选购好的产品。通过质量监督还能发现技术标准本身的缺陷和不足,为修订标准和制定新标准及改进标准化工作提供依据。

▶ 4. 质量监督的基本特征

随着经济建设、科学技术和贸易的发展,质量技术监督的领域越来越广,内容越来越多,方式也在不断改革。尽管质量技术监督的内容、方式在不断发展和变化,但它具有以下的基本特征。

1) 以质量为中心

质量问题是经济发展中的战略问题。提高产品质量,既是满足市场需求、扩大出口、提高经济运行质量相效益的关键,也是实现跨世纪宏伟目标、增强综合国力和国际竞争力的必然要求。在我国面临经济结构调整的关键时期,质量工作正是主攻方向,没有质量就没有效益。

这里所说的质量,包括产品质量、工程质量和服务质量。改革开放以来,特别是近年来,我国质量的总体水平有了较大提高,部分产品质量已经达到或接近国际先进水平。但是,目前,我国产品质量状况与经济发展要求和国际先进水平相比,仍有比较大的差距,许多产品档次低、质量差,抽查合格率较低,假冒伪劣商品屡禁不止,优难胜、劣不汰现象相当普遍,重大质量事故时有发生,影响经济健康发展和人民生活质量的提高。因此,质量技术监督要始终围绕质量做工作,把提高质量,为国家和人民提供高质量的使用满意的商品和服务,作为工作的出发点和落脚点。

2) 以技术为依托

质量的好坏,不是仅用手摸眼看就能辨别出来的。质量技术监督中包含了大量的技术内容,凝聚了大量科研成果。质量技术监督工作必须以技术为依托,用科学的数据说话。

(1) 标准。标准所规定的产品形式尺寸、性能技术要求、试验检测方法、包装标志要求等，都是在大量调查分析、试验研究、专家讨论、取得科学的数据、总结国内外实践经验的基础上确定的。标准的内容要做到技术先进、经济合理、安全可靠。

(2) 计量。为了保证量值传递的统一，要研究建立力学、电学、化学、放射性等各种准确度很高的基准、标准，要对各种工作计量器具定期进行检定，要对用于贸易结算、安全防护、医疗卫生、环境监测等的计量器具实施强制鉴定。在建立的基准、标准和作为鉴定依据的规程中都包含了大量的科研成果和实践经验的总结。

(3) 对质量的检验，特别是对内在质量的检验，要研究科学适用的检测方法，要选用、研制准确可靠的测试仪器设备，才能提供可信的检验结果。

3) 政府质量技术监督部门履行综合管理和行政执法两大职能

由于质量技术监督涉及各个领域，而各个专业领域之间又需要统一协调；质量技术监督部门不是一个行业主管部门，不涉及本行业的利害关系，因此，依据国家有关法律、法规和国务院批准的"三定"方案，质量技术监督部门履行综合管理和行政执法两大职能。

(1) 综合管理就是对标准化、计量和质量进行统一管理。统一管理，着重在政策指导、统筹规划、组织协调、监督服务。

(2) 行政执法就是依据法律、法规的规定，查处生产、流通领域中产品质量、标准违法行为和流通领域中的计量违法行为；组织协调依法查处生产和经销假冒商品活动中的质量违法行为。

4) 监督与服务相结合

质量技术监督工作，不仅要搞好管理和监督，而且要做好服务。服务的对象主要是企业和广大消费者。服务的内容主要是帮助企业建立健全质量管理体系、标准体系和计量检测体系，提高管理水平；帮助企业实施名牌战略，获得质量认证，形成一批名优产品；为企业和消费者提供质量、标准化、计量的信息，引导企业加快技术创新和产品更新换代；开展对企业领导人和消费者的质量技术监督法律、法规知识、质量管理知识和质量鉴别知识的教育培训；帮助消费者处理质量纠纷。

9.2.2 我国质量监督行政管理体系

中华人民共和国国家质量监督检验检疫总局（简称国家质检总局）是中华人民共和国国务院主管全国质量、计量、出入境商品检验、出入境卫生检疫、出入境动植物检疫、进出口食品安全和认证认可、标准化等工作，并行使行政执法职能的直属机构，其职责为拟订产品质量安全监督的工作制度；承担产品质量国家监督抽查工作；拟订国家重点监督的国内产品目录并组织实施；承担工业产品生产许可证管理、产品质量安全强制检验和风险监控工作；指导和协调产品质量的行业、地方和专业性监督；管理机动车安全技术检验机构资格；监督管理产品质量检验机构及仲裁检验、鉴定。

国家质检总局内设 20 个司（厅、局），即办公厅、法规司、质量管理司、计量司、通关业务司、卫生检疫监管司、动植物检疫监管司、检验监管司、进出口食品安全局、特种设备安全监察局、产品质量监督司、执法督查司（国家质检总局打假办公室）、国际合作司（WTO 办公室）、科技司、人事司、计划财务司、督察内审司、机关党委、离退休干部局和总局网信办。另外，中共中央纪律检查委员会和国家监察部向国家质检总局派驻了纪律检查组和监察局。

质检总局对中华人民共和国国家认证认可监督管理局（简称国家认监委）和中华人民共

和国国家标准化管理局(简称国家标准委)实施管理。国家认监委是国务院授权的履行行政管理职能,统一管理、监督和综合协调全国认证认可工作的主管机构。国家标准委是国务院授权的履行行政管理职能,统一管理全国标准化工作的主管机构。

国家质检总局下设17个直属单位,另有14个行业学会、协会挂靠在国家质检总局。为履行质量技术监督职责,全国共设有31个省(自治区、直辖市)质量技术监督局,并下设2 800多个行政管理部门,共有质量技术监督人员18万余人。质检总局对省(自治区、直辖市)质量技术监督机构实行业务领导。其中几个重要技术监督部门的职责如下。

▶ 1. 质量管理司

组织实施国家质量振兴的政策措施和国家质量奖励制度;建立全国产品质量诚信制度;承办重大工程设备质量监理有关事宜;组织重大产品质量事故的调查并提出整改意见;承担产品防伪的监督管理工作。

▶ 2. 计量司

统一管理国家计量工作,推行法定计量单位和国家计量制度;管理国家计量基准、标准和标准物质;组织制定国家计量检定系统表、检定规程和技术规范;管理计量器具,组织量值传递和比对工作;监督管理商品量、市场计量行为和计量仲裁检定;监督管理能源计量工作;监督管理计量检定机构、社会公正计量机构及计量检定人员的资质资格。

▶ 3. 特种设备安全监察司

管理锅炉、压力容器、压力管道、电梯、起重机械、客运索道、大型游乐设施、场(厂)内专用机动车辆等特种设备的安全监察、监督工作;监督检查特种设备的设计、制造、安装、改造、维修、使用、检验检测和进出口;按规定权限组织调查处理特种设备事故并进行统计分析;监督管理特种设备检验检测机构和检验检测人员、作业人员的资质资格;监督检查高耗能特种设备节能标准的执行情况。

▶ 4. 产品质量监督司

拟订产品质量安全监督的工作制度;承担产品质量国家监督抽查工作;拟订国家重点监督的国内产品目录并组织实施;承担工业产品生产许可证管理、产品质量安全强制检验和风险监控工作;指导和协调产品质量的行业、地方和专业性监督;管理机动车安全技术检验机构资格;监督管理产品质量检验机构及仲裁检验、鉴定;监督管理食品包装材料、容器、食品生产经营工具等食品相关产品生产加工活动;承办总局履行《世界卫生组织烟草控制框架公约》第9条、第10条内容的有关工作。

▶ 5. 执法督查司(国家质检总局打假办公室)

组织查处违反标准化、计量、质量、特种设备等法律法规的行为;组织本系统开展从源头打击假冒伪劣产品违法活动;承担组织协调全国有关专项打假活动及跨省(自治区、直辖市)案件的查处和大案要案的督查督办工作;承担缺陷产品召回制度建设和国内相关缺陷产品召回管理工作;组织开展本系统12365举报处置指挥系统的规划、管理和相关工作。

9.3 质量监督管理制度

产品质量管理制度是国家采用法规的形式,规范一系列关于产品质量方面的宏观管理的措施，其内容是规范政府行为，目的是实现国家对产品质量进行依法管理，保证产品质量满足社会需求和国民经济建设的需要，维护市场经济秩序。这些制度是国家宏观调控的手段，创造了外部法制管理的社会环境。同时，也为企业合法经营，依法维护自身权益，依法履行义务和承担责任提供了依据。

9.3.1 认证制度

认证制度是随着现代工业的发展作为一种外部质量保证的手段逐渐发展起来的。在认证制度产生之前，供方（第一方）为了推销其产品，通常采用"产品合格声明"的方式，来博取顾客（第二方）的信任。这种方式，在当时产品简单，不需要专门的检测手段就可以直观判别产品质量优劣的情况下是可行的。随着科学技术的发展，产品品种日益增多，产品的结构和性能日趋复杂，仅凭买方的知识和经验很难判断产品是否符合要求，加之供方的"产品合格声明"并不总是可信，这种方式的信誉和作用就逐渐下降。但是，不少顾客虽然不信任供方的自我合格声明，又缺少必要的检验手段和技术经验，无法进行第二方合格评定。同时，作为供方又苦于接待大量的第二方评定，这种多次重复的接待工作要花费大量的人力、物力和时间。在这种情况下，为了顺应供方树立其产品信誉，保障消费者利益，以及安全和立法的需要，由第三方来证实产品质量的现代质量认证制度也就应运而生。

认证制度由于其科学性和公正性，已被世界上很多国家采用。实行市场经济的国家，政府利用许可制度和强制性产品认证制度作为产品市场准入的手段，引导和督促企业进行质量管理体系认证，提高产品竞争力。

▶ 1. 工业产品生产许可制度

工业产品生产许可制度是由政府产品质量监督部门依法实施的，对重要工业产品质量进行强制性管理的一项制度。

1）企业取得生产许可证必备条件

《条例》规定，企业取得生产许可证必须具备以下条件。

（1）企业必须持有工商行政管理部门核发的营业执照。

（2）产品必须达到现行国家标准或专业标准（部颁标准，下同）。

（3）产品必须具有按规定程序批准的正确、完整的图纸或技术文件。

（4）企业必须具备保证该产品质量的生产设备、工艺装备和计量检验与测试手段。

（5）企业必须有一支足以保证产品质量和进行正常生产的专业技术人员、熟练技术工人和计量、检验人员队伍，并能严格按照图纸、生产工艺和技术标准进行生产、试验和检测。

（6）产品生产过程必须建立有效的质量控制。

2）发证管理和程序

全国工业产品生产许可证办公室督促检查《条例》的贯彻实施。发证程序如下。

（1）企业向企业所在地的省、自治区、直辖市工业产品生产许可证主管部门申请。

（2）省、自治区、直辖市工业产品生产许可证主管部门受理企业申请后，应当组织对企业进行审查。

（3）产品生产许可证主管部门对申请企业进行实地核查和对产品的检验。

（4）自受理企业申请之日起60日内，国务院工业产品生产许可证主管部门应当做出是否准予许可的决定。

3）发证后的监督管理和无证查处

监督管理的形式有三种：定期监督检查、不定期监督检查和复查换证。

《严禁生产和销售无证产品的规定》指出：本规定所称无证产品，是指在国家实施生产许可证的产品中，工业企业未取得生产许可证而擅自生产的产品。任何单位或个人，不得生产和销售无证产品。

▶ 2. 强制性产品质量认证制度（CCC 认证）

强制性产品质量认证是国家质量监督检验检疫总局对产品（用于国家安全、防止欺诈行为、保护人体健康或者安全、保护动植物生命或者健康、保护环境等方面）的重要监督形式。

1）组织管理

根据国务院授权，国家认证认可监督管理委员会主管全国认证认可工作。国家对强制性产品认证公布统一的《中华人民共和国实施强制性产品认证的产品目录》（以下简称《目录》）、确定统一适用的国家标准、技术规则和实施程序、制定和发布统一的标志、规定统一的收费标准。国家质检总局根据国家有关法律法规，制定国家强制性产品认证的规章和制度，批准、发布《目录》。

各地质检行政部门负责履行对所辖地区《目录》中产品实施监督和对强制性产品认证违法行为进行查处的法定职责。

2）具体实施

（1）认证模式。产品认证模式依据产品的性能，对人体健康、环境和公共安全等方面可能产生的危害程度，产品的生命周期特性等综合因素，按照科学、便利等原则予以确定。具体的产品认证模式在认证实施规则中规定。

（2）认证程序。《目录》中产品认证的程序包括以下全部或者部分环节：认证申请和受理、型式试验、工厂审查、抽样检测、认证结果评价和批准、获得认证后的监督。

（3）认证标志。认证标志的名称为"中国强制认证"（china compulsory certification，CCC）CCC 认证标志的式样由基本图案、认证种类标注组成，基本图案如图 9-1 所示。

图 9-1　CCC 认证标志的基本图案

目前的 CCC 认证标志分为四类：CCC+S，安全认证标志；CCC+EMC，电磁兼容类认证标志；CCC+S&E，安全与电磁兼容认证标志；CCC+F，消防认证标志。

3）监督管理

指定认证机构按照具体产品认证实施规则的规定，对其颁发认证证书的产品及其生产厂（场）实施跟踪检查。

课堂思考：除 CCC 认证之外，你还见到过哪些认证？

知识链接

1903 年，英国创立了世界上第一个认证标志，即使用 BS 字母组成的"风筝标志"，标志在钢轨上，表明钢轨符合质量标准，该标志以英国国家标准为检验依据，具有公正性和科学性。此后，许多国家纷纷效仿，建立起以本国标准为依据的认证制度。

3. 质量管理体系认证制度

质量管理体系认证制度是国家扶优限劣、鼓励企业采用世界先进质量管理模式并进行评价型监督的基础。

1) 组织管理

根据国务院授权,国家认证认可监督管理委员会主管全国认证认可工作。企业根据自愿原则可以向国务院产品质量监督部门认可的或者国务院产品质量监督部门授权的部门认可的认证机构申请企业质量管理体系认证。经认证合格的,由认证机构颁发企业质量体系认证证书。

2) 具体实施

(1) 认证模式是采用体系审核的模式。

(2) 认证标志。各认证机构都有自己经认可的标志。如中国质量认证中心的 CQC 标志、方网标志认证集团有限公司的 CQM 标志、杭州汉德质量认证服务有限公司的 TUV NORD 标志等。

3) 监督管理

各地技术监督管理部门按照规定,对其颁发认证证书的生产厂(场)实施跟踪检查。

9.3.2 免检制度

免检制度是国家为了突出监管重点、增强监管效能、保障质量安全的目的而制定的对优秀、环保创新企业的监督管理制度。

1. 组织管理

国家质检总局组织实施免检制度,制定免检产品类别和实施要求,公布免检产品和生产企业,颁发免检证书,监督免检制度的实施。省技术监督局负责受理、审查企业免检申报材料,对申报企业实施必要的现场核查,负责对免检产品及其生产企业进行监督管理。县技术监督局负责受理用户、消费者对免检产品的申诉和举报,并向省局报告,受省级局委托,参与免检产品的监督管理,开展有关申诉和举报的调查工作。

2. 免检企业应具备的基本条件

(1) 企业必须具备独立法人资格,并有注册商标。

(2) 申报产品必须在申报前连续稳定生产两年以上,近两年内未出现产品质量事故,出口产品未出现检验不合格情况。

(3) 企业必须有健全的质量体系。

(4) 产品市场占有率和企业经济效益位于本行业全国前列。

(5) 产品标准达到或严于国家标准,无国家标准的要达到或严于行业标准的要求。

(6) 产品在全国省级以上质量技术监督部门近年内组织的监督检查中连续 3 次以上(含 3 次)均为合格,且两年内未出现不合格情况。

产品及生产企业符合国家有关法律、法规和产业政策的有关要求。

3. 申报程序

(1) 由企业自行向省级局申报,省级局初审后做出是否受理的决定。不予受理的将申报资料退回企业。

(2) 省级局对受理的申报资料进行审查,对重点产品要进行现场核查。

(3) 省级局根据材料审查和现场核查情况,签署"同意上报"或"不同意上报"的初审意见。

（4）省级局对初审符合条件的申报产品及其生产企业情况，要广泛征求有关方面意见。

（5）根据材料初审、现场核查和征求意见的情况，研究确定最终上报的产品及其生产企业，并按规定时间，将全部申报材料上报国家质检总局。

（6）国家质检总局根据其初审意见和各省级局上报的处理结果，组织进行复核，并进行公示。

（7）对符合免检条件、获得免检资格的产品及其企业，国家质检总局通过指定向社会公布，并向企业颁发免检证书和荣誉牌。

▶ 4. 监督管理

为加强对免检企业的后续监管，促进免检企业严格自律，维护免检权威性，国家质检总局根据情况，对获得免检资格的产品及企业开展国家专项监督抽查。对抽查不合格企业，一律撤销免检资格。

课堂思考：你认为如何保证免检产品的质量？

知识链接

2008年"三鹿奶粉"事件后，社会对免检制度产生了巨大争议，国务院办公厅于2008年9月18日废止了对食品的免检制度，并在2010年制定的《食品安全法》中做出了明确规定。

9.3.3 抽查制度

▶ 1. 产品质量监督抽查的依据

《中华人民共和国产品质量法》第十五条规定：国家对产品质量实行以抽查为主要方式的监督检查制度，对可能危及人体健康和人身、财产安全的产品，影响国计民生的重要工业产品及消费者、有关组织反映有质量问题的产品进行抽查。

除了我国的《中华人民共和国产品质量法》之外，《产品质量监督抽查管理办法》对产品质量抽查的方法和依据也做了下列明确的规定。

国家质检总局依据法律法规、有关标准、国家相关规定等制定并公告发布产品质量监督抽查实施规范（以下简称实施规范），作为实施监督抽查的工作规范。

组织监督抽查的部门，可以根据监管工作需要，依据实施规范确定具体抽样检验项目和判定要求。

对尚未制定实施规范的产品，需要组织实施监督抽查时，组织监督抽查的部门应当制定实施细则。

▶ 2. 产品质量监督抽查的对象

根据《中华人民共和国产品质量法》中的规定，主要对下面三类产品进行监督抽查：

（1）可能危及人体健康和人身、财产安全的产品，主要指食品、药品、化妆品、电器、医疗器械、交通工具等。

（2）影响国计民生的重要工业产品，主要指钢铁、水泥、计量器具、建材等。

（3）有关组织反映有质量问题的产品，主要指由消费者在消费过程中提出的假冒伪劣或使用过程中发现有较大缺陷的产品，也可能是前两类的产品。

▶ 3. 产品质量监督抽查的类别

根据新的《产品质量监督抽查管理办法》第三条规定，监督抽查分为由国家质量监督检验检疫总局组织的国家监督抽查和县级以上地方质量技术监督部门组织的地方监督抽查。

国家质检总局统一规划、管理全国监督抽查工作，负责组织实施国家监督抽查工作，汇总、分析并通报全国监督抽查信息。

省级质量技术监督部门统一管理、组织实施本行政区域内的地方监督抽查工作，负责汇总、分析并通报本行政区域监督抽查信息，负责本行政区域国家和地方监督抽查产品质量不合格企业的处理及其他相关工作，按要求向国家质检总局报送监督抽查信息。

▶ 4. 产品质量监督抽查的实施

从2011年2月1日开始实施新的《产品质量监督抽查管理办法》中声明《中华人民共和国食品安全法》及其实施条例对食品监督抽查另有相关规定的，从其规定。这是由于我国对食品安全日益重视，单独对食品安全立法，同时对食品产品的监督由食品监管司根据其相关法规单独进行，对监督抽查的组织、抽样、检验、异议复检、结果处理与法律责任都做了具体的规定。

▶ 5. 监督抽查后的结果处理

国家质检总局应当汇总分析监督抽查结果，依法向社会发布监督抽查结果公告，向地方人民政府、上级主管部门和同级有关部门通报监督抽查情况。对无正当理由拒绝接受监督抽查的企业，予以公布。对监督抽查发现的重大质量问题，组织监督抽查的部门应当向同级人民政府进行专题报告，同时报上级主管部门。

负责监督抽查结果处理的质量技术监督部门（以下简称负责后处理的部门）应当向抽查不合格产品生产企业下达责令整改通知书，限期改正。

监督抽查不合格产品生产企业，除因停产、转产等原因不再继续生产的，或者因迁址、自然灾害等情况不能正常办公且能够提供有效证明的以外，必须进行整改。

企业应当自收到责令整改通知书之日起，查明不合格产品产生的原因，查清质量责任，根据不合格产品产生的原因和负责后处理的部门提出的整改要求，制定整改方案，在30日内完成整改工作，并向负责后处理的部门提交整改报告，提出复查申请。企业在整改复查合格前，不得继续生产销售与抽查不合格同一规格型号的产品。

负责后处理的部门接到企业复查申请后，应当在15日内组织符合法定资质的检验机构按照原监督抽查方案进行抽样复查。监督抽查不合格产品生产企业整改到期无正当理由不申请复查的，负责后处理的部门应当组织进行强制复查。

监督抽查不合格产品生产企业有下列逾期不改正情形的，由省级以上质量技术监督部门向社会公告：

（1）监督抽查产品质量不合格，无正当理由拒绝整改的。

（2）监督抽查产品质量不合格，在整改期满后，未提交复查申请，也未提出延期复查申请的。

（3）企业在规定期限内向负责后处理的部门提交了整改报告和复查申请，但并未落实整改措施且产品经复查仍不合格的。

监督抽查发现产品存在区域性、行业性质量问题，或者产品质量问题严重的，负责后处理的部门可以会同有关部门，组织召开质量分析会，督促企业整改。各级质量技术监督部门应当加强对监督抽查不合格产品生产企业的跟踪检查。

拓展案例

2017 年第一批纸巾纸产品质量国家监督抽查结果

国家质检总局 2017 年第一批纸巾纸产品质量国家监督抽查中，抽查了北京、天津、河北、辽宁、黑龙江、上海、江苏、浙江、安徽、福建、江西、山东、湖北、广东、广西、四川、贵州、陕西、新疆等 19 个省、自治区、直辖市 89 家企业生产的 89 批次纸巾纸产品。

本次抽查依据 GB 15979-2002《一次性使用卫生用品卫生标准》、GB/T 20808-2011《纸巾纸》等标准的要求，对纸巾纸产品的细菌菌落总数、真菌菌落总数、大肠菌群、致病性化脓菌（绿脓杆菌、金黄色葡萄球菌、溶血性链球菌）、亮度（白度）、可迁移性荧光增白剂、灰分、横向吸液高度、横向抗张指数、纵向湿抗张强度、柔软度等 13 个项目进行了检验。抽查发现有 6 批次产品不符合标准的规定，涉及纵向湿抗张强度、亮度（白度）、柔软度、灰分项目。

另有一家企业在国家监督抽查中拒检。

项目小结

在本项目的学习过程中，我们学习了标准化与质量监督的相关内容。标准化是现代社会进行质量管理工作的基础，建立并运用科学的标准体系是其主要活动，理解标准化的形式有利于了解标准化的实质和方法。在我国"十三五"时期，继续健全我国的质量监督相关机制是一项非常重要的工作，依法实施质量监督，是国家推进质量管理的重要手段，通过不同的监督形式和方法，实现质量监督的具体任务。此外，我们还必须要对我国现行的认证制度、免检制度和抽查制度有一定了解。

阅读资料

著名的外国产品质量安全认证

1. 英国 BEAB 安全认证

BEAB 是英国关于家用电器安全认证的国家认证组织——英国电工认证体系的简称。BEBA 成立于 1960 年，是一个由英国商业协会、零售商业协会、电力协会和英国标准协会代表组成的管理委员会，负责电工产品安全标准的批准和认证工作。

BEAB 认证主要有 3 个要素：符合相关安全标准的形式认可测试、工厂审查和市场监督检测。形式认可测试应由 BEAB 已授权的认可实验室来执行，在中国获此授权的实验室有香港的标准和测试中心，以及北京家用电器检测站。工厂审查是安全认证的基本要素，其关键问题在于：在生产线正常生产能力限度内，制造商如何确保已生产的产品与按标准要求进行测试的样品一致。BEAB 工厂审核员将关注怎样在生产中实施质量体系、如何进行常规检测，认证后工厂将继续接受年度审查。市场监督检测由 BEAB 人员从市场上购买或抽取标有 BEAB 标志的产品进行监督检验，调查用户对标有 BEAB 标志的产品的意见和投诉。

通过 BEAB 认证的产品将获得 BEAB 认证证书，允许在其产品或其包装上贴有 BEAB

的标志。在产品上标有 BEAB 标志就意味着该产品在结构和安全问题上满足良好的工程要求,它不会对人或物品的安全产生危害,它不仅满足合适的安全标准,同时也符合一致性要求。它将按照欧盟有关低压电器质量的要求进行生产。获得 BEAB 证书是电工产品,尤其是家用电器产品进入欧洲市场的通行证。

2. 德国 GS 认证

GS 是德语"geprufte sicherheit"(安全性已认证)的缩写,也有"germany safety"(德国安全)的意思。

GS 认证以德国产品安全法(SGS)为依据,按照欧洲标准 EN 或德国工业标准 DIN 进行检测的一种自愿性认证,是欧洲市场公认的德国安全认证标志。

GS 标志表示该产品的使用安全性已经通过公信力的独立机构的测试。GS 标志虽然不是法律强制要求,但是确实能在产品发生故障而造成意外事故时,使制造商受到严格的德国(欧洲)产品安全法的约束。所以 GS 标志是强有力的市场工具,能增强顾客的信心及购买欲望。虽然 GS 是德国标准,但欧洲绝大多数国家都认同。而且满足 GS 认证的同时,产品也会满足欧共体的 CE 标志的要求。和 CE 不一样,GS 标志并无法律强制要求,但由于安全意识已深入普通消费者,一个有 GS 标志的电器在市场可能会较一般产品有更大的竞争力。

GS 认证主要针对机电产品的整机,即对单一或组合部件提供完整功能的产品进行认证,如电冰箱、电视机、电动工具、手动工具、起重或搬运机械、运动健身器材、儿童用品、旅游休闲用品等。GS 认证程序如下。

(1) 申请。申请人提供产品的说明书(含名称和型号)、电路图、零部件清单和立体总装图。可以同时提出系列申请,并将系列中各型号不同之处详细说明。

(2) 技术会议。申请人决定申请的标志并完成申请程序后,认证机构(如 TUV)将指定责任工程师负责全部过程,该工程师将立刻安排召开技术说明会,会上将详细说明产品的欧洲标准,对工厂的要求和需提供的技术文件资料。目的是使申请人在了解要求的基础上完成测试和工厂审查准备工作。

(3) 检测。申请人根据技术会议的要求准备样机检测。检测机构必须是经过发证机构认可的实验室(即 TUV、VED、ITS 等认可的国家级测试机构),如我国北京的国家家电检测站(BTIHEA)。

(4) 颁证。对于通过检测的产品和生产条件符合要求的产品颁发证书,允许使用 GS 标志。

(5) 年度工厂检查。根据德国产品安全法规定,对于获得 GS 授权证书的申请人,必须每年执行生产工厂的年检工作,一般是在证书颁发后的一年开始进行。

3. UL 安全认证

UL(underwriters laboratories,美国保险商实验室)是美国实施安全认证的资深检验机构,同时也是制定安全标准的权威机构。它是一个独立的、非营利的、为公共安全做试验的专业机构,采用科学的测试方法来研究确定各种材料、装置、产品、设备、建筑等对生命、财产有无危害和危害的程度;确定、编写、发行相应的标准和有助于减少及防止造成生命财产受到损失的资料,同时开展实情调研业务。总之,它主要从事产品的安全认证和经营安全证明业务,其最终目的是为市场得到具有相当安全水平的商品,为人身健康和财产安全得到保证做出贡献。就产品安全认证作为消除国际贸易技术壁垒的有效手段而言,UL 为促进国际贸易的发展也发挥着积极的作用。

UL 始建于 1894 年，初始阶段主要靠防火保险部门提供资金维持运作，直到 1916 年，UL 才完全自立。经过近百年的发展，UL 已成为具有世界知名度的认证机构，其自身具有一整套严密的组织管理体制、标准开发和产品认证程序。UL 由一个有安全专家、政府官员、消费者、教育界、公用事业、保险业及标准部门的代表组成的理事会管理，日常工作由总裁、副总裁处理。目前，UL 在美国本土有 5 个实验室，总部设在芝加哥北部的诺斯布鲁克镇，同时在中国台湾和香港地区分别设立了相应的实验室。UL 认证的程序如下。

（1）申请。提交 UL 认证申请书的内容包含申请人和生产者的名称、地址、联系电话等。

（2）提供相关的资料，包括样机的全套图纸，零部件、配附件清单；英文说明书，其内容有：操作说明、安全说明、安全警告、产品描述、产品安装说明、产品维护说明等；重要的认证零部件（如电子元器件）的认证证书的复印件；产品生产工艺流程图等。

（3）检验。将样品或样机直接发往美国的 UL 实验室或 UL 承认其测试数据的第三国实验室进行测试，这种情况下，美国 UL 将派工程师现场监测，并要求将测试数据传输到美国处理。

（4）申请 UL 标志的印刷权。正式检验通过后，UL 将通知申请 UL 标志图样。UL 标志按标准图样和所要求的缩放比例进行设计，设计好的图样可放在产品的任一标识内（如名牌的电路图、商标等）。将设计好的图样传真到美国 UL 跟踪服务部，UL 跟踪服务部收到图样后会马上填写授权号并传真返回。至此，产品就有了 UL 标志的拥有权，但暂不能对外使用。

（5）工厂审查。UL 通常情况下委托在各国的 UL 工厂审查代理部进行工厂的现场审查，审查内容和方法与 ISO 9000 认证基本相同。若工厂审查合格，则当场发 UL 标志使用授权书，此时该产品可以正式使用 UL 标志。

4. CE 认证

CE 是法语"Conformité Européenne"的缩写，直译为"欧洲统一"或"欧洲整合"。

CE 标志是一种安全认证标志，被视为制造商打开并进入欧洲市场的护照。凡是贴有 CE 标志的产品就可在欧盟各成员国内销售，无须符合每个成员国的要求，从而实现了商品在欧盟成员国范围内的自由流通。

在欧盟市场 CE 标志属于强制性认证标志，不论是欧盟内部企业生产的产品，还是其他国家生产的产品，要想在欧盟市场上自由流通，就必须加贴 CE 标志，以表明产品符合欧盟《技术协调与标准化新方法》指令的基本要求，这是欧盟法律对产品提出的一种强制性要求。GS 认证和 CE 认证的区别如表 9-2 所示。

表 9-2　德国 GS 认证和欧盟 CE 认证的区别

德国 GS 认证	欧盟 CE 认证
自愿认证	强制性认证
适用德国安全法规进行检测	适用欧盟标准进行检测
德国政府授权独立的第三方进行检测核发 GS 标志证书	在具备完整技术文件（含测试报告）的前提下可以自行宣告 CE
必须缴纳年费	无须缴纳年费
每年必须进行工厂审查	无须工厂审查
由授权测试单位核发 GS 标志，公信力及市场接收程度较高	工厂对产品符合性自行宣告，公信力及市场接受度较低

案例分析

1毫米的质量供给
——纤维质量公证检验制度服务供给侧结构性改革纪实

1毫米,一个肉眼几乎很难识别出的长度,却是衡量棉花等纤维质量的关键指标。就是这1毫米,不仅会影响棉花的采收方式、加工流程,而且还会给每吨棉花带来近200元的价格差异;就是这1毫米,不仅是棉花种植户、棉花加工企业格外关注的质量指标,而且也是棉纺企业必须考虑的原料质量因素。在我国供给侧结构性改革中,有一支队伍为了提高纤维供给侧哪怕1毫米的质量,下最大力气做出了一篇大"文章"。在这篇"文章"里,看到的是中国纤检十几年如一日,通过提升纤维产品质量,最终提升纤维产业整体质量,为纤维供给侧结构性改革做出重要质量贡献的动人故事。

1毫米:也许是世上最遥远的距离

"就差1毫米?"

"就差1毫米。"

新疆建设兵团一师阿拉尔某连队负责人从棉花检测中心主任王玉新手中接过检测报告,急切地问道。报告显示他们连队生产的棉花纤维长度只有27毫米,长度短,不适宜机采,棉花品质不太好。从连续几年的检测数据来看,这个连队生产的棉花都存在长度短等同样的质量问题。回到连队,负责人立即组织研究,决定在新一年更换棉花品种。

"在一师,选用什么棉花品种,公证检验数据可有重要发言权。"王玉新充满自信地说,"今年,一师下发通知,下一年度,全师只准种植3个棉花品种,其他品种不再种植。这个决策的依据从何而来?就是来源于公证检验数据。"

以前一师种植的棉花品种有40多种,各个连队种什么品种,完全由连队自己凭经验说了算。"哪些品种的棉花质量更好,哪些品种的棉花质量不够好,通过公证检验数据都能很清楚地看出来。"正是有了这些详细的检验数据支撑,质量不够好的棉花品种被逐渐淘汰,而那些质量表现更为优异的棉花品种则被保留下来,在全师推广。

不仅是棉花的种植,公证检验数据还影响着棉花的栽培模式。过去,一师每亩(0.067公顷)地种植1.8万株棉花,现在,每亩地只种植1.2万株左右。"大量的检验数据表明,优化栽培模式更有利于提高棉花的品质,更能种植出优质的、受棉纺企业欢迎的棉花。现在,重视棉花栽培模式的连队越来越多。"

再说棉花的销售。以前对棉花的检验是按比例进行抽检,检验师也主要是依据感官检验给出一个很粗略的棉花品级结论。"这个简单粗略的品级指标无法体现出每包棉花内在的具体质量,也无法满足客户对棉花品质详细了解的需要。自从国家实行棉花逐包仪器化品质检验,每包棉花的纤维长度、强力、马克隆值等详细的质量指标都能做到一目了然。棉花销售时,这些质量数据成了交易双方讨价还价的重要依据。最重要的是,这些质量数据都来自国家实验室,完全的第三方数据,公平公正透明,买卖双方都非常认可,很少再出现交易纠纷。"

"现在,全师上上下下都非常看重棉花公检数据。从棉花种植到棉花加工,再到棉花销售,离开了公证检验,可以说是寸步难行。"王玉新深有感触地说,"公证检验数据引导我们从棉花的种植开始就向优质产品转换,加快了棉花产业向优质产业转换的速度,对棉花品质的提升发挥了很大的作用。"

与王玉新一样,新疆建设兵团六师新湖农场农业公司的孙长云对公证检验数据给棉加工企业带来的帮助同样深有感触。

故事发生在2015年。"那年的春天来得晚，棉花播种比往常晚了十几天；6月棉花生长期，气温又达不到，导致棉花纤维的成熟度不够，纤维长度因此受到很大影响。"当孙长云他们把第一批加工好的棉花小样送至公证检验实验室检验后，一下傻了眼，"棉花纤维的长度普遍在27毫米以下，28毫米以上的只占不到20%，总体长度比往年短了1毫米！"按当时的价格，纤维长度相差1毫米的棉花售价每吨相差近200元。也就是说，如果照原来的加工方式继续下去，新湖农场农业公司当年将承受几百万元的经济损失。

纤维长度是棉花的重要质量指标，长度短就意味着棉花质量差，质量差自然就卖不出好价钱。在透明公正的数据面前，孙长云他们决定优化加工流程，确保棉花质量。"我们把棉花经过皮棉清理机加工的次数由之前的两遍改为一遍，最大程度地减少清理机清理环节给棉花纤维带来的损伤，能最大限度地保住棉花纤维的长度。随之带来的棉花杂质清除不干净的问题，我们又想了另外的办法进行补救。"

公证检验数据显示，调整加工流程后，加工出来的棉花纤维长度大大提高，28毫米以上的棉花达到了75%，比之前送检的样品提高了55%。

"多亏有了公证检验数据，让我们及时调整了加工流程，实现质量指标目标化加工，避免了盲目加工，最大限度地降低了加工环节对纤维长度、短纤维率等指标的损伤，从而最大限度地提升了棉花的加工质量。"孙长云至今仍然记忆犹新。

为了提高棉花的加工质量，纤检机构充分利用公检大数据，及时指导棉花加工企业的生产，实践证明，对棉花提质增效是行之有效的。新疆石河子纤检所所长刘伟刚介绍，围绕师市提出的"保长度、降短纤、绝三丝、提品质"的棉花加工总要求，纤检机构定期对公检大数据进行统计分析，形成报表呈报兵团师市领导及经济管理部门，提供决策管理依据；每个棉花年度结束后，纤检部门对公检数据进行统计分析，撰写棉花质量分析报告，上报师市党委、政府、团场及经济管理部门，为当地棉花产业发展提供了技术依据。

在与新疆相隔几千千米的内蒙古，毛绒的公证检验同样进行得如火如荼。这几年，每到产毛季节，来自江苏省连云港市的羊毛收购商蒋福康都会到内蒙古自治区乌审旗收购羊毛。一提起施行了多年的羊毛公证检验制度，他总是赞不绝口："公证检验制度很公平，我们依据检验证书出价，好毛卖好价，牧民和企业谁都不吃亏。"牧民斯迪也说："有了这份检验证书，羊毛质量一目了然，定价有了标准，心里踏实多了。"

2005年以来，内蒙古自治区在全区毛绒集中产区羊毛交易环节推行公证检验制度，企业与农牧民交易双方依据公证检验数据进行交易。以乌审旗为例，2016年交易的3 439吨羊毛全部按公检结果进行结算，全部进行统一质量分选分级，按质组批打硬包，平均售价比未公检羊毛提高2~5元/kg，按4元计算，直接为农牧民增收1 376万元。发展十几年来，配合自治区的毛绒质检体制改革，公证检验制度得到了牧民和收购商的充分肯定，检验量也逐年稳步提升。

在四川，公证检验制度为促进另一种纤维的质量提升，也正在发挥作用。自2007年中纤局开展桑蚕干茧公证检验试点以来，四川纤检局成立两个干茧公检实验室，检验业务覆盖了蚕茧主产区的10家企业，涵盖了蚕茧的加工环节和使用环节。依据公检数据，纤检机构在养蚕上簇管理、鲜茧收烘、交易结价、工艺设计和缫丝生产等环节都为企业提供了深层次服务，公证检验的作用正在显现。

从棉花到毛绒，从茧丝到麻类纤维，公证检验制度正在各纤维质量检验领域逐步建立并完善起来。第三方公证检验逐步取代企业自检结果成为贸易结算的依据，是市场经济发展、纤维产业逐步规范化的必然结果。特别是棉花公检实行仪器化公证检验以来，有统计显示，在同等市场需求条件下，经过公证检验的棉花售价总高于同类同等级棉花价格的5%以上。全指标仪器化公证检验的全面推行，检验数据结果更加客观、公正、有效，棉花市场价格混乱、贸易纠纷频出的现象得到显著改观，棉花市场秩序进一步规范，棉花仪器化公证检验工作在客观评定棉花质量、促进棉花市场价格形成过程中所起到的重要基础和保障作用，已得到棉花生产和加工业界的充分肯定。

1项制度：见证棉花市场结束极度混乱的历史

2000年11月26日，中央电视台《焦点访谈》揭露了一起触目惊心的棉花造假案件。镜头对准的是河南省尉氏县大桥乡。回收棉、纺织下脚料、和棉短绒，这些废旧杂物被大桥乡供销社主任藏入棉包中销售给纺织企业，掺假比例达到25%。

节目一经播出，立即引起社会广泛热议。当天晚上，国务院领导就当即指示要及时采取有力措施制止这股歪风，并予以严厉打击。4天以后，11月30日，国务院办公厅发出关于立即开展棉花打假专项行动的紧急通知，一场打击棉花掺假的专项行动在全国范围内迅速展开。

通过检查发现，棉花掺杂使假违法犯罪活动已经到了极其猖獗的程度：滑石粉、纺织废棉、不孕籽回收棉、棉短绒、废化纤丝，甚至将砖头掺入收购来的棉花中，打上包，销往纺织企业。除了一些商贩在暗地里非法收购、加工以外，部分具备资质条件的单位和个人利欲熏心，大规模在棉花中掺杂使假，加剧了混乱局面。面对如此混乱的棉花市场，当时就有媒体发出感叹："棉花市场，规范咋就这么难？"

时任中国纤维检验局（以下简称中纤局）副局长、现任局长张克才对当时的情况进行了深入分析。

1998年，我国经济体制改革不断深入，棉花流通体制改革也轰轰烈烈地展开。1998年，国务院发布《关于深化棉花流通体制改革的决定》，确立了以逐步建立在国家宏观调控下，主要依靠市场机制实现棉花资源合理配置的新体制为目标。2001年7月31日，国务院又下发《国务院关于进一步深化棉花流通体制改革的意见》，做出放开棉花收购，实行社企分开、储备和经营分开，加强棉花市场管理、质量监督和宏观调控的决定。随着棉花流通体制改革的深入，随着棉花市场和价格的逐步放开，棉花市场出现供不应求的局面。供需矛盾的进一步加剧，导致价格失控、市场秩序混乱、掺杂使假等恶性问题频繁发作。

查阅当时的媒体报道，2000—2001年的这次专项行动，6个月的时间里，全国办理案件达587个，涉案棉花26.9万吨，涉案金额高达2.48亿元，被公安机关逮捕19人。

棉花造假触目惊心，棉花打假打而不绝，人们期盼的健康的棉花流通市场秩序到底在哪里？

就在这次专项行动结束后不久，发生了一件我国社会主义市场经济生活中的大事。

2001年8月3日是值得载入棉花发展史册的日子。这一天，国务院第314号令《棉花质量监督管理条例》（以下简称《条例》）正式发布，这是我国第一部关于农副产品质量的专门法规，也是我国保护优势纤维资源的第一部法规。

《条例》旨在加强对棉花质量的监督管理，维护棉花市场秩序，保护棉花交易各方的合法权益。《条例》规定，棉花经营者（含棉花收购者、加工者、销售者、承储者）从事棉花经营活动，棉花质量监督机构对棉花质量实施监督管理。《条例》以法规的形式正式赋予了纤检部门对棉花质量实施监督管理的职能，同时，在我国开创性地提出国家实行棉花质量公证检验制度。

"棉花质量公证检验,是指专业纤维检验机构按照国家标准和技术规范,对棉花的质量、数量进行检验并出具公证检验证书的活动。"《条例》赋予专业纤维检验机构实行棉花质量公证检验的任务,棉花质量公证检验不得收取费用,所需检验费用按照国家有关规定由财政列支。《条例》还提到,毛、绒、茧丝、麻类纤维的质量监督管理,比照执行。

历时10余年的一场艰苦的立法活动终于有了一个令人振奋的结果!

在《条例》实施初期,在纺织企业实施售后检验的检验制度对促进棉花生产经营企业提高棉花质量,打击掺杂使假,保障购销双方的利益,发挥了重要作用。随着棉花流通体制改革的进一步深化,这一检验体制越来越呈现出不能适应建立棉花市场、发展市场交易需要的弊端。这些弊端主要体现在:棉花质量标识缺乏公信度和权威性;感官检验主观性强,容易产生纠纷;只对进入纺织厂的棉花进行售后公证检验,不能做到包包普遍检验,不能适应棉花市场交易的需要。

为了建立科学性、普遍性、权威性的公证检验体制,更好地适应市场需要,2003年年底,国务院发布《棉花质量检验体制改革方案》(以下简称《方案》),在全国启动棉花质量检验体制改革:以前的到厂检验改为加工环节的检验;以前的按批抽样检验改为逐包检验;以前的感官品级检验改为棉花大容量快速检验仪(HVI)全指标检验。

特别值得关注的是,《方案》明确,检验工作成本支出全部由国家财政负担,不增加棉花流通参与企业的任何经济负担,避免了购销双方的自检投入,整合了我国棉花质量的检验资源,以小成本满足了全国棉花质量、数量公证检验的大需求,充分发挥了政府对资源优化配置的管理职能,为及时、准确地评定我国棉花质量数量提供科学、权威、公正的数据支持。

棉花质量检验体制改革推行10余年来,全国棉花加工企业由2003年有资质的8 712家,到2014年纳入新体制升级改造参与公证检验的共计2 061家,企业淘汰率达到76%,小包型企业已经基本退出市场,增长模式由粗放型向集约型转变,企业的个体竞争力大为增强,质量意识明显提高;另外,公证检验制度与棉花质量监督检查等行政手段相结合,有效维护了棉花购销双方的基本利益,遏制了掺杂使假等违法行为,全国没有出现大范围或恶性的质量案件,棉花市场流通秩序进一步规范。同时,以棉花期货和电子撮合为代表的现代市场体系发展迅速,公证检验结果作为其交易的结算依据,在保障交易公平、促进棉花现代市场形成中发挥着重要作用。另外,全指标仪器化公证检验的全面推行,让检验数据结果更加客观、公正、有效,这在一定程度上也使得棉花市场价格混乱、贸易纠纷频出的现象得到显著改观。

对于公证检验制度在规范棉花市场秩序中所发挥的作用,中国棉纺织行业协会有关负责人曾经给予了高度评价:"公证检验制度在促进棉花市场形成健康流通秩序、遏制掺杂使假等违法行为方面发挥了重要作用。"

经过10余年的发展和完善,现在,国家棉花公证检验制度体系已全面建立。这套体系建设了覆盖全国棉花主要产销地的公证检验网络,截至目前共拥有仪器化公证检验实验室近百家,总面积近6万平方米,配备大容量快速棉纤维检测设备(HVI)400余台,制定了严格的公证检验工作程序和内部质量管理体系,全面实行实验室及检验过程网络化实时监控与管理。培养了一支技术过硬、吃苦耐劳的专业纤维检验队伍,年度公证检验能力和检验规模居世界首位。

1 张菜单:从采购到生产的点滴改变

我们每个人都拥有自己独一无二的身份证编号,只要输入编号,就能查询到这个人的详细身份信息,而且,该编号将伴随每个人的一生。与身份证编号一样,每一包棉花也拥有自己的"身份编号",通过这个号码,可以轻松查询到这包棉花的来龙去脉。

"仓单号:DZ201703220065;批号:66007161030;产地:新疆农七师;存放仓库:山东禹城棉麻有限公司;加工单位:奎屯顺裕棉业有限公司;检验机构:河南省纤检局;公检仓库:新疆伊犁州陆德棉麻有限责任公司;加工方式:锯齿……"在全国棉花交易市场官方网站上,你不仅可以查询到任何一批棉花的"身份信息",而且还能具体查询到每一包棉花的质量指标明细。"×××号棉包,白棉3级,轧工质量2级,长度29毫米,马克隆值4.5,断裂比强度29.1……"这些质量信息就来自纤检机构的权威检验数据。

从一包棉花到一批棉花,从一个连队到一个农场,从一年到十几年,千千万万个这样的身份信息和质量信息汇集成一张巨大的"网",一张棉花数据的信息之网。这张网不仅延伸到棉花的种植、加工,而且延伸到棉花的销售、纱线的生产;不仅为农民、企业提供服务,而且为国家宏观政策制定提供服务。

"有了这么详细的棉花信息和质量指标,我们原料采购部门通过网络,就能查询到需要的棉花,精准地找到这些棉花,通过电子邮件就可以签订购棉合同。"山东愉悦家纺有限公司特种纤维分公司经理陈付峰说,现在的原棉采购,再也不用像以前那样舟船劳顿,甚至远赴新疆去实地挑选棉花。那时候由于只有每批棉花的平均质量指标,不能完全体现每包棉花的质量,棉包与棉包之间的质量差距有时候还挺大,购进的棉花有时候甚至不能满足生产的需要。"现在好了,就像按菜单点菜一样,足不出户,在家动动鼠标、敲敲键盘,就可以轻松完成原棉采购。最关键的是,每包棉花的质量数据来自第三方公证检验实验室,我们完全信得过!"

公正详细的公检数据不仅给企业带来了原料采购方式的改变,而且可以让生产配棉方式更加精细化。

配棉师庞密正盯着电脑,编制当天的配棉方案。打开CAS自动配棉应用管理系统的配棉管理项目,进入"配棉方案建立及保存",在界面的"要求指标"中输入对原棉马克隆值、长度、强力等几个关键质量指标的要求,点击"确定"。系统对仓库中棉包的质量数据进行分析组合后,很快在"配棉计算"中,自动挑选出了一组原棉,给出了一套配棉组合方案。随后,系统还会自动给出一张配棉领包单和一张棉花排包图。配棉领包单上清楚写明了被选中的每一包棉花的存放位置,便于仓库管理人员找到棉包;棉花排包图则是提供给车间生产人员的,他们依据这张排包图将挑选出来的棉花排放好,便于自动化抓棉机按排包的顺序抓棉后进入生产线。

其实,系统的自动配棉功能早在原料入库环节就已经开始了。在入库时,每包棉花的质量数据就被传送至配棉系统;在接下来的仓储环节,仓库管理员不再按照棉花的来源、批次、时间等标准存放棉包,而是按照每包棉花的关键质量数据进行分类分组存放。

"以前人工配棉的时候,担心配出的纱线出现大的色差,质量不稳定,心里总是忐忑不安;使用自动配棉系统4年以来,车间生产的纱线从来没有出现过严重色差等质量问题,心里踏实多了。"有着30多年配棉经验的庞密有着切身体会。

公司经理陈付峰介绍了系统使用前后给企业带来的变化。传统的原棉检验是用棉企业对每批棉包按10%的比例抽样后进行质量指标检验,具有一定的随机性,并不能准确代表本批原棉所有棉包的质量;现在,由专业的第三方纤检机构在原棉的流通环节对棉包实行逐包检验,每包棉花的质量数据都一目了然。以前,用棉企业只能将一批原棉作为一个整体进行使用,所以就存在某包指标特别好或特别差的弊端,致使纱线指标波动较大。现在，自动配棉系统收集了每包原棉的质量指标，再根据指标将一批原棉分成不同的类、组，可根据纱线指标要求调用某批原棉中达到配棉要求的几组原棉，有效地控制了原棉包与包之间的差异。

在愉悦家纺的一张"电脑配棉上机后与人工配棉指标对比表"上，列出了"条干cv%""细节-50%""粗节+50%""棉结+200%""强力""强力cv%"六项指标采用电脑配棉和人工配棉的结果对比。结果显示，每一项指标电脑配棉的指标标准差均小于人工配棉的指标。由此可见，电脑配棉所纺纱线指标更加稳定。

实践证明，通过原料的精细化使用，使配棉后上机的棉花质量更为稳定，从而保证连续生产的纱线质量更为稳定。所以，当企业要生产高端纱线产品时，一定使用配备自动配棉系统的这条生产线。"我们从原料的质量开始精密把控，让这条生产线生产的纱线色差均匀，产品质量更优异。这套系统依托棉花公证检验大数据，改变了企业的传统配棉方式，降低了用棉成本，帮助我们实现了配棉工艺的转型升级。"陈付峰说。

质检总局局长支树平这样评价棉花公证检验大数据发挥的作用："棉花质量的大数据服务种植业培育优良品种，助力提高种植的供给质量；服务棉花加工企业优化工艺流程，助力提高皮棉的供给质量；服务纺织企业精细化配比生产，助力提高纺织品的供给质量，这就是以具体产品促整个产业质量提升的生动例证，这就是以大数据应用服务大质量格局的典型案例。"

1套数据：为国家宏观调控提供参考

棉花公证检验作为一项国家检验制度，通过逐包检验及时掌握当年棉花的质量状况，数据准确、权威，不仅为推动棉花产业健康发展立下汗马功劳，而且也为相关职能部门调整棉花产业结构提供了可靠的数据基础，为国家宏观调控政策的制定提供了重要参考。

2014年，全国连续实施3年的棉花临时收储政策戛然而止，当年的中央1号文件明确，2014—2016年，国家在新疆启动棉花目标价格改革补贴试点工作。这项改革的目的是在保障农民利益的前提下，充分发挥市场在资源配置中的决定性作用，将价格形成交由市场决定，以促进产业上下游协调发展。

新疆维吾尔自治区在最初设计改革方案时，是将棉花种植面积作为发放给农民补贴的依据。因为这样中间环节少，程序简单易懂，也便于核算各地的补贴总额，减少基层工作量。"但是，以土地种植面积为依据进行补贴最大的弊端是会影响棉农提高单产和品质的动力，容易造成'懒汉式'种棉，不利于棉花产业向规模化、机械化、集约化方向转变。"新疆纤检局局长李岩回忆。改革要想真正维护农民利益，就应当考虑棉花产量这个重要因素；改革要想真正做到由市场来决定棉花价格，就应当遵守优质优价的市场原则。"不管是产量的准确核算还是质量的严格把关，都离不开棉花的公检。"

在新疆维吾尔自治区最终制定的改革实施方案中，确定了棉花补贴方式采取"面积+产量"的补贴方式。实施方案同时确立了"专业仓储监管+在库公证检验"的模式，要求专业纤检机构在仓库内对纳入规范监管的棉花进行重量检验，并抽取品质检验样品，在实验室进行棉花品质检验，并将重量检验结果作为核定新疆棉花产量的基础数据。

在2015年的改革试点工作实施方案中，新疆维吾尔自治区又进一步将2014年的"面积+销售量"的补贴方式调整为主要按照产量来确定补贴额度。

"这一调整说明，公检制度在改革中的作用得到了充分认可，纤检队伍成了改革中不可缺少的主力军！"李岩由衷地感慨。

棉花数量的检验为国家发放补贴提供了依据，纤检机构对棉花质量的检验数据同样为目标价格改革发挥市场形成价格的作用、形成优质优价的市场原则奠定了基础。

中纤局党委书记徐水波动情地说:"这次改革让纤检机构得到了洗礼,使棉花公证检验步入了新的发展阶段。我们的心愿就是做好今后的棉花公检工作,因为这是国家使命,这是为我国的棉花产业发展护航。"

原定的3年新疆棉花目标价格改革试点已经结束。在对这3年棉花目标价格改革试点工作进行总结时,国家发改委、财政部如此评价:"……供给结构明显优化,新疆优质棉花产量占国内比重由改革前的56%提高至67%,次宜棉区逐步退出生产;棉花质量稳步提升,2016年新疆棉花28毫米及以上占比93.5%,比试点前提高18.4个百分点;国家储备棉库存大幅下降,去库存效果明显……产业上下游市场意识增强,农民选择棉种更注重适销对路,轧花厂更注重细分等级,符合纺织需求……"纤检人3年公证检验得出的数据得到了国家有关部门的高度重视和认可,成为制定国家宏观政策的决策依据。

2016年3月16日,国家发改委、财政部发布《关于深化棉花目标价格改革的通知》,明确从2017年起在新疆深化棉花目标价格改革。这也意味着,公证检验制度和"专业仓储监管+在库公证检验"的模式还将继续在新疆的广袤大地发挥作用。

除了为棉花目标价格改革服务,公证检验在为国储棉轮入、轮出服务方面的履职表现同样可圈可点。

2001年出台的《条例》规定"国家储备棉的入库、出库,必须经棉花质量公证检验"。多年以来,纤检机构多次配合国家宏观调控政策,出色完成国储棉的公证检验工作。

例如,2010年度棉花市场价格大起大落,"过山车"式的价格走势使棉农、棉花流通企业、棉纺织企业等各棉花市场主体的利益均受到不同程度影响。为稳定棉花生产、经营者和用棉企业市场预期,保护棉农利益,保证市场供应,国家有关部门决定2011—2013年3个棉花年度,连续实行3年的收储政策。3年间总收储量超过1 600万吨。其间,抛储出库量约为500多万吨,净入库量超过1 000万吨。这些国储棉的入库、出库,都由专业纤检机构提供公证检验。公证检验为确保国家宏观调控政策的实施效果发挥了重要作用。

时隔3年,为落实党中央、国务院供给侧结构性改革部署,实现棉花产业"去库存"和纺织行业"降成本""稳增长"任务,有关部门决定自2016年起逐步有序消化国家储备棉库存,将储备规模调整至合理水平。

与以往相比,2015—2016年度国储棉轮出的检验项目、检验模式有很大变化,任务极其艰巨。以往年度国储棉出库只对颜色级和轧工质量这两个指标按照10%的抽样比例进行感官检验,而本次轮出的国储棉,要在库逐批进行重量公证检验,并且逐包取样,送公检实验室进行全项指标的品质公证检验。实行100%公检制度,对提振企业信心具有重要作用,但比以前10%比例抽样多了10倍的检验量。

尽管这次国储棉轮出检验任务工作量大、检验环节多、时间紧张,但纤检机构连续奋战5个月,完成检验总量278.8万吨,检验数据准确可靠,不仅为实现成交总量265.9万吨创造了有利的质量和重量数据条件,更增强了纺织企业购买意愿,提振了国储棉销售市场信心,为实现本年度轮出总量目标发挥了重要作用。

1支铁军:特别能吃苦,特别能战斗

隆冬季节,新疆北部的室外温度降到零下20℃以下。在某露天仓储库,白色棉包码成一排排3米多高的大垛,一眼望不到头。

扫描棉包上的条形码,从棉包中抽出一块150g左右的长方形棉样,用带有标签的塑

料袋封装，核查样品数量和其随身携带的条形码的一致性，每批次棉包还需按比例进行回潮率测试。扫描、取样、封装、核查、回潮率测试、棉包过秤称重……这样的动作每一位从事现场抽样工作的纤检人每天要反反复复完成几百甚至上千次。

看似简单重复的工作完成起来却并不容易。200多千克的棉花被400吨的压力压缩在大约半个立方米的棉包里，捆绑的铅丝承受着巨大的压力，无论是使用插入式回潮测试仪还是从取样口扦取检测棉样，既需要专业技巧，也需要花费巨大的体力。严寒天气下，连用来扫描棉包条码的扫描仪都经常因为寒冷而"死机"。工作人员需要时不时把仪器放进怀里温暖一下，待仪器"苏醒"后，再拿出来继续工作。即使在如此恶劣的天气下，为了不影响工作效率，工作人员不能戴手套，在户外工作几分钟，双手就冻僵了。干完一天的工作，晚上回到驻地，抽样人员的手常常累得直发抖，连饭碗都端不住，牙刷也拿不稳。

王虹，《中国纤检》杂志记者，2016年冬天，她深入北疆采访当地棉花公检情况。"当我亲眼见到他们的时候，莫名的感动涌上心头，所有语言都显得苍白无力，就像与我同行的中纤局公检一处副处长于斌说的那样：静静地盯着他们做检验，每一个动作都似乎在跟你对话。真的，就只有感动，还能说什么呢？"

如果说新疆的监管棉公检让纤检人体验到极寒天气的可怕，那么，夏天内地的国储棉公检现场则让纤检人领受了酷暑的淫威。

"青筋暴起的大手在被轧扎整齐的棉包里奋力撕扯，额头渗出豆大的汗珠，前一天的大雨加重了天气的闷热，远处鳞次栉比的仓库在蒸腾着的空气里扭曲变形……火辣辣的太阳永远也晒不干贴在身上湿答答的衣服，晒得黝黑的皮肤衬得棉花更加雪白，在这个除了库房还是库房的检验场地，是检完一包还有一包的棉花。"这是《中国质量报》记者何可在2016年6月底前往天津采访国储棉轮出公检时记录下的现场画面。

为什么这么拼命？张克于告诉记者，每天轮出棉的数量直接影响着郑州棉花交易所的成交价格，如果每天不能轮出计划投放市场的数量，棉花市场价格立刻就会向上波动，直接影响用棉企业成本。

有人用"铁军"来形容这支纤检队伍。"特别能吃苦、特别能战斗、特别能奉献"的"铁军"精神不仅仅体现在抽检现场，也体现在他们用铁一样的纪律和铁一样的技术，十几年如一日，像爱护自己的生命一样确保公证检验制度的公信力。

温度20℃±2；湿度65%±3，走进纤检系统设立在全国的近百家实验室中的任何一间，温度和湿度指标都控制在这个范围之内。每一包从仓库现场抽样封装的棉花样品都会被送往公检实验室，在这里完成颜色级、轧工质量、长度、断裂比强度和马克隆值等品质检验。

棉花对环境的温湿度非常敏感，一旦设置在每个房间上方的温湿度探头检测到该房间的温度和湿度超过允差范围，系统将自动停止接受该区域的大容量快速检验仪（HVI）检验结果，保证样品始终在符合要求的温湿度环境中进行检验。

这是中纤局利用现代信息手段建立仪器化公证检验内部质量控制体系的内容之一。

近百家实验室，400多台HVI仪器，为了保证这个庞大的检验网络检验水平的一致性，中纤局建立了一套内部质量远程数据监控系统。该系统以HVI与计算机系统数据交互为基础，可以实现对各实验室温湿度环境、校准过程、校准检查过程、仪器参数与运行状态进行实时监控，并通过计算机指令交互，自动控制实验室的检验过程和数据取舍，从而做到仪器化公证检验过程的全网络监控，保证检验数据的科学性和准确性。2015年，新增加的实验室棉花公检实验室视频监控系统，更像是装上了一只只神奇的"质量之眼"，让身在北京的中纤局的管理人员随时都可以监控全国各实验室运行状况,并能监控关键工位人员的操作是否合规。

这套内部质量远程监控系统填补了国际上在大规模棉花检测网络内部质量控制方面的技术空白,大大提高了检验流程监控管理的效率,为我国独有。

除了利用现代技术加强管理,中纤局还建立了监督抽验制度。中纤局及省级机构对所管辖的实验室检验后的棉样按照规定比率随机抽取并进行重新检验,通过检验结果的比对,评价实验室检验准确性从而保证各检验机构检验水平一致。

正如质检总局副局长吴清海所说,多年以来,纤检已经建立形成了以监督检查、公证检验、监督抽验为基础的3项基本制度:纤检机构对籽棉收购实施监督检查,通过监督收购质量保障棉农利益;对企业加工皮棉的行为实施监督检查,提升企业守法生产质量意识;对加工的皮棉包包实施公检,全面监管棉花质量;对纤检机构公检工作质量实行监督抽验,规范纤检机构工作行为。"这一套着眼于事中事后监管、环环相扣的三项基本制度对规范棉花市场秩序、高效配置棉花资源发挥了重要作用。"

从棉花的监管到毛绒、茧丝、麻类纤维的监管,从面料到学生服等纤维制品、成品的监管,整个纤检工作的质量元素,已经深度嵌入促进纤维质量提升、棉花市场价格形成之中。1毫米的长度很短,围绕1毫米的质量供给,中国纤检服务纤维供给侧结构性改革的故事还很多……

资料来源:中国财经网.

思考:
1. 通过案例研讨,理解质量监督检验工作对提升我国产品质量的意义。
2. 分析在质量监督检验工作中,政府、企业各自承担了何种职责。
3. 谈谈你对质量管理七项原则在质量监督检验工作中的作用的认识。

习 题

一、单项选择题

1. 推广先进的质量管理经验和科学的质量管理方法,承办建立重大工程设备质量监理制度有关事宜,实施缺陷产品召回制度,以上职能的行使部门是(　　)。
    A. 计量司　　　　　　　　　　　　B. 质量管理司
    C. 特种设备安全监察司　　　　　　D. 产品质量监督司
2. 产品强制性质量认证是国家质量监督检验检疫总局授权(　　)进行主管的。
    A. 质量管理司　　　　　　　　　　B. 中国认证认可监督管理委员会
    C. 产品质量监督司　　　　　　　　D. 中国认证认可协会
3. 国家已经废除了免检制度的产品是(　　)。
    A. 钢铁　　　　B. 医疗器械　　　　C. 电器　　　　D. 食品
4. 食品的流通环节应由(　　)部门监管。
    A. 技术监督局　　B. 工商局　　　　C. 农业局　　　D. 卫生局
5. 以下不属于监督抽查对象的是(　　)。
    A. 化妆品　　　　B. 医疗器械　　　C. 家用电器　　D. 水杯

二、多项选择题

1. 下面关于质量监督说法中,正确的是(　　)。
    A. 质量监督的对象是"实体"

B. 质量监督的目的是为了确保满足规定的要求
C. 质量监督的手段是"监视、验证、记录和分析"
D. "车同轨、书同文、统一度量衡"中也包含质量监督的内容

2. 质量监督的基本特征是（　　）。
A. 以技术为依托
B. 以质量为中心
C. 政府质量技术监督部门履行综合管理和行政执法两大职能
D. 监督与服务相结合

3. 免检企业应具备的基本条件有（　　）。
A. 申报产品必须在申报前连续稳定生产两年以上，两年内未出现产品质量事故，出口产品未出现检验不合格情况
B. 产品市场占有率和企业经济效益位于本行业全国前列
C. 产品在全国省级以上质量技术监督部门近年内组织的监督检查中连续 3 次以上（含 3 次）均为合格
D. 企业规模为 1 000 人以上

三、简答题

1. 什么是标准化？
2. 我国境内现行的标准有哪些？各自有何特点？
3. 我国的质量监督管理体系由哪些组成？

四、论述题

1. 试论述我国实施生产许可制度的重要意义。
2. 论述实施质量监督对我国企业经营管理的影响。

五、实践练习

1. 观察身边物品，看看它的生产制造过程执行何种标准，并查阅资料，详细了解该项标准。
2. 找一家企业，了解是否通过了某种认证，通过该项认证对企业的发展有什么重要的促进作用？形成调查报告。

参考文献

[1] 克劳斯比. 质量免费[M]. 杨刚, 林海, 译. 太原: 山西教育出版社, 2011.
[2] Eugene L. Grant Richard S. Leavenworth. Statistical Quality Control(SEVENTH EDITION) [M]. 北京: 机械工业出版社, 1999.
[3] GB/T 19004-2011/ISO 9004: 2009. 追求组织的持续成功质量管理方法[S]. 中国国家标准化管理委员会, 2011.
[4] GB/T 2828.1-2012. 计数抽样检验程序第 1 部分: 按接收质量限(AQI)检索的逐批检验抽样计划[S]. 中国国家标准化管理委员会, 2012.
[5] GB/T 13262-2008. 不合格品百分数的计数标准型一次抽样检验程序及抽样表[S]. 中国国家标准化管理委员会. 2008.
[6] 王明贤. 现代质量管理[M]. 北京: 清华大学出版社, 2014.
[7] 苏群. 质量管理[M]. 北京: 中国人民大学出版社, 2011.
[8] 李保红. 现代质量管理[M]. 郑州: 河南大学出版社, 2012.
[9] 米切尔. 质量管理[M]. 雷秀云, 译. 上海: 上海交通大学出版社, 2006.
[10] 高军, 李涛, 田红伟. 质量管理教程[M]. 北京: 北京航空航天大学出版社, 2011.
[11] 李京斌. 工厂质量控制精细化管理手册[M]. 北京: 人民邮电出版社, 2010.
[12] 尤建新, 周文泳, 武小军. 质量管理学[M]. 北京: 科学出版社, 2014.
[13] 韩福荣. 现代质量管理学[M]. 北京: 机械工业出版社, 2007.
[14] 美国朱兰研究员. 六西格玛基础教材[M]. 王金德, 等, 译. 北京: 中国财政经济出版社, 2002.
[15] 中国质量协会. 质量经理手册[M]. 北京: 中国人民大学出版社, 2010.
[16] 黄宏升. 质量管理标准与新型管理方法的应用[M]. 北京: 国防工业出版社, 2008.
[17] 柴邦衡, 刘晓论. ISO 9001: 2008 质量管理体系文件[M]. 北京: 机械工业出版社, 2009.
[18] 张公绪. 新编质量管理学[M]. 北京: 高等教育出版社, 2003.
[19] 刘书庆. 质量管理学[M]. 北京: 机械工业出版社, 2003.
[20] 秦现生. 质量管理学[M]. 北京: 科学出版社, 2008.
[21] 马风才. 质量管理[M]. 北京: 机械工业出版社, 2009.
[22] 张根保, 何桢, 刘英. 质量管理与可靠性[M]. 北京: 中国科学技术出版社, 2009.
[23] 林赛. 质量管理与质量控制[M]. 北京: 中国人民大学出版社, 2010.
[24] 龚益鸣. 质量管理[M]. 上海: 复旦大学出版社, 2008.
[25] 洪生伟. 质量认证教程[M]. 北京: 中国标准出版社, 2008.
[26] 李春田. 质量技术监督与管理培训教材: 标准化基础[M]. 北京: 中国计量出版社, 2001.

○ 管理科学工程 ○

运筹学（第4版）

本书特色
经典教材，课件完备，多次重印，广受好评。

教辅材料
课件

书号：9787302288794
作者：《运筹学》教材编写组
定价：58.00元
出版日期：2012.8

任课教师免费申请

运筹学（第4版）本科版

本书特色
经典教材，课件完备，多次重印，广受好评。

教辅材料
课件

书号：9787302306412
作者：《运筹学》教材编写组
定价：48.00元
出版日期：2012.11

任课教师免费申请

运筹学习题集（第5版）

本书特色
名师大作。习题、解答、案例、案例分析，丰富的学习辅助资源，配套《运筹学教程》。

获奖信息
"十二五"普通高等教育本科国家级规划教材

书号：9787302523987
作者：胡运权 主编
定价：58.00元
出版日期：2019.3

任课教师免费申请

运筹学教程（第5版）

本书特色
"互联网+"教材。名师大作，经典运筹学教材，课件、习题等教辅资源完备，难度适中，配套《运筹学习题集》。

教辅材料
教学大纲、课件、习题答案、试题库

获奖信息
"十二五"普通高等教育本科国家级规划教材

书号：9787302481256
作者：胡运权 主编，郭耀煌 副主编
定价：59.00元
出版日期：2018.7

任课教师免费申请

管理信息系统（第6版）

本书特色
名师大作，经典管理信息系统教材，发行百万多册，即将改版。

教辅材料
课件

获奖信息
"十二五"普通高等教育本科国家级规划教材

书号：9787302268574
作者：薛华成
定价：49.80元
出版日期：2011.12

任课教师免费申请

管理信息系统（第6版）简明版

本书特色
名师大作，经典管理信息系统教材，简明版更适合非信息管理专业学生。

教辅材料
课件

获奖信息
"十二五"普通高等教育本科国家级规划教材

书号：9787302330950
作者：薛华成
定价：45.00元
出版日期：2013.7

任课教师免费申请

◦ 管理科学工程 ◦

管理信息系统：管理数字化公司（全球版·第12版）

本书特色
原汁原味，全球高校广泛采用，兼具权威性和新颖性，更加灵活和可定制化。

教辅材料
课件、习题库

书号：9787302449706
作者：（美）肯尼思·C.劳顿 简·P.劳顿
定价：79.00元
出版日期：2016.8

数据、模型与决策

本书特色
创新型教材，理论与实践兼备，课件资源丰富。

教辅材料
课件

书号：9787302524731
作者：张晓冬 周晓光 李英姿
定价：49.00元
出版日期：2019.3

信息技术应用基础教程（第二版）

本书特色
操作性强，简明实用，适合应用型本科及高职层次，数十所大学采用，广受欢迎。

教辅材料
教学大纲、课件

书号：9787302527503
作者：丁韵梅 谭予星 等
定价：48.80元
出版日期：2019.6

信息管理学教程（第五版）

本书特色
经典教材，结构合理，多次改版。

教辅材料
课件

书号：9787302526841
作者：杜栋
定价：48.00元
出版日期：2019.3

运营管理（第二版）

本书特色
"互联网+"教材，结构合理，形式丰富，课件齐全，便于教学。

教辅材料
教学大纲、课件、教师指导手册、案例解析等

获奖信息
辽宁省"十二五"规划教材

书号：9787302531593
作者：李新然 主编，俞明南 副主编
定价：49.00元
出版日期：2019.8

现代生产管理学（第四版）

本书特色
经典的生产管理学教材，畅销多年，课件齐全。

教辅材料
课件

书号：9787302491217
作者：潘家轺
定价：49.00元
出版日期：2018.3

○ 管理科学工程 ○

质量管理学(第三版)

本书特色
畅销教材的最新修订版,内容丰富,课件完备。

教辅材料
课件

书号:9787302499206
作者:刘广弟
定价:49.00 元
出版日期:2018.5

国际认证认可——质量管理与认证实践

本书特色
专门的质量认证认可方面的高校课程和培训教材。全面介绍认证认可、质量管理体系认证、产品认证、服务认证的相关知识。作者多年从业经验,教材紧密结合实践,辅助资源齐全。

教辅材料
课件

书号:9787302513896
作者:刘建辉
定价:49.00 元
出版日期:2018.10

项目管理(第3版)

本书特色
"十二五"国家规划教材,根据最新 PMBOK 更新改版,理论结合应用。

教辅材料
课件

获奖信息
"十二五"普通高等教育本科国家级规划教材

书号:9787302481287
作者:毕星
定价:29.00 元
出版日期:2017.11

项目管理

本书特色
实用性强,深入浅出,课件完备。

教辅材料
课件

书号:9787302548737
作者:许鑫 姚占雷
定价:48.00 元
出版日期:2020.3

建设工程招投标与合同管理

本书特色
创新型"互联网+"教材,章末增设在线测试习题,课件资源丰富。

教辅材料
课件

书号:9787302528289
作者:赵振宇
定价:45.00 元
出版日期:2019.6

ERP 原理与实施

本书特色
原理与实施相结合,内容全面实用。

教辅材料
课件

书号:9787302470526
作者:金镭 沈庆宁
定价:42.00 元
出版日期:2017.6

○ 管理科学工程 ○

管理决策模型与方法

本书特色
"互联网+"教材,结构合理,形式丰富,课件齐全,便于教学。

教辅材料
教学大纲、课件

书号:9787302508502
作者:金玉兰 沈元蕊
定价:45.00元
出版日期:2019.6

任课教师免费申请

软件项目管理(第二版)

本书特色
"互联网+"创新型立体化教材,增设在线测试题,配套资源完备,附赠课件。

教辅材料
课件、习题答案、案例解析

书号:9787302556831
作者:夏辉 徐朋 王晓丹 屈巍 杨伟吉 刘澍
定价:49.00元
出版日期:2020.7

任课教师免费申请

生产计划与管控

本书特色
"互联网+"教材、内容全面,深入浅出,注重实践,教辅丰富。

教辅材料
教学大纲、课件、习题答案、案例解析

书号:9787302571643
作者:孔繁森
定价:79.00元
出版日期:2021.8

任课教师免费申请

运筹学导论(英文版·第11版)

本书特色
运筹学经典教材,在国外高校中有很高的采用率,原汁原味英文版,配有中文翻译版,原书配套网站提供丰富资源。

教辅材料
课件、习题答案、习题库、数据集

书号:9787302580904
作者:[美]弗雷德里克·希利尔 杰拉尔德·利伯曼
定价:99.00元
出版日期:2021.5

任课教师免费申请